W9-CCP-580

El espejo enterrado

Para Silvia, siempre

Alfaguara es un sello editorial del Grupo Santillana

www.alfaguara.com

Argentina
Av. Leandro N. Alem, 720
C 1001 AAP Buenos Aires
Tel. (54 114) 119 50 00
Fax (54 114) 912 74 40

Bolivia
Avda. Arce, 2333
La Paz
Tel. (591 2) 44 11 22
Fax (591 2) 44 22 08

Chile
Dr. Aníbal Ariztía, 1444
Providencia
Santiago de Chile
Tel. (56 2) 384 30 00
Fax (56 2) 384 30 60

Colombia
Calle 80, 10-23
Bogotá
Tel. (57 1) 635 12 00
Fax (57 1) 236 93 82

Costa Rica
La Uruca
Del Edificio de Aviación Civil 200 m al Oeste
San José de Costa Rica
Tel. (506) 220 42 42 y 220 47 70
Fax (506) 220 13 20

Ecuador
Avda. Eloy Alfaro, 33-3470 y Avda. 6 de
Diciembre
Quito
Tel. (593 2) 244 66 56 y 244 21 54
Fax (593 2) 244 87 91

El Salvador
Siemens, 51
Zona Industrial Santa Elena
Antiguo Cuscatlan - La Libertad
Tel. (503) 2 505 89 y 2 289 89 20
Fax (503) 2 278 60 66

España
Torrelaguna, 60
28043 Madrid
Tel. (34 91) 744 90 60
Fax (34 91) 744 92 24

Estados Unidos
2105 N.W. 86th Avenue
Doral, F.L. 33122
Tel. (1 305) 591 95 22 y 591 22 32
Fax (1 305) 591 91 45

Guatemala
7ª Avda. 11-11
Zona 9
Guatemala C.A.
Tel. (502) 24 29 43 00
Fax (502) 24 29 43 43

Honduras
Colonia Tepeyac Contigua a Banco Cuscatlan
Boulevard Juan Pablo, frente al Templo
Adventista 7º Día, Casa 1626
Tegucigalpa
Tel. (504) 239 98 84

México
Avda. Río Mixcoac, 274
Colonia Acacias
03240 México D.F.
Tel. (52 5) 554 20 75 30
Fax (52 5) 556 01 10 67

Panamá
Avda. Juan Pablo II, nº15. Apartado Postal
863199, zona 7. Urbanización Industrial
La Locería - Ciudad de Panamá
Tel. (507) 260 09 45

Paraguay
Avda. Venezuela, 276,
entre Mariscal López y España
Asunción
Tel./fax (595 21) 213 294 y 214 983

Perú
Avda. Primavera 2160
Surco
Lima 33
Tel. (51 1) 313 4000
Fax. (51 1) 313 4001

Puerto Rico
Avda. Roosevelt, 1506
Guaynabo 00968
Puerto Rico
Tel. (1 787) 781 98 00
Fax (1 787) 782 61 49

República Dominicana
Juan Sánchez Ramírez, 9
Gazcue
Santo Domingo R.D.
Tel. (1809) 682 13 82 y 221 08 70
Fax (1809) 689 10 22

Uruguay
Constitución, 1889
11800 Montevideo
Tel. (598 2) 402 73 42 y 402 72 71
Fax (598 2) 401 51 86

Venezuela
Avda. Rómulo Gallegos
Edificio Zulia, 1º - Sector Monte Cristo
Boleita Norte
Caracas
Tel. (58 212) 235 30 33
Fax (58 212) 239 10 51

Carlos Fuentes

El espejo enterrado
Reflexiones sobre
España y América

ALFAGUARA^{M.R.}

D. R. © 1992, Carlos Fuentes
D. R. © De esta edición:
   Santillana Ediciones Generales, S. A. de C. V., 2010
   Av. Río Mixcoac 274, Col. Acacias.
   México, D. F., C. P. 03240, México.
   Teléfono 5420 7530
   www.alfaguara.com.mx

Primera edición en Alfaguara: julio de 2010
Tercera reimpresión: mayo de 2012

ISBN: 978-607-11-0614-8

Diseño de cubierta: Leonel Sagahón

Impreso en México

Todos los derechos reservados. Esta publicación no puede ser reproducida, ni en todo ni en parte, ni registrada en o transmitida por un sistema de recuperación de información, en ninguna forma ni por ningún medio, sea mecánico, fotoquímico, electrónico, magnético, electroóptico, por fotocopia o cualquier otro, sin el permiso previo, por escrito, de la editorial.

PRISA EDICIONES

Introducción

El 12 de octubre de 1492, Cristóbal Colón desembarcó en una pequeña isla del hemisferio occidental. La hazaña del navegante fue un triunfo de la hipótesis sobre los hechos: la evidencia indicaba que la Tierra era plana; la hipótesis, que era redonda. Colón apostó a la hipótesis: puesto que la Tierra es redonda, se puede llegar al Oriente navegando hacia el Occidente. Pero se equivocó en su geografía. Creyó que había llegado a Asia. Su deseo era alcanzar las fabulosas tierras de Cipango (Japón) y Catay (China), reduciendo la ruta europea alrededor de la costa de África, hasta el extremo sur del Cabo de Buena Esperanza y luego hacia el este hasta el Océano Índico y las islas de las especias.

No fue la primera ni la última desorientación occidental. En estas islas, que él llamó "las Indias", Colón estableció las primeras poblaciones europeas en el Nuevo Mundo. Construyó las primeras iglesias; ahí se celebraron las primeras misas cristianas. Pero el navegante encontró un espacio donde la inmensa riqueza asiática con que había soñado estaba ausente. Colón tuvo que inventar el descubrimiento de grandes riquezas en bosques, perlas y oro, y enviar esta información a España. De otra manera, su protectora, la reina Isabel, podría haber pensado que su inversión (y su fe) en este marinero genovés de imaginación febril había sido un error.

Pero Colón, más que oro, le ofreció a Europa una visión de la Edad de Oro restaurada: éstas eran las tierras de Utopía, el tiempo feliz del hombre natural. Colón había descubierto el paraíso terrenal y el buen salvaje que lo habitaba. ¿Por qué, entonces, se vio obligado a negar inmediatamente su propio descubrimiento, a atacar a los hombres a los cuales acababa de describir como "muy mansos y sin saber que sea mal ni matar a otros ni prender, y sin armas", darles caza, esclavizarles y aun enviarlos a España encadenados?

Al principio Colón dio un paso atrás hacia la Edad Dorada. Pero muy pronto, a través de sus propios actos, el paraíso terrenal fue destruido y los buenos salvajes de la víspera fueron vistos como "buenos para les mandar y les hazer trabajar y sembrar y hazer todo lo otro que fuera menester".

Desde entonces, el continente americano ha vivido entre el sueño y la realidad, ha vivido el divorcio entre la buena sociedad que deseamos y la sociedad imperfecta en la que realmente vivimos. Hemos persistido en la esperanza utópica porque fuimos fundados por la utopía, porque la memoria de la sociedad feliz está en el origen mismo de América, y también al final del camino, como meta y realización de nuestras esperanzas.

Quinientos años después de Colón, se nos pidió celebrar el quinto centenario de su viaje, sin duda uno de los grandes acontecimientos de la historia humana, un hecho que en sí mismo anunció el advenimiento de la Edad Moderna y la unidad geográfica del planeta. Pero muchos de nosotros, en las comunidades hispanohablantes de las Américas, nos preguntamos: ¿tenemos realmente algo que celebrar?

Un vistazo a lo que ocurre en las repúblicas latinoamericanas al finalizar el siglo XX nos llevaría a responder negativamente. En Caracas o en la Ciudad de México, en Lima o en Río de Janeiro, el quinto centenario del "descubrimiento de América" nos sorprendió en un estado de profunda crisis. Inflación, desempleo, la carga excesiva de la deuda externa. Pobreza e ignorancia crecientes; abrupto descenso del poder adquisitivo y de los niveles de vida. Un sentimiento de frustración, de ilusiones perdidas y esperanzas quebrantadas. Frágiles democracias, amenazadas por la explosión social.

Yo creo, sin embargo, que a pesar de todos nuestros males económicos y políticos, sí tenemos algo que celebrar. La actual crisis que recorre a Latinoamérica ha demostrado la fragilidad de nuestros sistemas políticos y económicos. La mayor parte ha caído estrepitosamente. Pero la crisis también reveló algo que permaneció en pie, algo de lo que no habíamos estado totalmente conscientes durante las décadas precedentes del auge económico y el fervor político. Algo que en medio de todas nuestras desgracias permaneció en pie: nuestra herencia cultural. Lo que hemos creado con la mayor alegría, la mayor gravedad y el riesgo mayor. La cultura que hemos sido capaces de crear durante los pasados quinientos años, como descendientes de indios, negros y europeos, en el Nuevo Mundo.

La crisis que nos empobreció también puso en nuestras manos la riqueza de la cultura, y nos obligó a darnos cuenta de que no existe un solo latinoamericano, desde el Río Bravo hasta el Cabo de Hornos, que no sea heredero legítimo de todos y cada uno de los aspectos de nuestra tradición cultural. Es esto lo que deseo explorar en este libro. Esa tradición que se extiende de las piedras de Chichén Itzá y Machu Picchu a las modernas influencias indígenas en la pintura y la arquitectura. Del barroco de la era colonial a la literatura contemporánea de Jorge Luis Borges y Gabriel García Márquez. Y de la múltiple presencia europea en el hemisferio —ibérica, y a través de Iberia, mediterránea, romana, griega y también árabe y judía— a la singular y sufriente presencia negra africana. De las cuevas de Altamira a los grafitos de Los Ángeles. Y de los primerísimos inmigrantes a través del estrecho de Bering, al más reciente trabajador indocumentado que anoche cruzó la frontera entre México y los Estados Unidos.

Pocas culturas del mundo poseen una riqueza y continuidad comparables. En ella, nosotros, los hispanoamericanos, podemos identificarnos e identificar a nuestros hermanos y hermanas en este continente. Por ello resulta tan dramática nuestra incapacidad para establecer una identidad política y económica comparable. Sospecho que esto ha sido así porque, con demasiada frecuencia, hemos buscado o impuesto modelos de desarrollo sin mucha relación con nuestra realidad cultural. Pero es por ello, también, que el redescubrimiento de los valores culturales pueda darnos, quizás, con esfuerzo y un poco de suerte, la visión necesaria de las coincidencias entre la cultura, la economía y la política. Acaso ésta es nuestra misión en el siglo XXI.

Éste es un libro dedicado, en consecuencia, a la búsqueda de la continuidad cultural que pueda informar y trascender la desunión económica y la fragmentación política del mundo hispánico. El tema es tan complejo como polémico, y trataré de ser ecuánime en su discusión. Pero también seré apasionado, porque el tema me concierne íntimamente como hombre, como escritor y como ciudadano, de México, en la América Latina, y escribiendo la lengua castellana.

Buscando una luz que me guiase a través de la noche dividida del alma cultural, política y económica del mundo de habla española, la encontré en el sitio de las antiguas ruinas totonacas de El Tajín, en Veracruz, México. Veracruz es el estado natal de mi familia. Ha sido el puerto de ingreso para el cambio, y al mismo tiempo el hogar perdurable de la identidad mexicana. Los conquistadores españoles, franceses y norteamericanos han entrado a México a través de Veracruz. Pero las más antiguas culturas, los olmecas al sur del puerto, desde hace 3,500 años, y los totonacas al norte, con una antigüedad de 1,500 años, también tienen sus raíces aquí.

En las tumbas de sus sitios religiosos se han encontrado espejos enterrados cuyo propósito, ostensiblemente, era guiar a los muertos en su viaje al inframundo. Cóncavos, opacos, pulidos, contienen la centella de luz nacida en medio de la oscuridad. Pero el espejo enterrado no es sólo parte de la imaginación indígena americana. El poeta mexicano-catalán Ramón Xirau ha titulado uno de sus libros *L'Espil Soterrat* —El espejo enterrado—, recuperando una antigua tradición mediterránea no demasiado lejana de la de los más antiguos pobladores indígenas de las Américas. Un espejo: un espejo que mira de las Américas al Mediterráneo, y del Mediterráneo a las Américas. Éste es el sentido y el ritmo mismo de este libro.

En esta orilla, los espejos de pirita negra encontrados en la pirámide de El Tajín en Veracruz, un asombroso sitio cuyo nombre significa "relámpago". En la Pirámide de los Nichos, que se levanta a una altura de 25 metros sobre una base de 1,225 metros cuadrados, 365 ventanas se abren hacia el mundo, simbolizando, desde luego, los días del año solar. Creado en la piedra, El Tajín es un espejo del tiempo. En la otra orilla, el Caballero de los Espejos creado por Miguel de Cervantes, le da batalla a Don Quijote, tratando de curarlo de su locura. El viejo hidalgo tiene un espejo en su mente, y en él se refleja todo lo que Don Quijote ha leído y que, pobre loco, considera fiel reflejo de la verdad.

No muy lejos, en el Museo del Prado en Madrid, el pintor Velázquez se pinta pintando lo que realmente está pintando, como si hubiese creado un espejo. Pero en el fondo mismo de su tela, otro espejo refleja a los verdaderos testigos de la obra de arte: tú y yo.

Acaso el espejo de Velázquez también refleje, en la orilla española, el espejo humeante del dios azteca de la noche, Tezcatlipoca, en el momento en que visita a la serpiente emplumada, Quetzalcóatl, el dios de la paz y de la creación, ofreciéndole el regalo de un espejo. Al verse reflejado, el dios bueno se identifica con la humanidad y cae aterrado: el espejo le ha arrebatado su divinidad.

¿Encontrará Quetzalcóatl su verdadera naturaleza, tanto humana como divina, en la casa de los espejos, el templo circular del viento en la pirámide tolteca de Teotihuacan, o en el cruel espejo social de *Los caprichos* de Goya, donde la vanidad es ridiculizada y la sociedad no puede engañarse a sí misma cuando se mira en el espejo de la verdad?: ¿Creías que eras un galán? Mira, en realidad eres un mico.

Los espejos simbolizan la realidad, el Sol, la Tierra y sus cuatro direcciones, la superficie y la hondura terrenales, y todos los hombres y mujeres que la habitamos. Enterrados en escondrijos a lo largo de las Américas, los espejos cuelgan ahora de los cuerpos de los más humildes celebrantes en el altiplano peruano o en los carnavales indios de México, donde el pueblo baila vestido con tijeras o reflejando el mundo en los fragmentos de vidrio de sus tocados. El espejo salva una identidad más preciosa que el oro que los indígenas le dieron, en canje, a los europeos.

¿Acaso no tenían razón? ¿No es el espejo tanto un reflejo de la realidad como un proyecto de la imaginación?

Bisonte. Cuevas de Altamira

1. La virgen y el toro

A través de España, las Américas recibieron en toda su fuerza a la tradición mediterránea. Porque si España es no sólo cristiana, sino árabe y judía, también es griega, cartaginesa, romana, y tanto gótica como gitana. Quizás tengamos una tradición indígena más poderosa en México, Guatemala, Ecuador, Perú y Bolivia, o una presencia europea más fuerte en Argentina o en Chile. La tradición negra es más fuerte en el Caribe, en Venezuela y en Colombia, que en México o Paraguay. Pero España nos abraza a todos; es, en cierta manera, nuestro *lugar común*. España, la madre patria, es una proposición doblemente genitiva, madre y padre fundidos en uno solo, dándonos su calor a veces opresivo, sofocantemente familiar, meciendo la cuna en la cual descansan, como regalos de bautizo, las herencias del mundo mediterráneo, la lengua española, la religión católica, la tradición política autoritaria —pero también las posibilidades de identificar una tradición democrática que pueda ser genuinamente nuestra, y no un simple derivado de los modelos franceses o angloamericanos.

La España que llegó al Nuevo Mundo en los barcos de los descubridores y conquistadores nos dio, por lo menos, la mitad de nuestro ser. No es sorprendente, así, que nuestro debate con España haya sido, y continúe siendo, tan intenso. Pues se trata de un debate con nosotros mismos. Y si de nuestras discusiones con los demás hacemos política, advirtió W. B. Yeats, de nuestros debates con nosotros mismos hacemos poesía. Una poesía no siempre bien rimada o edificante, sino más bien, a veces, un lirismo duramente dramático, crítico, aun negativo, oscuro como un grabado de Goya, o tan compasivamente cruel como una imagen de Buñuel. Las posiciones en favor o en contra de España, su cultura y su tradición, han coloreado las discusiones de nuestra vida política e intelectual. Vista por algunos como una virgen inmaculada, por otros como una sucia ramera, nos ha tomado tiempo darnos cuenta de que nuestra relación con España es tan conflictiva como nuestra relación con nosotros mismos. Y tan conflictiva como la relación de España con ella misma: irresuelta, a veces enmascarada, a veces resueltamente intolerante, maniquea, dividida entre el bien y el mal absolutos. Un mundo de sol y sombra, como en la plaza de toros. A menudo, España se ha visto a sí misma de la misma manera que nosotros la hemos visto. La medida de nuestro odio es idéntica a la medida de nuestro amor. ¿Pero no son éstas sino maneras de nombrar la pasión?

Varios traumas marcan la relación entre España y la América española. El primero, desde luego, fue la conquista del Nuevo Mundo, origen de un conocimiento terrible, el que nace de estar presentes en el momento mismo de nuestra creación, observadores de nuestra propia violación, pero también testigos de las crueldades y ternuras contradictorias que formaron parte de nuestra concepción. Los hispanoamericanos no podemos ser entendidos sin esta conciencia intensa del momento en que fuimos concebidos, hijos de una madre anónima, nosotros mismos desprovistos de nombre, pero totalmente conscientes del nombre de nuestros padres. Un dolor magnífico funda la relación de Iberia con el Nuevo Mundo: un parto que ocurre con el conocimiento de todo aquello que hubo de morir para que nosotros naciésemos: el esplendor de las antiguas culturas indígenas.

En nuestras mentes hay muchas "Españas". Existe la España de la "leyenda negra": inquisición, intolerancia y contrarreforma, una visión promovida por la alianza de la modernidad con el protestantismo, fundidos a su vez en una oposición secular a España y todas las cosas españolas. En seguida, existe la España de los viajeros ingleses y de los románticos franceses, la España de los toros, Carmen y el flamenco. Y existe también la madre España vista por su descendencia colonial en las Américas, la España ambigua del cruel conquistador y del santo misionero, tal y como nos los ofrece, en sus murales, el pintor mexicano Diego Rivera.

El problema con los estereotipos nacionales, claro está, es que contienen un grano de verdad, aunque la repetición constante lo haya enterrado. ¿Ha de morir el grano para que la planta germine? El texto es lo que está ahí, claro y ruidoso a veces; pero el contexto ha desaparecido. Restaurar el contexto del lugar común puede ser tan sorprendente como peligroso. ¿Simplemente reforzamos el clisé? Este peligro se puede evitar cuando intentamos revelarnos a nosotros mismos, como miembros de una nacionalidad o de una cultura, y a un público extranjero, los significados profundos de la iconografía cultural, por ejemplo de la intolerancia y de la crueldad, y de lo que estos hechos disfrazan. ¿De dónde vienen estas realidades? ¿Por qué son, en efecto, reales y perseverantes?

Encuentro dos constantes del contexto español. La primera es que cada lugar común es negado por su opuesto. La España romántica y pintoresca de Byron y Bizet, por ejemplo, convive cara a cara con las figuras severas, casi sombrías y aristocráticas de El Greco y Velázquez; y éstas, a su vez, coexisten con las figuras extremas, rebeldes a todo ajuste o definición, de un Goya o de un Buñuel. La segunda constante de la cultura española es revelada en su sensibilidad artística, en la capacidad para hacer de lo invisible visible, mediante la integración de lo marginal, lo perverso, lo excluido, a una realidad que en primer término es la del arte.

Pero el ritmo y la riqueza mismos de esta galaxia de oposiciones es resultado de una realidad española aún más fundamental: ningún otro país de Europa, con la excepción de Rusia, ha sido invadido y poblado por tantas y tan diversas olas migratorias.

La arena española

El mapa de Iberia se asemeja a la piel de un toro, tirante como un tambor, recorrida por los senderos dejados por hombres y mujeres cuyas voces y rostros, nosotros, en la América española, percibimos débilmente. Pero el mensaje es claro: la identidad de España es múltiple. El rostro de España ha sido esculpido por muchas manos: ibéricos y celtas, griegos y fenicios, cartagineses, romanos y godos, árabes y judíos.

El corazón de la identidad española acaso comenzó a latir mucho antes de que se consignase la historia, hace 25,000 o 30,000 años, en las cuevas de

Altamira, Buxo o Tito Bustillo, en el reino cantábrico de Asturias. Miguel de Unamuno las llamó las costillas de España. Y aunque hoy sus formas pueden parecernos tan llamativamente modernas como una escultura de Giacometti, hace miles de años los primeros españoles se acurrucaron aquí, cerca de las entradas, protegiéndose del frío y de las bestias feroces. Reservaron vastos espacios para sus ceremonias en estas catedrales subterráneas: ¿ritos propiciatorios?, ¿actos de iniciación?, ¿sumisión de la naturaleza?

Independientemente de estos propósitos, las imágenes que los primeros españoles dejaron aquí nos continúan asombrando: son los primeros íconos de la humanidad. Entre ellos, sorprende encontrar una firma, la mano del hombre, y una imagen potente de fuerza y fertilidad animales. Si la mano del primer español es una firma audaz sobre los muros blancos de la creación, la imagen animal se convirtió con el tiempo en el centro de antiguos cultos del Mediterráneo que transformaron al toro en el símbolo del poder y de la vida. Claro está, es un bisonte lo que vemos representado en las cuevas españolas. A pesar del transcurso de los siglos, el animal mantiene su brillante color ocre y los negros perfiles que destacan su forma. Y no está solo. También encontramos descripciones de caballos, jabalíes y venados.

Dos hechos me llaman la atención cuando visito Altamira. Uno es que la bóveda donde están pintados los bisontes estaba sellada ya en la oscuridad durante el Alto Paleolítico. El otro es que esta cueva sólo haya sido descubierta en 1879, por una niña de cinco años, llamada María de Santuola, que jugaba cerca de la entrada. Pero de la oscuridad sin tiempo de Altamira, lo que emerge es el toro español que enseguida se posesiona, hasta este día, de la tierra. Su representación se extiende desde los toros yacientes de Osuna, que datan de la época ibérica y los siglos IV y III a. C., a la espléndida representación celta de los toros guardianes de Guisando, que pudieron ser firmados por Brancusi, al toro negro en los anuncios que hoy se encuentran en todos los caminos de España, invitando a consumir el brandy de Osborne. Pero la representación moderna del toro español acaso culmine con la cabeza trágica del animal que preside la noche humana en la *Guernica* de Pablo Picasso.

Acaso la pequeña María de Santuola, como Dorothy en la Tierra de Oz, o Alicia en el País de las Maravillas, realmente vio una figura mitológica, esa bestia de Balazote que hoy nos observa desde los majestuosos salones del Museo Nacional de Arqueología de Madrid. La bestia de Balazote es un toro con cabeza humana, que relaciona directamente la cultura taurófila de España con su arena cultural mayor, que es la cuenca del Mediterráneo. En Creta, la isla donde se cree que se originó la corrida de toros, el hombre y el toro eran vistos como uno solo, un toro que es un hombre y un hombre que es un toro: el minotauro. Quizás todas las demás derivaciones del símbolo taurino no sean, al fin y al cabo, sino una especie de nostalgia de la tauromorfosis original: poseer la fuerza y fertilidad del toro, junto con la inteligencia y la imaginación del ser humano.

La humanidad mediterránea se acerca al toro viéndolo como un compañero de juegos, balanceándose sobre el dorso del animal, como en las descripciones cretenses donde el jinete salta sobre el toro o viaja sobre sus espaldas; o como un brutal símbolo de la violación, como en el rapto de Europa por Zeus disfrazado de toro; o como una sublimación de la violencia en la cosmogonía, cuando el símbolo se convierte en una constelación estelar, Taurus; o como un simple asunto amoroso, cuando Europa consiente, con adoración, a los apasionados requerimientos de su toro.

El primer matador es el héroe nacional ateniense Teseo, vencedor del minotauro. Hércules, su contemporáneo, es quien lleva la mitología del toro a España. Como Teseo, Hércules mata a un toro con aliento de fuego en Creta. Pero también viaja a España, donde roba el rebaño de toros rojos pertenecientes al gigante con tres cuerpos, Gerión, y los regresa a Grecia. Para hacer esto, Hércules tuvo que cruzar el estrecho entre África y el sur de España. De ahí el nombre de este pasaje: las Columnas de Hércules. Pero en el nombre hay algo más que un reconocimiento geográfico. Hay también la liga y la hendidura de una de las más antiguas ceremonias de la humanidad: la muerte ritual del animal sagrado. Hércules demuestra su nobleza devolviendo una parte del ganado a España, en reconocimiento de la hospitalidad que ahí recibió. A partir de ese momento, el rey Crisaor estableció en España el rito anual de un toro sacrificado en honor de Hércules.

Hércules no es sino el símbolo de la cabalgata de pueblos que han llegado a las playas de España desde la más remota Antigüedad. Todos ellos dieron forma al cuerpo y al alma, no sólo de España, sino de sus descendientes en el Nuevo Mundo. Los primeros iberos llegaron hace más de tres mil años, dándole a toda la península su nombre duradero. También dejaron su propia imagen del toro guardando los caminos del ganado, protegiendo una ruta que nos lleva hasta el primer gran lugar común de España, la plaza de toros. Pero un lugar común significa precisamente eso, un sitio de encuentro, un espacio de reconocimientos, un lugar que compartimos con otros. ¿Y qué es lo que se encuentra y reconoce en la plaza de toros? En primer lugar, el propio pueblo. Empobrecido, rural, aislado en medio de una geografía dura y distante, en la plaza de toros el pueblo se reúne, en lo que una vez fue un rito semanal, el sacrificio del domingo en la tarde, el declive pagano de la misa cristiana. Dos ceremonias unidas por el sentido sacrificial, pero diferentes en su momento del día: misas matutinas, corridas vespertinas. La misa, una corrida iluminada por el sol sin ambigüedades del cenit. La corrida, una misa de luz y sombras, teñida por el inminente crepúsculo.

En la plaza de toros, el pueblo se encuentra a sí mismo y encuentra el símbolo de la naturaleza, el toro, que corre hasta el centro de la plaza, peligrosamente asustado, huyendo hacia adelante, amenazado pero amenazante, cruzando la frontera entre el sol y la sombra que divide al coso como la noche y el día, como la vida y la muerte. El toro sale corriendo a encontrarse con su antagonista humano, el matador en su traje de luces.

¿Quién es el matador? Nuevamente, un hombre del pueblo. Aunque el arte del toreo ha existido desde los tiempos de Hércules y Teseo, en su forma actual sólo fue organizado hacia mediados del siglo XVIII. En ese momento, dejó de ser un deporte de héroes y aristócratas para convertirse en una profesión popular. La edad de Goya fue una época de vagabundeo aristocrático, cuando las clases altas se divirtieron imitando al pueblo y disfrazándose de toreros y actrices. Esto le dio a las profesiones de la farándula un poder emblemático comparable al que disfrutan en la actualidad. Los toreros españoles han sido tan idolatrados como Elvis Presley o Frank Sinatra en nuestro propio tiempo. Como éstos, representan un triunfo del pueblo.

Pero el toreo es también, no lo olvidemos, un evento erótico. ¿Dónde, sino en la plaza de toros, puede el hombre adoptar poses tan sexualmente provocativas? La desfachatez llamativa del traje de luces, las taleguillas apretadas, el alarde de los atributos sexuales, las nalgas paradas, los testículos apretados bajo la tela, el andar obviamente seductor y autoapreciativo, la lujuria de la sensación y la sangre. La corrida autoriza esta increíble arrogancia y exhibicionismo sexuales. Sus raíces son oscuras y profundas. Cuando los jóvenes aldeanos aprenden a combatir a los toros, muchas veces sólo pueden hacerlo de noche y en secreto, acaso cruzando un río, desnudos, o en un campo de abrojos, desgarrados, entrando sin autorización al cortijo del rico, aprendiendo a combatir los toros prohibidos, en secreto, ilegalmente, en la más oscura hora de la noche. Tradicionalmente, los torerillos han visto una tentación en este tipo de encuentro porque, impedidos de ver al toro en la noche, deben combatirlo muy de cerca, adivinando la forma de la bestia, sintiendo su cuerpo cálidamente agresivo contra el del novillero que, de esta manera, aprende a distinguir la forma, los movimientos y los caprichos de su contrincante.

El joven matador es el príncipe del pueblo, un príncipe mortal que sólo puede matar porque él mismo se expone a la muerte. La corrida de toros es una apertura a la posibilidad de la muerte, sujeta a un conjunto preciso de normas. Se supone que el toro, como el mitológico Minotauro, ha nacido totalmente armado, con todos los dones que la naturaleza le ha dado. Al matador le corresponde descubrir con qué clase de animal tiene que habérselas, a fin de transformar su encuentro con el toro, de hecho natural, en ceremonia, ritual, dominio de la fuerza natural. Antes que nada, el torero debe medirse contra los cuernos del toro, ver hacia dónde carga y enseguida cruzarse contra sus cuernos. Esto lo logra mediante la estratagema conocida como *cargar la suerte*, que se encuentra en el meollo mismo del arte del toreo. Dicho de la manera más sencilla, consiste en usar con arte la capa a fin de controlar al toro en vez de permitirle que siga sus instintos. Mediante la capa y los movimientos de los pies y el cuerpo, el matador obliga al toro a cambiar de dirección e ir hacia el campo de combate escogido por el torero. Con la pierna adelantada y la cadera doblada, el matador convoca al toro con la capa: ahora el toro y el torero se mueven juntos, hasta culminar en el pase perfecto, el instante asombroso de una cópula estatuaria, toro y torero entrelazados, dándose el uno al otro las cualidades de fuerza, belleza y riesgo, de una imagen a un tiempo inmóvil y dinámica. El momento mítico es restaurado: el hombre y el toro son una vez más, como en el Laberinto de Minos, la misma cosa.

El matador es el protagonista trágico de la relación entre el hombre y la naturaleza. El actor de una ceremonia que evoca nuestra violenta sobrevivencia a costas de la naturaleza. No podemos negar nuestra explotación de la naturaleza porque es la condición misma de nuestra sobrevivencia. Los hombres y mujeres que pintaron los animales en la cueva de Altamira ya sabían esto.

España arranca la máscara de nuestra hipocresía puritana en relación con la naturaleza y transforma la memoria de nuestros orígenes y nuestra sobrevivencia a costa de lo natural, en una ceremonia de valor y de arte y, tal vez, hasta de redención. El domingo de Pascua, en la gran plaza de La Maestranza de Sevilla, comienza la temporada taurina. Mientras la cuadrilla aparece al ritmo de la música del paso doble honrando a la virgen de la Macarena, el círculo que va del toreo al flamenco y al culto de la virgen y de vuelta a su hijo protegido, el torero, se cierra sobre sí mismo.

Sea cual sea el rostro del matador en esta tarde particular, uno siempre recuerda al torero esencial, Pedro Romero, pintado por Goya. El pintor nos muestra al torero con sus nobles facciones, su quijada firme, las mejillas rígidas, una pequeña y apretada boca, la nariz perfectamente recta, fina, las cejas separadas y una frente despejada. Sobre sus sienes han aparecido los primeros mechones plateados. Pero el centro de atención son los ojos, llenos de competencia y ternura. Sus manos son largas, delicadas y fuertes; viste una capa de terciopelo rosa oscuro, una chaqueta azul negro y un chaleco gris que le da al lino de la camisa una excepcional blancura. La pintura en su totalidad ofrece una extraordinaria impresión de serenidad y de belleza masculina que, uno lo siente y lo teme, el mismo pintor envidiaba.

Pedro Romero fue pintado por Goya cuando el matador tenía 40 años. Romero inició el toreo moderno en la arena de Ronda. A lo largo de su vida mató 5,558 toros bravos, y murió a los 80 sin una sola cicatriz en su cuerpo.

Se podría argumentar que el virginal cuerpo de Pedro Romero, el torero perfecto que nunca derramó su sangre en la arena, no merece las lágrimas negras de una sola de las madres vírgenes de España. Pero Jesucristo, el Dios que murió crucificado, cuyo cuerpo sufrió heridas en las manos, la frente, los pies, las rodillas y los costados, sí merece la compasión maternal —y España se la proporciona en abundancia.

Figuras maternas

Las figuras maternas originales de España están una cerca de la otra en el Museo Arqueológico de Madrid. La Dama de Baza fue excavada de una tumba cerca de Granada apenas en 1971. Sentada sobre un sillón comparable a un trono, una paloma en la mano, vigilante junto a las tumbas de sus ancestros y herederos, sus manos cargadas de anillos son el símbolo de la autoridad materna, vestida con ropajes etéreos, presidiendo siempre el nacimiento y la muerte de su pueblo. Interpretada como una diosa funeraria, el hecho de que haya permanecido enterrada durante 24 siglos le permite también ostentar el título de Diosa de la Tierra.

Pero cerca de la figura materna, siempre, encontramos a la seductora: la Dama de Elche. Las fechas son controvertidas (pudo haber sido creada en cualquier momento entre los siglos II y V) y posee también perturbadores rasgos físicos y simbólicos. Si bien la figura ha llegado hasta nosotros como prototipo del arte de la España ibérica, casi como su Gioconda, la influencia griega es absolutàmente clara en la ejecución de su cara: la simetría, el realismo, el sentido de proporción y la delicadeza de sus líneas. Pero si es una dama clásica, también es una figura de una elegancia bárbara. El equilibrio griego lo rompen los suntuosos ornamentos orientales que lleva, su tocado, sus aretes y collares. Luciendo, tal vez, la primera mantilla, dos discos enormes cubren sus orejas como una especie de audífonos primitivos que la comunican con la música de una región que solamente ella comprende y escucha. ¿El cielo? ¿La tierra? ¿El infierno? La Dama de Elche parece sorda a las banalidades morales. Eróticamente perversa, doncella, amante voluptuosa, sacerdotisa; uno puede imaginarla en cualquiera de estos papeles.

Su rasgo más perturbador, sin embargo, es que es ligeramente bizca. Un ancestral signo de erotismo secreto, la mujer bizca mira fijamente con los ojos de un basilisco. La Dama de Elche, la vampiresa temible, quebranta su pureza clásica con el estrabismo y la moda bárbara, remitiéndonos de vuelta a esta verdad elemental: todas las diosas terrenas son ambiguas, jánicas, tiernas y exigentes, madres y amantes, vírgenes y tentadoras. Y todas ellas son figuras de una fecundidad impura, como las diosas terriblemente ambiguas del panteón azteca. La suprema madre de la tierra, Coatlicue, da a luz a su camada de dioses mediante signos de dolor y crueldad extremos. Y el equivalente de Venus en el México antiguo, la diosa Tlazoltéotl, representa tanto la pureza como la impureza: es la diosa que devora la basura a fin de limpiar la tierra.

La figura virginal que ha presidido la vida de España y de la América española durante tanto tiempo y con tanto poder, no es ajena a estas antiquísimas figuras maternas de Europa y del Nuevo Mundo. Pero en España, durante las grandes celebraciones de la Semana Santa, y en Hispanoamérica a través de una liga resurrecta con las religiones paganas, esta figura de veneración se convierte también en una madre inquietante, ambigua, directamente emparentada con las diosas del alba, su descendiente.

El cristianismo enriqueció vigorosamente la imaginería previa de España. Dios padre, creador de la Tierra, y su hijo, Cristo el redentor, quien sufrió y murió por nosotros y por nuestra salvación. Pero junto con ellos llega, otra vez, la figura de la madre, la madona que da vida y protección. La madre y el hijo se unen en el cristianismo a través de la compasión y el misterio. El misterio supremo, desde luego, es el de la inmaculada concepción. Cristo nace de una virgen y en consecuencia es objeto de la fe. Y de la fe dijo Tertuliano, uno de los primeros escritores del cristianismo: "Es cierto porque es absurdo". Lo cual significa que debemos creer, aunque no comprendamos.

Todas estas mutaciones religiosas y eróticas del alma española alcanzan su cumbre de pasión y compasión en la liga entre la virgen y su hijo. Ésta es la realidad que se encuentra en el eje del más asombroso e inquietante, místico y sensual de todos los espectáculos españoles: la Semana Santa en Sevilla.

Más de cincuenta imágenes de la virgen María son paseadas en procesiones que serpentean por la ciudad entre el jueves en la noche y la mañana del sábado de Gloria. En cada barrio, hombres de toda condición social marchan en hermandades honrando a su propia virgen y haciendo penitencia en nombre de Cristo y de su madre. Cada penitente carga cruces, porta cirios y se viste con los solemnes ropajes de su hermandad.

Durante el año entero, pero también de generación en generación, los gremios de tintoreras y cereros, los tejedores de lino y los corredores de hilo de oro han trabajado el palio y el manto, la saya y la toca, el mantolín y la túnica de todo este divino serrallo: Virgen del Rocío, Señora de los Reyes, Virgen de la Macarena, Virgen de Triana. Ahora, en mangas de camisa, los costaleros portan el templo flotante de la virgen a lo largo de las calles de Sevilla, sobre sus hombros, descalzos, invisibles, entre los faldones de la virgen, protegidos por los faldones y respiradores sagrados, cargando el peso de la madre de Dios.

Ella es, por supuesto, el centro de toda esta atención. Su rostro enmarcado por una cofia de oro, rostro color de luna, surcado por gruesos lagrimones negros. Coronada por una tiara solar de rayos como navajas, apretando rosas muertas contra su pecho, y envuelta en la gran capa triangular que se derrumba desde los hombros hasta los pies, rizando el manto con incrustaciones de marfil y pedrería, medallones en forma de flor y enredados como serpientes de metal.

¿Cuál es el significado de esta "fiesta multicolor", como la llamó José Ortega y Gasset? ¿Se trata de un ejercicio de narcisismo colectivo gracias al cual Sevilla monta su propio espectáculo y luego se convierte en su propio espectador? ¿O es sencillamente la manera en que Andalucía absorbe el embate cultural de reiteradas invasiones —griegos, romanos, árabes— fundiéndolas todas en el crisol de su sensualidad religiosa y su paganismo sagrado?

Esta ceremonia también es un juego. Sólo así podemos comprender los gritos que siguen por dondequiera a la virgen, "guapa, guapa". Este sentido lúdico del espectáculo religioso se expresa perfectamente en la canción gitana que dice:

El Niño Dios se ha perdido.
Su Madre lo anda buscando.
Lo encuentra a orillas del río,
de juerga con los gitanos.

Un río de voces

El segundo lugar común de España es el tablado flamenco. El espacio casi sagrado donde la tentadora española, Carmen, la diosa en movimiento, puede representar.

En el tablado, los cantantes y guitarristas masculinos rasguean, preparan, calientan, entonan, mientras las mujeres se sientan y palmean. Pueden ser niñas núbiles, mujeres delgadas como escobas o viejas y barrigonas, pero llenas de fuego, animando el espectáculo flamenco con sus palmas y sus taconeos. Pero son, sobre todo, las bellísimas bailaoras. Altas, morenas y de figura llena, su cabellera a veces revuelta pero generalmente peinada hacia atrás y coronada por una peineta. Los cuerpos van envueltos en olanes, satines, sedas, encajes, complicadísimos corsets, ropa interior inimaginable, medias, mantones, nudos, claveles, peinetas. Jamás se desvestirán, pero sus cabelleras sin duda se enredarán y se soltarán y saltarán hacia adelante como la cabeza de una Medusa durante el baile. Rainer Maria Rilke vino a verlas en Ronda y dijo que levantaban los brazos "como serpientes asustadas".

Estas danzarinas vienen de muy lejos. Las encontramos bailando ya en los pisos de Pompeya. Las bailaoras de Cádiz fueron la sensación de la Roma imperial. Marcial habla de sus "sabias contorsiones", en tanto que Juvenal las describe "enfebrecidas por el aplauso, hundiéndose hasta el piso con nalgas temblorosas". Lord Byron pudo verlas como "las morenas doncellas del cielo"; pero otro viajero inglés del siglo XIX, menos pintoresco pero más moralista, escribió que aunque los bailes de España eran indecentes, los danzantes mismos eran inviolablemente castos. Pero en cosas de Andalucía, como siempre, es Federico García Lorca quien tiene la última palabra. Las gitanas, escribe, "son mitad bronce, mitad sueño". Ve a las danzantes como mujeres paralizadas por la luna.

Y así es. El baile flamenco no es sino el satélite del *cante* flamenco, el *cante jondo*, el río de voces como le definió, una vez más, García Lorca. El baile es la luna, circulando alrededor del sol, que es el centro del sistema solar del cante jondo, río de voces, cante solar que pega directamente en nuestro plexo solar con su poder atávico y su antiguo magnetismo. Se trata de una forma híbrida que atrae hacia su sistema más de quinientos tipos musicales diferentes, desde el llamado musulmán a la oración, hasta la última rumba tropical, transformándolos a todos a fin de que la urgencia más honda del flamenco se manifieste: cantar las situaciones humanas más extremas e íntimas. Amor, celos, venganza, nostalgia, desesperación, dios, muerte, madre. En el cante jondo el destino trágico se apodera de todo, y en su espiral, las palabras pierden su forma cotidiana transformándose, en efecto, en una canción río, manantial verbal de emociones inexpresables. A veces, el flamenco trasciende su forma improvisada hasta convertirse en algo semejante al grito. Un grito, se ha dicho, no debajo de las palabras sino por encima de ellas. Un grito ahí donde las palabras no son suficientes. Pues es el alma lo que canta en el flamenco, dándole voz a las emociones más oscuras e incontrolables.

Pero el centro del baile flamenco y del cante jondo es, otra vez, el acontecimiento erótico. Y en el centro de este centro encontramos nuevamente a la mujer, la tentadora, ataviada absolutamente en los rumorosos drapeados del traje gitano, envuelta en el mantón, bailando sobre tacones altos, flotando entre moños, ahogada en olanes. La bailaora flamenca ofrece un contraste pero también establece un complemento a otro rasgo español e hispanoamericano: la turbulencia sexual ataviada en anhelos de santidad, tal y como la exhiben las figuras de las vírgenes paseadas por las calles de Sevilla durante la Semana Santa.

La sensualidad reprimida por la fe, pero sublimada por el sueño místico. Aquí mismo, en el escenario de Sevilla, el cante jondo reaparece en un contexto religioso. Los pasos se detienen cuando un hombre en una esquina, o una mujer desde un balcón, lanzan la saeta, el canto dirigido a la virgen de una manera amorosa y familiar. Pues la virgen ofrece poder y protección. Su poder viene del amor. Se le conoce íntimamente. Vive en Sevilla el año entero. Es como un miembro de la familia. Es la virgen de la Macarena, la patrona de los toreros, que llora por la muerte y el destino de todos sus hijos.

De esta suerte, el texto del lugar común español e hispanoamericano nos revela finalmente el contexto de una reunión sensual, de una imaginación erótica, de una relación sensible con la naturaleza y con el alma, sobre el cual habrá de crecer, al cabo, lo que llamamos "la historia" de España y de Hispanoamérica.

La Dama de Elche

2. La conquista de España

El destino de España es inseparable del Mediterráneo. El mar, en cierto modo, empieza y termina en España. Se entra al Mediterráneo desde el Atlántico por Andalucía. Pero antes de Colón, nadie venía del Atlántico hacia el Mediterráneo. Durante muchísimos siglos, España fue la única puerta de salida del Mediterráneo. Pero ¿había algo después del *Mare Nostrum?* A "Nuestro Mar", como lo llamaron los latinos, se ingresaba desde el Atlántico a través de los pilares de Hércules. Y, antes del Canal de Suez, no había otra manera de salir de él. Hoy, esa puerta de ingreso y egreso se llama Gibraltar, en memoria del cabecilla beréber que invadió España desde África en 711. Para el mundo moderno, Gibraltar es un nombre asociado con la roca y con las pólizas de seguros, pero, sobre todo, con la política británica de mantener el Mediterráneo abierto para el comercio y los movimientos navales. En la actualidad, como tantas otras cosas británicas, es un anacronismo. Pero Gibraltar sí nos recuerda que, durante siglos, el *Mare Nostrum* fue el centro geográfico donde Europa, Asia y África se encontraron y donde sus civilizaciones se fertilizaron mutuamente. Filosofía, literatura, política, comercio, guerra, religión y arte: ninguna faceta de la civilización común a Europa, Asia y África sería comprensible sin la forma que les imprimieron las riberas del *Mare Nostrum.*

El hombre mediterráneo podía atreverse a explorar tímidamente las costas de África hacia el sur. Pero hacia el occidente, no había nada sino miedo y misterio, no "Nuestro Mar" sino el mar del misterio: *Mare Ignotum*.

De tal suerte que España, en realidad, se convirtió en algo así como el callejón sin salida del Mediterráneo. Era posible moverse hacia el occidente, hasta España y detenerse ahí. No había nada más allá de España, y una de las puntas más occidentales de la península, apropiadamente, se llamó el cabo Finisterre, el cabo del fin del mundo. La cultura española fue determinada, en el más alto grado, por esta finalidad, esta excentricidad de su posición geográfica. Llegar a España significaba quedarse ahí porque no había nada después de España, salvo la opción de viajar de regreso al oriente de donde se había partido.

Este doble movimiento le dio forma a dos culturas españolas. Una cultura agraria profunda le dio la espalda al mar. Ésta era la cultura de los iberos. El Ebro, o el río de los iberos, era su hábitat, e "Iber" significa "río", por lo que, para prologar al retruécano joyceano, el origen de España es un iber-río. Los iberos llegaron a la península más de dos mil años antes de Cristo y desde el sur. Novecientos años antes de Cristo, se encontraron con los celtas llegados del norte y se fundieron con ellos para crear la cultura celtibérica que constituyó el corazón de la civilización agraria profunda de España, viva hasta el día de hoy. Cultura de pastores y de aldeas, de campesinos y de instintos tribales, alimentados de carne, quesos y pan, su aislamiento fue creciendo a medida que el litoral mediterráneo, de Cataluña a Andalucía, se convirtió en un collar de poblaciones extranjeras, emporios y puertos comerciales. Esta presencia mediterránea, ciertamente más comercial que política, fue encabezada por los fenicios mil años antes de Cristo. Sus barcos tartesos crearon los grandes mitos de la segunda cultura española, la cultura mediterránea, viajera, exterior. Es la cultura de Hércules y los toros, la cultura del comercio y de la comunicación encabezada por los "dignos mercaderes" de Tartesos a los que se refiere Ezequiel. Pero Tartesos es también el fin del mundo, el temor del desastre, el pronóstico de un negro vacío, una nada, donde sólo se puede escuchar un grito: "Aulliad, barcos de Tartesos… pues vuestra fuerza ha sido vencida". Al nacer, España entra con un grito a la Biblia y España es, finalmente, una vez más, la cultura de lo excéntrico, el callejón sin salida, el lugar a donde se escapa, de la misma manera que Jonás huye a Tartesos "de la presencia del Señor".

En la fuga bíblica de Jonás, lejos de la presencia de Dios, puede adivinarse un símbolo perverso tanto del retiro de España en sí misma, la España montañosa, agraria y tribal del interior, como de su tentación paralela de salir de sí misma y darle la cara al mar, a los barcos, al desafío de un mundo más allá de los pilares de Hércules donde el sol se hunde. Esa historia de conquista e invasión, que atrae a la fuerza extranjera hacia España, será repetida por la propia España en el Nuevo Mundo. La respuesta española al desafío del otro —el aragua en el Caribe, el azteca en México, el quechua en Perú— fue determinada por la experiencia de muchos siglos, cuando España fue el país conquistado.

Conquista benigna, mientras los fenicios y luego los griegos se limitaron a crear enclaves comerciales en las costas, con zonas de influencia restringida alrededor de los puertos de Gades (Cádiz) y Malaca (Málaga), aislando aún más la cultura primaria celti-bérica y estableciendo, en compensación, una nueva cultura mediterránea de la viña, el olivo, el marisco, los cereales, la circulación monetaria y la vida urbana. En efecto, la falta de desarrollo urbano en el interior es lo que más contrasta con los florecientes emporios costeros de la presencia fenicia y griega en España.

Una ciudad asediada

La conquista de España por el otro dejó de ser asunto puramente mercantil cuando el Mediterráneo pasó a ser el escenario de un gran conflicto militar que enfrentó a dos poderosos Estados, Cartago y Roma; África y Europa, tierra y mar, elefante y navío. Cuando Grecia abandonó a España, Cartago y Roma se hicieron presentes para conquistar, crear alianzas y, sobre todo, convertir a España en base para las mutuas agresiones de las dos superpotencias de la época. A fin de preparar su asalto final contra Roma, Aníbal, el joven comandante en jefe del ejército cartaginés, transformó a España en el trampolín desde el cual inició su marcha épica por el sur de Francia y por los Alpes hasta Italia. Pero después de derrotar a los romanos en el lago Trasimeno, Aníbal, mal abastecido, tuvo que regresar a su refugio español, confirmando de esta manera la sospecha de los romanos de que, si no conquistaban España, jamás conquistarían Cartago. De este modo, curiosamente, fue la victoria de Aníbal en Italia lo que atrajo a Roma hasta España. Y con Roma llegaron las formaciones más duraderas de la cultura española. Lengua, derecho, filosofía, una visión de la historia universal, comunicaciones. Todo ello, eternamente asociado con la prolongada presencia española de Roma, se basa en la realidad fundamental de la ciudad.

Durante largo tiempo Roma fue la experiencia culminante de la conquista de España por una fuerza exterior: antes de las invasiones musulmanas de 711, y antes de la propia empresa de conquista española en el mundo indoamericano después de 1492. Se trata de una experiencia singular, porque si en las Américas, España, de manera deliberada, aplastó a civilizaciones preexistentes, cortándolas en flor, destruyendo lo bueno junto con lo malo, y sustituyendo violentamente una forma de cultura por otra, la experiencia hispánica con los romanos fue exactamente la opuesta. Italia creó en España un gobierno e instituciones públicas orgánicas y duraderas. Trajo ideas de unidad y de amplia corresponsabilidad humana donde éstas no existían o eran sumamente débiles. Y lo hizo mediante el instrumento de la vida urbana.

A lo largo de esta experiencia se estableció un conjunto de tradiciones que no sólo le darían forma a la cultura y a las instituciones, a la psicología y a las respuestas vitales de España, sino a las de sus descendientes en las Américas.

Más allá de los estereotipos nacionales, entonces, existe un buen número de experiencias significativas que crearon una tradición española e hispanoamericana por lo menos a partir del tiempo de la dominación romana de la península. Nada revela mejor la forma de esta tradición que el encuentro con el otro, con él o ella que no son como tú y yo. En este encuentro, en el plano ibérico original, todas las crónicas extranjeras concuerdan en que los pueblos de España eran, en las palabras de Trogo Pompeyo en sus *Historiae Phillipicae*, fuertes, sobrios y trabajadores: *dura omnibus et stricta abstinenta*. "Duros y sobrios". Un pueblo duro, ciertamente, pero también individualista en extremo, cosa que los romanos aprendieron rápidamente cuando invadieron la península en el año 200 a. C. y se percataron de que los ejércitos ibéricos eran sin duda valientes, pero ineficaces, porque cada hombre batallaba para sí y se resistía a integrarse en unidades más amplias o a prestarle obediencia a comandantes ausentes o reglas abstractas. El particularismo regional que, para bien y para mal, ha distinguido a la nación española a lo largo de los siglos fue rápidamente advertido por los romanos. Estrabón lo llamó "orgullo local", y llegó a la conclusión de que los pueblos ibéricos no podían unirse para repeler juntos una amenaza extranjera.

En cambio, los ibéricos sentían una atracción profunda hacia su propia localidad, su aldea, su paisaje hereditario. De ello se derivan dos hechos importantes. El primero es que no eran muy buenos para las operaciones ofensivas, que requerían precisamente el tipo de comando unificado que no fueron capaces de crear y que, en contraste, era una de las excelencias de la organización militar romana. Pero el otro hecho, complementario, es que los iberos resultaron extraordinariamente hábiles en defenderse de manera atomizada y disgregada, complicándole la vida enormemente a los invasores, puesto que, en vez de vencer a un ejército representativo cuya derrota les permitiese proclamar la victoria, los comandantes romanos tenían que luchar sucesivamente contra una y otra aldea, y cada una de ellas ofrecía a las cohortes romanas resistencias prolongadas y tenaces.

Esto, a su vez, generó otra tradición. Los españoles descubrieron que su fuerza era la defensa; de ahí en adelante, rehusaron ofrecerle una línea frontal visible al invasor y, en vez, inventaron la guerra de guerrillas. Ataques sorpresivos por pequeñas bandas, preferiblemente nocturnos; ejércitos de la noche, invisibles de día, confundidos con las aldeas encajadas en las laderas grises de las montañas. Dispersión, contrataque: la guerrilla, la microguerra local en contra de la macroguerra invasora, la "guerrota" librada por las legiones romanas.

Particularismo, guerra de guerrillas, individualismo. Plutarco escribe que los comandantes españoles se rodeaban de un grupo de leales llamados "solidarios", quienes consagraban sus vidas a la del jefe, muriendo con éste. Pero, al descubrir que los iberos rehusaban la federación, que sentían lealtad sólo hacia su tierra y sus jefes, los romanos fueron capaces de derrotarlos de una manera semejante a la que habrían de usar para derrotar al azteca y al inca: gracias a la tecnología superior, desde luego, pero gracias también a recursos superiores de información. Al darse cuenta de que los pueblos mexicanos eran un mosaico de particularismos sin alianzas más amplias que la fidelidad a la localidad y al jefe, Cortés derrotó a los aztecas de la misma manera que Roma derrotó a los iberos.

El costo fue alto y reveló un rasgo más: el honor. El extraordinario culto del honor en España tiene su raíz en la fidelidad a la tierra y al jefe. En la guerra contra Roma, el hogar se llamó Numancia y el jefe se llamó Viriato.

Numancia resistió a los invasores romanos durante cinco años, hasta convertirse en una especie de Vietnam español para Roma. La falta de éxito desmoralizó al ejército romano. La opinión pública en Roma protestó furiosamente contra la continuación de una guerra que había devorado ola tras ola de jóvenes reclutas. El Senado rehusó enviar nuevas tropas. Cuando el miembro más joven de una gran dinastía militar, Escipión Publio Cornelio, recibió el mando para derrotar al poblado orgulloso, individualista y guerrillero de Numancia, no se le dieron tropas frescas, y se le ordenó contar con lo que ya había en España. Escipión apostó su prestigio en esta aventura. Recabó dinero, tropas y una guardia personal surtida por su clientela de monarcas asiáticos y africanos, entre ellos, el príncipe númida Yugurta, quien más tarde habría de intentar la liberación de Noráfrica contra Roma y que llegó a la campaña contra Numancia con doce elefantes. Es de suponer que allí aprendió unas cuantas tácticas guerrilleras que más tarde pondría en práctica en su propia sublevación contra Roma. Pero Escipión combatió en buena compañía, sobre todo porque llevó consigo a un regimiento de amigos distinguidos para escribir la crónica de la campaña: el gran historiador Polibio, el poeta Lucilio y un enjambre de cronistas y políticos jóvenes. Apenas llegó ante Numancia, Escipión purgó al ejército de prostitutas, afeminados, procuradores y adivinos, y ordenó a los soldados vender toda parafernalia excesiva y limitarse a una olla de cobre y un plato y a no comer nada, excepto carne hervida. Escipión dormía sobre un montón de paja; a los soldados se les negaron camas o masajistas. El poeta Lucilio cuenta que se le arrebataron a las tropas 20,000 navajas e instrumentos de depilación. Además, los soldados tuvieron que someterse a marchas forzadas, ejercicios extenuantes y, finalmente, en el verano y el otoño del año 134 a. C., se les ordenó excavar trincheras y parapetos, creando un círculo de más de nueve kilómetros de murallas alrededor de la ciudad, duplicando el perímetro de ésta. Rodeada de muros de dos metros y medio de ancho, tres metros de alto y una torre cada treinta metros, así como de un ejército renovado de 50,000 romanos, Numancia fue obligada a enfrentar una imagen duplicada de sí misma. Escipión rehusó el ataque, forzando a los numantinos, cuyas fuerzas no superaban los seis mil hombres, a atacar ellos mismos o perecer de hambre.

De día, el gran señor latino de la guerra observaba las señales de los estandartes; de noche, miraba hacia los fuegos, vestido siempre con una larga capa de lana negra para significar su duelo por la incompetencia previa del ejército romano. La propia fuerza de Escipión, totalmente disciplinada, también vestía de negro, como su jefe. Entre todos, obligaron a la población de Numancia a comer cueros primero, luego cuerpos humanos: los muertos, los enfermos, al cabo, los débiles. Pero Numancia no se rendía, hasta que, en el año 133, de acuerdo con *La guerra ibérica* de Apiano, "la mayoría de los habitantes se suicidó y los demás… salieron… ofreciendo un espectáculo extraño y horrible. Sus cuerpos sucios, escuálidos y apestosos, las uñas largas, las cabelleras enredadas y los trajes repugnantes. Quizás merecían compasión debido a su miseria. Pero también infligían horror porque en sus rostros se escribían la rabia, el dolor y el agotamiento".

Si bien Numancia no es del todo el equivalente ibérico de la Masada judía, como alguna vez se ha dicho, sí es un emblema de numerosas tradiciones fraguadas en el molde original de España: particulares no sólo de España, desde luego, pero sí teñidas de una manera peculiar, concentradas y realzadas por los acontecimientos de la historia y la cultura españolas, así como por la subsecuente experiencia del mundo hispánico en las Américas.

La encarnación del honor fue el jefe, el jefe militar, específicamente el caudillo, como se le llegó a conocer más tarde, adaptando una palabra árabe que significa "jefe". Las tradiciones del honor, el individualismo, la guerrilla y la lealtad al terruño y al jefe se reúnen en la figura de Viriato, quien apareció a raíz de la caída del pretor romano Galba, cuya escandalosa corrupción mientras administró España le dio a la fuerza guerrillera un respiro en el año 147 a. C. Preparándose para una prolongada guerra de guerrillas, Viriato practicó una estrategia de la decepción, pretendiendo huir, atrayendo a las fuerzas romanas, derrotándolas mediante la sorpresa, desapareciendo en montañas que sólo él conocía, agotando a Roma, pero, al mismo tiempo, agotado por ella. Ocho años más tarde, Viriato pidió paz y la obtuvo honorablemente: Roma lo declaró su amigo, pero enseguida corrompió a tres de sus emisarios y los envió a matar al confiado jefe ibérico. Quemado en una pira funeraria, Viriato sólo podía ser derrotado por la traición. Se convirtió en un símbolo, que habría de repetirse múltiples veces a lo largo de la historia de España e Hispanoamérica. Pero era un hombre dotado de personalidad propia, descrito por el historiador Justino como la "figura militar más importante entre las tribus españolas", así como un hombre, también, de gran sencillez, humano y cercano a sus tropas.

La muerte de Viriato y la caída de Numancia aseguraron la romanización de Iberia. "Numancia" y "Viriato" evocan tradiciones que habrían de resultar persistentes. Sin embargo, Roma dio muestras de extraordinaria inteligencia al no tocar las tradiciones profundas de España, y limitarse a llenar los numerosos vacíos de su vida cultural. Roma fundó las grandes ciudades del interior: Augusta Emerita (Mérida), Hispalia (Sevilla), Corduba (Córdoba), Toletum (Toledo), Caesaraugusta (Zaragoza), Salamantica (Salamanca), comunicándolas entre sí con espléndidos sistemas de carreteras. De esta manera, Roma unió las ciudades abiertas del mar a las aldeas cerradas de la montaña. Con ello creó la primera y más firme base para la eventual unidad española. Una España unida e independiente no surgiría sino hasta el año 1492. Entre tanto, la levadura del alma celtibérica fue introducida en el horno de la ley, la lengua y la filosofía romanas.

La España romana

Los signos externos de la romanización se encuentran por todas partes en España: el teatro en Mérida, que data del año 18 a. C.; el puente de Alcántara, terminado en 105 a. C.; el famoso acueducto de Segovia, erigido en la primera centuria de nuestra era.

Pero los signos internos fueron, en primer lugar, el lenguaje, preciso, a veces oratorio, a veces epigramático, retórico como una frase de Cicerón, eficaz como un despacho de Julio César, íntimo como un poema amoroso de Catulo, épico como un poema de Virgilio. Pero muy pronto la España romana estaba produciendo su propia cosecha de escritores, incluyendo a hombres tales como el educador Quintiliano y Marcial, el epigramista que de manera tan sensual evocó a las muchachas bailadoras de Cádiz; Lucano el poeta épico y, sobre todo, el tío de Lucano y preceptor del emperador Nerón, el filósofo estoico de Córdoba, Séneca.

El estoicismo fue la respuesta de la Antigüedad al fin de la tragedia y a la pérdida de la divinidad. Liberado de sus ligas con la herencia trágica de la fatalidad y la sujeción al capricho de los dioses, el hombre se transforma en la medida de todas las cosas, pero descubre que su libertad es inseparable de su soledad. A fin de hacerse un hombre verdadero, el individuo debe tener una clara idea de sí mismo, de sus poderes, pero también de sus límites. Debe comprender que es parte de la naturaleza, es decir algo en cambio constante, algo que constantemente está siendo. ¿Debe el hombre encontrar la unidad dentro del cambio? En todo caso, debe saber que es sujeto de pasiones, pero también debe aprender a controlarlas. Y, finalmente, debe saber que la muerte le espera. Debe tener una respuesta, una actitud, un estilo, dignos de su muerte.

Séneca, el estoico de Córdoba, explicó que en tiempos difíciles, cuando todo alrededor de nosotros parece derrumbarse, no tenemos más recurso que nuestra vida interior. Y la interioridad debe reunir todos los valores del alma estoica: la libertad y la pasión, la naturaleza y la muerte, pero aceptándolas de una manera consciente, como realidades y no como fatalidades trágicamente padecidas. En respuesta a las agresiones del mundo, Séneca aconsejó: "No permitas que te conquiste nada excepto tu propia alma".

El efecto de la filosofía de Séneca en España fue poderoso y duradero. Hasta este día, en Andalucía, "Séneca" significa sabiduría, y la sabiduría significa comprender que la vida no es feliz. Pues en un mundo feliz, ¿quién necesitaría a los filósofos? Respondiendo a la muerte, el propio Séneca adoptó una de las maneras estoicas. Cuando cayó de la gracia de Nerón, se anticipó a la cólera imperial suicidándose. Pero también le otorgó a España una filosofía perdurable, que se encuentra en el corazón del alma española, moderando sus excesos, obligándola a regresar a sí misma después de las grandes aventuras de la guerra y el descubrimiento, la conquista, la violencia y la muerte. España, tierra de santos, pintores, poetas y guerreros, repetiría incesantemente las verdades estoicas —notablemente, desde luego, en el *Quijote* de Cervantes, donde el protagonista puede ser visto como un hombre que al cabo debe atemperar sus locas aventuras regresando al hogar, a sí mismo y a su propia muerte.

Quizás el aspecto más interesante del estoicismo español es el retrato individualizado del hombre que domina sus pasiones, su ser natural, su destino en suma, a través del conocimiento de sí. El individualismo extremo de la España ibérica, la fuerza exaltada de sus jefes guerrilleros, los sacrificios enloquecidos de sus ciudades asediadas, la incapacidad de organizarse colectivamente, son todos corregidos por la filosofía romana del estoico.

Tanto el individualismo ibérico como el estoicismo romano acabarían por crear la figura española esencial del hidalgo, literalmente el hijo de algo, es decir, el heredero, el hombre de honor, el hombre de palabra, el hombre de nobleza exterior pero sobre todo interior. El Greco nos daría la versión definitiva de este ideal en su pintura *El caballero con la mano en el pecho*. Cervantes, su contrapartida literaria, en la figura del Caballero del Verde Gabán en *Don Quijote*.

La fusión de individualismo y estoicismo afectó profundamente la manera española de aceptar el derecho romano. Hay en el mundo hispánico una clarísima tradición de derecho estatutario, es decir, de derecho escrito, que es de origen romano y, a través de España, pasa a ser una de las tradiciones fundamentales de la América española. Para Roma, el hecho de que la ley en vez de ser puramente consuetudinaria u oral, como en la época previa a la Ley de las Doce Tablas, ahora estuviese escrita, significaba que obligaba a todos y que nadie podía pretender la ignorancia de la ley para imponer la fuerza o el capricho personales sobre los demás. Habremos de ver de qué manera este respeto por la ley escrita como fuente de legitimación es un hecho dorsal en la vida de España y en su relación con el Nuevo Mundo, a través de las crónicas del descubrimiento y de la conquista, que dan fe y autorización a estas empresas y, aún más, a través de la legislación protectora, como las Leyes de Indias, que, más que el hecho desnudo de la Conquista, en verdad legitimaron a la Corona española en las Américas. Y enseguida, en la América española de la independencia, la importancia dada a la Constitución escrita, se le respete o no, es equilibrada por el pedazo de papel escrito, a menudo viejo y roto, que en posesión de los desposeídos les permite a éstos reclamar su derecho sobre la tierra. El derecho romano es la fuente misma de todas estas tradiciones. Y es la fuente, también, de otra tradición hispánica, la idea, formada mediante el lenguaje y la ley, del Estado como coautor del desarrollo y de la justicia. Todos los teatros, acueductos, caminos y puentes no eran sino signos exteriores de la decisión romana de imponer el progreso y el desarrollo económico a través de la autoridad benévola del Estado romano. El censo, los impuestos, la política y la administración todas: Roma demostró una habilidad extrema en saber asociar las virtudes y las obligaciones de la vida civilizada al Estado romano, sin dejar de respetar las culturas locales y las tradiciones hispánicas. Semejante flexibilidad le permitió a Iberia aceptar con mayor facilidad el regalo de Roma: el Estado comunicando al país, desarrollando la economía, dándole a España el sentimiento de participar en la historia universal, pero respetando, al mismo tiempo, su sentimiento de orgullo local y de tradición.

Todo ello no impediría la conciencia de un peligro. El Estado representante del desarrollo y la justicia podía convertirse en un Estado visto, o que se ve a sí mismo, como superior a los gobernados y fuera del dominio de éstos. En este sentido, y desde el principio, España crearía una constante más. Podemos llamarla la dramatización poética de la injusticia y del derecho a la rebelión. Una obra de teatro como *Fuenteovejuna*, de Lope de Vega, en el siglo XVII, dramatiza de manera explícita el enfrentamiento del poder político y la ciudadanía. *Fuenteovejuna* describe la rebelión colectiva de una ciudad contra la justicia. La ciudad asume la responsabilidad de todos y cada uno de los ciudadanos y cuando se les pregunta quién es responsable por la muerte del comendador, todo el pueblo contesta como un solo hombre "Fuenteovejuna lo hizo". El teatro de Lope de Vega y Calderón en el Siglo de Oro demostraría que, finalmente, mediante la fusión y el desarrollo del gobierno romano y del estoicismo, la rebeldía y el individualismo españoles habían encontrado la manera de actuar colectivamente.

Se ha dicho que el genio de Roma en España fue que nunca impuso un esquema absolutista, totalitario, sino que promovió el cambio, la apertura, la mezcla y la circulación. Los acueductos llevaron el agua de los valles fluviales a las áridas mesetas, de la misma manera en que la ley y la lengua auspiciaron un creciente sentido de comunidad. En todo caso, los intentos iniciales de forzar la integración italo-hispánica fracasaron y, en el primer siglo de nuestra era, los iberorromanos participaban plenamente en la vida de la propia Roma. No debe sorprendernos, en consecuencia, que tres emperadores romanos —Trajano, Adriano y Teodosio— hayan sido nativos de España.

El movimiento constante de las ciudades y las carreteras, un movimiento de artesanos, arrieros, mercaderes, funcionarios públicos, soldados e inmigrantes, al cabo le dieron al proceso entero de la romanización un semblante popular, permitiendo a todos hablar latín cada vez más y más, con una inflexión local, inventando palabras, adaptando sus sonidos, vulgarizando el lenguaje y aun militarizándolo. La lengua latina se quebró en tres variantes romances: el habla de los clérigos (*sermo clericalis*); del ejército (*sermo militaris*) y del pueblo (*sermo vulgaris*).

De esta precipitada mezcla vendría el habla de España y de más de 300 millones de hispanoparlantes en la América española y en los Estados Unidos.

La corona y la cruz

La sabiduría del derecho, el lenguaje y la filosofía romanos habría de permanecer en España; pero el Imperio iba a marchitarse y morir. Dos nuevas fuerzas aparecieron en el paisaje, tantas veces herido, de España. Los primeros cristianos llegaron desde el este durante el primer siglo de nuestra era. Enseguida, una ola de invasiones germánicas desde el norte ahogó el poder declinante de Roma, culminando con el gobierno de los visigodos —cristianos de nombre pero bárbaros de hecho.

Ciertamente, España no fue la causa de la caída de Roma en España. La península era el granero de Roma, probablemente la provincia más rica del Imperio, y tan absolutamente romanizada y leal que sólo una legión se encontraba ahí, por razones puramente simbólicas. La España romana distaba mucho de aquella irreducible España ibérica que se sacrificó en Numancia. Pero la desaparición del orden romano, que durante mil años había dominado al mundo antiguo, dejó un vacío en el que España, desprovista del escudo romano, no se pudo proteger a sí misma. El vacío fue llenado por los bárbaros y los cristianos. En el siglo VI, Roma se encontraba en un estado tal de descomposición que todos sus ejércitos no hubiesen podido defender a España contra las olas de tribus invasoras —suevos, alanos, vándalos—, descendiendo desde Galia y desde Germania hacia el asoleado sur de Europa. Los bárbaros asediaron y luego saquearon las ciudades hispanorromanas y enseguida se volvieron unos contra otros. Los alanos fueron derrotados por los suevos, quienes entonces atacaron a los vándalos y los derrotaron con la ayuda de otra ola invasora, los godos, lo cual condujo a la confrontación entre godos y suevos. El asunto se complicó cuando los romanos enviaron sus legiones a recobrar España. Los godos pactaron con Roma hasta el momento en que el último emperador romano, Rómulo Augústulo, huyó de la escena y los visigodos se convirtieron en los amos de España.

Sus coronas votivas son suntuosamente bárbaras, una contrapartida masculina a los tocados de la Dama de Elche. Pero en una monarquía electiva y constantemente disputada, no descansaban serenamente sobre las cabezas de los reyes visigodos. Una nobleza de guerreros, enamorados de sus pesadas coronas y su lujosa pedrería, riñó sin cesar acerca de asuntos políticos y religiosos. Los visigodos habían abrazado la herejía arriana, consistente en afirmar que Cristo no era parte de la Santísima Trinidad y en consecuencia no era parte de la naturaleza de Dios Padre, sino simplemente un profeta. Y también riñeron incesantemente sobre asuntos políticos, resolviendo los problemas de la sucesión dinástica en un baño de sangre tras otro.

El arribo de los primeros cristianos a España continúa rodeado de misterio y leyenda. Algunos de los primeros santos españoles eran de origen africano, como San Félix, que llevó el verbo de Cristo a Barcelona, o San Cugat, quien también predicó en el puerto catalán. Muchos mártires fueron femeninos. El heresiarca español Prisciliano propuso la doctrina de que nuestros cuerpos son creación del diablo y deben ser agotados en el placer terrenal y en el amor libre. Prisciliano había promovido, con éxito, reuniones mixtas de hombres y mujeres para la lectura de las escrituras. Numerosas mujeres se adhirieron a su herejía. Pero otras sólo encontraron la consolación del martirio cuando se negaron a someterse a las exigencias del sexo masculino. Dado que carecemos de ilustraciones contemporáneas de estas mártires españolas, podemos imaginarlas tal y como las pintó Francisco de Zurbarán en el siglo XVII. Sus jóvenes mujeres, vestidas de manera espléndida, ostentan todas los símbolos de su tortura. La leyenda nos dice que Santa Lucía fue sacrificada en Siracusa cuando su pretendiente rechazado la denunció como cristiana. Acto seguido, un soldado romano le clavó la espada en la garganta. Se ve a la santa llevando sus ojos en un plato. Santa Ágata, también siciliana, lleva sus pechos en otro plato. Ella también fue cortejada por un pretendiente rechazado que la denunció como cristiana. Los romanos le cortaron los pechos y Santa Ágata se convirtió en la patrona de los fundidores de campanas y de los panaderos. Tales son los poderes de la metamorfosis. La más famosa mártir española, Santa Eulalia, era una virgen de 12 años de edad, quien rechazó a sus perseguidores romanos y fue torturada y quemada por ellos. Gritando "Dios es todo", murió en el instante en que una paloma blanca voló fuera de su boca y la nieve comenzó a caer sobre su cadáver.

Verdaderas o legendarias, estas historias nos indican que la fe cristiana creció y plantó raíces firmes en muchas comunidades españolas, entre sus nebulosos inicios y la aparición de Prisciliano en el siglo IV. Y desde el principio, el catolicismo español fue marcado por esta inquietud sexual: mujeres que rehúsan el matrimonio, fugitivas de sus pretendientes, que prefieren a Cristo como esposo y escogen el martirio sobre la carne, señalando que el cristianismo es su erotismo preferido.

Pero hay algo que trasciende políticamente todas estas historias. Entre las pasiones de la política y los malestares del martirio, la Iglesia católica en España trató de imponer una semblanza de orden. Abandonadas sus obligaciones políticas en las luchas constantes por la sucesión, los reyes visigodos dejaron en manos de la Iglesia la cosa pública, creando, de esta manera, otra de las grandes tradiciones de España y del mundo hispánico: la constante intervención de la Iglesia católica en los asuntos políticos. Pero entre los mártires cristianos y los reyes ensangrentados, aparece una figura que ha sido aclamada como el salvador de la civilización en España, el primer filósofo medieval, en realidad el primer español. Hay algo de verdad en cada una de estas afirmaciones; pero sólo una es indisputable y ella es que Isidoro, el obispo de Sevilla, fue el más importante *español* de toda la era que transcurre entre la caída de Roma y la invasión musulmana de la península.

El santo de Sevilla

"Eres, ¡oh España!", escribió Isidoro, "la más hermosa de todas las tierras que se extienden del Occidente a la India… Eres, con pleno derecho, la reina de todas las provincias, pues de ti reciben luz el Oriente y el Occidente".

Esta misión española, la de recibir pueblos diversos y diseminar los conocimientos del tiempo, sería puesta a prueba a lo largo de los siglos. A veces, sería una misión triunfante y verdadera. Otras veces sería desastrosamente falsa. Pero la glorificación de España, la parte más ilustre de la Tierra según San Isidoro, serviría también como fundación del Imperio, cuando el tiempo del Imperio llegó y España se convirtió, a su vez, en el mayor poder mundial desde Roma. San Isidoro fue uno de los fundadores del imperio español.

Nació en la persecución y el exilio. Su familia, católicos de la ciudad de Cartagena, huyó de la persecución arriana y se instaló en Sevilla, donde el joven Isidoro perdió a ambos padres a una temprana edad. Su madre dejó una carta que muchos españoles, judíos, árabes o cristianos, liberales o republicanos, repetirían durante los siglos por venir: "El destierro me hizo conocer a Dios, desterrada moriré y aquí tendré mi sepultura, donde recibí el conocimiento de Dios".

Fue criado en medio de las calamidades de las violentas disputas entre el rey Leovigildo, el primer monarca godo que imprimió su perfil en una moneda española, y sus hijos Hermenegildo y Recaredo, conflicto que terminó cuando Hermenegildo renunció a la herejía arriana. Esta decisión tuvo lugar en Sevilla, y frente al obispo de la ciudad, Leandro, que casualmente era el hermano mayor de Isidoro. Pero el rey Leovigildo avanzó hacia Sevilla, capturó a su propio hijo y lo condenó a prisión, donde éste moriría, perseverando en su fe católica, mientras el obispo Leandro, como sus padres antes que él, era desterrado. Sin embargo, al morir, el viejo rey Leovigildo se arrepintió, le pidió a Leandro regresar de su exilio y él mismo pidió ser perdonado. El heredero del trono godo, Recaredo, se convirtió al catolicismo y en 598 Isidoro fue testigo de la reunión del consejo católico en Toledo, donde el rey reafirmó la religión católica como la base de la unidad para su pueblo. Pero una declaración no era suficiente. A su alrededor, Isidoro advirtió que se daba una adhesión formal al catolicismo, pero desprovista de la lengua o el derecho capaz de darle estructura a la Iglesia en España.

Observó la existencia de un poder real rampante, abusivo, tartamudo e ilegal: de nuevo, la ley y el lenguaje se echaban de menos en los asuntos públicos. Restituir la ley y el lenguaje a los dominios tanto eclesiástico como político se convirtió en la misión intelectual del joven sacerdote Isidoro. Todo estaba en contra de él. La cultura de Roma se había perdido. En las palabras del historiador español Marcelino Menéndez y Pelayo, Isidoro se encontró entre una sociedad vieja y agonizante y una sociedad infantil y salvaje. Se propuso educar a los bárbaros. Mediante su libro *Origen de las etimologías*, restauró el sentido del lenguaje. A través de sus recopilaciones del derecho romano, le dio a España un sentido de continuidad jurídica. Fue un santo en un desierto cultural y político. Se propuso salvar a toda una cultura del peligro de la desaparición. Se propuso impulsar a España, una vez más caída en un letargo solipsista, hacia un mundo medieval en ascenso, donde los monjes celtas y merovingios viajaban, predicaban y organizaban.

Empezó por imponer el orden en su propia casa. Cuando su hermano Leandro fue llevado al obispado de la ciudad, Isidoro fue nombrado abad del claustro. Impuso tradiciones de austeridad y disciplina. En una sociedad donde erraban los falsos monjes y los falsos ermitaños vivían caprichosamente, Isidoro creó un ideal de perfección monástico cuyas reglas se concentraban en la pobreza, pero no tanta que "engendre tristeza en el corazón, ni sea motivo de soberbia". Después de las oraciones finales del día, los monjes eran obligados a perdonarse los unos a los otros, abrazarse en paz y encaminarse cantando a sus lechos en un dormitorio comunal, donde el propio abad dormía en el centro mismo de la congregación.

A los 43 años de edad, al morir su hermano, Isidoro heredó el obispado de Sevilla. Esto le dio oportunidad de hacer una campaña abierta en favor de un nuevo acuerdo entre la Iglesia y el Estado. A la Iglesia la había fortalecido mediante la disciplina, mientras la monarquía chapoteaba en la indisciplina. Había barrido la confusión de las leyes godas y bizantinas en favor de la continuidad precisa del derecho romano y su sentido arquitectónico, claro y lógico del procedimiento. Ahora, Isidoro puso todo esto al servicio de la gran cuestión que dominaría la política europea hasta el fin de la Edad Media: la relación entre la Iglesia y el Estado. Tenía una ventaja política. Tras la desaparición de la burocracia romana, los obispos de España se habían transformado en los verdaderos administradores del país. El caos y la incompetencia de los reyes godos les permitían hacerlo. Isidoro promulgó la unión de la Iglesia y del Estado. Pero en la medida en que era un hombre de equilibrio, no propuso la supremacía de la Iglesia o del Estado. El Estado debería quedar subordinado a la Iglesia en materia espiritual, y la Iglesia al Estado en materia secular. Sin embargo, de ser necesario, cada orden podría introducirse en la órbita del otro. Lo que nunca debería haber era vacío del poder. Y, sin embargo, en la España de Isidoro, en virtud del gran poder que los obispos ya detentaban, era menos que ingenioso defender a la monarquía electiva diciendo que era uno de los soportes fundamentales de la legalidad del reino. Isidoro sabía de sobra cuán disruptivo era el sistema y no ignoraba cuánto beneficiaba a la Iglesia su campaña triunfal para asignar todo el poder de nombrar obispos en manos de ellos mismos. El rey quedaba excluido de esta facultad.

La cultura de España es una cultura salvada una y otra vez del desastre inminente de la decadencia y la desaparición. Isidoro de Sevilla, en su celda bárbara, salvó la cultura romana de España, cristianizó a Roma y europeizó a España. Pero su ideal de una nueva unidad hispánica, basada en la fusión de godos y romanos, cayó despedazado. El abuso constante del poder, las rivalidades de familia y las disputas partidistas constantes hicieron imposible que la España goda se organizase efectivamente y con propósito unitario.

La nobleza goda guerrera era, por naturaleza, centrífuga. En dos siglos de dominio visigodo se sucedieron treinta reyes que empezaron a crear feudos independientes. La sucesión de golpes y matanzas, que le permitieron a la Iglesia ganar un poder decisivo, estableció una constante más de la política española e hispanoamericana: la presencia prácticamente ininterrumpida de la Iglesia en los asuntos públicos. Actuando como administradores locales, los obispos visigodos afincaron en España una fuerte y duradera fusión del Estado y la Iglesia. Semejante unión, ¿se obtuvo a expensas del poder civil? La Iglesia se mostró incapaz de establecer un poder sucesorio o de impedir las persecuciones más terribles lanzadas por los monarcas visigodos, por ejemplo la persecución de los judíos por el rey Sisebuto en tiempos de Isidoro. De manera que mientras la Iglesia aprendió a gobernarse y a administrar el país, fue incapaz de limitar las continuas atrocidades de los monarcas bárbaros.

Cuando Isidoro fue llevado, moribundo, de su monasterio a la basílica de San Vicente en Sevilla, en marzo del año 634, hizo, a pesar de su fragilidad, penitencia pública. Se puso el saco del pecador y ordenó que le derramaran cenizas sobre la cabeza. Una multitud se reunió para verle por última vez. Proclamó públicamente que sus pecados eran más abundantes que la arena del mar. A todos les pidió que lo perdonasen; si había pecado, también había trabajado. El 4 de abril, Isidoro murió. Menos de un siglo después, la España fuerte, cristiana, legalista y articulada que Isidoro tanto deseó, se enfrentó a su mayor amenaza. Un nuevo poder surgió para desafiarla del otro lado de los pilares de Hércules. Estos recién venidos le darían al antiguo pasaje mediterráneo un nombre nuevo: Gibraltar.

El Cid Campeador. Burgos

3. La Reconquista de España

El núcleo romano, que había dominado no sólo a Europa sino a la totalidad de la cuenca mediterránea, incluyendo el oriente próximo y el norte de África, fue sucesivamente despedazado por las invasiones bárbaras y por la expansión del Islam. Pero mientras las diversas tribus germánicas fueron finalmente absorbidas por una cristiandad que había establecido su capital en Roma e intentaba continuar la legitimidad imperial, el Islam se mostró siempre impermeable a semejantes asimilaciones. En la cúspide de su expansión religiosa y política, ocho años después de la muerte del profeta Mahoma, el Islam había conquistado Egipto, continuó hacia Túnez y en el año 698 había logrado expulsar a los bizantinos del antiguo centro imperial de África del norte, Cartago. En 711, exactamente un siglo después de que el profeta hubiera comenzado a propagar su fe, el Islam llegó a las riberas del sur de Europa, invadiendo la España goda.

Ese mismo año, el gobernador de Ceuta, el conde don Julián, se sumó a una rebelión contra el rey visigodo Rodrigo y llamó en su ayuda a un ejército de 7,000 a 17,000 beréberes del África del norte bajo el mando de Tarik. Rodrigo creyó que se trataba de una tropa meramente mercenaria. En el rumoroso mundo de los visigodos, se dijo que el conde Julián se estaba vengando contra el rey, quien había violado a la hija del conde un día mientras ésta se bañaba en las aguas del Tajo cerca de Toledo. La verdad es que el éxito de la invasión musulmana fue prueba final de la debilidad extrema de los reinos godos. El ejército de Tarik zarpó de Marruecos y desembarcó en Gibraltar, Gebel Tarik, llamado así en honor del invasor beréber. Lastrado por el peso de una corona de oro, un pesado manto, sus joyas arcaicas y un carruaje de marfil tirado por dos mulas blancas, Rodrigo, el último rey visigodo, no pudo detener a los moros en el Guadalete después de "ocho días sangrientos" de combate en las riberas de ese río. Desde Guadalete, los moros se extendieron rápidamente hacia el norte, hasta Toledo y los Pirineos, y la España gótica dejó de existir.

El Islam habría de permanecer en la península ibérica durante los próximos 780 años. Inicialmente, los musulmanes encontraron poca resistencia de parte de los divididos reinos cristianos. Pero al expandirse cada vez más, fueron detenidos en Poitiers por Carlos Martel en 732 y el resto de Europa no fue musulmana. Dentro de la propia España, la tradición nos informa, los moros fueron detenidos por primera vez en 722, en la batalla de Covadonga, por el cabecilla guerrillero asturiano, Pelayo.

Precisamente, entre las nieblas de las montañas de Asturias, el núcleo de la resistencia cristiana sobrevivió y empezó a empujar hacia el sur a lo largo de los siglos. Durante más de setecientos años, entre 711 y 1492, árabes y cristianos se miraron los unos a los otros a lo largo de fronteras crepusculares batallando, pero también mezclándose, intercambiando cultura, sangre y pasión, sabiduría y lenguaje.

A veces, los ejércitos cristianos penetraban hacia el sur a partir de la frontera de vanguardia en Castilla; a veces, eran rechazados de regreso al norte, a medida que los moros se organizaban como un poderoso Estado. Pero cuando el Estado musulmán tropezó, fragmentándose en diminutos reinos de taifas, una vez más los cristianos marcharon hacia el sur, tomaron Toledo y derrotaron decisivamente a los moros en la batalla de las Navas de Tolosa en 1213. A partir de ese momento, la flecha de las victorias cristianas apuntaría sólo hacia el sur, hacia el último y aislado reino moro en Granada.

Pero si los árabes fueron finalmente derrotados y expulsados, su presencia durante ocho siglos dio origen a una experiencia bicultural única en el occidente europeo. La misma cualidad crepuscular de las inestables fronteras de guerra se aplicó a la raza y a la lealtad. La división entre los fieles cristianos y los infieles musulmanes no era exactamente clara. Los *mozárabes* eran cristianos que adoptaron la cultura musulmana. Los *mudéjares* eran moros que vivían como vasallos de los cristianos. Los *muladíes* eran cristianos que adoptaban la fe del Islam. Y los *tornadizos* eran moros convertidos al cristianismo. Finalmente, los *enaciados* se sentaban a horcajadas entre ambas religiones y eran usados como espías tanto por los moros como por los cristianos. Sus talentos bilingües eran sumamente apreciados como arma de espionaje. Hasta el día de hoy, una cuarta parte de todas las palabras castellanas son de origen árabe. Y aún en la plaza de toros usamos una palabra árabe para saludar al matador, pues ¡Olé! es el vocablo árabe *wallah*.

La España árabe

Rápidamente, los moros dejaron de ser una milicia tribal extraordinariamente móvil, para convertirse en clase terrateniente y, de ahí, establecerse como civilización urbana en España. Es decir: una vez que la base militar y agraria había sido consolidada, el Islam gobernó mejor sus intereses militares, agrícolas y, finalmente, comerciales a partir de los centros urbanos. Las ciudades —Córdoba primero, enseguida Sevilla, finalmente Granada— fueron fundadas en la rápida circulación de una economía monetaria, el valor comercial del producto, la fuerza de la burocracia y el crecimiento del sector de servicios. La Córdoba musulmana fue, y así perdurará en la memoria, la suprema ciudad del Islam en España, dominándola entre 711 y 1010.

Los tres sucesivos monarcas Abdel Ramman de la monarquía Omeya escogieron la ciudad de Córdoba para sellar la presencia musulmana en España. Ésta fue una presencia fundada, a pesar de las excepciones, en principios de apertura y de inclusión, no de exclusión. Córdoba se convirtió en la avenida a través de la cual la cultura del Islam fue enviada al norte de Europa, pero fue también el vehículo mediante el cual la Europa de los bárbaros pudo reanudar los vínculos con su propio pasado perdido: el Mediterráneo.

Desde el Califato español de Córdoba, la filosofía griega y la literatura clásica marcharon de vuelta sobre los Pirineos hacia la Europa gótica. Los textos clásicos habían sido traducidos al árabe durante el Califato de Bagdad. La escuela de traductores de Toledo los diseminó enseguida a través de Occidente. Ciencia, medicina, astronomía, viajaron del sur musulmán al norte cristiano, junto con las compilaciones de los cuentos indostánicos.

La España musulmana inventó el álgebra, así como el concepto de cero. Los numerales árabes reemplazaron el sistema romano, el papel fue introducido en Europa, así como el algodón, el arroz, la caña de azúcar y la palmera. Y si Córdoba asimiló la filosofía griega, el derecho romano y el arte de Bizancio y de Persia, exigió también respeto para las teologías del judaísmo y de la cristiandad, así como para sus portadores, quienes eran considerados, junto con el Islam, "los pueblos del libro". La exterminación y la conversión forzada eran reservadas para idólatras y paganos. Los "pueblos del libro", en principio, merecían un tratamiento moral e intelectual distinto —aun cuando simultáneamente fueron combatidos sin piedad en el campo de batalla.

Durante los años de la supremacía cordobesa, ganó ímpetu la idea de que el pluralismo de las culturas no está en conflicto con el concepto de un solo Dios. Pues fue en esta nueva región de la España del sur, llamada *Al Andalus* por los musulmanes —nuestra Andalucía—, donde los tres grandes monoteísmos del mundo mediterráneo, las religiones de Moisés, Jesucristo y Mahoma, iniciaron su vieja, a menudo fructífera y normalmente conflictiva, interrelación.

La Mezquita de Córdoba es la bellísima encarnación de esta actitud. Originalmente contaba con mil doscientas columnas, de las cuales sólo sobreviven ochenta, reproduciendo todos los estilos del mundo mediterráneo que pasaron por España: griego, cartaginés, romano, bizantino. La Mezquita nos ofrece la sensación de desplazarnos en medio de una visión sin centro del infinito, donde Dios y el hombre pueden ser imaginados buscándose incesantemente el uno al otro, cada uno dependiendo del otro a fin de continuar la tarea inacabada de la creación. En el laberinto que es la Mezquita de Córdoba, el bosque de columnas de piedra parece cambiar constantemente gracias a la mirada física, pero también gracias a los ojos de la imaginación, transformándose en un millón de espejos. En verdad, cuanto existe tiene que ser imaginado de vuelta en éste, uno de los edificios más maravillosos y sugerentes de todo el mundo.

La abundancia de belleza y lujo fue alimentada por los gravámenes, el botín de guerra, la sujeción de los Estados cristianos y los tributos impuestos a judíos y cristianos, además de ser estimulada por el floreciente comercio impulsado por los árabes en todas las direcciones del compás. Del Oriente llegaron libros y joyas, danzarines y músicos; de Noráfrica, esclavos, oro y cereales; y aun de Europa, comercialmente estancada en comparación con el Islam en esa época, llegaron madera para la construcción naval y armas, a pesar de la interdicción papal de comerciar armas con el infiel. El Occidente tiene una larga historia de vender armas al Islam y luego arrepentirse de ello.

Los tres grandes gobernantes omeyas de Córdoba liberaron progresivamente a la España musulmana del poder oriental, culminando con la decisión tomada por el tercer Abdel Ramman de proclamar a Córdoba como un califato independiente, separado de Bagdad, y reuniendo tanto el poder político como el religioso en un Estado que se convirtió, en efecto, en una Andalucía independiente. Abdel Ramman supo controlar tanto a las tribus rebeldes del África del norte como a los árabes peninsulares, conduciendo a *Al Andalus* a su supremo esplendor. Pero este esplendor fue amenazado por la guerra ininterrumpida, y cuando Toledo sucumbió a los cristianos en 1085, Córdoba tuvo que apelar a los fanáticos almorávides de África del norte. Cuando éstos cruzaron por Gibraltar, se disipó la gloria que había rodeado a Córdoba.

Abdel Ramman III dejó un recuerdo al partir; el gran Palacio de Medina al Azahara, construido para honrar a su esposa. Descansando sobre 4,300 columnas, el palacio era servido por 13,750 criados masculinos, junto con 3,500 pajes, esclavos y eunucos. Sólo para alimentar los estanques de pescados, se necesitaban 1,200 hogazas de pan al día. Y sin embargo, consciente del carácter efímero de toda gloria, Abdel Ramman se vestía en harapos y se cubría con arena al recibir a los embajadores extranjeros. Murió muy viejo, pero al final suspiró: "Sólo he conocido catorce días felices en toda mi vida".

Entre 1010 y 1248 Sevilla se convirtió en el nuevo centro de la cultura musulmana en España. La dinastía de los Almohades reinó sobre un siglo de esplendor artístico e intelectual en Sevilla. El gran alcázar fue construido junto con el minarete de La Giralda. El arco de crucero fue introducido en Europa, donde llegaría a ser una de las características de la arquitectura gótica; también en esta época la música coral, así como la poesía lírica, fueron transmitidas a Europa. Éste fue también el periodo en el que vivieron los dos más altos pensadores de la España medieval. Uno de ellos, el judío Maimónides, era doctor, escritor del árabe, conciliador de la filosofía de los helénicos y la del judaísmo, y recapitulador del Talmud. El otro, Averroes el árabe, fue el filósofo que reintrodujo a Aristóteles en Europa y que se atrevió a pensar en una doble verdad, esto es, una verdad religiosamente revelada, y la otra, científicamente comprobada. Esta distinción se convertiría en uno de los sellos del pensamiento moderno.

Al iniciarse el declive del poder árabe en España después de la derrota en las Navas de Tolosa en 1212, y después de la caída de Sevilla ante el ataque de Fernando III de Sevilla —San Fernando— en 1247, sólo una tercera gran ciudad sobrevivió para conservar esta herencia: Granada. Éste fue el reino final, que presidió el crepúsculo de la España árabe, entre 1248 y 1492. Pero cuando nos acercamos a la ciudad en la actualidad, debemos imaginar que un día no hubo nada aquí, excepto el valle, el río y las montañas de la Sierra Nevada. Aquí encontraron su reposo los pueblos errabundos del desierto y aquí decidieron construir un jardín cuya belleza no pudiera compararse con nada en este mundo. Es como si hubiesen escuchado la voz de Dios ordenándoles: Construid aquí, a la luz de las antorchas, un palacio, y llamadlo Alhambra, que significa *la ciudadela roja*.

Quizá sólo un pueblo que había conocido la sed del desierto pudo haber inventado este extraordinario oasis de agua y sombra: una sucesión de puertas y de torres, recámaras y patios, le dan a la Alhambra un sentido tanto de reserva como de recreo, como si todos los placeres del mundo pudiesen darse cita aquí, a la mano. Rodeada por un cinturón de murallas —Muro de la

Justicia, Muro del Vino— y vigilada por las torres de la Cautiva y el Homenaje, las torres de Comares y de la Alcazaba, la Alhambra es un laberinto de nobles estancias donde hasta las sombras son doradas. La sala de audiencias del Mexuar, con su diseño de azulejos que parece seguir la asombrosa regularidad, armonía y sorpresa de una fuga de Bach; el sentido íntimo del lujo alcanzado en la gracia de la recámara de las dos hermanas; la perspectiva esculpida del salón de embajadores; la sensación de estar cautivo en una cárcel dulce como un panal de donde nadie quisiera escapar —hay aquí un serrallo y un harén también— súbitamente le dan la cara a su propia descripción en uno de los poemas escritos en los arcos del mirador, el Belvedere que domina los jardines del palacio: "Creo que la luna llena tiene su hogar aquí…".

Finalmente, se llega a la conclusión de que esta red de filigrana, estuco, panales dorados, azulejos y perspectivas increíbles, sólo tiene un propósito, que es el de proteger el agua, capturar un sorbo de líquido en la palma de la mano, rodear el elemento de la vida con una defensa acariciante, protectora y, sin embargo, abierta. Los incomparables patios de la Alhambra son como templos del agua: las columnas esbeltas del patio de los arrayanes son tan protectoras como los doce leones que circulan en él; pero durante el día, y aun de noche, uno llega a comprender que es la fusión y coexistencia constante de todas las graduaciones del tiempo y de la naturaleza —luz, sombra, aire, tierra, sol, luna— lo que realmente protege el corazón de la Alhambra: sus piscinas, sus fuentes, sus canalizos.

No sólo el agua murmura en los jardines de la Alhambra. Puesto que el Corán desaprueba la representación del cuerpo humano, éste se convirtió en un edificio escrito, su cuerpo cubierto de literatura, contando sus cuentos y cantando sus poemas desde sus paredes escritas. Una especie de grafito celestial, donde la voz de Dios se vuelve líquida y donde los placeres del arte, el intelecto y el amor pueden ser disfrutados. No es de extrañar que un poema del escritor mexicano Francisco de Icaza haya penetrado al mundo anónimo de los proverbios que describen esta ciudad: "No hay pena más grande que ser ciego en Granada".

La Reconquista

Mientras esta civilización sensualmente magnífica e intelectualmente provocadora florecía en el sur de España, en el norte las duras realidades de la guerra y de la fe militante excluían semejantes placeres. Los moros transformaron Andalucía en un oasis de tierras irrigadas, jardines de placer, arquitectura espléndida y ciudades soberbias. En el siglo X, Córdoba era la ciudad más populosa del Occidente. La España cristiana, después de Isidoro de Sevilla, no tuvo ni un Averroes ni un Maimónides. Y no construyó nada comparable a la Alhambra o a la Mezquita de Córdoba.

Sin embargo, es asombroso que, dada esta percepción de la cultura y el poder superiores del Islam, la España cristiana no haya sucumbido a él como sucedió en Siria y en Egipto, a pesar de las largas y duraderas tradiciones helenísticas de sus culturas. Quizás este hecho se relacione con la tradición hispánica, igualmente longeva, de combatir y resistir mediante la guerrilla; el individualismo y el culto del honor se habían arraigado profundamente en el alma española. Los ingredientes suplementarios del estoicismo, el derecho romano, la lengua romance, y sin duda el espíritu aún fresco y militante de la cristiandad, contribuyeron todos a esta reciedumbre hispánica. Pero, quizás aún más poderoso que todos estos factores, hubo otro elemento radical: el arraigo en el hogar, el solar y la aldea, la familia y la historia familiar, el parentesco, la memoria y la muerte, la canción y la cosecha, de lo que había sido, desde tiempos celtibéricos, básicamente una sociedad agraria y aldeana de artesanos, ganaderos, pastores, agricultores y pequeños comerciantes.

La España cristiana habría de definirse en la lucha contra el invasor islámico. España, conquistada por olas de invasores desde las épocas más antiguas, se dispuso ahora a librar su guerra más prolongada: no una guerra de conquista, sino de reconquista, hasta la caída del último reino moro en 1492. España había sido perdida. España debía ser recuperada. Tal fue el sentido, y el nombre, de la gran empresa que habría de concentrar la atención y los esfuerzos de la España cristiana durante los próximos ochocientos años: *la Reconquista*.

"Nos ganamos el pan combatiendo a los moros"

La Reconquista fue, ante todo, un acontecimiento militar. Contra el fulcro de la guerra muchas cosas sobrevivieron o fueron creadas, modelando el perfil de España y, eventualmente, de la América española. Un hecho central, así militar como, eventualmente, cultural, se destaca. De todos los países europeos, España fue el único que no fue a las Cruzadas en Tierra Santa. Toda su energía tenía que permanecer en casa y concentrarse en la lucha contra el infiel.

El Islam poseía una ventaja inicial sobre la cristiandad: admitía, e incluso exaltaba, el concepto de *jihad*, la guerra santa. Desde el principio, el ascetismo religioso y la guerra contra el infiel fueron indisociables en la política islámica. La institución del *ribat* en *Al Andalus* fue, en este sentido, característica. Creadas por los almorávides, estas fortalezas-monasterio albergaron hermandades de eremitas religiosos que alternaban la devoción sagrada con la defensa armada de las fronteras moras.

En principio, la cristiandad no autorizaba a su clerecía a librar guerras. En los primeros tiempos de la cristiandad, a la Iglesia le repugnaba que un clérigo matase a seres humanos. Esto era algo mejor dejado a los empeños del "arma secular", esto es, el Estado. Pero el Estado visigodo, por un lado, había perdido su autoridad. Y, por el otro, San Isidoro había ejercido enorme influencia con sus reglas de perfección cristiana y de separación de las esferas religiosa y política. Un resultado de todo ello fue que, con anterioridad a la invasión musulmana en el siglo VIII, el número de hombres que entraba a los monasterios para evitar el servicio militar era tan elevado que los reyes godos se vieron presionados por la nobleza para que no autorizasen más ordenaciones eclesiásticas; de lo contrario no quedaría nadie habilitado para ingresar en el ejército. Pero después de 711, la respuesta al Islam desencadenó la militarización de la Iglesia y, en el siglo XI, los ejércitos norteños de la Reconquista fueron inundados por monjes que se habían transformado en soldados. Un aspecto más de la identificación entre guerra y religión, entre espada y cruz, tan determinante en la conquista del Nuevo Mundo, había sido establecido.

Las órdenes militares surgieron para conciliar los propósitos sagrados con una clerecía militante. Las tres grandes órdenes militares creadas durante la Cruzada contra los moros fueron las de Calatrava, Santiago y Alcántara. Lograron formar un ejército terrestre, que los reyes financiaron, estableciendo de esta manera la base para el futuro ejército regular de una España unificada bajo los monarcas católicos. Los ejércitos de la Reconquista también fueron la semilla misma de los ejércitos latinoamericanos.

Nada ilustra esta conexión mejor que la figura del más famoso de todos los guerreros cristianos, el Cid. Nacido Rodrigo Díaz de Vivar, cerca de Burgos, en 1043, y muerto en 1099 en la Valencia que reconquistó. Ganamos nuestro pan luchando contra los moros, declaró el Cid. Su nombre es árabe —"el Cid" significa "mi señor"— y simboliza la tradición del comandante militar como árbitro de poder, y de un ejército poderoso y rico gracias a la generosidad de su jefe. "Los que exigieron de tierra, de ritad son abondados; a todos les dio en Valencia casas y heredades de que son pagados", nos informa el *Poema de Mío Cid*, añadiendo que quienes fueron a pie, con el Cid entraron a caballo: "todos eran ricos, quantos que allí ha". Los conquistadores en el Nuevo Mundo, y después de ello los libertadores de la América del Sur, habrían de hacer lo mismo en su propio tiempo. Cortés en México, Bolívar en Venezuela, procedieron como lo hizo el Cid en la España medieval, pagándoles a sus soldados con tierra. De esta manera, los jefes militares, y, en particular las grandes órdenes militares, entraron en posesión de enormes extensiones de tierra en la España medieval.

El Cid fue la encarnación de una política por momentos secularmente oportunista, en otros, fervientemente religiosa, siempre errante, acicateada por la aparición del ejército y de sus jefes, durante la prolongada guerra de la Reconquista. La crónica de sus acciones es el gran poema épico de la España medieval. Y sin embargo, por momentos, ésta es una épica en realidad extraña, puesto que nos da cuenta de los actos poco honorables de su héroe. Si ésta es la *Ilíada* española, en ella encontramos rasgos realistas, incluso picarescos, que poco le convendrían a Héctor o a Aquiles. El poema comienza con el héroe, el Cid, estafando a dos mercaderes judíos: verdaderamente una introducción asombrosa para un poema heroico. Continúa (como muchos poemas épicos) relatándonos una historia de venganzas familiares, con el Cid luchando para reparar el deshonor infligido a sus hijas por los malvados infantes de Carrión. Y termina con una nota de venganza, casi una astracanada, contra otro villano, el conde García Ordóñez, cuya barba es reciamente tirada.

Entre todo esto, el poema es también una llamativa demostración de un vicio particularmente español e hispanoamericano: la envidia. Todos envidian al Cid, incluidos sus parientes, los nobles, la Corte y el propio rey Alfonso VI de Castilla, quien en vez de usar los talentos de su súbdito con sabiduría, destierra al batallador comandante. El Cid responde con una actitud que hoy nos asombra. Se dispone a servir al rey musulmán de Zaragoza. Pero el principal teniente del Cid, Álvar Fáñez, también pasa a luchar a los lados del rey moro de Murcia contra otro monarca musulmán, el rey de Granada. Todo ello era simplemente parte de las realidades cambiantes, políticas y de otros órdenes del prolongado combate entre el Islam y la cristiandad en España; pero este combate también fue un abrazo. Las fronteras vespertinas, la fusión inevitable de sangre, costumbre y lenguaje, nutrieron toda suerte de alianzas durante las guerras. Pero si la Reconquista fue una guerra contra el Islam, también fue una guerra de los reinos cristianos entre sí, que luchaban por obtener la hegemonía una vez que concluyese la derrota del infiel.

Hoy el Cid vive a través de su poema. Escrito de una manera realista y popular, sus momentos más característicos se los debe a su aire de bravura y grandeza militar: "Veriedes tantas lanças premer e alçar… tantos pendones blancos salir vermejos en sangre, tantos buenos cavallos sin sos dueños andar. Los moros llaman ¡Mafomat! e los christianos ¡Santi Yagu!".

El camino de Santiago

Pues había un jefe más grande que el Cid en la Cruzada española, y era nada menos que Santiago, uno de los doce apóstoles, el compañero de Cristo. Pero el pueblo voluntariamente confundió a Santiago el Mayor, hijo de Zebedeo, con Santiago el Menor, llamado en las escrituras "el hermano del Señor". En la iconografía popular, este hermano menor de Cristo es representado, incluso, como el gemelo del Señor.

El gemelo de Cristo se vuelve visible en España y es transformado de un pacífico apóstol en un feroz guerrero capaz de infundir el pánico entre la tropa mora cuando aparece, totalmente armado, sobre un corcel blanco, descendiendo de una nube. Se convierte así en Santiago Matamoros, la figura que inspiró la resistencia popular contra los musulmanes y fortaleció el alma de la Reconquista. En este Santiago batallador, los componentes espirituales y armados de la España cristiana se afirman: la duda, la sospecha, ya no son posibles. Si Santiago está de nuestro lado, entonces también lo está Dios, y nuestra guerra es tan santa como la del antagonista. El ejército y la Iglesia se unieron en el culto de Santiago. Santiago fue reclutado para combatir a los moros y enseguida él, a su vez, reclutó a toda la España cristiana en su Cruzada.

La tumba del santo en Compostela se transformó en la gran meta de las peregrinaciones europeas en la Edad Media. Y esto, a su vez, le ofreció a la España cristiana la oportunidad de organizar su cultura y continuar el trabajo de San Isidoro, aunque, esta vez, bajo una bandera belicosa. Los monjes de Cluny en Francia habían trabajado esforzadamente, desde el siglo X, para recrear una civilización en torno a los reinos cristianos bárbaros, aislados y violentos. El arte románico, y todo un collar de monasterios, abadías, bibliotecas y caminos que los comunicaban, comenzaron a cruzar Francia, conduciendo a España, en peregrinación, hacia la avanzada final del cielo en la tierra: la tumba de Santiago en Compostela.

Compostela, *Campus Stellae*, el campo de estrellas, fue el nombre del espléndido santuario erigido entre 1075 y 1150 para albergar los restos del apóstol y la multitud creciente de sus adoradores.

Correspondió a la clerecía española darle una infraestructura tanto a la Cruzada contra los moros como al camino de Santiago. Creó una red de monasterios en el norte de España, proveyendo los caminos, los libros, la comunidad cultural y el refugio de la arquitectura: el espléndido estilo románico que salpicó la ruta de París a Santiago. Alemanes, borgoñones, normandos, ingleses (e inglesas, altamente favorecidas en el camino de Santiago), príncipes y abades, mercaderes, ladrones, bandidos, leprosos, todos confundidos en la gran peregrinación y funcionando como una especie de mercado común europeo original, llevando y trayendo comercio, cultura, actividad y violencia a España. En efecto, la violenta premura de las multitudes para tocar el cuerpo del apóstol fue tal, que a veces los peregrinos se asesinaron junto a la tumba de Santiago. La catedral tuvo que ser consagrada una y otra vez. Y esta humanidad medieval trajo con ella no sólo fe y violencia, sino hedor. La máxima atracción en la catedral de Santiago actualmente es el gran *botafumeiro* de plata, un fumigador gigantesco que a ciertas horas del día describe un inmenso arco, dispensando incienso para seducir lo sobrenatural y fumigar lo natural. "Olor de santidad": tal fue el eufemismo usado para describir el encuentro de los cuerpos que llegaban a Santiago.

Hay un grupo escultórico en la catedral de Santiago, sin embargo, al cual la violencia, el comercio o el hedor no afectan para nada. Los peregrinos eran recibidos por los ángeles, profetas y apóstoles de la Iglesia cristiana en el bien llamado Pórtico de la Gloria. Éste es sin duda uno de los grandes monumentos de la arquitectura esculpida en la Europa cristiana y da cuenta de una seguridad en sí, de un renacimiento espiritual y material del Occidente en el siglo XI, después de la larga noche de la barbarie. A cada lado del pórtico, cuatro profetas y cuatro apóstoles parecen estar conversando entre sí. Una figura particularmente humana y simpática se destaca: es el profeta Daniel. Y es la Mona Lisa de la Edad Media. Su sonrisa enigmática nos dice que el mundo está bien ordenado, es seguro y verdadero bajo la arquitectura del Señor. Mientras conversan, los santos y los profetas parecen disfrutar de una especie de coctel celestial. ¿Y de qué podrán estar hablando? Seguramente de la admirable simetría del orden medieval cristiano, donde todos y todo conocían su lugar preciso y donde la sabiduría colectiva había vencido al orgullo individual. La filosofía política de la Edad Media, que habría de formar y deformar la vida pública en España y en la América española, se encuentra ya evidentemente en la certeza, aquí expresada, de que el bien común trasciende cualquier otra meta política y autoriza la imposición de la unidad a fin de obtenerla. Si la individualidad sufre por ello, así sea.

Pero si miramos de cerca, encontraremos, en un rinconcito de este cónclave celestial, irónicamente mirando a las figuras sagradas, a un hombrecillo bisojo, el artesano de esta maravilla medieval, el maestro Mateo en persona, cabeza del gremio de albañiles de Santiago en 1183, humildemente afirmando su presencia. Las catedrales góticas, así como las esculturas aztecas, sobreviven más allá del anonimato de sus creadores. El espíritu medieval incluso diría: porque son anónimas, estas obras sobreviven.

Señores, ciudades, reyes

Durante los ocho siglos de la Reconquista, España le dio respuesta no sólo al Islam, sino al Occidente, y sobre todo a sí misma. Íntimamente ligada al enemigo musulmán al cual simultáneamente combatió y abrazó, España también era parte del contexto general de Europa: las invasiones bárbaras habían dejado en su estela reinos débiles, un vacío legal llenado por una Iglesia poderosa, y señores feudales igualmente poderosos, localmente basados.

El feudalismo obtuvo temprana carta de ciudadanía en España, y ostentó todas las características que asociamos con este estilo de vida. La disolución del Imperio romano dio lugar al poder de jefes guerreros locales, quienes impusieron su propia ley, y a menudo sus propios caprichos, sobre la tierra y los trabajadores. Junto con el concepto del Estado romano, se desvaneció la autoridad de los endebles reinos godos; el derecho romano fue sustituido por el uso de la fuerza bruta. Una vez más, el interés de San Isidoro en reanimar las tradiciones jurídicas romanas en los reinos godos fue un importante correctivo contra el capricho feudal y la autoridad fragmentada. Reavivar aquélla y desacreditar a ésta se convertiría en una meta constante, aunque difícil, de los reinos y de las ciudades de España mientras resistían, por otra parte, la doble presión de la guerra islámica y del poder feudal. Para lograr un nuevo Estado de derecho, sería necesario sustituir los vínculos privados del feudalismo con los vínculos públicos del Estado y, aun, con los de una incipiente nacionalidad. Entre ambos vínculos, la sociedad trataría de crear un tercer polo de identificación cultural, tanto privada como pública, cuya intención sería darle al César lo que es del César y a Dios lo que es de Dios.

En España, como en el resto de Europa, la aristocracia de la tierra dominó a la sociedad y le impuso una escala de valores que colocaba a la nobleza y al clero en la cima y a los hombres libres en órdenes descendentes en cuya sima se encontraba el siervo de la gleba. Pero si, naturalmente, el feudalismo español se fundaba en la posesión de la tierra, la guerra de la Reconquista le dio a la tierra misma una forma peculiar. Una vez más, España fue singular en Europa debido a las múltiples excepciones que la guerra de la Reconquista impuso al régimen feudal tal y como éste fue practicado en Francia, Inglaterra y la Europa germánica. La Reconquista acentuó las fuerzas feudales, pero también sus debilidades. Ambos aspectos se unieron en un solo concepto: la frontera. Durante los largos siglos entre Carlomagno y el descubrimiento de América, el feudalismo español fue tan fuerte como en cualquier otra parte —pero también fue más cuestionado que en cualquier otra parte, por el simple hecho de que la razón misma de la feudalidad, un poder estable sobre la tierra y la población, en España fue constantemente trastornado por las mudables fronteras entre el Islam y la cristiandad.

La división extrema de la península y la fluctuación de fronteras fortaleció a la nobleza feudal. El Estado se encontraba desacreditado. El señor feudal podía aprovecharse tanto de la guerra como de la paz. Durante la guerra, vivía del botín y de los tributos de los reyes moros. En épocas de paz, dominaba las dos fuentes de la riqueza terrena: la agricultura y el ganado. Y a medida que la guerra progresó hacia el sur, obtuvo nuevas tierras. Pero al mismo tiempo, la guerra fortaleció la fisonomía urbana de España. Si un batallador señor cristiano deseaba reclamarle tierra a los moros, se veía obligado a construir una ciudad donde la ciudad no existía o había dejado de existir.

Toda una política de repoblación cambió el rostro de la tierra de nadie que constantemente emergía entre las líneas cristianas y las moras. A medida que los ejércitos cristianos avanzaron hacia el sur, fundaron y poblaron nuevas ciudades. ¿Quién las construyó, quién las pobló, quién podría defenderlas? Los siervos, sin duda no, pero los hombres libres, seguramente sí. ¿Quién se prestaría a viajar el largo camino hasta la tierra muerta del valle del Duero o las llanuras inhóspitas y solitarias de Castilla? Sólo los hombres y las mujeres fronterizos, parte de la tradición dura y austera que ya habían notado los historiadores romanos, dispuesta a ir donde nadie más quería ir, pero esperando, por ello, una recompensa por sus sacrificios. De tal suerte que si el feudalismo sentó bases firmes en Cataluña y en las regiones norteñas y más seguras de León y Aragón, donde el trabajador agrícola cuidaba las tierras del señor y no podía abandonarlas sin su permiso, en Castilla, en la frontera con los moros, la necesidad de repoblar y defender la tierra dio margen al surgimiento de una clase de hombres libres, labriegos a los cuales les fue garantizada la libertad de movimiento, libertades personales y la posesión de sus propias tierras a cambio de su voluntad de repoblar las tierras reconquistadas. E incluso en una plaza fuerte del feudalismo como Cataluña, el desarrollo de ciudades comerciales y artesanales, puertos abiertos al comercio mediterráneo, pronto creó una clase mercantil con una mentalidad independiente.

A medida que la Iglesia construyó su rosario de monasterios para propagar la fe en las tierras reconquistadas, un ejército de mercaderes le siguió el paso, aprovechándose, especialmente, del movimiento a lo largo del camino de Santiago, y atraídas por los muchos favores y privilegios que los príncipes reinantes le acordaban a la clase comercial.

Durante siglos, España fue un país fronterizo, y la frontera de España era España misma. Los pueblos de la frontera eran la línea frontal de la Reconquista. Cunas del poder español, también lo fueron de las libertades españolas. Pues por el hecho mismo de que las líneas divisoras con el Islam fueron variables, las ciudades pudieron cimentar poderes propios frente a los de los diversos reinos cristianos que, junto con las ciudades, estaban en un proceso de gestación. Pero la ventaja de las ciudades era la de ofrecer o negarle apoyo al rey de Castilla, al rey de Aragón o al rey de León. Los pueblos podían trocar su apoyo en la guerra a cambio de sus libertades en la paz.

El comercio y la guerra, de esta manera, propiciaron el surgimiento de reinos independientes, pero también de ciudades independientes, pobladas por jinetes y soldados de a pie, por nobles pero también por campesinos, por la Iglesia pero también por pobladores armados con una cédula real. Estos ciudadanos creían en y practicaban el autogobierno. Crearon asambleas municipales, justicias independientes y se dieron constituciones locales. Los labriegos libres se convirtieron en los protagonistas de este movimiento hacia las ciudades de la frontera. Su crecimiento transformaría las caballerías populares de la Reconquista en burgueses, caballeros y nobleza menor: hidalgos. El concepto mismo de honor, existente desde los tiempos ibéricos, se fortaleció, escribe el historiador José Antonio Maravall, a medida que la Reconquista le dio a cuantos en ella participaron, el pueblo, la nobleza, el rey y todos los caballeros del rey, el sentimiento de participar en una causa común para todos honorable. La mentalidad feudal, añade Maravall, fue trascendida por la Reconquista. Más y más las alianzas se desplazaron no hacia el señor feudal sino hacia España. ¿Pero dónde estaba España? ¿En el rey? ¿En la ciudad?

Al paso del movimiento de los ejércitos cristianos, las aldeas se convirtieron en poblaciones y algunas poblaciones llegaron a ser ciudades. Es posible distinguir, sin embargo, la ciudad concebida para la defensa militar y la ciudad que, aunque su origen fuese el de ciudad fortaleza, muy pronto se desarrolló bajo impulsos comerciales. Ávila es el ejemplo supremo de una ciudad construida para la defensa militar: inexpugnable, defendida por fosas y torreones, no en balde es la ciudad más alta de España: una ciudadela construida por el hombre y por la naturaleza para vigilar los anchos espacios de Castilla, la tierra del castillo, que significa "lugar alto". Igualmente anchas eran las murallas de Ávila: profundas, de tres metros, protegidas por ochenta y ocho torres y nueve puertas fortificadas. Los padres de la ciudad eran guerreros famosos que salían a ganar batallas y regresaban con ganado, tesoro y esclavos.

Lo cual significa que muchas ciudades concebidas para la guerra pronto se convirtieron en ciudades que vivían del comercio. Un rápido montaje cinematográfico nos mostraría primero el alto *castelum* aislado, el compañero del guerrero y del noble, cubierto poco a poco con una hiedra proveniente de las tierras bajas: campesinos, enseguida comerciantes, estableciendo sus propios barrios en la proximidad del castillo, finalmente absorbiendo el castillo mismo dentro de un concepto urbano mayor, el burgo, el lugar del burgués, del comerciante, del artesano, del abogado y del boticario, pero también de labriegos ya no atados a las obligaciones feudales, sino, más bien, vistos como hombres libres, dueños de sus propias tierras y protegidos por el rey porque el rey los necesitaba para repoblar las tierras reconquistadas al Islam y enseguida para defenderlas como territorio cristiano permanente. Pero para defender un bien inmobiliario reconquistado, se necesitaba algo más que armas. Comercio, trabajo, actividad artesanal y profesional adquirieron rango comparable. Pero un comerciante necesita libertad para moverse, para comerciar, para casarse, para heredar, libre de obligaciones feudales.

El concepto de la repoblación le dio a España una característica diferente en Europa. Característica que pronto sería puesta a prueba en el Nuevo Mundo, donde acaso el mayor legado de España fue su capacidad para crear nuevas ciudades. En la España de la Reconquista, León fue repoblada en 856, Zamora en 893 y Burgos en 884. Esta última es una típica población, creada para la defensa militar (recordemos que el Cid nació cerca de aquí), que pronto se desarrolló como poderoso centro comercial. La historia de Burgos confirma la descripción que Marc Bloch nos hace de la renovación de la vida económica en la Europa del siglo XI, caracterizada por "la presencia de una poderosa y diferenciada masa de clases urbanas".

La magnífica Catedral de Burgos, iniciada en 1221, es la corona de esta nueva realidad urbana. Protegía una movilidad social que elevaba la ciudad fortaleza a plena ciudad o *civitas*, le concedía un fuero o estatuto local, y privilegios para sus habitantes, alzándoles a todos de la condición de villanos a, finalmente, la condición de ciudadanos. "Los ciudadanos", dicen las leyes del rey Alfonso el Sabio, a quienes el monarca debe "amar, e honrar… porque ellos son como tesoros y rrayz de los Reinos" (Partida II, 10, 3).

Un proverbio de la Edad Media europea dice que "el aire de la ciudad nos hace libres". La ciudad era la manera de escapar a la servidumbre feudal. España no fue excepción a esta regla. Pero un factor más habría de desempeñar un papel decisivo en esta oposición entre las culturas del feudalismo y de la ciudad en España. Éste fue el factor real, las monarquías emergentes, que se aprovecharon de los enclaves urbanos para arrebatarles poderes a las feudalidades que, originalmente, los débiles monarcas tuvieron que respetar a fin de contrariar efectivamente la presencia mora.

De tal suerte que la Reconquista es, en verdad, un triángulo cuyos tres vértices son los señores feudales, las ciudades libres y los reinos emergentes. Todos se unen en la lucha contra el Islam pero no logran coordinar la lucha entre ellos mismos. En verdad, la situación fronteriza tan característica de esta época de la vida hispánica no se limita a la frontera entre el Islam y la cristiandad. España es una frontera dentro de sí misma. Una frontera entre organizaciones feudales fuertes, basadas en la posesión de la tierra, actividades mercantiles y artesanales emergentes basadas en las ciudades, y príncipes que luchaban por recrear el sentido romano de la autoridad y del Estado sobre las tierras y las ciudades.

Después de la batalla de las Navas, la península aparece claramente dividida en cinco reinos: Portugal al occidente, frente al Atlántico; León-Castilla, del norte hasta el centro; Navarra en su enclave montañoso del norte; Cataluña al oriente, frente al Mediterráneo; y Granada, el último reino árabe, en la profundidad de la España del sur.

Cuando las fronteras cesaron de moverse, los tres factores —nobleza feudal, ciudades y príncipes— se dieron cuenta rápidamente de que sin la excusa de la Reconquista, la posesión de la tierra, más que nunca, significaba riqueza económica, pero también poder político. Más que nunca, los señores feudales lucharían por mantener sus privilegios y los reinos por obtener superioridad política sobre la feudalidad en tanto que las ciudades serían capturadas en el medio, naturalmente opuestas al feudalismo pero sospechosas de los crecientes poderes reales que, sin embargo, parecían en aquel momento amparar las libertades urbanas —acaso, solamente, a fin de que las ciudades se encontrasen del lado del rey en la lucha contra la nobleza—. En ningún lugar fue esto más evidente que en el meollo mismo de la democracia medieval, es decir, en la institución parlamentaria. De hecho, los primeros parlamentos europeos que lograron echar raíces e incorporar al tercer Estado —los comunes— aparecieron todos en España. Llamadas, hasta el día de hoy, las Cortes, estas Asambleas fueron el resultado de un prolongado desarrollo democrático. Basadas en sus fueros o estatutos (ganados, como hemos visto, mediante la resistencia a los moros en la frontera y la campaña para repoblarla), las ciudades desarrollaron derechos de autogobierno bajo magistrados electivos (alcaldes) y se reunieron en ayuntamientos para decidir los asuntos públicos. Los reyes se interesaban, ciertamente, en atraer individuos sin vínculos con la obligación feudal y se mostraron dispuestos a confirmarles como ciudadanos libres, creando de esta manera una base de poder contra la nobleza. De la misma manera que las municipalidades le dieron a los reyes ayuda financiera y militar, los reyes dieron a las municipalidades derechos políticos.

En 1188, el primer Parlamento español fue convocado por el rey Alfonso IX de León, precediendo al primer Parlamento europeo, que fue el de la Alemania de los Hohenstaufen, en 1232; en tanto que las primeras Cortes de Cataluña, en 1217, así como las de Castilla, a principios del siglo XIII, preceden al primer Parlamento inglés de 1265. En todos los casos, el Parlamento fue el lugar en el que las órdenes privilegiadas, el clero y la nobleza, se vieron aumentadas por lo que en España fue llamado "los buenos hombres de las ciudades", en Inglaterra "los comunes" y en Francia "el tercer Estado". En los reinos españoles sus funciones fueron variables. En Castilla, por ejemplo, el Parlamento básicamente debatió asuntos de impuestos, en tanto que en Aragón se le autorizó a recibir quejas contra el rey. Pero al lado del Parlamento, las ciudades poseían sus propios consejos locales, que originalmente fueron Asambleas abiertas que practicaban la democracia directa, hecho permitido por el escaso número de habitantes. Pero a medida que la población creció, los habitantes urbanos debieron delegar su representación a unos cuantos "hombres buenos". Al final de la jornada, estos "hombres buenos" se convertirían en corregidores, es decir funcionarios reales nombrados por el rey y representantes permanentes del poder real. La capacidad de decisión democrática habría de sufrir concomitantemente.

En su mayoría, sin embargo, las ciudades acompañaron a los reyes como una opción mejor (o un mal menor) que el capricho y, la violencia feudales. Pero, ¿cuánto sacrificaron, finalmente, de esta manera? Ésta es la historia de la democracia en España y en la América española, cuyas raíces se encuentran en las ciudades de la España medieval. El desarrollo de la sociedad civil y de las instituciones locales mediante estatutos de autogobierno, libertades consagradas en numerosas cédulas y constituciones urbanas, y una revolución continua de expectativas crecientes, encabezadas por los centros culturales burgueses y comerciales de la España medieval, era incipiente, y hubiese necesitado mucho más tiempo para reafirmarse y mucho más cuidado para nutrirse. En toda Europa, las razones de la autoridad real y de la unidad nacional pronto enfrentarían las libertades civiles, ganadas durante la Edad Media, contra los poderes reales consolidados después del Renacimiento. La libertad gozaría de mejor salud en Inglaterra que en España. Francia viviría una dramática tensión entre el absolutismo centralizado y el tercer Estado, que sólo la Revolución francesa resolvería. Y tanto Alemania como Italia habrían de posponer hasta el siglo XIX la unidad nacional adquirida por España, Inglaterra y Francia en el siglo XV.

Pero de todas estas historias, quizás la de España es la más triste, pues en ninguna otra parte de Europa se habían obtenido derechos civiles fundamentales tan tempranamente. Sin embargo, las mismas razones que los hicieron posibles —una guerra contra otra fuerza militar y religiosa en el propio solar— les impedirían su ulterior desarrollo. Una vez ganada la guerra contra el Islam, la monarquía española obtuvo un prestigio añadido que no tendrán ni Inglaterra ni Francia: el aura de la victoria sobre el infiel en la propia casa. El ímpetu hacia la conquista imperial, la naturaleza de la colonización española en el Nuevo Mundo y el prolongado papel de España como defensora de la fe católica contra la herejía de la Europa protestante, derivarían todas de la experiencia de la Reconquista.

Éste es también el origen de la democracia española e hispanoamericana, tantas veces derrotada, pero jamás destruida. Nuestra actual vida democrática, tan frágil como es, tiene sus asentamientos más hondos en estas poblaciones medievales. A menudo nos hemos engañado a nosotros mismos, ignorando la tradición propiamente hispánica de nuestra democracia, fundada en el municipio libre. Esto nos ha servido de excusa para adoptar dos formas aberrantes de autonegación: una, la imitación de las instituciones democráticas francesas y angloamericanas, diciéndonos que éstas sí han funcionado; otra, la adaptación del autoritarismo con disfraces modernos y progresistas, dado que sólo en este camino, tan derivativo como el primero, nos daría eventualmente las condiciones materiales para la democracia. El capitalismo y el socialismo han fracasado en América Latina en virtud de nuestra inhabilidad para distinguir y fortalecer nuestra propia tradición que es auténticamente ibérica, y no derivativamente angloamericana o marxista.

En otras palabras: la España medieval se encontraba tan preparada, si no más, que Inglaterra y Francia para transformarse, a la postre, en una democracia europea moderna. El hecho de que esto no ocurriera cuando debió ocurrir —entre los siglos XVII y XIX— constituye un inquietante drama, tanto para Europa como para la América española. Pero otra tradición, acaso más fuerte que la democrática, fue la tradición cultural apadrinada por la coexistencia en España del cristiano, el musulmán y el judío.

Las tres culturas

Fernando III, rey, guerrero y santo, tomó Sevilla de manos de los moros en 1248. Una vez al año, su tumba en la catedral de Sevilla es abierta y Fernando nos es mostrado envuelto en sus mantos reales, coronado y con una luenga barba blanca. Se dice que es incorruptible. Pero más importante que su cadáver, son las llamativas contradicciones de su vida, típicas del palpitante corazón de España y de las saetas que lo han herido. Aquí yace el guerrero cristiano que asedió a Sevilla durante dieciséis meses, hasta que la noche de la guerra envolvió a la ciudad, aun durante el día. Atacando, saqueando, matando cuanto se movía, expulsó a cien mil musulmanes de la ciudad caída y su sentido del humor era tan vengativo como simétrico: el conquistador árabe, Almanzor, había transportado las campanas de la catedral de Santiago hasta

Córdoba en 997, donde se convirtieron en parte de los trescientos candelabros iluminando la mezquita. Entonces, el rey cristiano, Fernando III de Castilla, recuperó las campanas transformadas en candelabros al reconquistar Córdoba y ordenó que fuesen regresadas a Santiago, esta vez sobre los hombros de los musulmanes vencidos.

Aquí yace, también, el santo que, en su lecho agónico, recibió la hostia hincado, con una soga atada al cuello a fin de significar su humildad ante Dios y la profunda conciencia de sus propios pecados. Y aquí yace el humanista que apeló al papa para proteger a los judíos españoles y salvarles de la obligación de usar estigmatas degradantes en sus ropas.

La tumba de San Fernando ostenta inscripciones en las cuatro lenguas de la continuidad cultural de España: el latín, el español, el árabe y el hebreo, esto es, las lenguas de los tres monoteísmos: el cristianismo, el Islam y el judaísmo. A Fernando le gustaba ser llamado el soberano de las tres religiones, igualmente respetuoso de todos los "pueblos del libro", los Testamentos, el Corán y el Talmud. De esta forma, aunque la práctica política le impulsaba a combatir a los moros, su misión espiritual fue la de reconocer la singularidad europea de España como la única nación donde judíos, cristianos y moros convivían.

Pero la coexistencia cultural, en tanto política explícita de un monarca español, alcanzó su verdadero apogeo durante el reino del hijo de San Fernando, Alfonso X de Castilla, quien en 1254 le otorgó su cédula a la mayor universidad de España en Salamanca y creó su biblioteca, convirtiéndola en la primera biblioteca de Estado con un bibliotecario pagado por el gobierno. De tal manera, la universidad y la biblioteca de Salamanca son el digno símbolo de un rey que en su propio tiempo fue llamado el Sabio.

El rey Alfonso trajo a su Corte a un grupo de intelectuales judíos, así como traductores árabes y trovadores franceses. A sus pensadores árabes y judíos les encargó traducir la Biblia al español así como el Corán, la Cábala, el Talmud y los cuentos indostánicos. Con los intelectuales judíos, escribió la monumental *Summa* de la Edad Media española que incluye la compilación legislativa, *Las siete partidas*, el tratado judicial, *El fuero real*, los tratados de astronomía y las dos grandes historias de España y del mundo. La Corte tricultural de Alfonso incluso tuvo tiempo de escribir el primer libro occidental sobre un juego árabe, el ajedrez (cuyo movimiento más definitivo, el jaque mate, es una traducción más del árabe, *Shah'akh maat*, "matad al Shah").

El propósito de esta extraordinaria hazaña de la inteligencia medieval fue consignar todo el conocimiento accesible en ese tiempo. En este sentido, fue una continuación de la labor previa emprendida en Sevilla por San Isidoro. El resultado fue una suerte de enciclopedia antes de las enciclopedias que tan de moda se pusieron en el siglo XVIII. Pero el hecho más llamativo es que el rey de Castilla hubo de llamar a la inteligencia judía y árabe para cumplir esta tarea. Y no es menos elocuente que los escritores judíos hayan sido quienes insistieron en que las obras se escribiesen en español y no, como era entonces la costumbre académica, en latín, porque el latín era la lengua de la cristiandad. Los judíos de España querían un conocimiento diseminado en la lengua común a todos los españoles: cristianos, judíos y conversos. La futura prosa de España proviene de la Corte de Alfonso y es, en esencia, el lenguaje de las tres culturas. Dos siglos después del rey sabio, los judíos continuaban usando la lengua vulgar para leer las escrituras, comentarlas, escribir filosofía y estudiar astronomía. Puede decirse que los judíos fijaron y circularon el uso de la lengua española en España.

En esta competencia tricultural, si de ello se trata, con sus medidas de tolerancia e intolerancia, nadie sufrió más, sin embargo, que los judíos españoles, los sefarditas. Los primeros judíos llegaron a España durante el reino del emperador Adriano en el siglo II y se convirtieron no sólo en intelectuales, sino en artesanos, agricultores, comerciantes y doctores. Pero bajo los visigodos, los judíos fueron perseguidos ferozmente por reyes como Sisebuto. Se les acusaba de crear depresiones económicas, como pretexto para expropiar sus propiedades. El santo español, Isidoro de Sevilla, no pudo resistir la rancia y repugnante razón para rechazar a los judíos: están condenados por las culpas de sus padres a la dispersión y a la opresión.

No es de sorprender que, rechazados (pero no expulsados) por los reinos godos, los judíos hubiesen saludado las invasiones beréberes y árabes de España, preparándolas con gran anticipación y permaneciendo en Andalucía como parte de la sociedad musulmana, donde eran reconocidos como "pueblos del libro", hijos de Abraham. Pero las sucesivas invasiones que siguieron a la muerte de Almanzor, las invasiones almorávides y almohades, trajeron a la España musulmana una ola de ortodoxia estricta, dirigida contra todos los no musulmanes, incluyendo a los mozárabes y a los judíos. Éstos, en consecuencia, huyeron hacia el norte a los territorios cristianos, emigrando —con velocidad de ciudad en ciudad, viviendo en sus guetos *aljamas, juderías*—, gozando del apoyo real en virtud de sus peculiares talentos —comercio y medicina— pero constantemente amenazados por la saña popular. ¿No eran acaso los asesinos de Cristo? ¿No habían entregado España a los musulmanes? ¿No eran más ricos que todos, y además opresivamente usureros?

En efecto, la Iglesia católica prohibía la usura, y Santo Tomás de Aquino escribió que prestar dinero con intereses constituía un crimen contra el Espíritu Santo. Bajo estas condiciones, era difícil concebir que prosperara el capitalismo. Después de todo el Espíritu Santo muere cada mañana en cuanto se abre Wall Street. Pero el antisemitismo sí podía y pudo florecer. Y junto con él los criterios de pureza de raza y ortodoxia religiosa aparecieron, presentándose como fundamentales, de alguna manera, para la noción misma de España. Primero, se les prohibió a los judíos ocupar la misma casa que los cristianos; enseguida los judíos no pudieron juzgar u ofrecer testimonio contra cristiano; y finalmente, el *pogrom* explotó, alimentado por la envidia (envidia hispánica: la más virulenta) y por la plaga, que infectó de paranoia extrema a muchos sectores sociales y fue prolongada por predicadores extremistas que, careciendo de televisión para inflamar los prejuicios de su audiencia, convirtieron el fanatismo verbal en una de las bellas artes. No sólo la peste fue atribuida a los judíos; si una batalla contra los moros se perdía, y en ella habían participado judíos conversos, a ellos se les acusaba de la derrota.

En 1391 un *pogrom* sigue al otro. Fue un año de pobreza y de plaga en el que cuatro mil judíos fueron asesinados en Sevilla. En Córdoba, dos mil hombres, mujeres y niños muertos se amontonaron en las sinagogas incendiadas. Cientos de judíos se suicidaron en Barcelona para escapar a la persecución y respondiendo, también, al dolor de ver a sus familias pasadas por las armas.

Los conversos: ¿A dónde sino a la conversión podía ir un judío español, tratando de salvar su pescuezo? ¿A dónde sino a los brazos de la Iglesia católica, siempre dispuesta a recibir al penitente? Sin embargo, las conversiones masivas, a menudo en contra de la voluntad de los convertidos, permitieron a los predicadores antisemitas acusar a los "nuevos cristianos", es decir, los conversos, de todos los pecados que antes arrojaban sobre las cabezas de los judíos. Convertidos, los judíos pronto descubrieron que seguían siendo sospechosos de herejía y prácticas malignas. Llamados "nuevos cristianos", comenzaron a casarse con "viejos cristianos". Y ganaron acceso a la Iglesia católica española, en cuyo seno se convirtieron, como a menudo sucede con los convertidos, en los más celosos perseguidores de su comunidad anterior.

Pero las tradiciones democráticas y culturales de España, con todas sus luces y sus sombras, con sus logros y contradicciones, ahora se precipitaron para formar parte del contexto de una nueva situación mundial, en la que España habría de enfrentar el desafío de convertirse en una nación moderna y unificada. La cuestión fue la siguiente: ¿Sería España moderna y unificada con o sin su herencia tricultural, con o sin su experiencia democrática? Estas cuestiones son el preludio al papel desempeñado por España en el Nuevo Mundo. Y ambas serían decididas por los acontecimientos de un año crucial de la historia de España: 1492.

4. 1492: el año crucial

En todo el Occidente, el ocaso de la Edad Media fue seguido por un sentimiento de renovación, de expansión y de descubrimiento, que obligó a cada entidad política europea a tomar conciencia de sí misma y a imaginar cuál sería su lugar en un nuevo orden internacional, definido por una sola palabra: el Renacimiento.

En España, la agenda nacional se iniciaba con el propósito de dar fin a la Reconquista mediante la derrota del último reino árabe en la península: Granada. A su vez, esta victoria habría de asegurar la unidad territorial y la posibilidad de establecer un Estado nacional español. En esto, España no se diferenció de las otras entidades europeas. Pero mientras que Italia y Alemania no pudieron obtener su unidad durante el Renacimiento, España, junto con Francia e Inglaterra, lo logró.

El mapa jurídico de la España medieval era el de un verdadero archipiélago de leyes y costumbres, extendiéndose desde los pactos privados impuestos por los señores feudales, a las costumbres compartidas por muchos habitantes sobre una base local, a las decisiones judiciales y a las decisiones de los reyes. Pero este mosaico también tenía que incluir, dada la naturaleza tricultural de Iberia, los estatutos propios de judíos, mozárabes, mudéjares, etc. De este abigarramiento, sin embargo, emergió una constelación de derechos locales y derechos de los reinos; los primeros identificados con el vínculo feudal, privado, mientras que los segundos se oponían a él. La transformación de ese vínculo en derecho público le dio a los reinos una fuerza añadida, pues fueron los campeones de un regreso al derecho romano y a la lealtad jurídica debida a un solo gobernante tradicional y a las instituciones públicas. Una vez más, fue Alfonso el Sabio quien, gracias a su compilación de las leyes de España, *Las siete partidas*, le dio su más importante impulso, desde San Isidoro, a la restauración de la tradición legal romana. La recepción del derecho romano y del pensamiento político aristotélico a través del rey Alfonso, la sustitución gradual de las jurisdicciones feudales en materia de justicia, impuestos y fuerzas armadas, por los reyes de Castilla, Aragón y Navarra, y su política tendiente a renovar la nobleza privilegiando a sus propios aliados, preparó el escenario, a pesar de las tormentosas pugnas de la sucesión y las rivalidades dinásticas, para la España unificada del siglo XV.

Hacia la unidad

Cuando las fronteras internas de España dejaron de moverse, entre 1280 y 1480, los límites entre cada reino pudieron al cabo establecerse con claridad. La lucha de los reinos contra el feudalismo había significado dos cosas: primero, que el poder del rey debía imponerse sobre todo el territorio; y segundo, que los habitantes de cada territorio deberían lealtad al rey. Con este propósito, los reyes, como hemos visto, intentaron proteger las libertades de las ciudades y de los ciudadanos. Pero, en verdad, su interés consistía en cambiar el estatuto de cada persona, de vasallo de un señor al de sujeto de un rey, en tanto que a las ciudades les interesaba consagrar el estatuto ciudadano. La gobernación monárquica se estableció en una sola ciudad capital, en vez de errar por todos los territorios de la Reconquista. Se creó una burocracia real, y el representante del rey, el corregidor, ordeñó los impuestos en cada localidad.

Sin embargo, los plenos poderes del derecho romano, *plenitudo potestatis*, fueron minados de manera severa por la inestabilidad política y las luchas dinásticas que acosaron a España tanto como la peste que apareció en 1348, durante el reino de Pedro el Cruel, quien heredó el trono de Castilla a la edad de 15 años, combatió a quince hermanos bastardos, fue dominado por su amante María Padilla, quien lo alentó a cometer fratricidio, hasta que finalmente, un día de invierno, en una tienda de campaña en las afueras de Montiel, Pedro luchó cuerpo a cuerpo con su hermano Enrique, pereciendo cuando Enrique le clavó el puñal en el corazón.

El triunfo de Enrique estableció a la familia de Trastamara en el trono de Castilla. Los efectos de este acontecimiento serían duraderos, pues a través de este linaje se escenificaría la lucha dinástica final, que, significativamente, sería también una batalla entre la nobleza y la monarquía para establecer los derechos de la sucesión castellana.

Juan II de Castilla, bien parecido pero débil, permitió que el gobierno fuese administrado por un sujeto autoritario y sin escrúpulos, Álvaro de Luna, quien fue ejecutado por órdenes de la reina, quien enseguida aseguró la sucesión para su hijo, el impotente Enrique IV, de quien se sospechaba que tenía una hija procreada por un noble llamado Beltrán de la Cueva y que, conocida ella misma como "la Beltraneja", fue proclamada heredera de la Corona por el rey, su padre putativo, sólo para enfrentarse a la voluntad opuesta de los nobles, quienes escogieron e impusieron a la hermana del rey, Isabel de Castilla, como reina.

Inteligente, enérgica, intolerante, animada por sueños de fe y de unidad, pero totalmente ajena al sueño de la diversidad cultural, Isabel contrajo matrimonio con el rey de Aragón, Fernando, en 1480, sellando de esta manera la unión de Castilla y Aragón.

Pero después del triunfo sobre la Beltraneja y de su matrimonio con Fernando, Isabel sólo estaba cierta de una cosa: su matrimonio le había permitido a España unificar sus reinos medievales y situar en el primer plano de la política, no sin grandes impedimentos, a todas las fuerzas que favorecían el orden, la legalidad y la unidad, a expensas tanto del poder feudal en el campo como del poder civil en las ciudades. Isabel y Fernando habían aprendido las lecciones de la larga lucha por la integración nacional española. Sus acciones lo demostraron bien pronto, y su lema era: "Tanto monta, monta tanto, Isabel como Fernando". Crearon una burocracia del mérito, no del favoritismo, y reestablecieron toda la majestad del derecho romano, empezando por la identificación entre monarquía, soberanía, jurisdicción nacional y administración centralizada, y demandando que la adhesión de los sujetos se le diese a la monarquía y no al señor feudal, ni siquiera a su ciudad, y por supuesto, jamás a otra cultura o a otra religión: el judaísmo o el Islam.

Pero la unidad española, formalmente alcanzada por Fernando e Isabel, requería ahora una sanción particular. El Islam tenía que ser expulsado para siempre de la península. Mientras preparaban el ataque contra el último reino árabe en Granada, los Reyes Católicos, sin embargo, ignoraban que estaban iniciando el año crucial de la historia española.

La importancia de la conquista de Granada estaba clara en el ánimo de Fernando e Isabel. Pero no pudieron haber calculado en verdad el daño que habrían de hacerle a España al expulsar a los judíos, también en 1492. Y cuando enviaron a un oscuro marinero llamado Cristóbal Colón a cazar quimeras en el horizonte, las esperanzas de los reyes españoles de poder rebasar a los portugueses en la consecución de la ruta más rápida a las Indias, verdaderamente no incluían toparse con un nuevo continente, el tercer gran acontecimiento de 1492. En tanto que, finalmente, el cuarto acto de este año crucial apenas es mencionado en los libros de historia. Antonio de Nebrija publicó la primera gramática de la lengua española, un instrumento de excelencia artística, de fuerza moral, de alternativa política y de unidad multirracial, que sobreviviría muchas de las virtudes y la mayoría de las locuras de los monarcas católicos, Isabel de Castilla y Fernando de Aragón.

La expulsión de los judíos

Acaso el peor error del reino unificado y de sus monarcas Fernando e Isabel, la expulsión de los judíos, fue determinado por razones tanto ideológicas como materiales. Ideológicamente, los monarcas querían consolidar la unidad sobre la base de la ortodoxia religiosa y la pureza de la sangre. Nuevamente, los chivos expiatorios perfectos fueron los judíos. Los monarcas católicos decidieron sacrificar el mayor capital cultural de España: su triple y mutuamente enriquecedora civilización. Los estatutos proclamando la pureza de la sangre y la ortodoxia de la fe fueron la base para la expulsión de los judíos, y enseguida, para perseguir, supervisar y, de ser necesario, exterminar, a los conversos que permanecieron en España y que se volvieron sospechosos de ser judíos vergonzantes o, incluso, herejes. Para este fin, la débil Inquisición medieval española, dependiente del papa y de los obispos, fue transformada en un potente tribunal bajo las órdenes directas de los reyes españoles. A cambio de este nuevo poder, la Iglesia hubo de cambiar su alianza pragmática de Roma a España.

Como nos lo explica Gabriel Jackson en su *España medieval*, la Inquisición ganó fuerza a medida que extendió su persecución no sólo contra los infieles, sino también contra los conversos. De hecho, frenó la conversión y obligó a los restos de la comunidad judía en España a volverse más intolerante que los propios inquisidores a fin de probar su fidelidad ortodoxa. La paradoja suprema de esta situación sin salida es que los judíos conversos se convirtieron en muchas ocasiones en perseguidores de su propio pueblo y rabiosos defensores del orden monolítico. El primer inquisidor general de Castilla y Aragón, Torquemada, pertenecía a una familia de judíos conversos: tal es el celo de los convertidos.

Las consideraciones que guiaron la política de Isabel y Fernando no sólo fueron religiosas. Su interés incluía aumentar el caudal de la monarquía con la expropiación de la riqueza de las más industriosas castas de España. Es verdaderamente irónico que los beneficios inmediatos que la Corona unida recibió fueran apenas una pitanza comparados con lo que, mediata e inmediatamente, perdió. En 1492, de una población total de siete millones, sólo había en España medio millón de judíos y conversos. Sin embargo, una tercera parte de la población urbana estaba formada por descendientes de judíos. El resultado fue que un año después del edicto de expulsión, las rentas municipales de Sevilla descendieron 50%, y que Barcelona conoció la bancarrota municipal.

Pero sobre todo, la expulsión de los judíos (y más tarde de los moriscos) significó que España, en efecto, se privó a sí misma de muchos de los talentos y servicios que más tarde necesitaría urgentemente para mantener su estatura imperial. Árabes y judíos eran los doctores y cirujanos de España, a un grado tal que Carlos V, hacia el año 1530, felicitó a un estudiante de la Universidad de Alcalá por ser el primer hidalgo de Castilla en recibir un certificado médico. Los judíos eran los únicos recaudadores de impuestos y los principales pagadores de impuestos del reino. Eran los banqueros, los comerciantes, los prestamistas y la punta de lanza de la naciente clase capitalista en España. A lo largo de la Edad Media, habían sido los intermediarios entre los reinos cristianos y moros, los almojarifes o administradores de finanzas para los diversos reyes que incesantemente repetían que, sin su burocracia judía, las finanzas reales se desplomarían, cosa que sucedió cuando los judíos abandonaron España. Sirvieron como embajadores, funcionarios y administradores del patrimonio real. En efecto, asumieron obligaciones que la nobleza española no se dignaba cumplir, considerándolas por debajo de su dignidad de hidalgos. Esto significó que después del edicto de 1492, los judíos conversos hubieron de disfrazar o abandonar sus ocupaciones tradicionales, toda vez que éstas, abiertamente, los hacían sospechosos de "impureza de sangre".

¿Quiénes podían tomar su lugar?

"Todo es posible"

En el siglo XV, toda una constelación de nuevas ideas influyó sobre la realidad física, tanto como la realidad física influyó sobre el clima intelectual. El llamado "descubrimiento de América", cualquiera que sea nuestra posición ideológica al respecto, fue un gran triunfo de la hipótesis científica sobre la percepción física. Los avances en la navegación incrementaron el comercio y la comunicación entre los pueblos, en tanto que la invención de la imprenta provocó enorme curiosidad y una sed creciente de información y saber en todo el mundo. Los hombres de ciencia se preguntaron si este planeta nuestro podría realmente ser el centro del universo. Y se interrogaron a sí mismos sobre la forma de la Tierra, en tanto que los artistas reflexionaron sobre el sentido de la presencia humana en la Tierra, incluyendo las formas de los cuerpos humanos, masculinos y femeninos, y celebrando el aquí y el ahora, más que la vida eterna. "Todo es posible", escribió el humanista italiano Marsilio Ficino, "Nada debe ser desechado. Nada es increíble. Nada es imposible. Las posibilidades que negamos son tan sólo las posibilidades que ignoramos."

España se encontraba tan preparada como cualquier otra cultura europea para unirse al impulso del Renacimiento. La experiencia tricultural produjo dos grandes libros que nutrieron el espíritu renacentista en España. El primero es el *Libro de buen amor*, publicado en 1325 por un sacerdote jovial e itinerante, llamado Juan Ruiz, el Arcipreste de Hita. Su libro es un canto a los placeres del cuerpo, una celebración de la forma femenina y un rechazo de las nociones de pecado. Profundamente influido por la poesía árabe, Juan Ruiz es nuestro Chaucer y su mensaje conciliador es que la fe y el placer no deben estar en pugna.

Aún más significante, acaso, es la tragicomedia *La Celestina*, escrita por Fernando de Rojas después de la expulsión de los judíos. Rojas, el descendiente de judíos conversos, escribió su obra maestra siendo un estudiante y desde la Universidad de Salamanca. Es la historia de una vieja trotaconventos, sus pupilos, dos jóvenes amantes y los criados de ambos. Es una obra itinerante, situada en las calles de una ciudad moderna desamparada, sin muros, puentes levadizos o fosas de defensa, una ciudad moderna desprotegida, vista por Rojas como la coladera de la realidad histórica, donde los vicios y virtudes ejemplares de la moralidad medieval son derrotados por los intereses, el dinero, la pasión y el sexo. Todos los personajes de *La Celestina* gastan inmensas energías en idas y venidas, en misiones y embajadas relacionadas con estas pasiones. Pero toda esta energía termina en la inmovilidad absurda de la muerte.

La Celestina es producto de la Universidad de Salamanca, el centro de enseñanza más grande de España, que se concibió a sí misma como una alternativa humanística a la creciente ortodoxia e intolerancia de la Corona. Cuando, en 1499, y después de múltiples dudas, Rojas finalmente decidió publicar su libro, poseía una conciencia aguda del duro destino de sus hermanos judíos. El mundo es el cambio, proclama *La Celestina*, nada sino cambio, pero junto al azar, el cambio lleva a todos a un final amargo y desastroso. Éste es el libro que, de acuerdo con Ramiro de Maeztu, le enseñó al pueblo español a vivir sin ideales. El Arcipreste y Fernando de Rojas son humanistas que se atreven a soñar y a advertir, celebrando la acción humana, pero también señalando claramente sus peligros. La expansión de Europa, primero hacia el Oriente y enseguida hacia el Occidente, fue, en cierto modo, una hazaña de la imaginación renacentista. Fue también el triunfo de la hipótesis sobre la percepción y de la imaginación sobre la tradición.

El *Mare Nostrum*, el Mediterráneo, se había convertido en un lago islámico limitando severamente la posibilidad de expansión europea. Encontrar una salida del Mediterráneo, una ruta hacia el Oriente, se convirtió en una obsesión europea, manifestándose primero en la República Veneciana, cuando Marco Polo abrió una ruta comercial terrestre hasta China. Pero pronto el ascenso de un nuevo poder musulmán, el Imperio otomano, volvió a penetrar el Mediterráneo, capturó Grecia y los Balcanes y obligó a Europa y a su clase mercantil ascendente a buscar nuevas salidas.

Desde su castillo en Sagres, en la costa atlántica de Portugal, el príncipe Enrique (1394-1460), hijo del rey Juan I, reunió toda la sabiduría náutica de su tiempo, perfeccionó la cartografía y los instrumentos de navegación, desarrolló embarcaciones rápidas y de fácil maniobra como la carabela, y entrenó tripulaciones capaces de manejarlas. Enrique el Navegante, como se le conoció, poseía un gran designio: flanquear a los turcos navegando por las costas africanas hacia el sur y enseguida hacia el oriente.

Con la ayuda de los banqueros flamencos, Portugal saltó de la isla de Madeira a las Azores y a Senegal y, finalmente, con Bartolomé Dias, al extremo mismo del continente africano, el Cabo de Buena Esperanza, en 1488. Desde ahí, los portugueses pudieron proceder rápidamente hasta la India (Vasco de Gama, 1498). En el camino, se plantó azúcar y se reclutaron esclavos. En 1444, se había establecido en Lagos una compañía para la trata de esclavos, bajo el patrocinio del príncipe Enrique.

Pero en tanto que Portugal miraba hacia el sur y hacia el Oriente, no se atrevía a mirar hacia el Occidente, hacia el *Mare Ignotum*, el océano del misterio, ni siquiera cuando un testarudo marinero de supuesto origen genovés, arrojado por un naufragio cerca del castillo de Enrique el Navegante, alegó que la mejor manera de llegar al Oriente era navegando hacia el Occidente. En muchos aspectos, el hombre era personalmente menos impresionante que sus trabajos o sus ideas: afiebrado, a veces sin control de sí mismo, sospechoso de ser un mitómano. Pero lo que le sobraba era coraje y determinación. Su nombre era Cristóforo Colombo: Cristóbal Colón.

Portugal no le prestó atención a Cristóbal Colón. El navegante se dirigió entonces a España, el país aislado, introspectivo, dedicado a librar su prolongada guerra de Reconquista. Lo hizo en el momento propicio, y ahí ofreció su proyecto a los monarcas católicos Isabel y Fernando. Encendidos por la victoria sobre los moros en Granada, los Reyes Católicos le dieron a Colón los medios para realizar el tercer gran acontecimiento del año crucial de la historia de España: 1492: el descubrimiento de América.

Una flotilla de tres carabelas, la *Pinta*, la *Niña* y la *Santa María*, zarpó del puerto de Palos el 3 de agosto de 1492. Navegando siempre hacia el oeste, después de sesenta y seis días de falsas esperanzas, estrellas desplazadas, fantasmales islas de nubes, quejas de la marinería y motín abierto, Colón tocó tierra el 12 de octubre de 1492 en la pequeña isla de Guanahaní, en las Bahamas, bautizada con el nombre de San Salvador. Colón pensó que había llegado a Asia. Le movían el coraje, el valor renacentista de la fama, el placer del descubrimiento, el afán de oro y el deber de evangelizar. Gracias a él, Europa pudo verse en el espejo de la Edad de Oro y del buen salvaje. Pues los hombres y mujeres de esta isla, según los describió el propio Colón, eran pacíficos, inocentes, y "les di a algunos d'ellos unos bonetes colorados y unas cuentas de vidrio que se ponían al pescueço, y otras cosas muchos de poco valor, con que ovieron mucho placer y quedaron tantos nuestros que era maravilla".

¿Cómo hemos de comprender la denominación "descubrimiento de América"? ¿No son todos los descubrimientos, al cabo, mutuos? Los europeos descubrieron el continente americano, pero los pueblos indígenas de las Américas también descubrieron a los europeos, preguntándose si estos hombres blancos y barbados eran dioses o mortales, y si eran tan piadosos como lo proclamaban sus cruces, o tan despiadados como lo demostraron sus espadas. Para estos individuos, salidos de los pueblos de la España medieval, soldados y clérigos, abogados y cronistas, marineros y artesanos, la conquista del Nuevo Mundo era un evento que tocaba el corazón de sus existencias. Ellos portaban la energía sobrante de la Reconquista española, setecientos años de lucha contra el infiel. Ellos eran los portadores de una fe militante y de una política militante. Después de 1492, los judíos se fueron al norte de Europa, donde sus talentos serían puestos al servicio de los enemigos protestantes de España. Los árabes regresaron a África, lamentando su exilio de los jardines de la Alhambra, recordando las palabras de la madre del último rey moro de Granada, Boabdil: "No llores como mujer lo que no supiste defender como hombre." Pero ahora, ¿hacia dónde iría la energía impetuosa de la España cristiana? ¿El movimiento, la inmensa dinámica de ejército, Iglesia, realeza, vida urbana; los burgueses y las masas que caminaron a Santiago, lucharon en las Navas de Tolosa, construyeron Ávila y comerciaron en Burgos, defendieron los derechos civiles de Toledo, eligieron a las Cortes y unificaron a los reinos? ¿A dónde iría ahora todo este ímpetu? La respuesta llegó desde las aldeas y poblados de Castilla, Extremadura y Andalucía. Éstos eran los terruños de los conquistadores del Nuevo Mundo: Hernán Cortés, Francisco Pizarro, Pedro de Valdivia. Hombres surgidos del cuero seco y curtido de España y que nos trajeron a las Américas la Iglesia, el ejército, un espíritu militante y un dilema angustioso entre las tradiciones democráticas nutridas por las ciudades medievales o el uso y abuso autoritario del poder que pronto sería confirmado por la monarquía unificada. Ellos traerían al Nuevo Mundo todos los conflictos del carácter español, su imagen de sol y sombra dividiendo el alma como dividen a la plaza de toros. ¿Tolerancia o intolerancia? ¿Respeto hacia el punto de vista ajeno, el derecho de criticar y de inquirir, o la Inquisición? ¿La mezcla étnica o la pureza racial? ¿La autoridad central o local? ¿El poder desde arriba o el poder desde abajo? Y, acaso, la cuestión que las contiene todas: ¿tradición o cambio?

Estas alternativas dividirían a los mundos hispánicos, en Europa y en las Américas, durante muchos siglos. Mucha sangre sería derramada luchando a favor o en contra de estas ideas. Y sólo en nuestro tiempo se llegaría a un consenso conciliador de la necesidad de continuar la tradición dentro del cambio y de efectuar el cambio sin violentar la tradición.

En 1492, Isabel y Fernando eran impulsados por una visión unitaria de la cristiandad, de la Reconquista y de la expansión. Indudablemente, los capitanes y soldados de Castilla y Aragón del otro lado del mar compartían esta visión. Pero no debemos olvidar que eran también los herederos de una experiencia policultural de coexistencia y de mestizaje en tensión con judíos y con moros. Todas las excepciones que podamos oponer a la virtud de la tolerancia disminuyen el hecho de que las tendencias hacia la coexistencia respetuosa con el otro efectivamente estructuraron en España una realidad tricultural, en contraste flagrante con la política oficial de expulsión y negación de judíos y moros, desarrollada bajo Fernando e Isabel, y que culminó con el duro régimen de censura inspirado por la Contrarreforma e instrumentado por la Inquisición.

Los conquistadores del Nuevo Mundo eran parte de esta realidad, pero no pudieron evadir el dilema de España. Frailes, escritores, cronistas, obligarían a España a darle la cara a su alternativa humanista y policultural. La singularidad cultural de España consistió en reconocer al otro: combatiéndolo, abrazándolo, mezclándose con él. Jean Paul Sartre escribió en una ocasión que el infierno son los demás. ¿Pero hay otro paraíso que el que podamos construir con nuestros hermanos y hermanas? Y, sin embargo, la historia insiste en preguntarnos, ¿cómo podemos vivir con el otro?, ¿seremos capaces de comprender que yo soy lo que soy sólo porque otro ser humano me mira y me completa? Esta pregunta contemporánea, propuesta cada vez que el blanco y el negro, el Oriente y el Occidente, el predecesor y el inmigrante, se encuentran en nuestro propio tiempo, fue una realidad central de la España medieval y enseguida se convirtió en la cuestión central de la conquista y colonización de las Américas. Son preguntas predichas, así sea contradictoriamente, por la experiencia histórica española, desde la conquista de Iberia por Roma hasta la expulsión de los judíos en 1492. Ahora habrían de convertirse en la cuestión central de las Américas, en el momento en que España entró en contacto con lo radicalmente otro: pueblos de otra raza, otra religión, otra cultura. ¿Quiénes eran estos hombres? ¿Cuál era la forma de sus almas? ¿Tenían siquiera un alma?

Fueron cuestiones que dividirían a España. Y si una parte de su corazón le ordenó "¡Conquista!", la otra parte, recordando a Séneca el estoico, diría:

"No te dejes conquistar por nada excepto por tu propia alma".

La hazaña de Cristóbal Colón abrió el telón sobre un inmenso choque de civilizaciones, una gran epopeya, compasiva a veces, sangrienta otras, pero siempre conflictiva: la destrucción y creación simultáneas de la cultura del Nuevo Mundo.

5. Vida y muerte del mundo indígena

América fue una vez un continente vacío. Todos los pueblos que han pisado nuestras playas o cruzado nuestras fronteras, físicas o imaginarias, han venido de otra parte. Imaginemos, así, que hace 130,000 años, enormes masas de hielo se desplazaron en las regiones árticas, resultando en un descenso de los niveles del mar de Bering: una gran calzada continental se abrió entre Asia y América.

Sobre este puente, a pie, nómadas en pequeños grupos comenzaron a entrar en el hemisferio occidental hace 65,000 años (acaso sólo 30,000 años). Talladores, cazadores, cavernícolas, cazaron al mamut antes de su extinción. Recorrieron vastos espacios, de las montañas a los desiertos, a los valles y a las selvas. Y también encontraron conejos y venados, jabalíes y patos salvajes.

Pero entre 7500 y 2500 antes de Cristo, el descubrimiento de la agricultura los convirtió en cultivadores sedentarios reunidos en aldeas. El primer grano de maíz, en la mitología mesoamericana, fue descubierto por Quetzalcóatl, la serpiente emplumada, el creador de la humanidad. Quetzalcóatl descubrió el maíz con la ayuda de una hormiga, y su triunfo contrastó vivamente con el fracaso de los demás dioses. Con razón se le honraba de tal manera en las sociedades mesoamericanas: creador del hombre, de la agricultura, de la sociedad aldeana.

Pues al principio nada había, dicen los más antiguos cantos del continente vacío: "Cuando era de noche, en la oscuridad, los dioses se reunieron…" y crearon a la humanidad: "Que haya luz", exclama el libro de los mayas, el *Popol Vuh*, "que nazca la aurora sobre el cielo y la tierra. No habrá gloria hasta que exista la criatura humana".

La humanidad nació del sacrificio. Cuando los dioses se unieron en la hora del primer amanecer de la creación, formaron un círculo alrededor de una vasta fogata. Decidieron que uno de ellos debería sacrificarse saltando al fuego. Un hermoso dios, arrogante y cubierto con joyas, mostró duda y temor. Un dios desnudo, enano y cubierto de bubas, se arrojó entonces a la conflagración y enseguida resucitó con la forma del sol. El dios hermoso, al ver esto, también saltó al fuego, pero su recompensa fue reaparecer como el satélite, la luna. Así fue creado el universo.

Si los dioses se habían sacrificado a fin de que el mundo y la humanidad existiesen, entonces con más razón la humanidad estaba obligada a arrojarse, de ser necesario, en las grandes hogueras de la vida y de la muerte. La necesidad del sacrificio era un hecho indudable en la sociedad indígena, no sujeto a discusión o escepticismo de cualquier tipo. Para los antiguos americanos, las fuerzas del universo eran una fuente constante de peligro, pero al mismo tiempo eran la fuente misma de la supervivencia que amenazaban. Esta ambigüedad se resolvió en el sacrificio, un hecho tan indudable para la sociedad indígena como lo es para nosotros la fórmula $E=mc^2$. Pues del sacrificio dependía no sólo la continuidad de la vida, sino el orden mismo del universo. Los hombres y las mu-

jeres eran vistos como cosas verdaderamente diminu-
tas en el enorme escenario del cosmos. El universo
mismo era materia endeble, sujeto a la vida y a la
muerte, a la creación y a la destrucción, a la muerte y
a la resurrección.

A medida que evolucionó de la aldea al centro
ceremonial, a la ciudad y al imperio, el mundo aborigen de Mesoamérica, la región que se extiende del centro de México hasta Nicaragua, cultivó mentalmente
un conjunto de creencias en cuyo centro se encontraba
la idea de que el mundo había sido creado no una, sino
diversas veces. Esta creencia, desarrollada por los aztecas en la leyenda de los Cinco Soles, nos es relatada en
el calendario solar, donde el centro del disco lo ocupa
la imagen del sol, que nos muestra la lengua, significando que el sol brilla, y enmarcada por las cuatro direcciones que indican las cuatro creaciones previas del
mundo y las catástrofes que sufrieron. El primer sol fue
destruido por un jaguar; el segundo, por vientos feroces; el tercero, por lluvia incesante; el cuarto, por las
aguas del gran diluvio. Actualmente vivimos bajo el
Quinto Sol, nacido del sacrificio de los dioses y que
sólo continuará brillando mediante el sacrificio de las
criaturas de los dioses, los hombres y las mujeres.

Sólo el sacrificio podía mantener este mundo,
el sol y en consecuencia la vida: del sacrificio dependía la continuidad de las cosas, la aldea, la familia, el
trabajo, la agricultura, el maíz. Semejante concepción
de la realidad naturalmente desembocó en el temor de
que una catástrofe tan reciente, tan recordada por todos los pueblos aborígenes, podría repetirse en cualquier instante: el nombre de esta catástrofe sería la
muerte del Quinto Sol. La naturaleza merecía tanto

amor como temor. El tiempo debía ser conocido, pero también predicho. Y el poder debía dársele a quienes sabían, recordaban y predecían nuestro propio tiempo, dominando y apartando a las fuerzas destructivas de la naturaleza.

El nombre de la interpretación que explicaba esta realidad era el mito. Las fuerzas naturales y sobrenaturales, tan cercanas a la piel de todas las criaturas divinas, fueron llamadas dioses, la causa de todas las cosas. El tiempo y la muerte se convirtieron de esta manera en los ejes del mundo indígena, y los dioses, la causa eficiente de todo lo bueno y lo malo. Los elegidos de los dioses fueron aquellos capaces de escucharlos, predecir el tiempo y administrar la muerte, así en la guerra como en la paz. De esta manera, los reyes, los sacerdotes y los guerreros llegaron a dominar el espacio vacío de las Américas, ordenando erigir centros ceremoniales en los cuales se podían honrar estas verdades inalterables.

Como gigantescas sombras proyectadas por los fuegos de la creación, estas creencias acompañan el paso de las sucesivas civilizaciones mesoamericanas, desde los primeros cazadores, 6000 años antes de Cristo, a los inicios de la vida agrícola, al principio de la vida aldeana alrededor de 1500 antes de Cristo, a la aparición de la cultura madre de los olmecas en la cuenca del río Papaloapan (el Río de las Mariposas), en la costa del Golfo de México alrededor de 900 años antes de Cristo. La cultura de la aldea subió enseguida del mar a las montañas y al pueblo zapoteca de Oaxaca, a los valles del México Central y a las primeras señales de la civilización maya, entre el siglo tercero antes de Cristo y el primero de nuestra era.

Las migraciones y los éxodos continuaron, acarreando siempre el terror de la catástrofe cósmica. La necesidad de responder tanto creativa como sacrificialmente a este temor persistió a lo largo de los 600 años de las culturas clásicas de Teotihuacan en el centro de México, Monte Albán en Oaxaca y la preparación del gran periodo de la civilización maya, que alcanzó su apogeo y enseguida se derrumbó, entre los años 600 y 900. El suspiro final de los mayas en Chichén Itzá, la vida y muerte de los toltecas en el centro de México, seguida por el ascenso de los aztecas a partir de 1325 y su caída en 1521 a manos de los españoles, cierran el ciclo histórico de las civilizaciones mesoamericanas, pero de ninguna manera, como lo veremos, su ciclo cultural.

Cada uno de estos grandes temas y certezas, que alimentaron y estructuraron el mundo indígena, son evidentes en sus magníficas construcciones, comparables a las de Mesopotamia y el Antiguo Egipto. Ante todo, la arquitectura indígena es, como lo revelan sus sitios físicos, respuesta a la cuestión de la naturaleza: un paisaje humano de altivos templos dedicados a los dioses. En Europa, el alma romántica le dio a esta cuestión su forma más moderna. De la naturaleza, Goethe dijo: "Vivimos dentro de ella pero somos ajenos a ella." Quizás más dramáticamente, Hölderlin imaginó la angustia del primer hombre consciente de ser parte de la naturaleza, nacido de ella, pero, al mismo tiempo, separado, distinto de la naturaleza, obligado a distanciarse de ella a fin de sobrevivir y de identificarse. Con anterioridad al temor freudiano de quedar capturado adentro o desamparado afuera, los grandes templos de la Antigüedad mesoamericana revelan esta misma inquietud de ser devorados por una naturaleza amenazante o de permanecer, a la intemperie, fuera de su abrazo.

Palenque es el ejemplo supremo de esta ambigua respuesta a la naturaleza. Hundido en lo más profundo del abrazo de la selva de Chiapas, cada edificio parece esculpido a partir de la selva primigenia. Palenque llegó a su apogeo en el siglo VII y fue abandonado en el siglo XI, una vez más, a los apetitos de la naturaleza. Hoy, la magnífica serie de estructuras en Palenque, el Palacio, la Casa del Jaguar y los templos del Sol, de la Cruz y de las Inscripciones, nos parecen para siempre capturados entre las exigencias rivales de la selva y de la humanidad. En contraste, las ruinas de Monte Albán, en la gran ciudadela que domina el valle de Oaxaca, están separadas de la naturaleza de manera soberbia y aun abstracta. Monte Albán parece suspendido entre el cielo y la tierra, más cerca de las nubes y del firmamento que de cualquier raíz terrena. Pero entonces miramos por segunda vez el esplendor de Monte Albán y nos damos cuenta de que no es sino una elocuente evidencia visual de la equivalencia entre la construcción humana y el paisaje natural: la arquitectura es prácticamente la réplica de las montañas circundantes.

Esta segunda mirada nos permite dar respuesta a la cuestión inmediata que surge a la luz de esta altura cristalina. ¿Cuál fue la función de un espacio como éste? ¿Fue concebido como un centro ceremonial, como una fortaleza, como un santuario, como un monumento a los caídos en las guerras civiles que asolaron el valle de Oaxaca? ¿O se trata de un monumento a las grandes epopeyas del éxodo y la guerra que se encuentran en la raíz de la vida y el movimiento del continente vacío? En todo caso, las cuestiones constantes de la mentalidad indígena están implícitamente expresadas en Monte Albán: ¿Cuánto tiempo durará lo que hemos hecho? ¿Podemos construir algo que nos proteja de la destrucción?

La necesidad de dar respuesta a la naturaleza condujo naturalmente a una intensa preocupación con el hecho temporal, pero esta preocupación fue rápidamente desplazada por el poder de los hombres capaces de asegurar que el tiempo duraría, que el caos natural no volvería a imponerse.

Los murales de Bonampak, descubiertos apenas en 1949 en las selvas del sur de México, nos ofrecen una visión multicolor de un mundo de poder ritual. Presididos por las imágenes de un niño principesco al cual se le ofrece el poder futuro, los murales de Bonampak ofrecen un impresionante panorama del poder en el antiguo mundo americano. Como en una cinta cinematográfica, las procesiones de sacerdotes y sirvientes, de gobernantes y gobernados, nos permiten ver con claridad una organización del trabajo humano determinada por una casta emergente de príncipes y sacerdotes. A medida que las comunidades agrarias se convirtieron en ciudades-Estado y las ciudades se expandieron sobre territorios mayores mediante la guerra y la conquista, exigiendo tributo, cosecha y también mujeres, la civilización se organizó con el propósito de mantener a la burocracia, al sacerdocio y al ejército. Los murales de Bonampak desembocan en una visión cruel e implacable de la guerra: batalla, muerte y esclavitud. Pero también nos trasladan retrospectivamente a la imagen del futuro rey, el niño príncipe, santificado en el primer mural. Ese niño gobernará al mundo, y gobernará de la manera descrita y con los objetivos declarados de mantener la vida humana mediante la paradoja de la sangre derramada en la guerra y el sacrificio.

La necesidad de comprender el tiempo se volvió, así, fundamental en el mundo indígena, pues entender el tiempo significó entender la diferencia entre la supervivencia y la destrucción: dominar el tiempo fue sinónimo de asegurar la continuidad de la vida. Un poeta indígena expresó lo siguiente: "Los que tienen el poder de contar los días, tienen el poder de hablarle a los dioses."

En Chichen Itzá, los astrónomos mayas establecieron un calendario solar preciso de 365 días simbolizados por la estructura de la gran pirámide. Nueve terrazas y cuatro escaleras representan los nueve cielos y los cuatro puntos cardinales. Cada escalera tiene 91 escalones, un total de 364, el número de los días del año, más la plataforma cumbre, 365, los días del año solar.

La más grande pirámide mesoamericana, el Templo del Sol en Teotihuacan, fue construida de tal manera que el día del solsticio estival el sol se pone precisamente enfrente de la fachada principal. La naturaleza y la civilización pueden celebrarse en el reflejo la una de la otra. Los toltecas, constructores de Teotihuacan, intentaron fundir este conjunto de preocupaciones acerca del tiempo y la naturaleza, el poder y la supervivencia, en un principio moral y lo encontraron, una vez más, en la figura de Quetzalcóatl, la serpiente emplumada. Quetzalcóatl, quien es objeto de diversas y a menudo contradictorias leyendas, puede ser visto como el creador de la vida humana, emergiendo lenta y difícilmente del caos y del miedo de los orígenes. Quetzalcóatl dio a los seres humanos sus utensilios y sus artes. Les enseñó a pulir el jade, a tejer la pluma y a plantar el maíz. El mito también le atribuye a Quetzalcóatl la invención de la agricultura, la arquitectura, la canción y la escultura, la minería y la orfebrería. El cuerpo de sus enseñanzas se identificó con el nombre mismo de los toltecas: el *Toltecayotl* o "Totalidad de la Creación".

Quetzalcóatl se convirtió en el héroe moral de la Antigüedad mesoamericana, de la misma manera que Prometeo fue el héroe del tiempo antiguo de la civilización mediterránea, su libertador, aun a costa de su propia libertad. En el caso de Quetzalcóatl, la libertad que trajo al mundo fue la luz de la educación. Una luz tan poderosa que se convirtió en la base de la legitimidad para cualquier Estado que aspirase a suceder a los toltecas, heredando su legado cultural.

El Estado sucesor de los toltecas, y la nación final del antiguo mundo mesoamericano, fue el de los aztecas. La larga marcha de los aztecas desde los desiertos de Norteamérica, desde Arizona y Chihuahua hasta el centro de México, se fijó en la visión de un águila devorando a una serpiente sobre un nopal en una isla en un lago. Los aztecas fueron conducidos hasta este lugar por su feroz dios de la guerra, Huitzilopochtli, cuyo nombre significa "El Mago Colibrí", y por su sacerdote, Tenoch. Cuando llegaron al sitio predestinado, fundaron su ciudad, Tenochtitlan, sobre las islas y pantanos de los lagos, en el año 1325. A la ciudad le añadieron un prefijo, México, que significa "el ombligo de la luna". Es la más antigua ciudad viva de las Américas. De acuerdo con las crónicas, los aztecas eran despreciados por los habitantes previos del valle central, descendientes de los toltecas, quienes llamaron a los aztecas "el último pueblo en llegar", "todos los persiguieron", "nadie quería recibirlos", "carecían de rostro".

Esta ausencia de rostro contrastó con el perfil cultural definido y visible de los toltecas, la tribu de Quetzalcóatl, que había desaparecido misteriosamente, dejando detrás un conjunto de creaciones culturales, que el mundo indígena siempre consideró como su más valiosa herencia. De hecho, la designación misma de "tolteca", era sinónimo de "artista". Era la cultura del dios exiliado, Quetzalcóatl; era la herencia más alta y deseable del mundo indígena, y los aztecas, a medida que extendieron su poder en el valle central de México con los instrumentos de la guerra, la exacción y el sacrificio humano, se apoderaron también de la herencia cultural tolteca.

Necesitaban poder. También necesitaban legitimar su poder. Poder militar más legitimidad moral. Esta ecuación, que determinó la política de los aztecas, también enfrentó a dos dioses enemigos, Quetzalcóatl, dios de la creación y la hermandad, y Huitzilopochtli, dios de la guerra y de la conquista.

El arte y la moralidad toltecas le dieron a los aztecas el rostro que buscaban. Pero si la memoria y la identidad exigían esta identificación, el poder y la legitimidad la combatían. En el siglo XV, Tlacaélel, hijo y hermano de reyes, pero que nunca aceptó la Corona para sí mismo, organizó por medios tradicionales lo que llegó a ser conocido como el Imperio azteca. Distribuyó tierras y títulos, organizó la administración, incluyendo el implacable sistema de tributos y de impuestos, inició conquistas que condujeron a los aztecas hacia el sur, hasta Guatemala, Honduras y Nicaragua. Tlacaélel también construyó el gran templo a Huitzilopochtli en la Ciudad de México, dedicando el poder de la nación azteca a los principios de la guerra y el sacrificio. Fue él, asimismo, quien ordenó que se quemasen los antiguos escritos de los pueblos derrotados por los aztecas, porque en ellos la nueva nación imperial era descrita como nación de bárbaros. Tlacaélel quemó la historia, pero esta burla digna de Orwell se hermanó con la ansiedad de ser siempre vistos como los herederos de Quetzalcóatl.

El panteón de las divinidades aztecas nos retrotrae, sin embargo, al caos, la fuerza y el terror que inevitablemente se apoderan del ser humano cuando se enfrenta al tiempo de los orígenes. La figura central de este panteón es la diosa madre Coatlicue, "la de la falda de serpientes". Cuadrada, decapitada, sin ataduras antropomórficas, Coatlicue ha sido creada a imagen y semejanza de lo desconocido. Los elementos de su decorado pueden ser llamados, separadamente, calaveras, serpientes, manos laceradas. Pero todos ellos se funden en una composición de lo desconocido. La Coatlicue no admite fisuras en su cuerpo. Ella es el monolito perfecto, la totalidad de lo intenso y de lo autocontenido.

De acuerdo con el mito, Coatlicue, la diosa de la tierra, fue preñada por una navaja de obsidiana, dando a luz a Coyolxauhqui, la diosa de la Luna, y una camada de hermanos, que se convirtieron en las estrellas. Pero un día, Coatlicue se encontró una pelota de plumas y la guardó celosamente en su seno.

Cuando la buscó, la pelotilla había desaparecido, pero Coatlicue, nuevamente, se encontraba preñada. Sus hijos, la Luna y las Estrellas, no le creyeron. Avergonzados de su madre, a la cual acusaron de promiscua, decidieron matarla. Una diosa sólo podía dar a luz una sola vez, en la nómina de las divinidades originales. ¿Qué podía seguir a la hazaña de darle vida a los dioses? ¿Qué monstruosidad? ¿Cómo podía haber segundos dioses? Pero mientras ellos intrigaban, Coatlicue dio a luz al fogoso dios de la guerra Huitzilopochtli, quien, auxiliado por una serpiente en llamas, se volvió en contra de sus hermanos, los asesinó en un ataque de rabia, decapitó a su hermana la Luna y la arrojó en un profundo barranco, donde el cuerpo de la mujer yace mutilado para siempre. El disco de la diosa de la Luna, descubierto en el Templo Mayor de México en 1977, ilustra este mito que, a su vez, revela la certeza de que el universo natural de los indios nació de la catástrofe. Los cielos, literalmente, se rompieron en pedazos, la Madre Tierra cayó y fue fertilizada en tanto que sus hijos fueron despedazados por el fratricidio y enseguida diseminados, mutilados, por todo el universo.

Pero la escultura de Coyolxauhqui y la de su madre Coatlicue son formas artísticas que, aunque nacidas de un mito, ya no cumplen una función religiosa. Se han convertido en parte de la imaginación artística, de tal manera que, más allá de sus orígenes sagrados, lo que hoy vemos es una composición artística moderna y ambivalente. La realidad se ha quebrado en varias partes, pero al mismo tiempo exige ser reunificada: ¿piden otra cosa las pinturas cubistas? Al imaginar a los dioses, estos escultores anónimos del universo indígena, igual que sus contrapartes góticas europeas, igualmente anónimos y también inspirados por la religión, crearon obras de arte intemporales, que pueden ser apreciadas fuera de su contexto religioso, en nuestro propio tiempo. La condición para lograrlo está enterrada en el corazón mismo de la creación artística. El verdadero artista no refleja la realidad: añade algo nuevo a la realidad.

Entre las piedras y las manos que les dieron forma, los artistas indígenas establecieron formas de comunicación que al cabo se volvieron universales. André Breton vio en el arte y la vida de México una expresión del surrealismo. Mucho más concretamente, el escultor británico Henry Moore se inspiró en la figura reclinada del Chac Mool para darnos su espléndida serie de estatuas yacentes. Las estatuas de Moore se han convertido en una de las obras más representativas e inolvidables de la tradición moderna; ello no es ajeno a su conexión con una de las tradiciones más antiguas. Lo que Henry Moore dice de su propio arte, puede decirse de las grandes esculturas del México antiguo: si un escultor comprende el material con el cual trabaja, puede transformar un bloque de materia cerrada en una composición animada de masas que se expanden y se contraen, empujan y se confunden.

Capturadas entre el puro aire y el dinamismo de la piedra, estas esculturas son el producto de una pluralidad de realismos, una multiplicidad de visiones que, al manifestarse como obras de arte, son todas igualmente "reales". Las colosales cabezas olmecas tienen rasgos llamativamente negroides, al grado de que muchos se han preguntado si el Caribe originalmente fue poblado por inmigrantes africanos. Pero su realidad artística nos obliga a preguntamos qué cosa es más importante, ¿el probable trasfondo religioso y étnico del arte, o su presencia contemporánea entre nosotros? Finalmente, ninguna faceta de este arte excluye a las demás: la realidad es múltiple.

Durero, el pintor alemán, fue el primer artista europeo en ver las obras de los aztecas cuando llegaron a Bruselas en 1520, en la Corte flamenca de Carlos I. "He visto las cosas que le fueron enviadas al rey desde las tierras doradas", anota en su *Diario de viaje a los Países Bajos*. "Son una maravilla para la mirada", añade, concluyendo: "jamás en mi vida he visto algo que me llene de mayor felicidad". Más de tres siglos después, otra vez en Bruselas, Charles Baudelaire observaría los grabados de las esculturas aztecas, llegando a la conclusión de que pertenecían a un "arte bárbaro", bárbaro en el sentido de ser totalmente ajenas al concepto de la personalidad humana.

Y, sin embargo, por debajo y por encima, pululando cerca de los dioses, los sacerdotes y los guerreros, existía en Mesoamérica toda una sociedad, vivaz y sensible, circulando alrededor de las pirámides y creando los valores de la continuidad cultural en las Américas. Esta tradición habría de convertirse en una de las más fuertes realidades con las que estas sociedades darían respuesta al encuentro con Europa.

Cuando miramos los grandes monumentos del pasado indígena y tratamos de comprender tanto su belleza como su función política, nos sentimos tentados de preguntar, junto con el poeta Pablo Neruda, "¿Piedra en la piedra, pero el hombre dónde?" Quizás la respuesta se encuentre en la existencia misma de los diversos artefactos de la cultura popular creados por los pueblos mesoamericanos, al nivel de la aldea y a lo largo de miles de años. La humanidad se encuentra en las caritas sonrientes, acaso burlonas, de los olmecas; en la alegría y los juegos de las figuras que a nosotros nos parecen como de luchadores, acróbatas y hasta jugadores de beisbol; en el hincapié dado a la continuidad simbólica de la vida en las figuras de viejos, mujeres fértiles y niños. Quizás la humanidad se encuentre sobre todo en la elegancia y la finura infinitas de las figuras de Jaina en Yucatán: mujeres, oradores, vendedores, labriegos, mendigos y mentirosos. Todos los caracteres de la vida diaria fueron diseñados, ubicados y dotados de presencia, a lo largo de los siglos. Acaso la belleza eterna de este arte y de quienes lo hicieron se encuentre mejor preservada en los objetos más frágiles, en la cerámica, los vasos, los utensilios y las representaciones estilizadas de los animales y de los pájaros. El magnífico zoológico de los primeros olmecas ha quedado fijado en las figuras de patos, cocodrilos, monos, tapires, armadillos y jaguares. La figura del jaguar se pasea a lo largo y a lo ancho del México indígena, en contrapunto con los deliciosos perritos olmecas, los loros y las tortugas de las culturas occidentales, los misteriosos murciélagos zapotecas, los chapulines aztecas y los peces totalmente estilizados, casi abstractos y dignos de Brancusi, provenientes de Tlatilco.

Todo ello representa la continuidad de la cultura popular, y la encontramos encarnada hoy en las actitudes y en la dignidad de sus descendientes contemporáneos, así como en la producción incesante de sus artesanos.

Ésta es la respuesta popular al poder de los dioses y los potentados, los valores de la comunidad, el amor a la tierra y a la naturaleza, el trabajo y el respeto mutuo. Pues aun cuando sus ciudades misteriosamente decayeron y desaparecieron, el pueblo sobrevivió. Y aun, quizás con mayor misterio, sobrevivió su arte, a pesar de no ser un arte popular o humanista, para nada, sino más bien una celebración asombrosa y sobrenatural de lo divino, de la muerte y del tiempo.

En el nombre de Quetzalcóatl, la sociedad azteca mantuvo vivo el culto de la vida a través de sus sistemas de educación, que eran universales y obligatorios; mediante las exhortaciones dichas en bodas, nacimientos, muertes y elecciones. El poeta azteca, pero también los padres y las madres dirigiéndose a sus hijos, los novios hablándoles a sus novias, los vivos dirigiéndose a sus muertos, o los ancianos eligiendo a sus reyes, hablan todos de la Tierra como un lugar de felicidades melancólicas, felicidades que hieren, la Tierra como un lugar misterioso y hostil, donde la vida es un sueño, todo pasa y sólo la muerte es cierta. Pero esto no es razón para desesperar, pues todos poseemos los dones de la risa, el sueño, la cocina, la salud y, finalmente, el acto sexual, celebrado como "semilla de los pueblos".

Quetzalcóatl fue el principio dador de vida de la sociedad azteca, en oposición a Huitzilopochtli, artífice de la guerra y de la muerte. Tan importante para el mundo indígena como Prometeo o Ulises para el mundo mediterráneo, o Moisés para la cultura judeocristiana, Quetzalcóatl también fue un exiliado, un viajero, un héroe que se fue y prometió regresar. Como los otros, su mito vive a través de múltiples versiones y metamorfosis, pero trascendiéndolas y enriqueciéndolas todas.

Los grandes festivales del mundo azteca no eran sino la expresión externa, ceremonial, de un tiempo en el que la naturaleza y el destino se daban la mano, eran vividos como mito y, como mito, no sólo representados sino vitalmente creídos. Ningún ejemplo mejor que el de una de las versiones de la leyenda de Quetzalcóatl, transmitida al padre Bernardino de Sahagún en México por sus informantes indígenas. De acuerdo con esta versión del mito, uno de los dioses menores del panteón indígena, un Puck oscuro y eternamente joven llamado Tezcatlipoca, cuyo nombre significa "El Espejo Humeante", les dijo a los otros demonios: "Visitemos a Quetzalcóatl, y llevémosle un regalo." Se dirigieron al palacio del dios en la ciudad de Tula y le entregaron el regalo, envuelto en algodón.

"¿Qué es?", se preguntó Quetzalcóatl mientras desenvolvía el obsequio.

Era un espejo. El dios se vio reflejado y gritó. Creía que, siendo un dios, carecía de rostro. Ahora, reflejado en el espejo enterrado, vio su propio rostro. Era, después de todo, la cara de un hombre, la cara de la criatura del dios. Así, Quetzalcóatl se dio cuenta de que al tener un rostro humano, debía, también, tener un destino humano.

Los demonios nocturnos desaparecieron vociferando alegremente y Quetzalcóatl, esa noche, bebió hasta el estupor y fornicó con su hermana. Al día siguiente, lleno de vergüenza, se embarcó en una balsa de serpientes navegando hacia el Oriente. Prometió que regresaría en una fecha fija, *Ce Ácatl*, el día de la caña en el calendario azteca.

Cuando los tiempos del destino y la naturaleza coincidían bajo un símbolo de pavor, el universo indígena era sacudido hasta las raíces y el mundo entero temía perder su alma. Esto es exactamente lo que ocurrió cuando, después de una espantosa serie de augurios, el capitán español Hernán Cortés desembarcó en la costa del Golfo de México, el Jueves Santo de 1519.

El regreso de Quetzalcóatl

Llegó en el tiempo previsto: *Ce Ácatl*, el año Uno Caña, precedido por un año de portentos en el mundo azteca. Las aguas del lago sobre el cual estaba construida la ciudad de Tenochtitlan se agitaron formando inmensas olas, derrumbando casas y torres. Los cometas recorrieron durante largas horas los cielos. Los espejos reflejaron un cielo lleno de estrellas en pleno mediodía. Extrañas mujeres deambularon por las calles a la medianoche, lamentando la muerte de sus hijos y la pérdida del mundo. Aun los aliados más cercanos del emperador azteca, Moctezuma, después de observar el firmamento noche tras noche, admitieron que las profecías estaban a punto de cumplirse; que el mar, la montaña y el aire mismo temblaban con premoniciones. Quetzalcóatl iba a regresar.

La profecía del dios rubio y barbado iba a convertirse en realidad. Tan seguro estaba de ello el rey de Texcoco, que abandonó su reino, despidió a sus ejércitos y le recomendó a sus súbditos disfrutar del poco tiempo que les quedaba. Y el emperador Moctezuma, quien rara vez repetía el uso de su ropa y era atendido por una multitud de doncellas, inició una larga penitencia, barriendo su propio palacio con una escoba y vestido sólo con taparrabos, mientras los augurios del desastre se acumulaban sobre la ciudad aterrada. ¿Estaba acaso terminando el tiempo del Quinto Sol?

La angustia de Moctezuma tuvo un alivio pasajero cuando un mensajero llegó desde la costa y le dijo al rey que desde el Oriente se habían acercado casas flotantes, y en ellas se veían hombres vestidos de oro y plata, y montados sobre bestias con cuatro patas. Estos hombres eran blancos, barbados, algunos de ellos incluso rubios y de ojos azules. Moctezuma suspiró. Había terminado el tiempo de la angustia. Los dioses habían regresado. La profecía se había cumplido.

"Mi lengua"

Pero Hernán Cortés no se veía a sí mismo como un dios. Él era un hombre y su voluntad de acción le movía a actuar de manera humana, empleando hasta el extremo su sagacidad y su información. En la primavera de 1519 Cortés había zarpado de Cuba con una expedición de once navíos. A bordo viajaban 508 soldados, 16 caballos y varias piezas de artillería. El Jueves Santo, ancló sus barcos frente a la costa del Golfo y fundó la ciudad de Veracruz, en nombre del emperador Carlos V. Pocos días más tarde, otro emperador, Moctezuma, recibió las noticias de la costa. ¿Quién era este capitán español, que repentinamente se vio tratado como un dios?

Al llegar a México, Cortés contaba con apenas 34 años de edad. Había nacido en la ciudad de Medellín, en la provincia de Extremadura, donde su padre había combatido a los moros durante los años finales de la Reconquista. Ahora, Cortés el Viejo era el modesto propietario de un molino, un viñedo y un colmenar. Junto con su esposa, la madre de Cortés, descrita como mujer "honesta, religiosa, recia y escasa", logró ahorrar lo suficiente para enviar a su hijo a la Universidad de Salamanca, donde Hernán Cortés fracasó como estudiante, pero leyó las novelas de caballería y escuchó las fabulosas crónicas del descubrimiento de América. Su cabeza se llenó para siempre con el sueño del Nuevo Mundo.

A los 19 años, viajó a las Indias donde se convirtió en un terrateniente modestamente rico. Pero Cortés no había venido al Nuevo Mundo para repetir el destino de su padre en el Viejo Mundo. Había venido a hacerse su propio destino: un destino de poder, riqueza y gloria, adquiridos no mediante la herencia, sino mediante la decisión personal, asistida por un poco de buena suerte. Perfecta mezcla maquiavélica de la voluntad y la fortuna, Hernán Cortés habría de convertirse en una de las grandes figuras del Renacimiento europeo, al embarcarse en una de las grandes epopeyas de todos los tiempos: la conquista del Imperio azteca.

Al principio, hubo escaramuzas constantes con las tribus de la costa. Sus caciques pronto se dieron cuenta de que los extranjeros, quienesquiera que fueran, no eran fáciles de derrotar en el campo de batalla. Venían armados de relámpagos, mandaron decir los informadores indios, y escupían fuego. Los caciques les entregaron regalos de oro y otros objetos preciosos para contentarlos. Pero un día, le fue presentado a Cortés un tributo bien distinto: un obsequio de veinte esclavas llegó hasta el campamento español y entre ellas, Cortés escogió a una.

Descrita por el cronista de la expedición, Bernal Díaz del Castillo, como mujer de "buen parecer y entremetida y desenvuelta", el nombre indígena de esta mujer era Malintzin, indicativo de que había nacido bajo signos de contienda y desventura. Sus padres la vendieron como esclava; los españoles la llamaron doña Marina, pero su pueblo la llamó la Malinche, la mujer del conquistador, la traidora a los indios. Pero con cualquiera de estos nombres, la mujer conoció un extraordinario destino. Se convirtió en "mi lengua", pues Cortés la hizo su intérprete y amante, la lengua que habría de guiarle a lo largo y alto del Imperio azteca, demostrando que algo estaba podrido en el reino de Moctezuma, que en efecto existía gran descontento y que el Imperio tenía pies de barro.

Gracias a la Malinche, Cortés descubrió que un gran rey llamado Moctezuma vivía en una magnífica ciudad en la montaña. Se le dijo que los ejércitos de este rey, alineados en un campo, lo cubrirían como las olas del mar. Treinta reyes vasallos le rendían tributo, pero odiaban a Moctezuma y podían ser persuadidos de cambiar sus alianzas si alguien más poderoso que los aztecas se lo solicitaba. Los aztecas habían conquistado a la mayor parte de los pueblos de la América central, pero su dominación se basaba en el terror, no en el apoyo del pueblo, y algunos reinos, como el de Tlaxcala, habían logrado mantener su independencia, batallando constantemente contra el poder de México, y preparándose para el tiempo de las venganzas.

Cortés no tardó en tomar una decisión. Marcharía hasta la Gran Tenochtitlan a ver a Moctezuma, y aprovecharía el descontento del pueblo en su favor. Pero si el capitán estaba listo para marchar, sus tropas eran de pareceres distintos. Las escaramuzas habían causado bajas. Empezaban a faltar el pan, la sal y el tocino. Algunos temían el frío de las montañas, otros se quejaban del peso de las armas. Pero Cortés se negó a dar la vuelta y regresar con las manos vacías. Sabía bien que los soldados españoles estaban divididos entre el deseo de la fama y el dinero, y el miedo de la derrota y la muerte.

—Somos sólo quinientos —le hicieron notar a Cortés.

Y él respondió: —Entonces nuestros corazones serán doblemente valerosos.

—Nos estamos muriendo de fiebres y ataques de indios —se quejaron otros.

—Entonces enterremos a los muertos de noche para que nuestros enemigos crean que somos inmortales.

—Regresemos a Cuba. Embarquémonos de vuelta —otros exclamaron en franco motín.

—Pero ya no hay naves —contestó Cortés—, las he barrenado. No tenemos más camino que hacia arriba, ya no hay marcha atrás. Debemos ir hasta México y ver si este gran Moctezuma es tan grande como dice ser.

Los soldados vitorearon a Cortés, lo aclamaron como su capitán e iniciaron la gran marcha hacia la ciudad de Moctezuma. En el camino, Cortés tuvo que probar que era no sólo un conquistador militar, sino un cristiano que extendería la fe en Cristo y destruiría la abominable idolatría de los indios paganos. En Cholula, el gran panteón de los dioses del Imperio azteca, el capitán español destruyó las estatuas y ensangrentó al pueblo, invocando razones tanto religiosas como políticas: Marina le había informado que los sacerdotes paganos de Cholula conspiraban para asesinar a los españoles.

Entre sus deberes como soldado de la cristiandad y la ilusión indígena de que Cortés era un dios, el capitán español hubo de afirmar, finalmente, su identidad verdadera. Pero si su imagen divina comenzó a desteñirse, su habilidad militar se reafirmó en las batallas contra las fuerzas de Tlaxcala, en las afueras de la Ciudad de México. Los valientes tlaxcaltecas, ferozmente independientes del poder de Tenochtitlan, no querían cambiar una dominación por otra. Desafiaron a Cortés pero fueron aplastados una vez más, a pesar de su número superior, por la avanzada tecnología de los europeos.

La gran recompensa para Cortés y los españoles llegó el día en que finalmente miraron la maravillosa vista de la ciudad en el lago. "Nos quedamos admirados", escribió Bernal Díaz, "y decíamos que parecía a las cosas de encantamiento que cuentan en el libro de Amadís… Y aun algunos de nuestros soldados decían que si aquello que veían si era entre sueños, y no es de maravillar que yo escriba aquí de esta manera, porque hay mucho que ponderar en ello que no se cómo lo cuente: ver cosas nunca oídas, ni aun soñadas, como veíamos".

Entonces Moctezuma avanzó por la gran calzada que conducía a la ciudad para recibir a los españoles, fijo en su creencia de que Cortés era el dios Quetzalcóatl: "Bienvenido. Te hemos estado esperando. Ésta es tu casa."

Cortés y Moctezuma

Rara vez se ha dado un encuentro de personalidades tan contrastantes en la historia. Fue el encuentro entre un hombre que lo tenía todo y un hombre que nada tenía. Un emperador comparado con el sol, cuyo rostro estaba vedado a sus súbditos, y poseedor del título de Tlatoani, que significa "el de la gran voz". Y un soldado sin tesoro más grande que su ingenio y su voluntad. Pero a Moctezuma lo gobernaba la fatalidad: los dioses habían regresado. En tanto que a Cortés lo gobernaba su propia voluntad. El español alcanzaría sus metas en contra de todos los obstáculos.

Pronto descubrió que Moctezuma tenía recámaras en su palacio donde hasta las paredes eran de oro. Cortés pagó la hospitalidad del monarca indígena tomándolo prisionero y derritiendo el oro. En todas partes mandó destruir los ídolos y en su lugar erigió altares cristianos. Y su lugarteniente, Pedro de Alvarado, después de hacerle trampas a Moctezuma en el juego de dados, perpetró la matanza de una población desarmada y desnuda en el festival religioso de Tlatelolco.

¿Eran éstos realmente dioses? Finalmente, el pueblo mexicano dijo que no. Eran invasores extranjeros crueles y codiciosos, y podían ser derrotados. Durante la batalla de la Noche Triste, la insurrección indígena, encabezada por el sobrino de Moctezuma, Cuauhtémoc, arrojó a los españoles fuera de Tenochtitlan. Muchos se ahogaron en los canales tratando de escapar con las bolsas llenas de oro. El propio Cortés se sentó al pie de un árbol y lloró. Pero construyó barcos en el lago para reiniciar el ataque y regresó, convencido de que la ecuación de información más tecnología superiores acabaría por garantizar el triunfo europeo.

Los aztecas, bajo Cuauhtémoc, combatieron valerosamente. Pero el suyo era un mundo sagrado cuya caída había sido profetizada por los libros de la memoria.

"Preparaos, oh hermanitos míos, pues el blanco gemelo del cielo ha llegado, y castrará al sol, trayéndonos la noche, y la tristeza, y el peso del dolor."

Tales eran las palabras del libro maya del *Chilam Balam* de *Chumayel*.

Después de un sangriento sitio, en 1521, Cortés finalmente sometió a la capital azteca. Fue, en las palabras de Hugh Thomas, una de las grandes batallas de la historia. Pues no sólo destruyó el más grande centro del poder indígena y religioso en Norteamérica hasta aquel tiempo. También escenificó, en las figuras de Cortés y Moctezuma, uno de los grandes choques entre civilizaciones opuestas que el mundo jamás haya visto.

La Conquista de México fue algo más que el asombroso éxito de una banda de menos de seiscientos soldados europeos frente a un imperio teocrático. Fue la victoria de los otros indios en contra del soberano azteca. Fue la victoria del mundo indígena contra sí mismo, puesto que los resultados de la Conquista significaron, para la mayor parte de los indígenas, exterminio y esclavitud. Pero también fue, como habremos de ver, una derrota del propio conquistador. ¿Se entenderá algún día la Conquista de México como una derrota del vencedor y del vencido, a fin de poderla considerar, al cabo, como una victoria de ambos? Aun cuando los españoles comprobaron, más allá de toda duda, que no eran dioses sino seres humanos rapaces y crueles, Moctezuma se negó a abandonar su aceptación fatal de la divinidad española. Si el rey era un prisionero, sus carceleros tenían que ser dioses. Si Moctezuma y su pueblo eran despojados, los dioses sólo tomaban lo que era suyo. Cuando finalmente fue apedreado a muerte por su propio pueblo, en junio de 1520, Moctezuma debió aceptarlo como un capítulo más de la fatalidad. El rey azteca sabía bien que el poder no se compartía con los dioses. Moctezuma y sus predecesores se habían sentado solos en la cima de la pirámide de México durante doscientos años. Ignoraban muchas cosas pero no que en México el poder se ejerce verticalmente y lo ejerce un solo hombre. No hay lugar para más de uno en el pináculo de la pirámide mexicana. Esto es tan cierto hoy como lo era en 1519.

Cuando Moctezuma y su Imperio se hundieron en las aguas sangrientas de la laguna, el tiempo original del mundo indígena desapareció para siempre, sus ídolos rotos y sus tesoros olvidados, enterrados todos, al cabo, bajo las iglesias barrocas cristianas y los palacios virreinales. Pero por encima de este drama siempre se puede escuchar, como un murmullo en la historia, las voces de los conquistados y de los conquistadores.

Todas las sociedades indígenas de las Américas, a pesar de sus múltiples fallas, eran civilizaciones jóvenes y creativas. La Conquista española detuvo su movimiento, interrumpió su crecimiento y las dejó con un legado de tristeza, elocuente en las visiones de los vencidos, recopiladas por Miguel León-Portilla. La tristeza de los acontecimientos fue cantada por los poetas en harapos del mundo indígena derrotado:

¿A dónde iremos ahora, amigos míos?
El humo se levanta, la niebla se extiende.
Llorad, mis amigos.
Las aguas están rojas.
Llorad, oh, llorad, pues hemos perdido
a la nación azteca.

El tiempo del Quinto Sol había terminado.

Acaso los propios conquistadores podían hacerse eco de estas palabras, pues lo que primero habían admirado, enseguida lo habían destruido. Pero cuando todo había terminado, cuando el emperador Moctezuma había sido silenciado por su propio pueblo, cuando el propio conquistador, Hernán Cortés, había sido silenciado por la Corona de España que le negó poder político en recompensa a sus hazañas militares, quizás sólo la voz de la Malinche permaneció. La intérprete, pero también la amante, la mujer de Cortés, la Malinche estableció el hecho central de nuestra civilización multirracial, mezclando el sexo con el lenguaje. Ella fue la madre del hijo del conquistador, simbólicamente el primer mestizo. Madre del primer mexicano, del primer niño de sangre española e indígena. Y la Malinche parió hablando esta nueva lengua que aprendió de Cortés, la lengua española, lengua de la rebelión y la esperanza, de la vida y la muerte, que habría de convertirse en la liga más fuerte entre los descendientes de indios, europeos y negros en el hemisferio americano.

Cristóbal Colón. Grabado de Theodor de Bry

6. La Conquista y la Reconquista del Nuevo Mundo

Ocho años antes de la Conquista de México, el 25 de septiembre de 1513, Vasco Núñez de Balboa había descubierto el Océano Pacífico, abriendo la ruta a nuevas conquistas y descubrimientos hacia el sur. En 1530, Francisco Pizarro zarpó de Panamá con sus medios hermanos, Hernando, Juan y Gonzalo y doscientos hombres. Desembarcó en la costa de Ecuador y después de una larga y complicada expedición azotada por las escaramuzas, las dudas y las epidemias, entró al Perú en septiembre de 1532, descubriendo inmediatamente que el país estaba flagelado por la guerra civil. El legítimo gobernante, Huáscar, había sido derrotado por su medio hermano, el usurpador Atahualpa, quien asesinó a Huáscar y a toda su familia a sangre fría. Ahora, Atahualpa estaba acampado afuera de la ciudad de Cajamarca, y a ella se dirigió rápidamente Pizarro, invitando al emperador peruano, conocido como el Inca, para reunirse con él.

Atahualpa, excesivamente confiado en los españoles y creyendo acaso en su propia inmortalidad, se acercó a Cajamarca desarmado. Se dice que no sabía resistir la belleza y novedad de los caballos. Francisco de Jerez, secretario de Pizarro (quien era iletrado) nos ha dejado este llamativo retrato del emperador indio: "Atahaliba era hombre de treinta años, bien apersonado y dispuesto, algo grueso, el rostro grande, hermoso y feroz, los ojos encarnizados en sangre...

Hacía muy vivos razonamientos… era hombre alegre, aunque crudo."

Los españoles salieron corriendo de las casas donde se habían escondido. La compañía india, sorprendida, trató de proteger al Inca. Los españoles les cortaron las manos mientras sostenían la litera de Atahualpa. Ni un solo soldado español fue matado o aun herido. Como en la Conquista de México, una doble enajenación —la información divina y la falta de tecnología avanzada— habría de derrotar a la nación quechua. Noticias divinas: en su lecho de muerte, el padre de Atahualpa, el inca Huayna Cápac, había profetizado que un día llegarían por el mar hombres barbados a destruir el mundo de los incas. Estos hombres serían mensajeros de la deidad indígena central, Viracocha, quien, como Quetzalcóatl, creó a la humanidad y luego navegó hacia el Occidente, prometiendo regresar. La falta de tecnología determinó aún más el destino de los incas. En las palabras del historiador británico contemporáneo John Hemming, los ejércitos indígenas del Perú "nunca pudieron producir un arma que pudiese matar a un jinete español montado y armado".

Para rescatar su libertad, el emperador capturado ofreció a Pizarro oro suficiente para llenar una gran sala, hasta la altura de un hombre. Cuando el oro llegó, los conquistadores lo derritieron. En cuanto a Atahualpa, la promesa de Pizarro no fue cumplida. Prisionero, al Inca le fue dada, simplemente, la oportunidad de escoger entre ser quemado vivo como pagano o convertirse al cristianismo antes de ser estrangulado. Escogió el bautizo. Se dice que sus últimas palabras fueron: "Mi nombre es Juan. Ése es mi nombre para morir".

Una magia organizada

La Conquista del Perú fue sumamente paradójica. Fulminante como una guerra relámpago moderna, dio la impresión de terminar en el instante en que comenzó, con la captura y ejecución de Atahualpa por Pizarro en 1533, seguida por el rápido avance español sobre un país comunicado por un espléndido sistema de caminos. Pero el hecho es que a pesar de sus éxitos iniciales, la Conquista del Perú fue un acontecimiento prolongado, mucho más largo que la Conquista de México. Prolongado, en primer término, por la oposición indígena. Organizándose lentamente tras la muerte de Atahualpa, la resistencia floreció entre 1536 y 1544, atosigando constantemente a los españoles hasta la muerte del jefe indígena, Manco Inca, y reanudada por sus descendientes hasta que uno de ellos, Túpac Amaru, fue decapitado por los españoles en 1572, cuarenta años después de la emboscada de Pizarro al Inca Atahualpa en Cajamarca.

Pero junto con la resistencia india, la conquista española fue asediada desde adentro, por las constantes guerras civiles entre los conquistadores, quienes disputaron salvajemente entre sí para posesionarse del oro y del poder político; así como por las pugnas entre los conquistadores y la Corona, a medida que los virreyes trataron de establecer la autoridad real y el respeto para las humanitarias Leyes de Indias. En ambas instancias, los conquistadores sintieron que se amenazaba su derecho de conquista, un derecho que, por supuesto, incluía el de saquear y usurpar la tierra y el trabajo. Los destinos de los Pizarro hablan por sí mismos. Francisco, el jefe, el brutal porquerizo de Extremadura, fue asesinado por los parciales de su rival Diego de Almagro; su hermano Hernando, de regreso a España, fue encarcelado indefinidamente, en tanto que su otro medio hermano, Gonzalo, se rebeló contra el virrey y fue ejecutado en 1548, quince años después del inicio de la Conquista. Román y Zamora, en su *Repúblicas de las Indias*, llama a los Pizarros "los más malos hombres que salieron de otra alguna nación, y más deshonra ganaron los Reyes de España con ellos y sus compañeros".

Esta contracción nerviosa de la historia del Perú, contracción entre lo precipitado y lo prolongado, entre el conejo y la tortuga, se traduce en un espasmo que oculta el ritmo verdadero del país y la cultura que en él encontraron los españoles. Fue en torno a la gran ciudad de los incas, Cuzco, que muchas de estas batallas entre indio e indio, español e indio, español y español tuvieron lugar. Una urbe de quizás 200,000 habitantes en vísperas de la conquista, Cuzco, al igual que la ciudad fortaleza escondida en las alturas de los Andes, Machu Picchu, fueron los testigos finales de la gloria de los incas. Nos siguen asombrando la precisión con que sus muros, hechos de piedras polígonas, fueron ensamblados sin beneficio de argamasa. Cuando las piedras resultaban demasiado pesadas, eran dejadas a la vera del camino y llamadas "piedras cansadas". No más cansadas, sin duda, que quienes las cargaron.

Desde el Cuzco, un sistema de comunicaciones sin paralelo en el mundo antiguo, o acaso comparable sólo al de Roma, se extendió sobre cerca de 40,000 kilómetros, desde Quito en Ecuador hasta el sur, Chile y Argentina. El dominio de los incas era la más grande de todas las entidades políticas en la América precolombina. Pero la extensión del Imperio era complicada por una variedad de climas y terrenos. Perú, llamada por Jean Descola "una tierra con tres caras", es en parte costera (desierto y fuego), en parte montañosa (cielo y aire), y en parte selva (bosques y ríos). Entre la costa y el altiplano, se encuentran tanto fértiles oasis como desiertos estériles. En algunas áreas, se le dio la bienvenida al cultivo del maíz y el algodón; otras produjeron la patata, el regalo del Perú a Europa. Y en el altiplano, Perú desarrolló la única cultura ganadera de las Américas, el mundo de la llama, el guanaco y la alpaca, los compañeros constantes del indio del altiplano, casi tan constantes como la música de la quena, la flauta melancólica de los Andes.

La unidad del gobierno de esta tierra inmensamente variada requería grandes dotes políticas y la más enérgica organización. El antiguo Perú tenía ambas. La burocracia era tan enorme como vigilada; el propio emperador viajaba a lo ancho y lo largo de sus caminos, cerciorándose, investigando, precedido o seguido por agentes secretos, ordenando desplazamientos de la población para habitar los territorios recién conquistados, o campañas armadas para someter las rebeliones. Pero, igual que en el México antiguo, la burocracia y el ejército eran, al cabo, armas de un gobierno teocrático donde la religión y la Iglesia otorgaban su verdadera legitimidad al Imperio. Y esta religión, en agudo contraste con la organización lenta, perseverante, austera y hormigueante de la sociedad, era una religión de mito, magia y metamorfosis.

Pero quizás el mayor enigma de esta cultura fue conocido en nuestro propio tiempo y gracias al aeroplano. Pues sólo desde el aire puede el ojo humano distinguir las líneas de Nazca, el colosal diseño geométrico que nos envía su misterioso mensaje desde las profundidades del tiempo. Las líneas de Nazca, inscritas en los valles del sur del Perú, constituyen un misterioso telegrama acerca de la vida y la muerte de la antigüedad peruana, y como las líneas del destino en una palma humana continúan velándonos las verdades sobre esa tierra. Sin embargo, su propio enigma nos desafía a proporcionarle un sentido a una cultura que, basada en la magia y la cosmovisión, al mismo tiempo podía proponer y renovar la relación de los seres humanos en la sociedad con semejante precisión y aun, a veces, éxito.

La cuestión de la tierra era fundamental en una civilización como la peruana. Dos divisiones básicas apartaban las tierras del sol, cultivadas por todos y para todos, y las tierras del inca, destinadas al sustento del rey y del Estado. Pero, en teoría, todas las tierras pertenecían al Estado, que concedía su uso a las comunidades. Éstas, a su vez, se basaban en una unidad llamada el *ayllu*, un clan relacionado por la sangre y organizado como célula más fuerte que la familia (o el individuo) a fin de asegurar la explotación colectiva de una tierra vasta, rica, pero hostil. Las tesis sobre un socialismo inca son interesantes, pero quizá sin importancia en una economía no monetarizada, aunque elitista en su estructura. En la cima se encontraba el inca, seguido de las castas superiores de "orejones", como los llamaron los españoles, aristócratas de lóbulos perforados por grandes arracadas, y los curacas o caciques provincianos, plantados todos ellos encima de las sucesivas organizaciones familiares, a partir de los grupos de diez familias en la base, gobernados por el jefe familiar, a las organizaciones de 40,000 familias cerca de la cima organizadas por un gobernador. Pero un individuo que se había distinguido podía ser cooptado a un rango superior, y la propiedad privada existía como recompensa otorgada al mérito, en tanto que las fortunas individuales tendían a desaparecer a medida que las generaciones se sucedían y la tierra se subdividía entre los descendientes. Cabe añadir que, sin duda, la muerte de las civilizaciones niñas de las Américas fue una pérdida para el Occidente, especialmente la del Perú, dado que éstas no eran naciones bárbaras, sino sociedades humanas nacientes, con muchas lecciones que pudo haber aprovechado la Europa renacentista, en el momento en que el Viejo Mundo también luchaba para alcanzar nuevas formas de coexistencia social y, aun, proyectó muchas de sus nociones más idealistas sobre el recién descubierto Nuevo Mundo.

En la tensión entre las ilusiones de la utopía y las realidades de la Conquista, una nueva cultura surgió en las Américas, desde el principio de nuestra existencia poscolombina. Los hechos desnudos de la Conquista recibieron la respuesta de los hechos mucho más secretos e insinuantes de la contraconquista, a medida que los pueblos indígenas derrotados, enseguida los mestizos de indio y blanco y, finalmente, los recién llegados negros en el Nuevo Mundo, iniciaron un proceso que sólo podemos llamar la contraconquista de América: la conquista de los conquistados por los derrotados, el surgimiento de una sociedad propiamente americana, multirracial y policultural.

Bajo el signo de la utopía

El Renacimiento reabrió para todos los europeos la cuestión de las posibilidades políticas de la comunidad cristiana. Volvió a plantear el tema de la Ciudad del Hombre, que había sido relegado, durante la Edad Media, por la importancia otorgada a la Ciudad de Dios. Ahora, el Renacimiento preguntó ¿cómo debía organizarse la sociedad humana?, ¿existe un espacio donde el proyecto divino y el proyecto humano puedan reunirse armónicamente? Tomás Moro, el autor de *Utopía* (1516), da respuesta en el título mismo de su obra: que no existe tal lugar. *U-Topos* es ninguna parte. Pero la imaginación europea respondió prontamente: ahora sí existe semejante lugar. Se llama América.

De acuerdo con el historiador mexicano Edmundo O'Gorman, América no fue descubierta; fue inventada. Fue inventada por Europa porque fue necesitada por la imaginación y el deseo europeos. Para la Europa renacentista debía haber un lugar feliz, una Edad de Oro restaurada donde el hombre viviese de acuerdo con las leyes de la naturaleza. En sus cartas a la reina Isabel, Colón describió un paraíso terrenal. Pero, al fin y al cabo, el almirante creyó que simplemente había reencontrado el mundo antiguo de Catay y Cipango, los imperios de China y Japón. Amerigo Vespucci, el explorador florentino, fue el primer europeo en decir que nuestro continente, en realidad, era un Mundo Nuevo. Merecemos su nombre. Es él quien le dio una firme raíz a la idea de América como

Utopía. Para Vespucio, Utopía no es el lugar que no existe. Utopía es una sociedad, y sus habitantes viven en comunidad y desprecian el oro:

"Los pueblos viven de acuerdo con la naturaleza", escribe en su *Mundus Novus* de 1503. "No poseen propiedad; en cambio, todas las cosas se gozan en comunidad." Y si no tienen propiedad, no necesitan gobierno. "Viven sin rey y sin ninguna forma de autoridad y cada uno es su propio amo", concluyó Américo, confirmando la perfecta Utopía anarquista del Nuevo Mundo para su audiencia renacentista europea.

A partir de ese momento, las visiones utópicas del Renacimiento europeo serían confirmadas por las exploraciones utópicas de los descubridores de América. "¡Valiente mundo nuevo, que tiene semejante gente en él!", exclama Shakespeare en *La tempestad*, y en Francia, Montaigne comparte este sentimiento. Los pueblos del Nuevo Mundo, escribe, "viven bajo la dulce libertad de las primeras e incorruptas leyes de la naturaleza". En tanto que el primer cronista de la expedición de Colón, Pedro Mártir de Anglería, se haría eco de tales sentimientos al decir que "andan desnudos… y viven en una edad de oro simple e inocente, sin leyes, querellas o dinero, contentos con satisfacer a la naturaleza", y el primer cronista de Brasil, Pedro Vaz de Caminha, le escribió en 1500 al rey de Portugal: "Señor, la inocencia del propio Adán no fue más grande que la de estos pueblos".

Pero el domingo antes de la Navidad de 1511, el fraile dominico Antonio de Montesinos había subido ya al púlpito de una iglesia en la isla de La Española, fustigando a sus escandalizados feligreses españoles: "Decid, ¿con qué derecho y con qué justicia tenéis en tan cruel y horrible servidumbre a aquestos indios?... ¿Éstos no son hombres? ¿No tienen almas racionales?"

Ciertamente, muchos colonizadores, y sus defensores antiutópicos en Europa, negarían que los aborígenes de las Américas poseían un alma o que, ni siquiera, eran seres humanos. El principal entre ellos fue el humanista español y traductor de Aristóteles, Juan Ginés de Sepúlveda, quien en 1550 (esto es, una vez que los pueblos de México y Perú habían sido conquistados por los europeos) simplemente negó que los indios tuviesen verdadera humanidad y otorgó a los españoles todos los derechos del mundo para conquistarlos: "que con perfecto derecho los españoles imperan sobre estos bárbaros del Nuevo Mundo e islas adyacentes, los cuales en prudencia, ingenio, virtud y humanidad son tan inferiores á los españoles como los niños á los adultos y las mujeres á los varones, habiendo entre ellos tanta diferencia como la que va de gentes fieras y crueles á gentes clementísimas, de los prodigosamente intemperantes á los continentes templados y estoy por decir que de monos á hombres... ¿Qué cosa pudo suceder á estos barbaros más conveniente ni más saludable que el quedar sometidos al imperio de aquellos cuya prudencia, virtud religión los han de convertir de bárbaros, tales que apenas merecían el nombre de seres humanos, en hombres civilizados en cuanto pueden serlo; de torpes y libinosos, en probes y horados; de impíos y siervos de los demonios, en cristianos y adoradores del verdadero Dios."

De esta suerte, los habitantes del Nuevo Mundo fueron vistos, alternativamente, como de verdad inocentes y como caníbales bárbaros y traidores, viviendo desnudos y en pecado. A lo largo de la historia de la América española, el sueño del paraíso y el noble salvaje habría de coexistir con la historia de la colonización y el trabajo forzado. Pero la ilusión del Renacimiento persistió a pesar de cuanto la negaba, transformándose en una constante del deseo y del pensamiento hispanoamericanos. Fuimos fundados por la utopía; la utopía es nuestro destino.

Pero, para los colonizadores, las tierras recién descubiertas no eran precisamente sociedades ideales, sino fuentes de riqueza inagotable. Colón insistió en la abundancia de maderas, perlas y oro. Se trataba de llegar a la siguiente conclusión: el Nuevo Mundo es tan sólo naturaleza. Si es una utopía, se trata de una utopía sin historia; la civilización y la humanidad le son ajenas. Esta conclusión reclamaba aclarar si la fe y la civilización debían ser dadas o no a los indios americanos por los europeos. Y enseguida, se proponía la cuestión de saber si el destino de los indios americanos era transformar el Nuevo Mundo en una Edad de Oro literal, trabajando en las minas y los campos de estas tierras que los españoles, bajo el derecho de conquista, ahora consideraban suyas de plena propiedad. Los trabajos forzados, las enfermedades europeas y el simple y brutal choque cultural, destruyeron a la población indígena del Caribe. Algunas estimaciones de la población india en el México central calculan números tan grandes como 25 millones en vísperas de la conquista, sólo la mitad cincuenta años más tarde, "y sólo algo más de un millón en 1605", de acuerdo con Barbara y Stanley Stein, en su libro *La herencia colonial de la América Latina*.

Si en un principio América fue el paraíso terrenal, pronto se convirtió en el continente hostil. Esta hostilidad se desarrolló simultáneamente en varios planos. El del tratamiento de los conquistados por los conquistadores. El de las pretensiones de los conquistadores al ejercicio del poder en el Nuevo Mundo. Y el de las pretensiones en sentido contrario de la Corona.

El príncipe que nunca fue

La relación entre la Corona española y los exploradores y conquistadores constituyó uno de los grandes conflictos del valiente mundo nuevo. Este conflicto tuvo que ver con la apropiación de tierra y trabajo y, en consecuencia, con el uso del poder político. Un tema que continúa vigente, simplemente porque la cuestión de la legítima propiedad de la riqueza de la América española no ha sido resuelta. ¿A quién y cómo debe serle distribuida esa riqueza? ¿Están justificados los sistemas actuales de propiedad y distribución? Esta batalla continúa siendo objeto de pugna, de México a Nicaragua y de Perú a Argentina.

Pero en el siglo XVI, su enfoque consistió en saber si la monarquía española, decidida a afirmar con vigor su vocación centralista a la vez que las comunidades deseaban afirmar su movimiento hacia una mayor democracia, estaba dispuesta a permitir el desarrollo de cualquiera de estos factores —feudalismo o democracia— en el Nuevo Mundo.

A los conquistadores la justicia distributiva les tenía sin cuidado. Simplemente, habían conquistado el Mundo Nuevo. Eran el único poder *in situ*. Podían usurpar la tierra y el trabajo a su voluntad. ¿Quién iba a detenerlos? El sistema de dominación instalado por los conquistadores se llamó la Encomienda, una institución en virtud de la cual los servicios y el tributo de los indios eran requeridos, a cambio de la protección y la salvación de sus almas mediante la enseñanza religiosa. En realidad, se trataba de una forma disfrazada de la esclavitud.

Hernán Cortés poseía una pequeña Encomienda en Cuba, y vio el funcionamiento del sistema de cerca, enterándose de los desastres demográficos y aun económicos provocados por las prácticas coloniales. Al principio, deseó evitar la misma experiencia en México. Pero fue acusado de excesiva indulgencia hacia los derrotados, y sus propios hombres reclamaron la recompensa debida a su valentía con tierras e indios.

Actuando como abogado de sus hombres, Cortés incluso cometió el error de favorecer la Encomienda en una carta dirigida a Carlos V. Fue un error político, y acaso el inicio de la mala fortuna del conquistador. Carlos V contestó prohibiendo la Encomienda. Seguramente se formó una idea desagradable de Cortés como sátrapa separatista en el Nuevo Mundo.

Cortés incrementó su mala fama encabezando una expedición a Honduras que resultó ser costosa, larga e inútil, justificando el dicho "No te metas en Honduras".

Otra frase corriente en la lengua española es "Entre abogados te veas". Suena casi a maldición gitana y Cortés debió sentirse verdaderamente maldito cuando regresó de Honduras y descubrió que la Ciudad de México había sido reconquistada por los hombres vestidos de negro, la burocracia real española, armada de pergaminos y plumas. Los oficiales del tesoro, Chirinos y Salazar, tomaron el gobierno e instituyeron un juicio contra el conquistador. La gama de acusaciones contra Cortés iba de robar el tesoro de Moctezuma a defender la nobleza de los indios, protegiéndolos del trabajo servil; de estrangular a su mujer Catalina Juárez, a la cual hizo traer de Cuba después de descartar a la Malinche y dársela a uno de sus soldados, a financiar y encabezar la desastrosa expedición a Honduras, hasta asesinar a sus rivales para la gubernatura con quesos ponzoñosos.

Hernán Cortés, victorioso y ahora víctima, fue condenado, humillado y regresado a España. Y aunque se le dio el premio de consolación de un título nobiliario, el gobierno de México fue a dar a manos de un oficial mediocre, y Hernán Cortés, una de las grandes figuras de la Europa renacentista, fue reducido a la impotencia. Sus repetidas solicitudes de reconocimiento y dinero acabaron por aburrir a la Corte y a la burocracia. Las novedades, enanos indios y pelotas de hule, que trajo para asombrar a los aristócratas españoles y a los consejeros reales, pronto se desgastaron. Sus llamados a Carlos V, "Sacra Católica Cesárea Majestad", son patéticos. Cortés ha pasado su juventud trayendo armas a cuestas, poniendo su persona en peligro, gastando su hacienda y su edad durante cuarenta años, a fin de acrecentar y dilatar el nombre de su rey —le escribe a éste— "ganándole y trayéndole a su yugo y real cetro muchos y muy grandes reinos y señoríos de muchas bárbaras naciones y gentes, ganadas por su propia experiencia y expensas y sin ser ayudado en cosa alguna, antes muy estorbado por muchos envidiosos que como sanguijuelas han reventado de hartos con mi sangre". Se ve ahora viejo y pobre, empeñado, con criados que le ponen pleito reclamando salarios. A los 63 años, no quiere ya andar en mesones, sino coger el fruto de sus trabajos, regresar a México apenas se le haga justicia y aclarar su cuenta con Dios...

No le fue peor a Cortés que a otros. No fue devuelto a España encadenado, como lo fue Cristóbal Colón. No fue ejecutado públicamente por insubordinación a la Corona como lo fue Gonzalo Pizarro en Perú. Y aunque no fue envenenado por sus compañeros españoles, como lo fue Diego de Ordaz, uno de los capitanes de Cortés, durante la exploración del Orinoco, tampoco se adaptó a una situación confortable y segundona, como Gonzalo Jiménez de Quezada, verdadero Cincinato de la Conquista, quien después de someter a los indios chibcha en lo que hoy es Colombia, acabó errando en busca de El Dorado, y eventualmente se retiró a una finca campestre. Y, desde luego, ni Cortés ni conquistador alguno tomaron jamás el camino de la locura como Lope de Aguirre, quien también se unió a una expedición a El Dorado en 1560, asesinó a los jefes y se rebeló contra el rey de España, intentando crearse un dominio propio en la fuente del río Amazonas. A cuantos se opusieron a su locura, Aguirre les contestó con la muerte, desde los sacerdotes que lo acompañaban, hasta su propia hija.

La humillación final de Cortés, el dolor que lo quebró, fue que la expedición contra los moros de Argelia en 1541 no le fue encomendada. Perversamente, una vez que su espíritu había sido domado, a

Cortés se le dio un vasto pero desarticulado feudo sobre grandes distancias entre Cuernavaca y Oaxaca, aunque privándole de la ciudad capital de su dominio, Antequera, en el sur de México. Al cabo, obtuvo la riqueza; era el marqués del Valle de Oaxaca. Pero fue desprovisto de la gloria que con derecho sentía suya. Los sueños de los quinientos hombres duros y ambiciosos que marcharon con él de Veracruz al trono dorado de Moctezuma deben haberle parecido muy distantes en verdad.

Pero Hernán Cortés debe ser visto como figura singular del Renacimiento por algo más que por sus hazañas militares. Fue un personaje maquiavélico que se desconoció a sí mismo. Maquiavelo, sin duda, es el hermano mayor de los conquistadores del Nuevo Mundo. ¿Pues qué es *El Príncipe* sino un manual para el nuevo hombre del Renacimiento, el hombre nuevo que se dispone a crear su propio destino mediante la voluntad y a pesar de la providencia, liberado de obligaciones excesivas al privilegio heredado o a la nobleza de la sangre? El Príncipe conquista el reino de este mundo, el reino de lo que es la negación de Utopía. Pero Cortés fue el Príncipe que nunca fue.

En verdad, ni la fatalidad encarnada en Moctezuma, ni la voluntad representada por Cortés, ganaron la partida final. Las instituciones de la Corona y la Iglesia, del absolutismo real y de la fe católica, derrotaron tanto al conquistador como al conquistado y establecieron, en lugar de las estructuras de poder verticales de los aztecas, las estructuras de poder, igualmente verticales, de los Austrias. Somos los descendientes de ambas verticalidades, y nuestras tenaces luchas en favor de la democracia son por ello más difíciles y, acaso, más admirables. Pero debemos comprender que la conquista del Nuevo Mundo fue parte de la dinámica de la Reconquista de España. Los conquistadores eran producto de esa campaña, pero también de un individualismo de orientación moderna y de estirpe maquiavélica, común a toda la Europa renacentista. Eran arribistas, hombres de ambición, y provenían de todos los estratos sociales. Algunos eran labriegos, otros pequeños hidalgos, pero sobre todo, provenían de la clase media ascendente.

Sin embargo, no animaron en el Nuevo Mundo el ideal de las comunidades cívicas y democráticas que muchos de sus antepasados habían defendido durante la Edad Media. Los españoles de la Conquista pudieron haber escogido, como habrían de hacerlo los hombres nuevos de Inglaterra y de Francia, el camino de la ambición personal y el ascenso social dentro de un orden constitucional. De esta manera, habiendo conquistado a los indios, acaso, también hubiesen conquistado a la Corona. Pudieron haber sido, como lo fueron los pobladores de la Nueva Inglaterra, los padres de su propia democracia política. Pero los conquistadores no escogieron esta avenida; quizás no podían escogerla. Entre el individualismo como democracia, y el individualismo como privilegio feudal, escogieron el segundo. De esta suerte, sacrificaron su virtud individualista, su dimensión civil, a una visión espectral del poder que sus antepasados en España no habían tenido. Los conquistadores querían ser hidalgos, caballeros de propiedad. Pero ser un hidalgo significa no tener que trabajar, sino obligar a otros a que trabajen por uno. Significa obtener gloria en la guerra, y ser recompensando con brazos y tierras.

La tierra como recompensa de la guerra se convirtió en una de las bases del poder económico en la América española, tal y como lo había sido en la España medieval. Y aunque admitieron siempre el quinto real, los conquistadores tomaron lo que habían conquistado, pero no crearon comunidades cívicas y democráticas en el Nuevo Mundo. Los conquistadores querían poder feudal para ellos mismos. La Corona los frustró, empeñada, en cambio, en establecer una autoridad absoluta desde la lejana metrópolis. Pero las enormes distancias y las exigencias locales del gobierno dieron a los conquistadores y a sus descendientes amplios e inmediatos poderes. Si de esta pugna habría de derivarse, al cabo, un compromiso entre la Corona y los conquistadores, ella pasó, primero, por un tremendo debate sobre la naturaleza de los indios y los límites del poder en el Nuevo Mundo.

"¡Las Indias están siendo destruidas!"

Tal fue el grito de fray Bartolomé de las Casas, quien recogió el sermón navideño del padre Montesinos de 1511 y su pregunta sobre el destino de los indios: "¿Éstos no son hombres? ¿No tienen almas racionales?"

El sermón de Montesinos, escribió el autor dominicano moderno Pedro Henríquez Ureña, fue el primer grito por la libertad en América. Bartolomé de las Casas había sido dueño de esclavos en Cuba. En 1524 renunció a sus posesiones y entró en la orden de los dominicos, acusando a los conquistadores de innumerables crímenes y ofensas en contra de los indios, quienes eran súbditos del rey y los conquistadores no podían disponer de ellos como si se tratase de cabezas de ganado.

Durante un periodo de cincuenta años, a partir del momento en que abandonó su Encomienda en Cuba en 1515 hasta su muerte en 1566, el padre Las Casas denunció la "destrucción de las Indias" por los conquistadores y los acusó de "las ofensas y daños que hacen a los reyes de Castilla, destruyéndoles aquellos sus reinos [en] todas las Indias". Llegó hasta a elogiar a los indios por la religiosidad que demostraron, aunque fuesen paganos. Las Casas se preguntó: ¿Acaso los griegos, los romanos y los hebreos no habían sido idólatras también? ¿Y esta religiosidad pagana los había excluido acaso de la raza humana o, más bien, los había predispuesto para la conversión?

Las Casas negó los derechos de conquista, pero sobre todo la institución de la Encomienda, a la cual consideró "tiránica gobernación mucho más injusta y más cruel que la con que Faraón oprimió en Egipto a los judíos... por la cual a los reyes naturales habemos violentamente, contra toda razón y justicia, despojado a los señores y súbditos de su libertad y de las vidas".

Estas ideas modernas sobre la relación amo-esclavo, junto con las demandas principales de Bartolomé de las Casas, fueron incorporadas a las nuevas Leyes de Indias promulgadas en 1542. La Encomienda fue legalmente abolida, aunque se mantuvo, ahora disfrazada como *repartimientos*, o concesiones provisionales de trabajadores indios, como un hecho autoperpetuado dentro del sistema real de distribución de la riqueza en el Nuevo Mundo. La Corona seguiría combatiéndolo, sustituyéndolo con sistemas administrativos y controles reales, rehusando a los conquistadores y a sus descendientes derechos de propiedad sobre la tierra y posponiendo infinitamente las decisiones que hubiesen otorgado a los conquistadores y sus descendientes dominio feudal, títulos de nobleza o derechos hereditarios.

En este sentido, podría decirse, con el debido respeto al padre Bartolomé de las Casas, que fue el más útil instrumento de la Corona para atacar las pretensiones feudales en medio de la defensa de los valores humanistas. Pero en el análisis final, esta lucha le dejó un enorme margen a los poderes *de hecho* detentados por los conquistadores, aunque preservando siempre el dominio eminente de la Corona. Los conquistadores y sus descendientes, muy a propósito, fueron situados por la Corona en la posición jurídica de usurpadores. Pero de las Leyes de Indias se dijo que semejaban la red de la araña, que sólo captura a los criminales menores, pero permite que los grandes criminales escapen libremente.

Muchos testimonios del siglo XVI describen la innegable brutalidad de la Encomienda y su sistema aún más severo de explotación del trabajo en la mina, la Mita. En sus maravillosos dibujos sobre la vida del Perú antes y después de la Conquista, Guamán Poma de Ayala, descendiente de la nobleza incásica, describe la absoluta impunidad de los encomenderos. En los dibujos de De Bry, que acompañaron en su gran éxito al volumen del padre Las Casas sobre la *Destrucción de las Indias*, está el origen de la llamada Leyenda Negra de una España brutal, sanguinaria y sádica, empeñada en torturar y asesinar a sus súbditos coloniales, en tácito contraste, sin duda, con la pureza inmaculada de los colonialistas franceses, ingleses y holandeses. Sin embargo, mientras que éstos piadosamente disfrazaban sus propias crueldades e inhumanidades, nunca hicieron lo que España sí permitió. Éste fue un debate que duró más de un siglo, sobre la naturaleza de los pueblos conquistados y los derechos de la Conquista: el primer debate moderno sobre los derechos humanos. Algo que jamás parece haber preocupado a los otros poderes coloniales.

No faltaron las notas de humor en el debate, tanto del lado indígena como del español. Durante la conquista de Chile, el jefe araucano Caupolicán fue empalado por los conquistadores. Pero al morir, exclamó: "Quisiera haber sido yo quien invadió y conquistó España". La misma idea, del otro lado del mar, la expresó un defensor de los derechos humanos tan importante como Las Casas. Se trata del padre Francisco de Vitoria, un jesuita que, desde su cátedra de Salamanca en 1539, le preguntó a sus estudiantes si les gustaría ver a los españoles tratados por los indios en España de la misma manera que los españoles trataban a los indios en América. El descubrimiento y la Conquista, añadió, no le daban a España más derechos sobre el territorio americano que el que los indios pudieran haber tenido de haber descubierto y conquistado a España. Lo mismo pudo decirse de la colonización inglesa de Norteamérica. Pero lo que el padre Vitoria logró fue internacionalizar, en sus libros y enseñanzas, el problema del poder colonial y de los derechos humanos de los pueblos sometidos. Vitoria intentó establecer reglas para limitar el poder colonial a través del derecho de gentes. Su némesis fue Ginés de Sepúlveda, quien acusó a los indios de practicar el canibalismo y el sacrificio humano en una sociedad no demasiado diferente de un hormiguero. Los indios, dijo Sepúlveda, eran hombres presociales que, por ello, legítimamente, podían ser conquistados por los hombres civiles de Europa, y despojados de sus bienes, a fin de darles propósitos civilizados. Pero, ¿no eran los españoles —argumentó de inmediato Vitoria— culpables también de crímenes contra la naturaleza? ¿No eran todas las naciones europeas culpables de actos de destrucción y guerra? Si esto era cierto, nadie tenía el derecho moral de conquistar a los indios.

Al lado de este intenso debate en España, muchos frailes en las Américas trataron de aplicar reglas de compasión y humanidad a los pueblos indígenas. El más eminente de ellos fue Vasco de Quiroga, obispo de Michoacán que en la década de los 1530 llegó a México con la *Utopía* de Tomás Moro bajo el brazo y, ni tardo ni perezoso, se dedicó a aplicar sus reglas a las comunidades de los indios tarascos: propiedad comunal, jornada de seis horas, proscripción del lujo, magistrados familiares electivos y distribución equitativa de los frutos del trabajo.

Quiroga, cariñosamente llamado "Tata Vasco" por los indios tarascos hasta el día de hoy, fue animado por una visión del Nuevo Mundo como Utopía: "Porque no en vano sino con mucha causa y razón éste de acá se llama Nuevo Mundo, y eslo Nuevo Mundo, no porque se halló de nuevo sino porque es en gentes y cuasi en todo como fue aquel de la edad primera y de oro, que ya por nuestra malicia y gran codicia de nuestra nación ha venido a ser de hierro y peor."

A medida que la colonización española se extendió, el campesinado indígena resistió, se mezcló o retrocedió. Vasco de Quiroga intentó conciliar los intereses coloniales de España con los de las comunidades agrarias. Al nivel de la ley general, su esfuerzo obtuvo éxito. La propiedad comunal de las aldeas indígenas fue reconocida a lo largo de la era colonial y hasta bien entrado el siglo XIX, cuando los regímenes republicanos liberales finalmente acabaron con el sistema en nombre de la propiedad individual, identificada con el progreso. Pero la protección de la Corona logró salvar a muchísimas comunidades agrarias indígenas de la extinción, y esta prolongada tradición le sirvió a rebeldes como Emiliano Zapata en México, quien se levantó en nombre de los derechos otorgados por la monarquía hispánica.

Más y más, las comunidades rurales se fueron dividiendo en virtud de la competencia entre las aldeas puramente indígenas y las nuevas comunidades mestizas. Pero el hecho central de las relaciones de trabajo pronto se consolidó, y ello hasta nuestros propios días, en el sistema de la Hacienda, el gran dominio territorial, que surgió como sucesor del sistema de la Encomienda, o sea, la labor indígena a cambio de la protección y de la evangelización, y del repartimiento, o sea, la simple distribución de trabajo indígena sobre una base temporal. La Hacienda se basó en una forma definitiva de la servidumbre de trabajo: el peonaje, o sea el sistema de deuda incurrido por el trabajador y perpetuado a lo largo de su vida y la de sus descendientes. La Corona fue incapaz de dominar esta forma insidiosa de esclavitud, en tanto que la Hacienda creció sin demasiada publicidad, silenciosamente y legitimada, en cierto modo, por los sistemas de latifundios existentes en España y en Europa. En vez de fijar la atención pública en la relación de trabajo, la Hacienda la distrajo hacia la simple posesión de la tierra. La tierra era necesaria para sostener a la creciente población española y mestiza, en tanto que los indios iban disminuyendo, y este *lebensraum* económico fue asegurado mediante la usurpación directa o, más discretamente, mediante "concesiones de terreno, adquisiciones, acreciones, fusiones y competencia económica", como lo explica Charles Gibson en su libro *España en América*: "Tierras que originalmente fueron otorgadas en extensiones relativamente pequeñas, fueron luego adquiridas por los especuladores coloniales y vendidas una y otra vez antes de adquirir la forma final de la hacienda. Los títulos de propiedad de la mayor parte de las haciendas consistían de abultados archivos reuniendo numerosas pequeñas propiedades."

Este fenómeno se prolongó a lo largo de los siglos, de la administración colonial a las republicanas, y sirvió también como base para que la América Latina desempeñase su papel internacional como proveedor de materias primas e importador de capital y bienes manufacturados. Reveló también las heces de la corrupción política sobre las cuales se fundaba todo el sistema económico y la hipocresía moral que, mediante el desplazamiento de atención del trabajo a la tierra, le permitió incluso a la Iglesia abandonar sus fantasías utópicas y adquirir vastas propiedades como fundamento de su poder político y económico verdadero.

A medida que los conquistadores pasaron a la historia, sus descendientes, así como los españoles que viajaron a vivir en las colonias, se las arreglaron como mejor pudieron tanto con los principios generales de las leyes humanitarias, como con la situación real que encontraron en estos lejanos territorios. La distancia entre la Corona y sus posesiones fue acentuada durante la decadencia económica de España en el siglo XVII. El gobierno de Felipe III, inmerso en una profunda crisis económica al iniciarse el siglo, dejó de pagar salarios a sus administradores coloniales. Éstos se vieron obligados a proporcionarse sus propios ingresos mediante negocios turbios, verdaderas corruptelas que transformaron a los funcionarios locales de la Corona en caciques provincianos. Ellos crearon los monopolios económicos en los distritos bajo su dominio y se aliaron con los comerciantes locales, quienes aseguraron que los funcionarios recibiesen sus salarios, en tanto que éstos obligaron a los indios a recibir préstamos forzados y, acto seguido, a entregar sus cosechas a precios fijos a la alianza de funcionarios y comerciantes en caso de incumplimiento de pago, aumentando infinitamente la deuda campesina. Una bonita situación, que nos proporciona la imagen radical, original, de la corrupción de la vida tanto pública como privada en la América Latina. La figura central de este sistema fue el corregidor, recaudador de impuestos, magistrado y administrador, cuyos labios obsequiaban a la Corona, pero cuyas manos estaban profundamente inmersas en los negociados compartidos con los poderes locales y aislados de los dueños de haciendas y de los caciques políticos.

No es de extrañar que cuando las nuevas y humanitarias leyes llegaron de España al Nuevo Mundo, los funcionarios locales simplemente se las pusieran sobre las cabezas, declarando solemnemente: "La ley se acata pero no se cumple." De esta manera, se desarrolló en la América Latina un profundo divorcio entre el país legal, consagrado en la legislación monárquica y más tarde en las Constituciones republicanas, y el país real, pudriéndose detrás de la fachada legal y contribuyendo a la desmoralización y a la disrupción de la América española desde sus inicios.

Efectivamente, la fachada legal no pudo haber sido más majestuosa, más consecuente con nuestra tradición jurídica romana y su ordenación simétrica, y más verticalmente ordenada, asimismo, de arriba hacia abajo. En sus grandes frescos en la Biblioteca Baker del colegio de Dartmouth en Nueva Inglaterra, el muralista mexicano José Clemente Orozco ha representado intuitivamente tanto al mundo indígena como al mundo colonial a partir de llamativos planos verticales. Las figuras indígenas, arrodilladas pero levantando los brazos, se encuentran reunidas alrededor de la estructura vertical de la pirámide. La figura española, el conquistador, posa en una actitud rígidamente vertical, su espada verticalmente detenida enfrente de su sexo, en tanto que una iglesia se levanta verticalmente con la cruz en la cúpula en lugar de la pirámide india.

Las estructuras verticales del gobierno durante la época colonial eran presididas, desde luego, por el propio rey, gobernando desde España. Sujetos a él, en grado descendente, se encontraban el Consejo de Indias, directamente concernido con el gobierno de las colonias como parte del patrimonio real, no del patrimonio de todo el pueblo español, pues México, Perú o Chile eran reinos añadidos a las posesiones del rey de España y no del pueblo español.

Seguía, en escala descendente, la Casa de Contratación de Sevilla, encargada del comercio de Indias, la cual centraba y monopolizaba y que, hecho de suma importancia, estaba autorizada para recibir el oro y la plata de las Américas. Y finalmente, dependientes de estas altas instituciones españolas, se encontraban las autoridades locales de las lejanas colonias, en primer lugar los virreyes, enseguida los capitanes generales, todos ellos nombrados en España, así como los gobernadores, los jefes de los distritos provinciales y los alcaldes. Aplastado por la pesada estructura se encontraba, finalmente, el municipio, luchando, generalmente sin éxito, por mantener un mínimo de justicia local.

El sistema original de poder en la América española fue una autocracia vertical, gobernada desde lejos mediante leyes paternalistas que rara vez fueron implementadas en tanto que al nivel local, arreglos de tipo práctico, político y económico, entre los terratenientes y los jefes políticos, sirvieron para asegurar la explotación implacable y a veces ineficaz del trabajo y de la tierra.

Significativamente, hubo un fuerte sentido de continuidad entre las estructuras verticales del Imperio Habsburgo y los de los mundos azteca y quechua. Incluso el concepto del dominio eminente, en virtud del cual el Estado detentaba la propiedad original de la tierra y simplemente la concedía de manera temporal al interés privado, representó una tradición común entre los imperios indígenas y la monarquía española. Pero estos hechos jurídicos estaban en contradicción cotidiana con las prácticas políticas.

Los conquistadores y sus descendientes se apropiaron de la tierra y el trabajo mediante el derecho de conquista. La Corona les denunció con base humanitaria pero también jurídica, alegando que la tierra le pertenecía a los indios, y a través de ellos a la Corona.

Los colonizadores desobedecieron a la Corona, pero la Corona les replicó privándoles de derechos hereditarios, constantemente intentado parcializar sus poderes, rebajándolos a la categoría de "segundones". Pero los colonizadores se organizaron localmente en esferas donde la Corona no podía tocarles, creando una política rural aislada de opresión y explotación que persiste hasta el día de hoy.

Una red de ciudades

Detrás de la fachada majestuosa de la ley y de las prácticas vulgares de la política real, otros factores dinamizaron la nueva vida de la América colonial. La primera, por supuesto, fue el pueblo. Los conquistadores españoles y sus descendientes, los inmigrantes europeos a las Américas, los mestizos, que eran hijos de españoles y de mujeres indígenas, y los criollos, que eran blancos nacidos en las Américas. Más tarde, los negros y su descendencia mulata. Y, desde luego, los propios indios, los vencidos.

Los primeros conquistadores, le escribió Cortés a Carlos V, eran gente ruda, sin educación y de bajo origen. Quizás Cortés trataba de impresionar al rey con sus credenciales salmantinas; la verdad es que no sólo labriegos y obreros participaron en la Conquista, sino también miembros de la nobleza menor y de la clase media. El historiador Céspedes del Castillo nos ofrece un reparto más amplio de la inmigración durante el siglo XVI. El tono general de la inmigración, dice el historiador, fue dado por numerosos frailes, sacerdotes y muchos pequeños hidalgos, así como guerreros que eran más numerosos al principio que al final; casi ningún aristócrata, pero en cambio muchos mercaderes, pintores y artesanos, y abogados de mayor influencia que número.

No obstante, el proceso colonizador podía ser extremadamente selectivo. Los judíos, los moros y los herejes, expresamente, fueron excluidos de la inmigración transatlántica. Y aunque es cierto que los conquistadores generalmente viajaron como solteros y se mezclaron libremente, primero con las mujeres indias y más tarde con las negras, no existió prohibición expresa para que las mujeres vinieran a América y, de hecho, muchas de ellas desempeñaron papeles notables en el periodo inicial de la colonización. La mujer de Pedro de los Ríos, gobernador de Panamá, se rehusó a regresar a España cuando terminó el periodo oficial de su marido, prefiriendo permanecer en Panamá con su ganado y con sus grandes esperanzas de que el oro del Perú, que fluía entonces del Pacífico al Atlántico, le tocara también a ella. Y una mujer llamada Inés Suárez, extremeña como tantos de los conquistadores, siguió a su marido hasta Venezuela, pero no lo encontró; entonces, Inés siguió al Perú, donde descubrió que su marido había muerto. Ahí, conoció a Pedro de Valdivia y lo acompañó a la conquista de Chile y a la fundación de la capital más sureña del Nuevo Mundo hispánico, Santiago del Nuevo Extremo, un nombre que recordaría tanto al apóstol batallador de la Reconquista como a la provincia común a Inés y a Pedro, Extremadura. Inés fue enfermera de los heridos, sirvió fielmente a Valdivia como teniente y amante, pero se inclinó ante la exigencia de un sacerdote para que abandonase a su hombre cuando la mujer del conquistador fue traída desde España. Como moraleja de todo esto, quizás, Valdivia fue muerto por los araucanos antes de que llegase la señora Valdivia. Ignoro si las dos viudas llegaron a conocerse.

Y las mujeres desempeñaron un importantísimo papel en la más dramática de todas las fundaciones de una ciudad hispanoamericana en este periodo. Ésta fue la fundación de Buenos Aires. Pero Buenos Aires es una ciudad de dos historias. Fue fundada dos veces sobre las riberas del Río de la Plata. La primera vez en 1536, por Pedro de Mendoza, un vanidoso cortesano quien ya había hecho fortuna en el saco de Roma por las tropas españolas en 1527. Llegó al Río de la Plata en búsqueda de más oro: "conquista de paganos con dinero de romanos", dijo un verso de la época. En cambio, encontró fiebre, hambre y muerte. Los indios de estas regiones sureñas eran pobres y no le tenían miedo ni a los caballos ni a las escopetas. Atacaron las fortificaciones españolas noche tras noche.

Quizás la única consolación para los españoles es que a esta expedición vinieron muchas mujeres, algunas de ellas disfrazadas de hombres. Prestaron servicios como centinelas, animaron los fuegos y, como escribió una de ellas, "comemos menos que los hombres". Pero pronto no había nada que comer, y como en toda fiebre del oro que se estime, los españoles devoraron las suelas de sus botas y, se rumoró, incluso canibalizaron a sus muertos. Mendoza murió de sífilis y fue arrojado al río. Acaso el único oro jamás visto aquí fue el de los anillos en los dedos del explorador al hundirse en el turbio Río de la Plata.

Buenos Aires fue quemada y abandonada. La primera fundación fue un desastre, el más grande de cualquier ciudad española de las Américas. Pero 44 años más tarde, un sobrio administrador llamado Juan de Garay, descendió de Asunción por el río Paraná y fundó Buenos Aires por segunda vez, pero, en esta ocasión, la ciudad fue dispuesta a escuadra y concebida no como una población de aventureros y buscadores de oro, sino como ciudad del orden, el trabajo y la eventual prosperidad, todo lo cual Buenos Aires llegó a ser. Ciudad porteña, desagüe para el comercio de cueros y producto vacuno, sobre el mar llamado Río de la Plata, el turbio río color de la piel del león, como lo describiría un día el poeta Leopoldo Lugones. Ciudad construida sobre pantanos, ciudad drenaje de las minas de plata de Potosí hacia el Atlántico.

La doble fundación de Buenos Aires sirve para dramatizar dos impulsos de la colonización española en el Nuevo Mundo. Uno de ellos se fundó en la fantasía, la ilusión, la imaginación. Los conquistadores fueron motivados no sólo por el hambre del oro, la fiebre del Perú, como se le llamó, sino por la fantasía y la imaginación que, a veces, constituía un elixir aún más poderoso. Al entrar el mundo voluntarioso del Renacimiento, estos hombres aún llevaban en la cabeza las fantasías de la Edad Media. Se convencían fácilmente de ver ballenas con tetas femeninas y tiburones con dobles penes; peces voladores y playas con más perlas que arena en ellas. Cuando lograban ver sirenas, sin embargo, podían comentar irónicamente que no eran tan bellas como se decía. Pero su búsqueda de las fieras guerreras del mito les condujo en el largo camino desde California, así llamada en honor a la reina amazona Calafia, a la fuente misma del más grande río de la América del Sur. ¿Se equivocaron en su búsqueda de la fuente de la juventud en Florida, la tierra de las flores explorada por Ponce de León? La búsqueda paralela de El Dorado, el jefe indio pintado en oro dos veces al día, les condujo en cambio hasta Potosí, la mina de plata más grande del mundo. Y la búsqueda de las fabulosas siete ciudades de Cíbola llevó a Francisco de Coronado en su dramática peregrinación hasta el descubrimiento de Arizona, Texas y Nuevo México.

Jamás encontraron las ciudades mágicas. Pero, como lo demostró la segunda fundación de Buenos Aires, fueron capaces de fundar las verdaderas ciudades, no las del oro, sino las de los hombres. Nunca, desde los tiempos de los romanos, desplegó nación alguna tan asombrosa energía como España lo hizo en las fundaciones del Nuevo Mundo. Las distancias eran enormes; las riquezas gigantescas; pero nada detuvo a los hombres de España en su empuje hacia el norte, hasta lo que hoy es California y Oregón; y hacia el sur, hasta la punta misma del continente, la Tierra del Fuego. Pero a fin de dominar tanto la distancia como la riqueza, era preciso fundar ciudades. Cientos de ciudades, desde San Francisco y Los Ángeles a Buenos Aires y Santiago de Chile. Y éstos no eran meros puestos fronterizos, sino centros urbanos de gran nobleza, permanentes, que reflejaban la decisión española de instalarse en el Nuevo Mundo "para la eternidad".

Para limitarnos a los extremos de la América española, México y Argentina, la lista de fundaciones es verdaderamente impresionante. En México, una ciudad tras otra es fundada: Veracruz en 1519, Colima en 1524, Antequera (Oaxaca) en 1521, y ese mismo año, San Cristóbal de las Casas. Guadalajara en 1542, Puebla en 1531 y Taxco en 1528; Culiacán en el océano Pacífico, en 1531; Querétaro en los valles centrales en 1531. Y en Argentina, el ritmo urbano es comparable: Santiago del Estero en 1553, Mendoza en 1561 y San Juan un año después; Tucumán en 1565, Córdoba en 1617 y Santa Fe en 1575, Salta, Corrientes, La Rioja y San Luis entre 1580 y el fin del siglo XVI.

A veces eran puertos construidos como fortalezas, así en el Caribe como en el Pacífico: La Habana, Acapulco, Cartagena.

Otras, eran grandes capitales de escala mayor, como México y Lima. Y la mayoría eran ciudades de provincia, sólidas, construidas de acuerdo con el modelo renacentista de la ciudad a escuadra, cada una con su plaza central, su iglesia y su ayuntamiento, estableciendo así los ritmos duraderos de la vida: la plaza donde los amantes pueden cortejarse y los viejos pasar el día jugando a los dominós o discutiendo las noticias; la plaza donde las leyes son proclamadas y las revoluciones lanzadas. Otras, eran ciudades mineras que simplemente siguieron los caprichosos contornos de los montes donde el oro y la plata eran explotados. En todos los casos, una vez que la ciudad era fundada, sus pobladores recibían, cada uno, un solar, pero también una extensión de tierra agrícola fuera de los límites urbanos, así como derechos a las tierras reservadas para el uso comunal.

El Imperio español, nos dice Francisco Romero, el historiador argentino de la ciudad latinoamericana, se convirtió en una red de ciudades que dominó a las áreas rurales. Pero tanto las ciudades como las áreas rurales crearon sus propios centros de poder, desarrollaron sus peculiaridades y parcelaron la visión homogénea soñada en Madrid. Las ciudades, añade Romero, eran españolas, en un sentido sumamente formal y legalista. Eran fundadas como un acto político, para ocupar la tierra y establecer los derechos de conquista. Pero ninguna ciudad podía ser considerada legítima si no la precedía la ley. La ciudad tenía que ser imaginada, fijada en la ley antes de ser fijada en los hechos. La forma de la tradición romana tenía que preceder a la realidad y mantenerse por encima de ella. La ley de la ciudad produjo el hecho de la ciudad. Y enseguida, la ciudad procedió a irradiar desde su centro el poder español, subyugando a la población indígena.

Las ciudades se transformaron también en centros de una nueva cultura. La primera universidad del Nuevo Mundo se fundó en Santo Domingo en 1538, y las universidades de Lima y la Ciudad de México en 1551, mucho antes que la primera universidad en las colonias inglesas de América, Harvard College, fundada en 1636. La primera imprenta de las Américas fue instalada en la Ciudad de México por el tipógrafo italiano Giovanni Paoli (Juan Pablos) en 1539, en tanto que la primera imprenta angloamericana fue inaugurada por Stephen Daye en Cambridge, Massachusetts, en 1638.

Básicamente, las universidades proponían los estudios medievales tradicionales del trivio (gramática, retórica y lógica) y el cuadrivio (geometría, aritmética, música y astronomía) junto con la teología, el derecho y la filosofía política central del escolasticismo, esto es, las ideas de Santo Tomás de Aquino. Esta filosofía fue determinante para la cultura política de la América

Latina, en virtud de que durante trescientos años, todos, de México a la Argentina, asistieron a la escuela política de Santo Tomás. Y en ella aprendieron, de una vez por todas, que el propósito de la política, su valor supremo, superior a cualquier valor individual, era el bien común. Para alcanzarlo se requería la unidad; el pluralismo era un estorbo. Y la unidad sería alcanzada de manera superior gracias al gobierno de un solo individuo, no a través del capricho de múltiples electores. En una de las once capillas de la iglesia de Santo Domingo en Oaxaca, Santo Tomás de Aquino preside desde el cielo las verdades políticas básicas destiladas en el corazón de la América española. Frente a él, se sienta San Agustín, el doctor de la Iglesia cuyas ideas constituyen otra de las piedras angulares de nuestra vida espiritual y política: la gracia de Dios no es directamente asequible a cualquier individuo sin la asistencia de la Iglesia. Para llegar a Dios, se debe pasar por la jerarquía eclesiástica. Éste era un sistema hermético para enseñar la verdad revelada, negando la participación de la investigación individual o de la crítica, pero subrayando la necesidad primordial de la tradición y del papel de la Iglesia como depositaria legítima de la tradición, propagadora de la verdad y denunciadora infalible del error.

Pero la insistencia en que el bien común es otorgado desde arriba mediante la concesión autoritaria, aseguró que esta filosofía política sólo podría ser modificada desde abajo a través de la revolución violenta. Nuevamente, los principios y las prácticas de la democracia fueron pospuestos. La América española habría de extraviarse en los laberintos del autoritarismo y de la imitación extralógica de modelos extranjeros de progreso y democracia, antes de encontrar sus propias tradiciones interrumpidas, sus propias raíces democráticas y conflictivas en las comunidades medievales de España, en el lado humanístico de la sociedad azteca, en el valor social de la cultura quechua.

La educación colonial fue un sistema de enseñanza que podríamos definir como inteligencia dirigida. Y el sistema de publicaciones que la acompañó también podía ser sumamente restrictivo. Sólo seis años después de la Conquista, la Corona prohibió ulteriores publicaciones de las *Cartas de relación* de Cortés a Carlos V. La Corona no deseaba promover el culto de la personalidad de los conquistadores. En efecto, se nos prohibió conocernos a nosotros mismos. En 1553, un decreto real prohibió la exportación a las Américas de todas las historias que tratasen sobre la Conquista, para no mencionar cualquier historia que elogiase a las derrotadas culturas indígenas.

No obstante, la Corona era capaz de tomar iniciativas sumamente ilustradas, tales como la temprana creación de escuelas para los indígenas más dotados, que eran miembros de la aristocracia de las naciones derrotadas. En el Colegio de Tlatelolco en México, por ejemplo, los jóvenes indígenas aprendían en español, latín y griego, demostrando la excelencia de sus estudios. Pero, al cabo, el experimento fracasó, primero porque irritaba a los conquistadores tener súbditos indios que sabían más que ellos, pero sobre todo, porque los conquistadores no querían indios que tradujesen a Virgilio, sino indios que trabajasen para ellos como mano de obra barata en las minas y en las haciendas.

Y los necesitaban también como obreros de la nueva religión. El cristianismo arrasó los antiguos templos, "templos del demonio" como los llamó un misionero cristiano. Pero fueron los indios mismos quienes construyeron los nuevos templos de la cristiandad americana.

Padre y madre

Se puede discutir si la conquista de América fue buena o mala, pero la Iglesia sabía perfectamente que su papel en el proceso colonizador era el de evangelizar. La Iglesia entró en contacto con una población rasgada entre su deseo de rebelarse y su deseo de encontrar protección. La Iglesia ofreció tanta protección como pudo. Muchos grupos indígenas, de los coras en México a los quechuas en Perú a los araucanos en Chile, resistieron a los españoles durante un largo tiempo. Otros acudieron en multitudes pidiendo el bautizo en las calles y en los caminos. El fraile franciscano Toribio de Benavente, quien llegó a México en 1524 y fue llamado por los indios "Motolinía", que significa "el pobre y humilde", escribió que: "Vienen al bautismo muchos, no sólo los domingos y días que para esto están señalados, sino cada día de ordinario, niños y adultos, sanos y enfermos, de todas las comarcas; y cuando los frailes andan visitando les salen los indios al camino con los niños en brazos, y con los dolientes a cuestas, y hasta los viejos decrépitos sacan para que los bauticen… Cuando van a el bautismo, los unos van rogando, otros importunando, otros lo piden de rodillas, otros alzando y poniendo las manos, gimiendo y encogiéndose; otros lo demandan y reciben llorando y con suspiros."

Motolinía afirma que quince años después de la caída de Tenochtitlan en 1521, "más de cuatro millones de almas habían sido bautizadas". Y aunque esto puede ser propaganda eclesiástica, el hecho es que los actos formales del catolicismo, del bautismo a la extremaunción, se convirtieron en ceremonias permanentes de la vida popular en toda la América española, y que la arquitectura eclesiástica desplegó una imaginación práctica, capaz de unir dos factores vitales para las nuevas sociedades americanas. La primera fue la necesidad de tener un sentido de parentesco, un padre y una madre. Y la segunda, fue la de contar con un espacio físico protector, donde los viejos dioses podrían ser admitidos, disfrazados, detrás de los altares de los nuevos dioses.

Muchos mestizos jamás conocieron a sus padres. Sólo conocieron a sus madres indígenas, amantes de los españoles. El contacto y la integración sexuales fueron, ciertamente, la norma de las colonias ibéricas, en oposición a la pureza racial y la hipocresía puritana de las colonias inglesas. Pero ello no alivió la sensación de orfandad que muchos hijos de españoles y mujeres indígenas seguramente sintieron. La Malinche tuvo un hijo de Cortés, quien lo reconoció y lo bautizó Martín. Pero el conquistador tuvo otro hijo, también llamado Martín, con su mujer legítima, Juana Zúñiga. Andando el tiempo, ambos hermanos se conocieron y protagonizaron, en 1565, la primera rebelión de la población criolla y mestiza de México contra el gobierno español. La legitimación del bastardo, la identificación del huérfano, se convirtió en uno de los problemas centrales, aunque a menudo tácitos, de la cultura latinoamericana. Los españoles lo abordaron de maneras religiosas y legalistas.

La fuga de los dioses, que abandonaron a su pueblo; la destrucción de los templos; las ciudades arrasadas;

el saqueo y destrucción implacables de las culturas; la devastación de la economía indígena por la mina y la Encomienda. Todo ello, además de un sentimiento casi paralizante de asombro, de maravilla ante lo que ocurría, obligaba a los indígenas a preguntar: ¿dónde hallar la esperanza? Era difícil encontrar ni siquiera un destello en el largo túnel que el mundo indígena parecía recorrer. ¿Cómo evitar la desesperanza y la insurrección? Ésta fue la pregunta propuesta por los humanistas de la Colonia, pero también por sus más sabios, y astutos, políticos. Una respuesta fue la denuncia de Bartolomé de las Casas. Otra, las comunidades utópicas de Quiroga y los colegios indígenas de la Corona. Pero en verdad fueron el segundo virrey, don Luis de Velasco, y el primer arzobispo de México, fray Juan de Zumárraga, quienes hallaron la solución duradera: darle una madre a los huérfanos del Nuevo Mundo.

A principios de diciembre de 1531, en la colina del Tepeyac cerca de la Ciudad de México, un sitio previamente dedicado al culto de una diosa azteca, la virgen de Guadalupe se apareció portando rosas en invierno y escogiendo a un humilde *tameme*, o cargador indígena, Juan Diego, como objeto de su amor y de su reconocimiento. De un golpe maestro, las autoridades españolas transformaron al pueblo indígena de hijos de la mujer violada en hijos de la purísima virgen. De Babilonia a Belén, en un relámpago de genio político. Nada ha demostrado ser más consolador, unificante y digno del más feroz respeto en México, desde entonces, que la figura de la virgen de Guadalupe, o las figuras de la virgen de la Caridad del Cobre en Cuba, o de la virgen de Coromoto en Venezuela. El pueblo conquistado había encontrado a su madre.

También encontraron un padre. México le impuso a Cortés la máscara de Quetzalcóatl. Cortés la rechazó y, en cambio, le impuso a México la máscara de Cristo. Desde entonces, ha sido imposible saber quién es verdaderamente adorado en los altares barrocos de Puebla, Oaxaca y Tlaxcala: ¿Cristo o Quetzalcóatl? En un universo acostumbrado a que los hombres se sacrificasen a los dioses, nada asombró más a los indios que la visión de un Dios que se sacrificó por los hombres. La redención de la humanidad por Cristo es lo que fascinó y realmente derrotó a los indios del Nuevo Mundo. El verdadero regreso de los dioses fue la llegada de Cristo. Cristo se convirtió en la memoria recobrada, el recuerdo de que en el origen los dioses se habían sacrificado en beneficio de la humanidad. Esta nebulosa memoria, disipada por los sombríos sacrificios humanos ordenados por el poder azteca, fue rescatada ahora por la Iglesia cristiana. El resultado fue un sincretismo flagrante, la mezcla religiosa de la fe cristiana y la fe indígena, una de las fundaciones culturales del mundo hispanoamericano. Y, sin embargo, existe un hecho llamativo: todos los Cristos mexicanos están muertos, o por lo menos, agonizan. En el calvario, en la cruz, tendidos en féretros de cristal, todo lo que se ve en las iglesias populares de México son imágenes de Cristo postrado, sangrante y solitario. En contraste, las vírgenes americanas, como las españolas, están rodeadas de gloria y celebración perpetuas, flores y procesiones. Y el decorado mismo que rodea a estas figuras, la gran arquitectura barroca de la América Latina es en sí una forma de celebración de la nueva fe, pero es al mismo tiempo una celebración riesgosa de las viejas religiones supervivientes.

La maravillosa capilla de Tonantzintla cerca de Cholula, en México, es una de las más llamativas confirmaciones del sincretismo como elemento dinámico de la cultura de la contraconquista. Lo que aquí ocurrió se repitió a lo largo y ancho de la América Latina. Los artesanos indígenas recibieron grabados de los santos y otros motivos religiosos de manos de los evangelizadores cristianos, quienes les pidieron reproducirlos dentro de las iglesias. Pero los antiguos albañiles y artesanos de los templos indígenas querían hacer algo más que copiar. Deseaban celebrar a sus dioses viejos al lado de los nuevos dioses, pero esta intención hubo de enmascararse mediante una mezcla del elogio de la naturaleza con el elogio del cielo, fundiéndolos de manera indistinguible.

Tonantzintla es, en efecto, una recreación indígena del paraíso indígena. Blanca y dorada, la capilla es una cornucopia de la abundancia en la que todas las frutas y flores del trópico ascienden hacia la cúpula, hacia el sueño de la abundancia infinita. El sincretismo religioso triunfó y, con él, de alguna manera, los conquistadores fueron conquistados.

En Tonantzintla, los indígenas se pintan a sí mismos como ángeles inocentes rumbo al paraíso, en tanto que los conquistadores españoles son descritos como diablos feroces, bífidos y pelirrojos. El paraíso, después de todo, puede ser recobrado.

Cautivos de Lepanto. The Greatest Nations, vol. X., de Edward S. Ellis

7. La era imperial

Carlos V fue el creador del Imperio español. Era nieto de los Reyes Católicos, Fernando de Aragón e Isabel de Castilla, e hijo de la reina Juana, quien perdió la razón, obsedida por las infidelidades de su marido, Felipe el Hermoso. Al morir Felipe, después de jugar vigorosamente a la pelota y enseguida beber un vaso de agua fría, la reina se rehusó a darle entierro y, durante un largo tiempo, acarreó su cadáver de monasterio en monasterio, evitando los conventos donde el galante príncipe Felipe, aun en la muerte, pudiese seducir a las monjas. Persuadida al cabo de abandonar su "locura de amor", la reina Juana la Loca fue encerrada en el castillo de Tordesillas, en tanto que su hijo fue llevado al trono de España a la edad de 16 años, y su marido Felipe recibió, finalmente, entierro cristiano.

Pero Carlos, desde la edad de 6 años, había heredado los Países Bajos. Ahora, lampiño y juvenil, le mostraba al mundo el estigma de la dinastía de los Habsburgo: una quijada de un prognatismo tan pronunciado que le era imposible mascar normalmente o aun cerrar la boca. Se decía que una mosca podía penetrar los labios Habsburgo, sin dificultad, en cualquier momento. El joven rey se dejó crecer la barba. Vistió una impresionante armadura. Montó en su caballo y fue pintado en soberbia pose ecuestre por el artista italiano Tiziano. Carlos I de España, mejor conocido bajo su título de Sacro Emperador Romano Germánico, Carlos V, podía al cabo desentenderse de las taras hereditarias a los que todos estamos sujetos. Era el heredero de la dinastía de los Habsburgo, la más poderosa casa real de Europa. Su poder no tenía límites. A dondequiera que mirase desde la silla de su caballo (o el de Tiziano) podía admirar una posesión de su Corona. Hacia el norte, Alemania y los Países Bajos. Hacia el este, Nápoles, Sicilia y Cerdeña. Hacia el sur, sus dominios africanos. Hacia el oeste, las Américas y, más allá, después del dramático descubrimiento hecho por Balboa en 1513, el Pacífico hasta las Filipinas. Carlos gobernó el primero y más grande de todos los imperios modernos. Nadie antes de él, ni siquiera los césares, habían controlado tantos territorios, tal variedad de pueblos y semejante riqueza potencial.

A lo largo de su carrera, sin embargo, Carlos se mostró decidido a unir su poder terreno con el poder espiritual de la cristiandad. Quería ser la cabeza política del mundo cristiano, de la misma manera que el Papa era su cabeza religiosa. El rey se impuso esta meta, y ello habría de agotarlo prematuramente. Pues Carlos había recibido su vasta heredad, no mediante hechos de armas, sino gracias a las alianzas matrimoniales y otros arreglos seculares a los que la Casa de Habsburgo era particularmente adepta. En estos asuntos, recibieron extensa ayuda de la poderosa firma bancaria alemana de la familia Fugger, la cual contribuyó con una enorme suma de dinero para comprar a los electores y elevar a Carlos a la posición de Sacro Emperador Romano. Pero, una vez adquiridas, las posesiones derivadas de las posiciones habían de ser defendidas, no mediante matrimonios, sobornos y seducciones, sino mediante actos de guerra.

No obstante, los problemas de Carlos se iniciaron en su propia casa, en España, y se debieron, en primer término, a la educación flamenca del nuevo príncipe. Carlos no hablaba español. Con escaso sentido político, se rodeó de cortesanos flamencos e incluso les otorgó puestos españoles particularmente sensitivos, como el Obispado de Toledo. Pero los problemas políticos del nuevo rey en España excedieron estas anécdotas y fueron al corazón de la continuada batalla entre los poderes centralizantes y absolutos de la monarquía y los poderes persistentes, potenciales y democráticos de las ciudades medievales.

La revolución de las comunidades

En las ciudades de Castilla, como lo hemos visto, el concepto de ciudadanía se encontraba en pleno desarrollo. Cada vez más, el pueblo había sido incorporado a las asambleas políticas. Los ciudadanos tenían conciencia de los derechos que les otorgaban sus cartas constitucionales. Pero cuando Carlos ascendió al trono en 1517, las comunidades urbanas sintieron que sus libertades eran amenazadas de diversas maneras. Además de las actitudes de xenofobia contra el joven rey, las comunidades, correctamente, sospecharon que la política de Carlos consistiría en acelerar la centralización española a fin de obtener una fuerte base a partir de la cual perseguir sus metas exteriores gemelas: asegurar el poder del Imperio español y la unidad de la Iglesia cristiana. La presencia cada vez más entrometida de los representantes reales, los corregidores, en la vida de las comunidades, fue otro motivo que las impulsó a actuar con rapidez antes de que el absolutismo se impusiese de una manera definitiva.

Quizás resulte excesivo ver en la guerra civil que empezó en 1519 un movimiento precursor de las revoluciones inglesa y francesa. Pero la rebelión de las comunidades de Castilla es sin duda una de las referencias más poderosas y permanentes para la historia de la democracia en España y en la América española.

"El consentimiento de todos", "la voluntad general", fueron conceptos comunes y recurrentes en las cartas, discursos y proclamaciones de los comuneros. La composición social de la rebelión resulta elocuente: unos cuantos miembros de la nobleza urbana; un gran número de alcaldes, alguaciles y jueces; y numerosos miembros del bajo clero, incluyendo cánones, abades, arciprestes y diáconos; unos cuantos catedráticos universitarios, pero un gran número de doctores, físicos, abogados y bachilleres; un número aún mayor de comerciantes, cambistas, notarios y farmacéuticos; y una mayoría abrumadora de tenderos, posaderos, plateros, joyeros, herreros, carniceros, sombrereros, zapateros, sastres, barberos y carpinteros, actuando políticamente a través de la Junta General, una asamblea ejecutiva basada en el voto mayoritario, y expresamente designada para representar la voluntad general de todos. Como lo hace notar José Antonio Maravall en la más moderna y generosa historia de la rebelión, el propósito expreso de ésta era crear una monarquía constitucional y democrática basada en la representación popular.

Como tal, la rebelión no pudo ser tolerada por el joven rey y su doble política de poder, tanto interna como internacional, española e imperial. Pues mientras las comunidades se rebelaban en Castilla (y en Aragón, a través del movimiento paralelo de la Germanía), los hijos y hermanos de los abogados, artesanos, molineros, labriegos e hidalgos que lucharon contra Carlos V, luchaban por Carlos V en México, el Caribe y la Tierra Firme.

De manera que una de las grandes ironías de nuestra historia es que, en el mismo momento en que Carlos V derrotó a las fuerzas comuneras en Villalar en 1521, Hernán Cortés derrotó a las fuerzas aztecas en Tenochtitlan. En el fondo, el problema para España y para la América española habría de ser el mismo: ¿Qué clase de orden sería construido al día siguiente de las dos victorias coincidentes, contra los ejércitos de la comunidad en Villalar y contra los ejércitos aztecas en Tenochtitlan? Por desgracia, la respuesta fue que en España, un orden vertical y autoritario se impondría sobre el movimiento hacia un orden horizontal y democrático. Y en el Nuevo Mundo, las estructuras verticalmente ordenadas del Imperio azteca (y más tarde del inca) serían simplemente sustituidas por las estructuras verticales y autoritarias de los Habsburgo españoles.

La ironía, claro está, consiste en que los conquistadores eran hombres muy similares a los que Carlos V derrotó en Villalar. Así, creyendo que habían triunfado en el Nuevo Mundo, en realidad habían sido derrotados en el Viejo Mundo. Los conquistadores dejaron pasar la oportunidad de crear comunidades democráticas en las Américas, sólo para sacrificar su posición política y la extensión potencial de su poder. No fueron capaces de gobernar las tierras que conquistaron. El rey, de manera pronta y definitiva, estructuró las nuevas formas de gobierno en las Indias en su favor. Lo que los conquistadores y sus descendientes ganaron fueron ventajas de hecho, sobre el terreno mismo y, finalmente, ilegítimas. La fuerza de estas ventajas de los conquistadores sobre el rey, *de facto, in situ,* fueron considerables pero no suficientes, ni desde el punto de vista de la creación de comunidades potencialmente democráticas, ni desde el punto de vista de la creación de feudalidades potencialmente autónomas.

¿Pudo ser de otra manera? ¿Pudimos haber creado un sistema democrático después de la Reconquista de España y la Conquista del Nuevo Mundo? Esta pregunta se suspenderá para siempre sobre los destinos de España y de la América española.

A partir de la derrota de las comunidades de Castilla en Villalar y de los aztecas en Tenochtitlan, Carlos V no sólo consolidó el Estado centralista español, como lo hicieron también Francia e Inglaterra, y como no pudieron hacerlo Alemania e Italia. Carlos transformó a España, de una comunidad puramente peninsular, empeñada en su propia Cruzada contra el Islam y llamada a encontrar un compromiso entre sus componentes triculturales, en un imperio continental que, en las palabras de Ángel Ganivet, "lo abarcó todo" en Holanda, Italia, Túnez y las Américas. Tal fue, sin embargo, el origen de la decadencia española, añade Ganivet: "Nuestro exceso de acción… haber acometido empresas enormemente desproporcionadas con nuestro poder". El dolor de cabeza del emperador Carlos fue la sobreextensión y lo empeoró su doble naturaleza: seguro e inseguro, duro y gentil, dividido por sus alianzas nacionales. Vivió 58 años en esta tierra; de ese tiempo, prefirió vivir en Flandes (28 años) mucho más que en las tierras germánicas de su heredad imperial (nueve años) o aun en su dominio español, el cual visitó sólo siete veces en su vida, pasando ahí, en total, 18 años. Pero acaso lo que más dividió a Carlos V fue su incertidumbre sobre la manera de responder a los desafíos de su reino, mediante la conciliación (su inclinación renacentista y erasmiana) o mediante la confrontación (su inclinación imperial e hispánica).

Luchó contra las naciones indígenas de las Américas a través de sus violentos capitanes (Hernán Cortés y Francisco Pizarro), pero, al mismo tiempo, luchó por arrebatarles a los conquistadores el dominio feudal del Nuevo Mundo mediante la legislación de Indias que protegía a las comunidades indígenas y restringía, *de jure*, los poderes *de facto* adquiridos por los conquistadores.

Luchó contra el nuevo poder islámico, el Imperio otomano, que se había atrevido a extenderse del Mediterráneo al Danubio, llegando hasta las puertas de Viena. Luchó contra su rival francés, Francisco I, durante un extenuante periodo de un cuarto de siglo; padeció el amotinamiento de sus propias tropas impagadas quienes enseguida saquearon la ciudad pontificia, Roma, mientras Carlos batallaba contra los protestantes en Alemania y, finalmente, se mostraba incapaz de someterlos, aceptando su derrota en Augsburgo en 1555.

Este cúmulo de cargas y desafíos hubiesen agotado a cualquier hombre. Prematuramente exhausto, Carlos V se retiró al monasterio de Yuste, en las aisladas sierras de Extremadura. Ahí, se entretuvo arreglando sus relojes y, a veces, ensayando su propio funeral. La muerte finalmente le llegó en 1558. Tiziano, quien había pintado la poderosa figura ecuestre armada, ahora pintó a un viejo caballero sencillo, ligeramente encorvado, totalmente vestido de negro y sentado en una silla curul, mirando con nostalgia, quizás con distracción, un mundo con el cual, al cabo, nunca se entendió.

Una lluvia de oro

Carlos V abdicó en favor de su hijo, Felipe II, y le heredó el mismo dolor de cabeza de la sobreextensión imperial. Los protestantes florecían gracias a su santificación de las ambiciones políticas de los príncipes del norte de Europa. Los turcos ponían en jaque el poder español en el Mediterráneo. Los Países Bajos se levantaron en armas contra España. Los moros que permanecían en España, los moriscos, se rebelaron contra los decretos del joven rey Felipe despojándolos de su lengua y de sus costumbres, en tanto que aun la nobleza de Aragón se rebeló contra las restricciones impuestas a los tradicionales fueros del reino. Y, sin embargo, Felipe II no sólo mantuvo en pie su Imperio, sino que verdaderamente lo afirmó, durante varias décadas, como la principal potencia mundial.

Para lograrlo, necesitaba ingresos. Y los obtuvo, principalmente mediante cargas impuestas a sus súbditos indefensos; de la Iglesia, tanto en España como en las Américas; y del oro y la plata del Nuevo Mundo.

En el siglo XVI, las minas americanas multiplicaron por siete las reservas de plata europeas. El centro minero de Potosí, en el Alto Perú, se convirtió en la más grande ciudad del Nuevo Mundo en el siglo XVII: la habitaban 50,000 europeos y 45,000 indios; 14,000 de éstos trabajaban en las minas, bajo el sistema de trabajos forzados —la mita— que les ataba a las minas durante todas sus vidas, y a veces hasta las vidas de sus descendientes. Desde tiempos inmemoriales, los trabajadores indígenas mascaban la hoja de coca que, de acuerdo con el cronista jesuita de la flora y la fauna del Nuevo Mundo, el padre Joseph de Acosta, le permitía a un hombre caminar durante dos días enteros sin comer. El trabajo indígena, hambreado y diezmado por la enfermedad, proporcionó a España, y a través de España, al resto de Europa, esta vasta riqueza. Sin embargo, aun en su punto más alto, las minas de México y Perú sólo produjeron una cuarta parte de la riqueza proporcionada por la agricultura y la ganadería en el Nuevo Mundo. Y aun en sus peores manifestaciones, las nuevas propiedades agrarias trataron a sus trabajadores mejor que los capataces en las minas. Muchos trabajadores de éstas huyeron a las haciendas, vistas como el mal menor. La coca, que amortiguaba el peso de las largas horas de trabajo bajo la tierra, se convirtió en un ritual.

La exploración y explotación de las minas fue dejada a la iniciativa privada. Potosí era una montaña virgen, intocada por los incas, pero los españoles pronto descubrieron en ella cuatro grandes vetas corriendo "como los polos", de norte a sur, y en cada una de ellas abrieron numerosas minas. Pero todas las vetas, señaló Acosta, miraban hacia el Oriente, hacia el sol naciente, hacia España, donde el rey recibía los cargamentos y tomaba un quinto para él.

La Corona española autorizó sólo dos puertos de ingreso, Cádiz y Sevilla, para recibir el oro y la plata del Nuevo Mundo. Pero al tiempo que prohibía la exportación de los metales preciosos de España, la monarquía se convirtió, en las palabras del economista americano Rondo Cameron, "en la peor violadora de su propia ley…". Los metales tenían que pagar las costosas guerras de España en Europa, sus ostentosos monumentos, su lujosa aristocracia, la lucha contra la Reforma protestante, la administración del Imperio y la importación de bienes manufacturados a la península.

Las enormes inyecciones de metales españoles revolucionaron la economía europea, trayendo la inflación, los altos precios, una demanda creciente y un florecimiento de las empresas bancarias del continente, muchas de ellas acreedoras de la monarquía española y dispuestas a extenderle generosos préstamos a Felipe II, garantizados por la promesa del flujo interminable de oro y plata proveniente de Potosí y Zacatecas. ¿Quién pagaría estos préstamos? Naturalmente, los sucesores de Felipe.

El contrabando desde España se convirtió en una profesión generalizada y lucrativa. Uno de los personajes en *Don Quijote*, Roque Guinart, existió realmente, ganándose la vida mediante el contrabando de metales de las Indias fuera de España. Desde Italia, Alemania y los Países Bajos, donde España tenía posesiones, el oro y la plata se desparramaron rápidamente por toda Europa, provocando la revolución de los precios en el siglo XVI que, aunque común a todo el continente, afectó primero, y peor, a la propia España. Naturalmente, los precios aumentaron más y más rápidamente en el país donde se encontraban localizados los puertos de ingreso.

Durante los reinados de Carlos V y Felipe II, el norte de Europa inició su espectacular etapa de acumulación de capital. España, aunque era la fuente misma del tesoro del Nuevo Mundo, se convirtió en mero intermediario, privándose de capital y capitalistas modernos, obligada a importar manufacturas caras y a exportar materia prima barata: una fórmula clásica para iniciar una prolongada fase de decadencia económica. Una sencilla estadística resulta elocuente. En 1629, de acuerdo con un economista español de la época, Alonso de Carranza, 75% del oro y la plata de las minas americanas estaba concentrado en sólo cuatro ciudades europeas: Londres, Amberes, Ámsterdam y Ruán.

La España imperial tenía en las manos un ramillete de ironías. La más poderosa monarquía católica del mundo acabó por financiar, sin quererlo, a sus enemigos protestantes. España capitalizó a Europa mientras se descapitalizaba a sí misma. Luis XIV de Francia lo dijo de la manera más sucinta: "Vendámosle bienes manufacturados a España, y cobrémosle con oro y plata." España era pobre porque España era rica. ¿Qué significaba todo esto para nosotros en el Nuevo Mundo? En cierto modo, que España se convirtió en colonia de la Europa capitalista y que nosotros, en la América española, también en cierto modo, nos convertimos en la colonia de una colonia. Desde nuestra fundación, fuimos dos entidades bien distintas: lo que aparentábamos ser y lo que realmente éramos.

Compartimos esta dualidad entre la apariencia y el ser con España, la madre patria.

Combatiendo los elementos

La legitimidad del Imperio americano de España se fundó no sólo en los "derechos de conquista", sino también en una serie de bulas papales que dividieron el mundo colonial entre España y Portugal. Protegido por Fernando e Isabel, el papa español, Alejandro VI, nacido Rodrigo Borgia, había, más o menos, comprado su solio pontifical y una vez en él dedicó muchas horas a promover las fortunas de sus bastardos, Lucrecia y César Borgia. Pero le sobró tiempo para atender a sus patrones reales. Mediante el Tratado de Tordesillas (1494), Alejandro VI ratificó una bula que trazaba una línea del polo norte al polo sur, 370 leguas al occidente de las Azores, dándole a Portugal todas las tierras al oriente de la línea (de Brasil a la India) y a España todas las tierras hacia el occidente, del Caribe al Pacífico.

Semejante medida no divirtió a las otras potencias europeas. El mayor rival de Carlos V, Francisco I de Francia, protestó: "Señaladme la cláusula en el testamento de Adán", dijo, "que le otorga al Rey de España dominio sobre la mitad del mundo". Los holandeses, grandes promotores de la libertad de navegación y comercio, se mostraron igualmente descontentos, como lo estaba su inminente aliado, la reina Isabel I de Inglaterra, quien proclamó el principio general de que el mar y el aire eran comunes a todas las naciones. Pero Isabel añadió un corolario que decidiría el futuro tanto de Inglaterra como de España: "Puesto que el mar le pertenece a todos, me pertenece a mí." Isabel I animó a sus capitanes más audaces a confrontar el poder de España en el mar y en el Nuevo Mundo. Inglaterra reclamaba enérgicamente su parte. En la cuenca del Caribe, el *Mare Nostrum* español, en las Américas, se erigieron verdaderas ciudades fortaleza como defensa contra los ataques piratas, pero también contra las agresiones de las otras potencias. De Veracruz a La Habana, de Maracaibo a Portobello y de San Juan de Puerto Rico a Cartagena de Indias, los españoles se vieron obligados a defender sus riquezas en cada rincón de sus posesiones.

El capitán inglés John Hawkins atacó Veracruz y otros puertos al tiempo que practicaba, con el apoyo de la Corona inglesa, el comercio de esclavos entre África y el Caribe. Pero el corsario por antonomasia, actuando a favor de su soberano, fue Francis Drake. Cuando su flota entró en la bahía de San Juan en Puerto Rico, se tendieron cadenas de costa a costa para detenerlo. Gracias a ello, el corsario perdió dos de sus barcos. Pero de Veracruz en México, a Valparaíso en Chile, Drake atacó, ocupó brevemente, saqueó y se marchó.

No fue el primero ni sería el último pirata en ser declarado caballero por la monarquía inglesa. Pero en 1587, Drake se atrevió a atacar el puerto de Cádiz, la entrada del oro en España misma, hundiendo más de veinte barcos y "chamuscando la barba de su majestad católica".

El ataque a Cádiz pospuso las preparaciones para la empresa suprema del reino de Felipe II: la creación de una armada invencible para atacar a la Inglaterra protestante, no tanto porque era protestante, sino porque le daba ayuda a los rebeldes súbditos holandeses de Felipe II. Felipe II había sido un resuelto defensor de Isabel I contra las amenazas de excomunión pronunciadas por el papa. Más que la presencia de Isabel en el trono de Inglaterra, Felipe temía las aspiraciones de María I, la pretendiente católica y escocesa a quien el rey de España veía como una simple marioneta de su principal rival, la monarquía francesa. Pero cuando Isabel envió a Leicester a ayudar a los holandeses contra España, Felipe concentró toda su enemistad contra Isabel.

El monarca español volaba en alas de la victoria después de derrotar a los turcos en el Mediterráneo oriental en la gran batalla de Lepanto donde, el 7 de octubre de 1571, el medio hermano del rey, don Juan de Austria, no sólo venció sino mató al comandante turco Alí Pachá. Descrita y alabada hasta los cielos, la victoria de Lepanto fue notable por otra razón: en ella participó un soldado llamado Miguel de Cervantes, que, en el combate, perdió el uso de una mano.

Después de Lepanto, irritado por Isabel, Felipe emprendió la aventura de la Armada. Apostó a que el éxito de la gran flota invasora permitiría a España cumplir sus ambiciones: ser no sólo el mayor Imperio del mundo, sino también la principal potencia europea. Felipe delegó su autoridad para organizar una vasta armada concebida para acabar con el protestantismo de una vez por todas. Gracias al éxito de la Armada el mayor Imperio del mundo se convertiría en la superpotencia europea, haciendo de la hegemonía en Europa y en el mundo una realidad.

Durante veinte años Felipe meditó estos asuntos. ¿Bastaría el éxito de la Gran Armada para asegurar las rutas del tesoro americano? ¿Obligaría a Inglaterra a reingresar al catolicismo? Fuesen cuales fuesen los pensamientos de Felipe, nunca hubo una relación adecuada entre sus ideas, sus metas y los medios usados para obtenerlas. Un magnate del atún, el duque de Medina Sidonia, fue designado comandante general de la empresa, a pesar de sus repetidas quejas de que no era apto para la tarea y, más aún, que se mareaba en un barco. Felipe lo nombró por razones políticas, no técnicas. Sólo un grande de España como el duque podía imponer su autoridad al hormiguero que se apresuraba a dar servicio, equipamiento y provisión a la Armada, de los almirantes a los fabricantes de bizcochos, pasando, una vez más, por un oscuro burócrata llamado Miguel de Cervantes, comisionado para recoger aportaciones de la Iglesia a fin de financiar la empresa, y que terminó en la cárcel cuando las autoridades eclesiásticas se vengaron contra su celo.

A pesar de las sumas invertidas para equipar 20 galeones, 130 embarcaciones y 30,000 hombres, Medina Sidonia comprobó que era un profeta del desastre. Jamás existió un plan general y bien articulado para la operación. La Armada debía triunfar simplemente gracias al número de sus elementos y a la intensidad de su fe: 180 monjes y frailes la acompañaron, cantando diariamente misas y Ave Marías.

La Armada zarpó, tan empacada como los atunes de Medina Sidonia, en barcos que probaron ser inútiles para enfrentar las tormentosas aguas del norte, o mucho más lentos que las embarcaciones inglesas. Todo en la Armada se colaba, los barriles de agua, los barcos mismos, y las noticias sobre la operación. El viejo enemigo de Felipe, Drake, atacó a la Armada a

la salida del puerto de Calais; las naves fueron disper-
sadas y azotadas por violentas tormentas que las arrojaron hasta las costas de Irlanda.

Sólo la mitad de la Armada y una cuarta parte
de sus tripulantes regresaron a España. "Yo envié mis
naves a luchar con los hombres, no contra los elementos", exclamó Felipe II.

Violencia al cielo

La derrota de la Armada, en efecto, significó la derrota
de la pretensión española de ser la principal potencia
en Europa. A partir de ese momento, la otra superpotencia, el enemigo tradicional de España, Francia, la
desafiaría sin tregua. El mundo protestante, encabezado por los ingleses y los holandeses, emergiendo
rápidamente, consiguió aliar un poder militar que de-
safiaba al de España, con un poder naval que se había
demostrado superior. Además, la simbiosis del protestantismo con el capitalismo en toda la Europa del
norte estaba creando una cadena de éxitos que se com-
paraban lamentablemente con la continuada dependencia española sobre el tesoro americano, los altos
impuestos y la industria agropecuaria. Los protestantes encontraron una justificación religiosa y política
perfecta para el ejercicio del poder: *Cuis regio, eius re-
ligio*. El príncipe reinante decidía la religión de su
reino, y esta decisión santificaba su soberanía política
y económica. Las posibilidades latentes al principio
del siglo XVI, las revoluciones modernas en la ciencia,
la crítica y la investigación, añadidas a la extensión del
gobierno parlamentario y de los derechos tradiciona-

les de las comunidades, se habían prácticamente extinguido en España. El Concilio de Trento (1545-1563) estableció el más rígido marco de la Contrarreforma. El dogma fue definido y fortalecido. A la Iglesia se le otorgó el derecho exclusivo de interpretar las escrituras. La reconciliación con el protestantismo quedó excluida.

El Concilio de Trento también le dio al Papa el derecho exclusivo de nombrar obispos. Pero esto era algo que, a pesar de toda su devoción, Felipe no podía tolerar. El monarca español continuó nombrando sus propios obispos y sólo aceptó publicar los decretos tridentinos a condición de que sus poderes sobre el clero español fuesen explícitamente reconocidos. Bajo Felipe, la Inquisición, responsable tan sólo ante el rey, aumentó en poder como el arma favorita de la monarquía en materia de autoridad religiosa. Con ello, Felipe fortaleció aún más su posición contra Roma. Los obispos fieles al Papa fueron encarcelados y acusados de luteranismo. Y la Inquisición extendió su vigilancia y persecución no sólo contra los protestantes, los judíos y los moros, sino especialmente en contra de los conversos, sospechosos de mala fe y prácticas secretas.

Complejo y conflictivo, en pugna contra la reforma protestante, pero también contra el poder del Papa, Felipe, acaso, fue sobre todo un hombre en conflicto consigo mismo. Como su padre antes que él, se retiró a una tumba viviente, la ciudadela de este hombre, de su fe y quizás también de sus dudas secretas. El Escorial fue concebido como un sepulcro para Carlos V y los otros ancestros de Felipe, pero también como símbolo de la fe ortodoxa y como monumento a la victoria militar de Felipe sobre los franceses en San

Quintín, el año de 1557. El Escorial es el primero y el mayor monumento arquitectónico de la Contrarreforma. Habría de ser el Vaticano de la esfera temporal del poder español. "Constrúyase a toda prisa", le ordenó Felipe a sus arquitectos.

Iniciada en 1563, la sobria (y sombría) construcción, hostil y vasta, no fue, sin embargo, terminada sino hasta 1584. El rey ordenó que no hubiese en ella ningún adorno frívolo; las canteras y bosques de Castilla fueron saqueados para la construcción; un ejército de albañiles, carpinteros, cargadores, herreros, pintores y plomeros, trabajaron y murieron allí; a veces, se amotinaron. Mil bueyes acarrearon el material y cien augurios se suspendieron sobre el edificio durante su construcción, en forma de tormentas, accidentes sangrientos y un ululante perro fantasmal. Pero, finalmente, en el gran día, los cadáveres de todos los antepasados de Felipe llegaron rodando desde toda España hasta El Escorial. Ahí estaba el rey para recibirles y enterrarles en el pudridero real. Y su primera orden fue que ahí se cantase una misa perpetua, para él y para todos sus antepasados y descendientes. E, inmediatamente, que se celebrasen 30,000 misas adicionales para "el reposo de mi alma", escribió el propio Felipe.

Dedicada a la muerte, esta fortaleza, necrópolis y monasterio, fue diseñada para "hacerle violencia al cielo", como escribió el historiador francés Luis Bertrand. Pero, desgraciadamente, Felipe tenía que seguir gobernando los asuntos de la tierra. Su entrega al trabajo fue proverbial. No le agradaba conceder entrevistas. Prefería ahogarse en papeles. Se decía que escribía más rápido que cualquier secretario, sabía todo lo que existía en sus archivos, y todo lo supervisaba. Un contemporáneo del rey observó: "El rey es la clase de persona que no se mueve ni se traiciona por movimiento alguno, aunque tuviese un gato metido en los pantalones".

Fue llamado "el Prudente", un eufemismo para indicar su extrema dificultad en tomar decisiones. Pero fue fiel a su ideal de restaurar la unidad cristiana junto con el poder de España, su Imperio y su dinastía. También se dio a sí mismo un modelo de vida, su propio padre, Carlos V, al cual idealizó a tal grado que jamás pudo medirse con él.

Descrito como un hombre pequeño, de voz sumamente baja, con ojos enrojecidos de tanto leer papeles de Estado, rara vez sonriente y entonces sólo con un rictus congelado, su mirada, medio soñadora, medio cruel, tan ausente como astuta, nos hace preguntarnos si Felipe fue prudente o inseguro, poderoso o simplemente abrumado. Quizás el rey sólo podía contestar desde la soledad de su recámara. Habría que imaginar su angustia mientras ponderaba acerca de la suficiencia de su voluntad humana para ser el delegado de Dios en la Tierra. ¿Fracasaría en su intento de restaurar la unidad de la fe católica, y sería castigado en la otra vida en caso de fracasar? Seguramente el pensamiento de la muerte jamás lo abandonó. Felipe fue testigo de la muerte de sus tres esposas, de casi todos sus hijos, y especialmente de su hijo don Carlos, encarcelado por el propio rey "en el servicio de Dios y para el público bien". No extraña que Federico García Lorca sintiese que de ese triste sitio, El Escorial, viniesen todas las lluvias frías de la Tierra. El Greco, en su espléndido *Sueño de Felipe II*, pone al rey de hinojos, suspendido entre el cielo y la tierra. Pero la maravilla mayor es que este monarca omnipotente haya dedicado tanto tiempo y dinero, no sólo para reunir en su torno los cadáveres de su familia, sino para rodearse también de verdaderas montañas de reliquias sagradas. Sus agentes recorrieron toda Europa para traerle, hasta El Escorial, las calaveras, los huesos y las manos momificadas de santos y de mártires, las reliquias de las espinas de Cristo y de la verdadera cruz que el rey adoraba más que el oro y la plata. De hecho, Felipe logró amasar todos los 290 sagrados dientes de la boca de Santa Apolonia, la patrona del dolor de muelas. El depósito de reliquias de El Escorial debe haberse parecido al del Ciudadano Kane en Xanadú.

Al morir Felipe II (una muerte atroz, excrementicia, en El Escorial), todas sus deudas y fracasos cayeron sobre la cabeza de un hijo asaz incompetente, Felipe III. Holgazán (sólo trabajaba seis meses cada año), Felipe III delegó el poder a sus favoritos, quienes cometieron el colosal error de expulsar a todos los moros que quedaban en España, 275,000 almas, embarcándolas hacia África. Esta decisión contraproducente prácticamente arruinó a las clases medias de Valencia y Aragón, acreedoras de los moros, a la nobleza que les alquilaba tierras, e incluso amenazó a la Inquisición, súbitamente despojada de un cuarto de millón de herejes dignos de persecución. Todas estas instituciones perdieron dinero o poder; muchas cayeron en bancarrota. Y de la misma manera que las personas sin hogar han llenado de repente las ciudades modernas del Occidente próspero, la España imperial, bajo Felipe III, pareció convertirse en una nación de mendigos, bandidos y quebrados. La inflación, la devaluación, la sustitución del oro y la plata por el vellón de cobre, resultaron ser un espectáculo generalizado, insólito e insultante para la nación que había conquistado a México y al Perú.

España también personificó una anomalía que los Estados Unidos de América corren el riesgo de repetir al terminar el siglo XX: la de ser un Imperio pobre, cargado de deudas, incapaz de resolver sus problemas, pero no por ello menos obstinado en desempeñar un papel imperial en el mundo, aunque pidiéndole limosna a otras naciones más ricas, a fin de continuar manteniendo su estatura de policía global.

España no tuvo ni una Alemania ni un Japón que le financiaran sus operaciones militares. En cambio, contó con los banqueros y, sobre todo, con los Fugger que tan importante papel habían desempeñado en la elevación de los Habsburgo hasta la cabeza del Sacro Imperio Romano en 1519. Primero, los banqueros compraron los votos de los electores alemanes y enseguida impusieron a Carlos V sobre Francisco I de Francia, exclusivamente, como ellos mismos lo admitieron, con base en las noticias de las minas mexicanas. Jacobo Fugger, un tiburón cuya astucia era sólo comparable a su orgullo, le recordó a Carlos V que, "sin mi ayuda, su Majestad Imperial jamás hubiese sido coronada..." ¿Se atrevería cualquier financiero contemporáneo a hablarle con arrogancia comparable a cualquier jefe de Estado mucho menos imponente?

Los préstamos de los Fugger y de otros bancos financiaron y ordeñaron al Imperio español hasta su límite. Y una vez más, el Imperio se ofendió a sí mismo más allá de las fantasías de cualquier banquero. España continuó deslumbrada por la acumulación de oro y plata como la meta esencial de la economía. Este engaño mercantilista sobrevivió, cada vez más quimérico, a medida que la economía europea y, en consecuencia, la economía mundial, se transformaron, cada vez más, en una red de relaciones comerciales, financieras, industriales y tecnológicas. En su espléndido ensayo sobre el imperialismo español y la imaginación política, Anthony Pagden contrasta la tendencia española a valorar el ocio sobre su negación del negocio. Y aunque Pagden correctamente hace esta distinción como parte de una distinción mayor basada en la idea del honor (semilla del ocio) o de la fe pública (la base del negocio), no es incongruente con la generalizada actitud española hacia los asuntos económicos. Para España, todo lo que brillaba *era* oro, y mientras el oro siguiese fluyendo desde las minas inagotables del Nuevo Mundo, España mantendría la parafernalia del Imperio, su negocio pero también su ocio. Jamás el crédito se ha extendido tanto y por tanto tiempo.

Sin embargo, durante una época igualmente larga, el escudo español continuó siendo la más fuerte moneda internacional, comparable al dólar en nuestro siglo, a la libra esterlina en el siglo XIX o, acaso, al marco alemán en el siglo XXI. La maquinaria del Imperio siguió funcionando durante un largo tiempo: la inercia es una fuerza poderosa y las apariencias importan, aunque los órganos internos decaigan.

Parte de esta decadencia se debió a la corrupción, que se inició en una escala intensa y virulenta durante el reino de Felipe III. Sus favoritos, el duque de Lerma y su hijo, el duque de Uceda (quien derrocó a su padre), se dedicaron al latrocinio de altos vuelos, en favor propio y de sus asociados. Las funciones públicas fueron puestas a la venta y hasta la sede del gobierno podía ser comprada y vendida. Las autoridades civiles de Valladolid sobornaron al duque de Lerma a fin de que trasladase la capital de Madrid a Valladolid, regresando a Madrid cuando, unos cuantos años más tarde, las autoridades municipales madrileñas de nuevo sobornaron al primer ministro, quien así llevó a cabo un perfecto negocio doble.

Pero lo cierto es que España ni inventó la corrupción administrativa ni la llevó a sitios donde no se encontrase ya en otras naciones europeas. A las razones de la decadencia española se añaden, sin embargo, las de una visión generalizada del carácter español como sumamente parcial a la impuntualidad y la holgazanería. En uno de sus entremeses, Cervantes nos entera de que, en materia militar, la ayuda proveniente de España siempre llegará tarde. Un proverbio corriente en Europa en aquel tiempo expresaba el deseo de que nuestra muerte nos llegase de España, pues en este caso seguramente llegaría tarde a la cita.

La gran paradoja de todo ello, empero, es que las características de impuntualidad, holgazanería, displicencia aristocrática y corrupción innata le son atribuidas a la nación más enérgica del mundo posrenacentista. Menos organizada que la Francia de los cardenales Richelieu y Mazarin, que finalmente derrotó al ejército español de una vez por todas en Rocroi el año de 1643; menos astuta que los ingleses, quienes despojaron a España de toda esperanza de mantener la supremacía naval después del desastre de la Armada. Pero más enérgica que cualquier otra nación desde los tiempos de Roma, en las empresas del descubrimiento y conquista de la mitad del globo, incluyendo al Nuevo Mundo, en la fundación de centenares de nuevas ciudades en las Américas, y en las batallas dadas en todos los frentes, contra los turcos, los protestantes y las otras potencias europeas. España, en la cima de su poder, todo lo podía. Podía agotar su tesoro, olvidar a sus pobres, a sus quebrados, desdeñar el valor de su moneda, su economía incompetente, sus recesiones y depresiones, su deuda tanto interna como internacional, su gasto deficitario, su balanza de pagos negativa, con tal de mantenerse a la cabeza de la misión contra el infiel, la amenaza islámica y la herejía protestante. Pero, finalmente, la realidad le pisó los talones a España e impuso los límites que, con tanta facilidad, la locura imperial había avasallado.

El escritor español Fernando Díaz Plaja nos ofrece un paralelo provocativo entre España y los Estados Unidos de América. Ambos, en la cima de su influencia, aunaron la fuerza militar y política a una fe obsesiva en su propia justificación moral. Contra el protestantismo en el caso de España, o contra el comunismo en el caso de los Estados Unidos, ambas naciones sobreextendieron su poder, pospusieron sus problemas internos y sacrificaron a varias generaciones. Y aun cuando el enemigo dejó de amenazar, la obsesión de usar el poder persistió, adictiva, embriagante.

La analogía puede extenderse si consideramos que en medio de su prolongada decadencia económica, España siguió siendo una nación militarmente poderosa y, además, la nación más innovadora en materia de tecnología armada. Los famosos tercios españoles, todos lo admiten, eran las mejores unidades de combate de Europa. Formaban parte de la mejor infantería europea que, asimismo, era la de España, la nación que organizó la estructura moderna del comando militar. Tanto "general" como "almirante" fueron conceptos militares españoles. "Almirante" es, una vez más, una palabra de origen árabe.

Al cabo, la tercera némesis de España, después de Inglaterra y Holanda, fue Francia, el otro gran poder continental que, a través del compromiso y la flexibilidad política, la buena administración, muchas perversidades maquiavélicas así como muchísima determinación, finalmente despojó a la Casa de Austria de sus pretensiones a la monarquía universal, la unidad cristiana o una Europa monolítica dominada por el Imperio español. A Francia se le debe la revelación desnuda, racional y poco gloriosa de que la verdad final de estas contiendas era un combate de intereses nacionales, despojados de consideraciones religiosas o morales, entre Francia y España. La batalla de Rocroi invalidó para siempre el prestigio del ejército español.

No es imaginable una manera más cruel y acaso perversa de dejar bien sentada la superioridad que la empleada por Luis XIV para humillar a España en un simple asunto de protocolo. En 1661, en la Corte de San Jaime en Londres, el embajador francés anunció que si el emisario español era admitido antes que él, los criados del francés le cortarían las riendas a los caballos del español. En respuesta, el embajador español unió su carruaje a sus caballos con cadenas. Acto seguido, Luis XIV le envió un ultimátum a Felipe IV exigiendo que el embajador francés tuviese precedencia sobre los embajadores españoles en todas las Cortes de Europa. De lo contrario, habría de considerar que había causa para la guerra. La decadencia del poder español puede ser juzgada por el hecho de que Felipe IV, a fin de evitar el conflicto, le pidió disculpas a Luis XIV y de ahí en adelante, admitió la precedencia diplomática de Francia.

Pero el hecho de que éste fuese un asunto de etiqueta, también tiene su significación. España, durante dos siglos, no sólo aspiró a la hegemonía política europea. También impuso —y esto no fue pretensión sino realidad— las modas culturales en toda Europa. Esta influencia fue desde la manera de vestir a la manera de combatir, y de regreso a las formalidades de la etiqueta de Corte, el estilo diplomático y la conducta en sociedad civilizada que, de acuerdo con Oswald Spengler, "le dio a la vida europea un sello que habría de durar hasta el Congreso de Viena y, en lo esencial, más allá del gobierno de Bismarck en Alemania."

El autor de *La decadencia de Occidente* añade que, de Carlos V a Felipe IV, Europa vivió "el siglo español en materia de religión, intelecto, arte, política y costumbres". No fue éste el último ejemplo de un vasto imperio sobreextendido, inconsciente de sus muchas fallas, directamente encaminado al desastre, pero creando de todas maneras, en la corrupción y en la decadencia, el fermento necesario para alcanzar el punto más alto de la creatividad artística.

Pues a pesar de la intolerancia, la corrupción, la incompetencia y la sobreextensión, la decadente monarquía española del siglo XVII habría de coexistir con el mayor florecimiento de la cultura en España: El Siglo de Oro, la época gloriosa de la literatura y de la pintura en España, la edad de los pintores El Greco, Velázquez, Zurbarán y Murillo; de los dramaturgos Lope de Vega y Calderón de la Barca; de los poetas Quevedo y Góngora, y del novelista Cervantes.

8. El Siglo de Oro

Durante el siglo XVII en España, la monarquía continuó reteniendo una buena parte del tesoro americano para pagar sus guerras y especialmente sus deudas. El rápido paso del oro y la plata por España hacia Europa condujo a la devaluación de la moneda. Nadie quería aceptar el vellón de cobre. El Imperio español tenía 40 millones de habitantes, incluyendo 16 millones de europeos fuera de la península ibérica, la cual sólo tenía nueve millones de habitantes. Pero la división entre poseedores y desposeídos había ido creciendo a medida que la riqueza se distribuía injustamente. Las ciudades estaban llenas de mendigos, algunos de ellos auténticos pedigüeños, dotados de un certificado que les daba derecho de practicar. Los ciegos eran especialmente privilegiados y estaban autorizados para cantar canciones y vender almanaques. Pero la mayoría de los 150,000 limosneros españoles en la época de Cervantes y Velázquez eran simuladores con talentos especiales para fingir úlceras sangrantes y fiebres súbitas.

Los ladrones podían ser gatos que robaban las casas; devotos que robaban las iglesias; apóstoles, o sea especialistas en tumbar puertas; y capeadores, que podían desnudar a un transeúnte en la mitad de la calle. Los bandidos del campo eran, a veces, viejos soldados sin ocupación; otras, hombres que huían de la Inquisición; y otras, labriegos arruinados.

¿Quién huía de la Inquisición? Una y otra vez, los judíos conversos, despectivamente llamados "marranos" y que no salieron al exilio en 1492, eran objeto de molestia, sospecha y persecución cuando no demostraban la habilidad suficiente para integrarse en la sociedad cristiana, como lo hicieron los Torquemada o, quizás, los antepasados de Teresa de Ávila y aun de Cervantes. Pero, ¿quién en España (e incluso quién entre nosotros, los hispanoamericanos descendientes de España) no nos hemos integrado con la sangre de los judíos y los árabes después de mil años de coexistencia íntima?

Más allá del mundo de los mendigos, los ladrones y los pícaros, había un enorme vacío extendiendo los brazos hasta las alturas de la nobleza. En ese vacío se encontraban suspendidos los hidalgos, y un poco más arriba los caballeros, hasta llegar a la cima de la sociedad: los grandes. Éstos se encontraban eximidos de impuestos. Eran juzgados por tribunales especiales. No se les podía encarcelar por deudas. Tenían derecho a portar espada y a vestirse de maneras prohibidas para las órdenes inferiores. Todo individuo se veía sujeto a las reglas, los privilegios o la ausencia de ellos, de su estatuto social.

Porque, oficialmente, éste era un mundo ordenado, una prolongación del sentido medieval del lugar, el significado y la armonía. Pero en una nueva Europa, con un nuevo orden social, económico y político cuya unidad religiosa se había desintegrado, donde las clases sociales rompían sus tradicionales camisas de fuerza y ambiciosamente reclamaban un lugar bajo el sol; un mundo donde el riesgo financiero y la audacia mercantil encontraban amplia recompensa; un mundo donde todo se movía, rompiendo fronteras, inventando imágenes y lenguajes para una nueva era histórica, España no podía, por completo, aislarse de esta inmensa transformación. Pero, sin duda, resistió el desorden externo como mejor pudo, mediante la fe puesta en la restauración de la unidad católica. Desgraciadamente, éste era sólo un espejismo. España se vio obligada a adoptar una actitud dogmática hacia la vida y, en la medida en que realmente se casó con el ideal de la unidad religiosa, hubo de exigir, al mismo tiempo, un lenguaje ortodoxo para mantener su visión unitaria del mundo.

De esta manera, el conflicto español de la Edad de Oro se da entre el orden oficial y el desorden extraoficial. Entre ambos, surgieron múltiples respuestas que le dieron al Siglo de Oro español su sentimiento de urgencia y, acaso, también, su belleza. Pues en esta prolongada tensión entre lo que es permitido y lo que es deseado, lo que puede verse y lo que debe permanecer invisible, lo dicho y lo no dicho, hay una belleza pictórica, verbal y dramática más elocuente que cualquier silencio. Todo ello coexistió en España con un sentido del peligro, la estimulación y la inteligencia. Rara vez, en tan poco tiempo, una nación ha probado ser capaz de ofrecer tantas respuestas al desafío de una visión unificada, dogmática y ordenada del mundo. Estas respuestas recorren toda la escala, desde la picaresca hasta la mística.

No hay una pintura en la cual lo humano y lo divino coexistan de manera tan gráfica, tan precisa y tan realista como en *El entierro del conde de Orgaz*. Dividida entre su esfera humana y su esfera divina, la obra de El Greco sería incompleta sin una u otra. Si dividimos el cuadro horizontalmente, veremos que, singularmente, la parte superior es sin duda un extraordinario retrato religioso del reino de los Cielos, en tanto que la parte inferior es, ciertamente, un magnífico retrato del funeral de un militar y grande de España. Los rostros humanos poseen todos los rasgos de nuestra tradición: individualismo, honor, orgullo, resistencia estoica. Pero sólo cuando una figura en un extremo de la pintura mira hacia arriba y acaso encuentra la mirada descendente de Dios, adquiere el conde de Orgaz su pleno poder de circulación entre el cielo y la tierra, haciendo que una dependa de la otra, fusionando la materia y el espíritu mediante una articulación de la vida y de la muerte, y de la dignidad terrena con la gloria sobrenatural.

Entre ambos, y ciertamente abarcándolos, nace un arte que no se agita en lo cotidiano, en la lucha por la vida, pero que tampoco se sacrifica renunciando a los placeres terrenales. Y quizá sólo entre semejantes extremos y en una sociedad semejante pudieron nacer el gran arte narrativo y el gran arte figurativo de Miguel de Cervantes y de Diego Velázquez.

El elogio de la locura

Miguel de Cervantes nació en 1547 en el seno de una familia de digna pobreza. Siguió a su padre, un médico fracasado, en la existencia errabunda en la España de Carlos V y Felipe II. Seguramente, Cervantes fue discípulo del renombrado erasmista español Juan López de Hoyos e, inciertamente, estudiante en Salamanca.

La influencia de Erasmo sobre Cervantes fue tan cierta como la enorme influencia de Erasmo sobre la vida española a principios del siglo XVI. El sabio de Rotterdam le suplicó a la Iglesia que se reformase antes de que fuese demasiado tarde. También fue el abogado de una nueva cultura del humanismo. Todas las cosas poseen múltiples sentidos. Ni la razón ni la fe agotan lo real. Elogiando la locura, Erasmo argumentó que tanto la fe como la razón deben ser términos relativos, no absolutos. Su influencia en la España de Carlos V la revela el hecho de que el propio secretario del rey, Alfonso de Valdés, haya sido un erasmista confeso. Pero después del cisma de la Iglesia y de la Reforma luterana, Erasmo dejó de ser glorificado. Sus libros fueron prohibidos y sus nobles facciones, inmortalizadas en el cuadro de Holbein el Joven, fueron desfiguradas en una atroz caricatura ejecutada por la Inquisición. Con razón Cervantes ni siquiera mencionó su principal influencia intelectual en ninguno de sus libros. Sin embargo, Cervantes es la encarnación erasmiana de la España en la cual coinciden los humores del apogeo y de la decadencia.

En 1534, el humanista Juan Luis Vives le había escrito a Erasmo diciendo: "El tiempo que vivimos es difícil en extremo, y tanto que no podría decir cuál es más peligroso, si el hablar o el callar".

Un siglo más tarde, el gran poeta barroco y escritor satírico, Quevedo, exclamaría, cuestionándose a sí mismo y a su sociedad:

¿No ha de haber un espíritu valiente?
¿Siempre se ha de sentir lo que se dice?
¿Nunca se ha de decir lo que se siente?

Ambos sabían de qué estaban hablando. Vives, el erasmista y converso, fue exiliado de España, sus posesiones confiscadas y su familia quemada en público por el Santo Oficio. Los irreverentes escritos de Quevedo le condujeron repetidamente a la cárcel. El índice de obras prohibidas por la Inquisición española (incluyendo a Erasmo y a Maquiavelo) era más duro que el del propio papa. Felipe II prohibió que los españoles estudiasen en el extranjero, con la salvedad de Roma. Este enclaustramiento intelectual afectó la importación y, naturalmente, la publicación de libros en la propia España.

Cervantes, el héroe menor de Lepanto, inicialmente cantó las glorias ortodoxas del Imperio, como cuando justificó la famosa expresión de Felipe II de que la Armada había sido derrotada por "los elementos". "Nuestros barcos", escribe Cervantes, "no los vuelve la contraria diestra, vuélvelos la borrasca incontrastable del viento, mar y cielo".

Pero al finalizar el reino de Felipe, Cervantes publicó una de sus novelas ejemplares, *El celoso extremeño*, que originalmente terminaba con los dos amantes en la cama, unidos en la carne. Pero después de que el arzobispo de Sevilla, el cardenal Fernando Niño de Guevara, leyó el manuscrito, "los ángeles de la Contrarreforma", como los llama Américo Castro, agitaron sus alas sobre los infortunados amantes. En la versión publicada de la novela, la pareja duerme separada, en perfecta castidad. Cervantes había aceptado las sugerencias de Su Eminencia.

A medida que la realidad impuso los límites que la sobreextensión imperial había desdeñado, y a medida que las saetas de la censura comenzaron a herir su propia carne, Cervantes empezó a desarrollar un lenguaje cómico e indirecto que iba en contra de las normas de la conformidad nacional.

Cervantes inventa una pareja dispareja, un hidalgo pobretón que se imagina como un caballero errante de los tiempos antiguos, acompañado por un pícaro, su escudero Sancho Panza: entre ambos, tiende un puente entre los extremos de España, lo picaresco y lo místico; el realismo de la supervivencia y el sueño imperial. De la misma manera, genialmente, se reúnen las armaduras abolladas de Don Quijote y los eructos hambrientos de Sancho Panza, el lenguaje de la épica y el lenguaje de la picaresca. El resultado, desde luego, es la ambigüedad misma tan deseada por Erasmo: la locura razonable, la razón relativa, la obra de arte. Don Quijote habla el lenguaje del absoluto abstracto. Sancho Panza, el lenguaje de la concreción relativa. Los dos personajes dejan de entenderse entre sí, y la novela moderna nace cuando sus protagonistas dejan de hablar el mismo idioma. Los héroes antiguos, Aquiles, Ulises, el rey Arturo, Rolando, hablaban todos el mismo lenguaje. En una novela, cada personaje habla su propio lenguaje.

Pero la locura puede ser en verdad peligrosa. Pues Cervantes, no lo olvidemos, vivió en la época en que Giordano Bruno fue quemado por la Inquisición, cosa que ocurrió en Roma en 1600, cinco años antes de la publicación de *Don Quijote*. Y en 1616, el año de la muerte de Cervantes, la Iglesia católica condenó oficialmente el sistema de Copérnico, en tanto que, en 1633, Galileo fue obligado a renunciar a sus ideas ante el Santo Oficio. Galileo murió en 1642. Ese mismo año nació Isaac Newton. Y Europa, la Europa de los altos ideales renacentistas, se había convertido en la Europa de las esperanzas vencidas y de la guerra religiosa. ¿Es todo posible, como lo soñó el humanismo renacentista? ¿O todo se encuentra ahora en duda? En el mismo año, 1605, son publicados *Don Quijote*, *El rey Lear* y *Macbeth*. Dos viejos locos y un joven asesino aparecen en el escenario del mundo para recordarnos a todos la gloria y la servidumbre a la cual la humanidad está sujeta. Shakespeare entona la loa del "valiente mundo nuevo". Cervantes lamenta el paso de la Edad de Oro: "Eran en aquella santa edad todas las cosas comunes... Todo era paz entonces, todo amistad, todo concordia... No había el fraude, el engaño ni la malicia mezclándose con la verdad y la llaneza".

Cervantes compartió este mundo detestable con Shakespeare. En efecto, ambos murieron en el mismo año y en la misma fecha: el 23 de abril de 1616.

El hombre de La Mancha

Con su libro *Don Quijote de La Mancha*, Cervantes funda la novela moderna en la nación que con más ahínco rechaza la modernidad. Pues si la España de la Inquisición impuso un punto de vista único, dogmático y ortodoxo del mundo, Cervantes, esencialmente, imagina un mundo de múltiples puntos de vista, y lo hace mediante una sátira en apariencia inocente de las novelas de caballería. Es más: si la modernidad se basa en múltiples puntos de vista, éstos, a su vez, se basan en un principio de incertidumbre.

Don Quijote, desde luego, es un hombre de fe, no de dudas, no de incertidumbres, y su certeza proviene de sus lecturas. Su fe se encuentra en sus libros, en sus "palabras, palabras, palabras".

Cuando Don Quijote abandona su aldea y parte a los campos de La Mancha, deja detrás de él sus libros, su biblioteca: su refugio. Don Quijote es un lector de libros de caballería y cree en todo aquello que lee. En consecuencia, cuanto ha leído es cierto. La lectura, para Don Quijote, es su locura. Para él, los molinos son gigantes, porque así lo dicen sus libros. Cuando los ataca y cae de cabeza, deduce que esto sólo puede ser la obra de magos y jayanes porque esto es lo que él ha leído y nadie puede convencerlo de lo contrario. Don Quijote se levanta derrotado, vuelve a montar sobre su rocín, y sale nuevamente a dar batalla para deshacer entuertos, derrotar villanos y proteger huérfanos y viudas, porque ésta es la misión que le ha sido encomendada por el código de honor contenido en sus libros. Pero cuando abandonó su aldea y sus libros para salir a los campos de Montiel, Don Quijote también dejó atrás el mundo bien ordenado de la Edad Media, sólido como un castillo, donde todo tenía un lugar reconocible, e ingresa al valiente mundo nuevo del Renacimiento, agitado por los vientos de la ambigüedad y el cambio, donde todo está en duda. El genio de Cervantes consiste en que, habiendo establecido la realidad de la fe en los libros que Don Quijote tiene metidos en la cabeza, ahora establece la realidad de la duda en el libro mismo que Don Quijote va a vivir: la novela *Don Quijote de La Mancha*.

El principio de la incertidumbre queda establecido en la primerísima frase de la novela: "En un lugar de La Mancha de cuyo nombre no quiero acordarme…". Puesto en duda el lugar mismo donde la novela ocurre, Cervantes procede a establecer la incertidumbre acerca del autor del libro. ¿Quién es el autor de *Don Quijote*? ¿Un cierto Cervantes? ¿Un autor árabe traducido por otro autor árabe? ¿O los autores múltiples de los reales y potenciales Quijotes apócrifos, continuaciones, reducciones del texto original? ¿O es el verdadero autor el escudero analfabeta, Sancho Panza, el único personaje que se encuentra presente a lo largo de todas las acciones de Don Quijote, excepto cuando es enviado a gobernar la ilusoria ínsula de Barataria? Al poner en duda la autoría del libro, Cervantes pone en duda el concepto mismo de autoridad.

Los nombres son inciertos en *Don Quijote*: "Don Quijote" es simplemente el nombre de guerra de un hidalgo rural llamado Alonso Quijano —¿o Quijada?—. Pero el personaje también se llama a sí mismo "El Caballero de la Triste Figura", en tanto que otros personajes deforman o caricaturizan aún más su nombre, de acuerdo con las circunstancias. El poder de la imaginación quijotesca es tal, que puede transformar a un jamelgo desvencijado en el brioso corcel Rocinante. ¿Y quién es la señora ideal de Don Quijote?: ¿una simple muchacha campesina, de voz poderosa y olor a ajo, o la dulce princesa Dulcinea?

Finalmente, el género del libro está también en duda. En la novedad de su novela, *Don Quijote* incluye todos los géneros literarios en boga en su época: la novela de caballerías, la narración picaresca, el teatro dentro del teatro, el poema pastoral, la novela de amor, la novela bizantina, mezclándolas todas en un género nuevo, el género de géneros, la novela, dotada de una capacidad novedosa para abarcar al mundo entero, incluyendo su multiplicidad.

Lo que finalmente consagra esta variedad de puntos de vista es el hecho de que, en *Don Quijote*, por primera vez en la literatura, los personajes descubren que están actuando dentro de una novela, que están siendo juzgados por los múltiples puntos de vista de una entidad nueva y radicalmente moderna: el lector de libros publicados por esa otra novedad, la imprenta.

Duda y fe. Certeza e incertidumbre. Tales son los temas del mundo moderno con los que Cervantes funda la novela europea moderna. Dostoievsky llamó a *Don Quijote* "el libro más triste que jamás haya sido escrito", pues es "la historia de una desilusión". El aura de las grandes esperanzas apagándose paulatinamente hasta perder las ilusiones sería uno de los sellos de muchas novelas modernas. Al final, Don Quijote regresa a su aldea y recupera la razón. Pero para él, esto es una locura. Don Quijote, convertido de nuevo en Alonso Quijada, muere.

Pero, ¿no es realmente el viejo hidalgo Alonso Quijada —o Quijano— quien muere, en tanto que Don Quijote sigue viviendo para siempre en su libro, galante, loca, cómica, heroicamente? ¿Acaso no es vencida la duda y la desilusión, después de todo, por el amor? Pues la verdad es que Don Quijote sabe perfectamente quién es Dulcinea: la humilde muchacha campesina Aldonza Lorenzo. Lo sabe, lo admite y, sin embargo, porque la ama, dice: "es la más alta princesa de la Tierra... Bástame a mí pensar y creer que la buena de Aldonza Lorenzo es hermosa y honesta, y en lo del linaje, importa poco… Píntola en la imaginación como la deseo… Y diga cada uno lo que quisiere."

Las Meninas

Si la Contrarreforma y la Inquisición exigían un solo punto de vista, Cervantes responderá que estamos siendo vistos. No estamos solos. Estamos rodeados por los otros. Leemos, somos leídos. No hemos terminado nuestra aventura. No la terminaremos, Sancho, mientras exista un lector dispuesto a abrir nuestro libro y, así, devolvernos la vida. Somos el resultado del punto de vista de múltiples lectores pasados, presentes y futuros. Pero siempre presentes cuando leen *Don Quijote* o ven *Las Meninas*.

Pues a pesar de la multiplicidad de ilustraciones derivadas de *Don Quijote* —de Hogarth a Daumier, de Doré a Picasso, de Edward Cruikshank en el siglo XIX a Antonio Saura en el siglo XX— quizás la correspondencia más sugerente entre el libro de Cervantes y una obra de pintura se encuentre en un salón, tan quieto como vasto, del Museo del Prado en Madrid.

Al entrar en esta sala, sorprendemos al pintor, Diego de Silva y Velázquez, cumpliendo su cometido, que es pintar. Pero, ¿a quién está pintando Velázquez? ¿A la Infanta, sus dueñas, la enana, o un caballero vestido de negro que está a punto de entrar a través de un umbral brillantemente iluminado? ¿O está en realidad pintando a dos figuras que apenas se reflejan en un espejo enterrado en el muro más hondo y sombrío del estudio del artista: el padre y la madre de la Infanta, el rey y la reina de España? Podemos imaginar, en todo caso, que Velázquez está ahí, pincel en una mano, paleta en la otra, pintando la tela que realmente estamos viendo, *Las Meninas*. Podemos imaginarlo, hasta que nos damos cuenta de que la mayoría de las figuras, exceptuando desde luego al perro adormilado, o a la dueña excesivamente solícita, nos están mirando a nosotros. Nos miran a ti y a mí. ¿Es posible que seamos nosotros los verdaderos protagonistas de *Las Meninas*, esto es, de la tela que Velázquez está pintando en este momento?

Velázquez y la Corte entera nos invitan a unirnos a la pintura, a entrar en ella. Pero al mismo tiempo, el pintor da un paso adelante y se mueve hacia nosotros. Ésta es la verdadera dinámica de esta obra maestra. Nos otorga la libertad de entrar y salir de la pintura. Somos libres para ver la pintura, y por extensión al mundo, de maneras múltiples, no sólo de una manera dogmática y ortodoxa. Y somos conscientes de que la pintura y el pintor nos miran. Ahora bien, la pintura que Velázquez está pintando, la tela del pintor en la pintura, nos da la espalda, es una obra inconclusa, en tanto que nosotros estamos mirando lo que consideramos el producto terminado. Pero entre estas dos evidencias centrales, se abren dos amplios y sorprendentes espacios. El primero le pertenece a la escena original: Velázquez pintando, la infanta y las dueñas sorprendidas, el caballero de negro entrando por el umbral, el rey y la reina reflejados en el espejo. ¿Ocurrió realmente esta escena? ¿Fue posada, o Velázquez simplemente la imaginó en su totalidad o a través de algunos de sus elementos? Y, en segundo lugar, ¿terminó Velázquez la pintura? Velázquez no fue un pintor popular en su propio tiempo, nos informa José Ortega y Gasset, y se le acusó de presentar pinturas inacabadas. Un eminente contemporáneo del pintor, el poeta Quevedo, llegó a acusar a Velázquez de pintar solamente "manchas distantes".

Pero, ¿no constituye todo esto una apertura más en la sociedad cerrada del dogma y del punto de vista único? ¿No nos confirma Velázquez en la posibilidad de que todo en el mundo, esta pintura, pero también esta historia, esta narrativa, son algo inacabado? Y que, de manera más específica, nosotros mismos somos seres incompletos, hombres y mujeres que no podemos ser declarados "acabados", encerrados dentro de fronteras finitas y ciertas, sino seres incompletos aun al morir, porque, recordados u olvidados, contribuimos a la creación de un pasado que nuestros descendientes deben mantener vivo si ellos mismos quieren tener un futuro.

Cervantes nos enseña a leer de nuevo. Velázquez nos enseña a ver de nuevo. Sin duda, esto es lo propio de los grandes artistas y escritores. Pero estos dos, trabajando desde el corazón de una sociedad cerrada, fueron capaces de redefinir la realidad en términos de la imaginación. Lo que imaginamos es tanto posible como real.

Don Juan y San Juan

Cuando Diego de Silva y Velázquez fue nombrado pintor de la Corte por el rey Felipe IV en 1623, quiso establecer una clara distinción entre la libertad de su arte, que él consideraba un don de la naturaleza, y su servicio al rey, que era simplemente el medio para un fin. Astutamente, Velázquez nunca se presentó a sí mismo como pintor, sino como criado del rey. Cuando el Papa le envió un collar de oro para premiar su arte, Velázquez lo devolvió. Él no era un pintor sino un funcionario de la Corte. De esta manera, Velázquez se liberó a sí mismo de cualquier obligación hacia el rey excepto la de pintar al monarca y a su familia a medida que envejecían, se convertían en mobiliario teatral, y adquirían el carácter de simples signos en la exploración de un arte que desde hacía tiempo había dejado de semejarlos.

Distante, dice Ortega y Gasset, Velázquez fue un artista de las distancias; distante de la Corte, de sus temas, de su técnica, que sólo se vuelve "realista" desde lejos, dado que, vista de cerca, su pintura es de una minucia abstracta, audaz, premonitoria. La pintura, de esta manera, existía para el arte. El puesto existía para el rey. Velázquez tenía que hacer esta distinción a fin de prosperar y sobrevivir, y a fin, también, de mantener su sentido del humor. Pues existía la creencia generalizada de que Felipe IV era el modelo para Don Juan, el burlador de Sevilla, tal y como lo describió, en la versión original de la obra publicada en 1630, el fraile Gabriel Téllez, cuyo nombre de pluma era "Tirso de Molina". Más adelante, anacrónicamente, se llegaría a mencionar como posible modelo para Don Juan a otro libertino, don Miguel de Mañara, renombrado por sus seducciones de monjas exclaustradas. El propio rey Felipe IV se sintió más tentado por las actrices que por las doncellas de Cristo. Tuvo treinta hijos bastardos, y sólo reconoció a uno de ellos: Don Juan, su hijo con la actriz María Calderón. Al terminar con una amante, el rey Felipe la enviaba, efectivamente, al convento, para asegurarse de que nadie la poseyese después de él. Excepto, acaso, el propio Don Juan. Una dama de la Corte, al rechazar los requerimientos del monarca, le dijo: "Señor, no tengo vocación para el convento". La fama que el rey adquirió de libertino fue en verdad estupenda, y comparable tan sólo a sus tumultuosos arrepentimientos religiosos y a sus cercanas ligas con la abadesa de Ágreda, su amiga y consejera más constante.

De esta Corte de tenaces intrigas sexuales, penitencias religiosas y prácticas endogámicas, habrían de surgir los enanos y los bufones pintados por Velázquez, pero también el propio hijo y heredero del monarca, Carlos II, llamado El Hechizado. Carlos II, el monarca final de la casa de Austria, fue pintado por Coello como un doble de los bufones deformes de Velázquez: impotente, ignorante, imposible. Pero encima de todas estas figuras grotescas habría de volar, o deslizarse, la figura de la libertad y del libertinaje, pero también, de una manera perversa, el liberal Don Juan, escapándose de las murallas de El Escorial, fugándose de los conventos y monasterios, siempre en desplazamiento, encontrando la velocidad del placer en la velocidad del cambio, disparándose fuera de las fronteras. La famosa aria del catálogo en el *Don Giovanni* de Mozart nos informa que el protagonista tiene amantes en Italia, en Francia y en Turquía, pero en España sobre todo, tiene ya "mil y tres". Don Juan es el fundador del mercado común europeo del erotismo, es el Maquiavelo del sexo, siempre escapando a la venganza, pero especialmente, venciendo al tedio y a la repetición. Acaso sólo se ama a sí mismo. En todo caso, la satisfacción se le escapa. Su vida es movimiento, cambio, circulación; insaciable, insatisfecho, inconsolable. Sólo la música, y no la pintura, ni siquiera la poesía, pueden pretender alcanzarle. Don Juan es un fugitivo y su música es una fuga. Su movimiento perpetuo es captado mejor que nadie por Mozart en el más famoso *Don Giovanni* de todos. Pero el primer Don Juan español, *El burlador de Sevilla* de Tirso era un hombre joven e inexperto, sin un largo rollo de amantes, sólo cuatro mujeres, para ser exactos, y ningún jardín de placer más allá de Sevilla, sus palacios y sus conventos. Pero si el Don Juan masculino es un seductor, ¿cómo evitar la seducción del otro sexo, las mujeres tal y como las pintó otro español del reino de Felipe IV, Francisco Zurbarán, cuyas vírgenes y mártires femeninas se encuentran entre las mujeres más seductoras y perturbadoras jamás representadas? Los desnudos de Zurbarán son pálidos, tibios; pero apenas los viste, se vuelven irresistibles. Como en el flamenco, en la pintura de Zurbarán la ropa es portadora del placer y el pecado inseparables.

Zurbarán recogió la tradición de la virgen mártir española, las mujeres de los siglos primerizos del cristianismo que prefirieron el martirio al sexo, rechazaron el matrimonio o la seducción, especialmente si se las ofrecía un no cristiano o un legionario romano, y por ello entregaron la vida. Zurbarán pintó estas espléndidas figuras de la turbulencia sexual y la pasión por la santidad, perseguidas por amantes rechazados y padres insatisfechos, mujeres dispuestas a ser mutiladas y quemadas, dispuestas a vestirse como hombres y aun a ser acusadas de ser el padre de la hija de un posadero, como le sucedió a Santa Marina; obligadas a vestirse como hombres y ser acusadas, a fin de cerrar el círculo, de seducir a las monjas como en el caso de Santa Margarita.

Cualesquiera que sean las circunstancias, Zurbarán las viste a todas en sedas y brocados, mantones multicolores y capas fluyentes. Las envuelve en rosas y verdes pálidos, naranjas tejidos y amarillos desmayados. Les da sombreros de paja campesinos, báculos de peregrino, tiaras doradas, falsos guardainfantes, canastos de frutas y guirnaldas de flores. Pero también les ofrece los emblemas de su martirio. A Dorotea le devuelve su canasto de flores, que le fuese enviado desde el cielo al procurador romano que la mandó decapitar. Santa Apolonia porta sus dientes (aquellos que Felipe II no llegó a coleccionar) y Santa Lucía sus ojos en un plato. La ambigüedad del erotismo sagrado de Zurbarán tiene dos consecuencias importantes. La primera fue que sus cortesanas celestiales podían ser fácilmente presentadas, no sólo como símbolos de la salvación, sino también, venido el caso, como paradigmas de la perdición. Figuras prácticamente idénticas a las santas reaparecen ahora como diablas en la pintura que hace Zurbarán de la Tentación de *San Jerónimo*. El santo las espanta con un movimiento de sus brazos, como si fuesen moscas, pero ellas, lujosamente ataviadas, tocan arpas y guitarras y cantan, seguramente, el aria *Voi che sapete* de las *Bodas de Fígaro* de Mozart. Pues tanto Zurbarán como Mozart nos preguntan, ¿qué sabemos realmente sobre el amor? Y no es otra la pregunta del más grande poeta místico de España, San Juan de la Cruz, pero dentro de una tensión infinitamente más difícil que cualquiera imaginada por Don Juan, Zurbarán o Mozart. San Juan de la Cruz, cuya vida coincidió con el reinado de Felipe II, era un monje; intentó aplicar las estrictas reformas de Santa Teresa de Ávila a la orden de los Carmelitas, que habían sido relajadas hacia el final de la Edad Media. Para San Juan, el símbolo fundador del orden, el Monte Carmelo, se convirtió también en el símbolo de una ascensión, de un viaje espiritual de la carne a la inmaterialidad absoluta necesaria para ver a Dios, quien está ausente e invisible incluso para los más fieles ojos del hombre.

Alcanzar a Dios es la orden suprema del alma. Todos los escritos de San Juan de la Cruz están permeados por esta obligación. La mera aproximación es rechazada como algo débil y sin mérito. San Juan nos habla de una rendición total del alma a Dios. Sus cuatro grandes obras (*Subida al Monte Carmelo*, *Noche oscura del alma*, *Cántico espiritual* y *Llama de amor viva*) son etapas de la búsqueda del alma hacia Dios, despojándose de todo deseo terreno, a fin de alcanzar el estado de la unión con Dios, casándose con él y adquiriendo la más sublime identificación con él.

El problema para el viaje místico de San Juan es que el camino, por todas partes, estaba rodeado de abrojos. La más espinosa de las cuestiones consiste en saber que para San Juan Dios es Nada, la Nada suprema, y alcanzarle significa viajar hacia esta nada que no puede ser tocada o vista o comprendida siquiera en términos físicos, humanos. Dios no es sensible. Es distante; y no hay relación entre él y el ser humano. Esta posición exigente, totalmente implacable, derrotaría al más fiel entre los fieles, pero no a San Juan, el místico español supremo, capaz de sacrificarse y de sacrificarlo todo en uno de esos viajes trascendentales, o transportes sin regreso, tan caros a la ética española: "Todo el ser de las criaturas, comparado con el infinito ser de Dios, nada es... Toda la hermosura de las criaturas, comparada con la infinita hermosura de Dios, es suma fealdad."

San Juan creyó esto; pero lejos de renunciar a la unión con Dios, la dificultad sólo acrecentó su apetito. Si todas las cosas sensibles existen rodeadas de silencio y noche, el poeta se perdería en el silencio y en la noche. El problema, desde luego, era que en este silencio absoluto, en esta noche profunda, quizás no había otra comunicación que no fuese la de la muerte. Dios es invisible mientras vivimos. Podemos verle al morir. Éste es el sentido del hermoso, extremo e impaciente poema de San Juan de la Cruz, "Coplas del alma que pena por ver a Dios", acaso uno de los dos más hermosos poemas de la lengua castellana. El genio de San Juan consiste en que, al negarle atención a toda materia mundana y sensitiva, admitió que sólo tenía dos caminos hacia Dios. Uno era la muerte; el otro, la poesía. Mientras se hacía todas estas preguntas sobre la imposibilidad de llegar a Dios, aun mediante la poesía, San Juan se unía a Dios precisamente a través de la poesía. Buscando en medio de la noche oscura de la duda, obtiene lo que desea: la unión con Dios. La jornada de San Juan, en el otro poema mayor de la lengua española, "La noche oscura", se traduce en un misticismo poético en el que el alma es femenina y Dios es masculino. Pero a pesar de San Juan de la Cruz, es imposible escapar a la inmediatez sensual e histórica de la narración que nos entrega en términos simbólicos. Pues por más simbólicos que sean, nos llevan de la mano del poeta a lo largo de una aventura sexual que se inicia en lo más profundo de la noche. "Ella" abandona su casa sosegada, sin que nadie la vea. "Ella" no tiene otra luz ni guía sino la que arde en su corazón. Y esta luz la guía a "Él", a quien "Ella" conoce, donde "Él" la espera a fin de que sólo "Ella" pueda exclamar:

> ¡oh noche que juntaste amado con amada,
> amada en el amado transformada!

y el asunto no termina ahí, porque "Ella" nos informa que sobre sus pechos floridos, que "Él" guarda sólo para "Él", "Él" cae dormido y "Ella" lo acaricia. Entonces el viento sopla, esparciendo su cabellera, en tanto que "Él", con su mano serena, hiere la garganta de la amada y suspende todos sus sentidos. Finalmente "Ella" dice:

> Quedeme, y olvideme
> el rostro recliné sobre el amado, cesó todo y
> dejeme, dejando mi cuidado
> entre las azucenas olvidado.

"La noche oscura" es quizás el más grande poema místico de la lengua castellana. También es el más erótico. Quizás es el más místico porque es el más erótico.

La vida es sueño

¿Enriquece al arte la lucha contra los dogmas, las prohibiciones? La realidad es que mucho gran arte ha nacido en armonía con las convicciones gobernantes y las exigencias de la sociedad, notablemente durante la Antigüedad clásica y en la Edad Media. Pero si es cierto que el mundo moderno nació de un impulso crítico y fue legitimado por él, debemos considerar que la ortodoxia de la Contrarreforma española fue un movimiento antimoderno, aunque burlado por la imaginación en las obras de Cervantes, Velázquez, Tirso de Molina y San Juan de la Cruz, quienes proponen una experiencia crítica desde el interior del ser humano. San Juan de la Cruz era un poeta, aunque fuese un poeta culpado y encarcelado por los enemigos de la Reforma religiosa, a la cual se unió después de su encuentro con Santa Teresa de Ávila.

Lo que quiero decir es que las respuestas a la Contrarreforma podían darse no sólo desde afuera, como lo hacen Cervantes y Velázquez, sino desde el corazón mismo de este movimiento. Nada demuestra lo dicho mejor que la vida y obra de dos santos españoles. Santa Teresa de Jesús (1515-1582) era una extraordinaria mezcla recia de voluntad y actividad e intelecto inseguro. Decidida a restaurar la austeridad de su orden carmelita, sacó fuerzas de sus raíces locales, castellanas. Su voluntad de sobrevivir acaso provino de sus ancestros judíos, conversos. Su combatividad, de la tradición guerrera de la Reconquista. Todos los hermanos de Santa Teresa fueron soldados y emigraron a América. Su realismo le llevó de las profundidades de la vida doméstica, el clan, la familia, la cocina. Sólo ella pudo decir: "Y si es en la cocina, entre los pucheros anda el Señor". Su carácter difícil, también, se nutrió de la posición fronteriza de la tierra castellana. De esa tierra la santa habría de decir al abandonar su ciudad natal, Ávila, "no quiero llevarme ni el polvo de Ávila". "Mujer errante", la llamó Felipe II: latosa, entrometida. Pero al cabo, sólo gracias a la protección del rey fue capaz la santa mujer, durante su vida, de fundar 32 conventos reformados, primero reservados para mujeres, pero, después de su encuentro con San Juan de la Cruz en 1567, también para hombres.

Santa Teresa no poseía el genio literario de San Juan de la Cruz. El defecto de sus escritos es cierta necesidad de explicarlo todo; pero los salva la humildad que tanto contrasta con su poderosa personalidad pública. En sus libros, Santa Teresa abunda en dudas, admisiones de ignorancia y lapsos de la memoria. Pero todos sus escritos brillan con la verdadera luz interior. Pues lo que Santa Teresa intentaba era la abolición completa de su biografía, a fin de convertirse en un ser puramente contemplativo. No había, dijo, otra manera de alcanzar la Gracia. El símbolo de la vida interior es, en esencia, castellano: el castillo. La alta fortaleza de la Reconquista y de las novelas de caballería era la morada del alma cristiana. Dentro del castillo de la perfección, el alma podía contemplar a Dios.

A Santa Teresa se le criticó que sus reformas eran frías y remotas, que imponían una regla de contemplación demasiado alejada de la caridad cristiana. Ella contestaría que, al igual que sus hermanas, oraba por quienes no lo hacían, y que su austeridad no era sino una expiación de los pecados ajenos.

Pero si las carmelitas reformadas de Santa Teresa fueron la cúspide de la autonegación, otra orden, fundada en 1540 por un antiguo soldado, Ignacio de Loyola, subrayó la participación activa en el mundo de sus miembros. La Compañía de Jesús pronto abandonó los muros monacales para adquirir compromisos mundanos, especialmente en el campo de la educación. Y los jesuitas fueron no sólo maestros, sino confesores de los monarcas católicos de Europa. Ni penitencias, ni ayunos, ni uniformes; ninguna rama femenina, sólo una autoridad masculina altamente centralizada, una sociedad falocrática, dominada por la extrema flexibilidad en el contacto con el mundo. La vasta influencia de los jesuitas en España y en la América española provocó celos, disputas y, finalmente, su expulsión durante las reformas iluministas de los Borbones en el siglo XVIII. Pero en el Siglo de Oro, Santa Teresa y San Ignacio iluminan los extremos religiosos de la Contrarreforma española, así como sus productos culturales centrales.

Tanto Santa Teresa como San Ignacio representan la renovación religiosa. Vivieron en la Tierra, en la severa morada de la mujer, o en el mundo sin fronteras del hombre: política, persuasión, educación e intriga. San Juan de la Cruz vivió en el cielo. Pero acaso el espacio más interesante, o por lo menos más comprensible, de la cultura de la Contrarreforma, es el teatro.

Este espacio intermedio entre el Cielo y la Tierra es representado por un sacerdote y autor dramático: Pedro Calderón de la Barca (1600-1681). *La vida es sueño* es, posiblemente, la más grande de todas las obras de teatro españolas y nos relata la historia del príncipe Segismundo, encerrado en su torre. Cree que éste es su estado natural. Para él, la prisión fue "cuna y sepulcro". Nada pudo recordar o prever fuera de su cárcel. En ella le colocó, recién nacido, su padre el rey de Polonia. La razón invocada es que antes de nacer Segismundo, su madre, la reina, soñó repetidas veces que daría a luz un monstruo en forma humana, que le daría "muerte, naciendo, víbora humana del siglo".

Y así aconteció. La reina murió y el rey determinó "de encerrar la fiera que había nacido…" Ahí Segismundo vive, mísero, pobre y cautivo. De esta manera, el rey esperaba evitar el reino del "príncipe más cruel y el monarca más impío". Pero ahora el rey, tal es su albedrío, decide sacar a Segismundo de su cárcel, ponerle en el trono y apostar a que gobierne con prudencia, cordura y benignidad, "desmintiendo en todo al hado que de él tantas cosas dijo". Pero si Segismundo se muestra "osado, atrevido y cruel", el rey su padre habrá cumplido con su obligación devolviéndole a la cárcel, que en este caso será no crueldad sino castigo.

En realidad, lo que hace el rey es romper la cadena de la fatalidad, dándole una oportunidad a la libertad. De la fatalidad natural de la cárcel, Segismundo es llevado a la cima tanto de la libertad como de la fatalidad. El augurio se cumple a través de las acciones libres del propio Segismundo, quien se muestra cruel y criminal. Habiendo alcanzado la cima, es entonces arrojado de vuelta a la sima y ahí, se le hace creer que cuanto hizo o vio, o sintió, o entendió mientras actuaba el papel del príncipe, fue sólo un sueño. Es regresado a su celda, vestido como un animal.

La larga vida de Calderón de la Barca corrió paralela al Siglo de Oro. Y como él, el siglo lo fue de Jano: una cara miró hacia atrás, hacia el ascenso del Imperio español y las extraordinarias hazañas de descubrimiento y conquista del Nuevo Mundo. Pero la otra cara de Calderón y el siglo miraban ahora hacia el crepúsculo imperial de España durante el gobierno del rey libertino Felipe IV, y su hijo imbécil, el Hechizado. Calderón miró hacia ambos lados. Fue un gran dramaturgo; también fue un español y un católico, un soldado y un sacerdote. Es el más grande autor de autos sacramentales, en los que el dogma de la presencia de Cristo en la Eucaristía es defendido contra la herejía luterana y calvinista. Pero *La vida es sueño* es una obra asombrosamente moderna, la fuente misma de toda una genealogía de sueños teatrales, de Kleist a Strindberg y Pirandello (incluyendo algunas derivaciones populares en las películas de Buster Keaton y Woody Allen). Pero a pesar de su radical modernidad, es una obra que debe ser entendida como teatro católico de la Contrarreforma española, en el cual lo que vemos es una acción que se mueve de la naturaleza, donde el hombre ha caído, a la historia, donde el hombre posee de nuevo la oportunidad de escoger y puede, en consecuencia, equivocarse, a una segunda caída que finalmente es redimida mediante el sufrimiento, la fe y la virtud.

Segismundo dice que su delito mayor es haber nacido. Se compara a la naturaleza, que teniendo menos alma que él, tiene más libertad. El protagonista siente esta ausencia de libertad como una disminución radical, un no haber totalmente nacido, una fatalidad que determina "que antes de nacer moriste", y le impulsa a terminar el acto del nacimiento en la historia. Pero, ¿es un delito mayor no haber nacido en absoluto? Segismundo mató a su madre al nacer. Mientras Edipo fue condenado a actuar, Segismundo es condenado a soñar. Ésta es su realidad. ¿Pero qué clase de realidad es "el sueño"? ¿Es la regla, siendo la vigilia la excepción? El sueño, comprendido en sus propios términos, como su propia realidad, es intemporal. Puede ser eterno. O acaso empezó hace apenas cinco segundos. Y en un sueño, nada puede ser tocado, nada puede ser poseído.

La vida es sueño fue escrita en 1635, en medio de la disputa entre los jesuitas, quienes subrayaban el libre albedrío y la inteligencia humana, y los dominicos, quienes acusaban a los jesuitas de liberalismo y en cambio destacaban la omnipotencia de la justicia divina. Y aunque Calderón no dejó de responder a este debate clásico de la cristiandad, respondió, sobre todo, a las exigencias del arte. Su tiempo y sus problemas, los de la Europa posrenacentista, propusieron el gran tema de la naturaleza de la realidad. ¿Qué es lo real, dónde se encuentra, cómo definirlo, cómo saber, de dónde venimos, hacia dónde vamos? Pero Calderón también vivió en la Contrarreforma, una época que exigía la defensa del dogma. Empleó el arte para arrojar una inmensa sombra sobre las posibilidades de la verdad, la realidad, la libertad y la predestinación. Calderón convierte toda certeza en problema. Es un dramaturgo; comprende que sólo de la duda y el conflicto puede emerger la armonía. ¿Y qué conflicto mayor que el que se da entre la naturaleza y la civilización, entre el sueño y la realidad?

La Mancha

Don Quijote, escribe Ramiro de Maeztu, es el libro ejemplar de la decadencia española. El hidalgo está demasiado viejo para vivir sus aventuras. La era épica de España ha concluido. Cervantes inventó un fantasma para informarle a España del fin de la épica. *Don Quijote* le dijo a España: Estás exhausta, regresa a casa. Y si Dios es bueno contigo, morirás en paz. El sueño de la utopía había fracasado en el Nuevo Mundo. La ilusión de la monarquía católica universal se había disipado. Después de ocho siglos de Reconquista, descubrimiento y Conquista; después del Cid e Isabel La Católica, después de Colón y Cortés, de Santa Teresa y Loyola, de Lepanto y la Armada, la fiesta había terminado.

Sin duda, existe la tentación, a lo largo de la historia de España y de la América española, de decir que los desastres de la historia han sido compensados por los triunfos del arte. Felipe II, la Inquisición, la Armada, la persecución de judíos, moros y conversos; los validos de Felipe III, el libertinaje de Felipe IV y la imbecilidad de Carlos II el Hechizado, de una parte; y de la otra, *Don Quijote*, San Juan de la Cruz, Santa Teresa, *Las Meninas*, *La vida es sueño*, Don Juan, El Greco. Pero, ¿no nos dice esta confrontación que la historia de España, y enseguida la de sus colonias americanas, es en realidad la historia, y el dilema, de ser dos naciones, dos culturas, dos realidades, dos sueños, tratando desesperadamente de verse, de encontrarse, de entenderse? Dos valores contrastantes, dos esferas de la realidad, levitando a veces, saltando sobre el vacío, ejecutando un salto mortal para llegar a la otra orilla, la orilla del deseo, y ahí reunirse con el objeto del deseo. Es por ello que las dos figuras de la novela de Cervantes, Don Quijote y Sancho Panza, retienen una tal validez en su contraste y una atracción tan universal en su figuración. En ellos, el dilema de España es reconocible por todos los hombres y en todos los tiempos; todos luchamos con el ideal y con lo real. Todos luchamos entre lo que es deseable y lo que es posible. Todos nos enfrentamos a exigencias abstractas y tratamos de reducirlas a tamaño irónico mediante el absurdo. Todos quisiéramos vivir en un mundo razonable donde la justicia es concreta. Todos somos, a veces, personajes épicos como Don Quijote, pero la mayor parte del tiempo vivimos vidas picarescas como Sancho Panza. Todos quisiéramos significar más de lo que somos. Pero nos ata a la tierra la servidumbre de comer, digerir, dormir, movernos. San Juan desea trascender todo silencio, mientras Santa Teresa dice: "entre los pucheros anda el Señor".

Todos somos hombres y mujeres de La Mancha. Y cuando comprendemos que ninguno de nosotros es puro, que todos somos reales e ideales, heroicos y absurdos, hechos por partes iguales de deseo y de imaginación, tanto como de carne y hueso, y que cada uno de nosotros es en parte cristiano, en parte judío, con algo de moro, mucho de caucásico, de negro, de indio, sin tener que sacrificar ninguno de nuestros componentes, sólo entonces entendemos en verdad tanto la grandeza como la servidumbre de España, su Imperio, su Edad de Oro y su inevitable decadencia.

Estas exigencias iban a ser propuestas, con mayor urgencia y necesidad que nunca, por las comunidades hispánicas del Nuevo Mundo. Pues si en España la cultura fue salvada por la imaginación y el deseo, más allá de los límites del poder, ello iba a constituir una exigencia aún mayor para los hombres y mujeres de la América colonial, porque ellos —es decir, nosotros— nos vimos capturados entre el mundo indígena destruido y un nuevo universo, tanto europeo como americano. La Mancha, en verdad, adquirió todo su sentido en las Américas.

9. El barroco del Nuevo Mundo

Los altos ideales del Renacimiento fueron puestos a prueba durante una de las más prolongadas épocas de violencia de la historia europea: las guerras de religión.

Entre la Reforma y la paz de Westfalia, los ideales y la realidad vuelven a divorciarse. La respuesta a esta separación es, nuevamente, de orden sensual. La Reforma protestante expulsó a las imágenes de sus iglesias, considerándolas pruebas de idolatría papista. Pero semejante puritanismo fue trascendido por una forma extraordinaria de la compensación sensual en la música, sobre todo la gloriosa música de Juan Sebastián Bach. La rígida Contrarreforma católica también hubo de hacer una concesión a la sensualidad. Ella fue el arte del barroco, la excepción expansiva y dinámica a un sistema religioso y político que quería verse a sí mismo unificado, inmóvil y eterno. El barroco europeo se convirtió en el arte de una sociedad mutante, de cambios inmensos agitándose detrás de la rígida máscara de la ortodoxia. Pero si esto fue cierto en la Europa católica, habría de serlo mucho más en las nacientes sociedades del Nuevo Mundo, donde los obstáculos opuestos al cambio eran, quizás, mayores aún que en Europa.

He insistido en que el descubrimiento de América se tradujo, para el Renacimiento, en el hallazgo de un lugar para la utopía. Pero rápidamente, en el

Nuevo Mundo como en Europa, la distancia entre los ideales y la realidad no hizo sino aumentar. El paraíso americano pronto se convirtió en un infierno. Los europeos trasladaron a América los sueños de sus propias utopías fracasadas, y éstas se convirtieron en pesadillas a medida que el poder colonial se extendió, y en vez de ser los beneficiarios de la utopía, los pueblos aborígenes de las Américas se convirtieron en las víctimas del colonialismo, despojados de su antigua fe y de sus tierras hereditarias, y obligados a aceptar una nueva civilización y una nueva religión, mientras el Renacimiento europeo seguía soñando en una utopía cristiana en el Nuevo Mundo. La utopía fue destruida por las duras realidades del colonialismo: el saqueo, la esclavitud e incluso el exterminio. Igual que en Europa, entre el ideal y la realidad apareció el barroco del Nuevo Mundo, apresurándose a llenar el vacío. Pero, en el continente americano, dándole también a los pueblos conquistados un espacio, un lugar que ni Colón ni Copérnico podían realmente otorgarles; un lugar en el cual enmascarar y proteger sus creencias. Pero sobre todo, dándonos a todos nosotros, la nueva población de las Américas, los mestizos, los descendientes de indios y españoles, una manera para expresar nuestras dudas y nuestras ambigüedades.

¿Cuál era nuestro lugar en el mundo? ¿A quién le debíamos lealtad? ¿A nuestros padres europeos? ¿A nuestras madres quechuas, mayas, aztecas o chibchas? ¿A quién deberíamos dirigir ahora nuestras oraciones? ¿A los dioses antiguos o a los nuevos? ¿Qué idioma íbamos a hablar, el de los conquistados, o el de los conquistadores? El barroco del Nuevo Mundo se hizo todas estas preguntas. Pues nada expresó nuestra ambigüedad mejor que este arte de la abundancia basado sobre la necesidad y el deseo; un arte de proliferaciones fundado en la inseguridad, llenando rápidamente todos los vacíos de nuestra historia personal y social después de la Conquista con cualquier cosa que encontrase a la mano.

Arte de la paradoja: arte de abundancia, prácticamente ahogándose en su propia fecundidad, pero arte también de los que nada tienen, de los mendigos sentados en los atrios de las iglesias, de los campesinos que vienen a la misma iglesia a que se les bendigan sus animales y pájaros, o que invierten los ahorros de todo un año de dura labor, e incluso el valor de sus cosechas, en la celebración del día de su santo patrono. El barroco es un arte de desplazamientos, semejante a un espejo en el que constantemente podemos ver nuestra identidad mutante. Un arte dominado por el hecho singular e imponente de que la nueva cultura americana se encontraba capturada entre el mundo indígena destruido y un nuevo universo, tanto europeo como americano.

En el barrio indígena de la gran capital minera de Potosí, en el Alto Perú, la leyenda dice que vivió una vez un huérfano indio proveniente de las bajas tierras tropicales del Chaco. El mito le dio a este niño un nombre: José Kondori, y en Potosí aprendió a trabajar la madera y las artes del estofado y de la carpintería. Hacia 1728, este arquitecto indio autodidacta estaba construyendo las magníficas iglesias de Potosí, sin duda la más brillante ilustración sobre lo que significa el barroco en la América Latina. Pues entre los ángeles y las viñas de la fachada de San Lorenzo, aparece una princesa incásica, con todos los símbolos de su cultura derrotada animados por una nueva promesa de vida. La media luna indígena agota la tradicional serenidad de la viña corintia, el follaje de la selva americana y el trébol mediterráneo se entrelazan. Las sirenas de Ulises tocan la guitarra peruana. Y la flora, la fauna, la música e incluso el sol del antiguo mundo indígena, se reafirman con fuerza. No habría cultura europea en el Nuevo Mundo a menos que éstos, nuestros símbolos nativos, sean admitidos en pie de igualdad.

Más allá del mundo del imperio, el oro y el poder; más allá de las guerras entre religiones y dinastías, un valiente mundo nuevo se estaba formando en las Américas, con manos y voces americanas. Una nueva sociedad, una nueva fe, con su lenguaje propio, sus propias costumbres, sus propias necesidades. Esta realidad constituyó un nuevo desafío para España, el de renovar su misión cultural, que siempre consistió en ser centro de incorporaciones y no de exclusiones culturales.

"Para todos los tiempos por venir"

Semejante inclusividad sería puesta a prueba, muy pronto, por una nueva presencia cultural. Los primeros negros llegaron al hemisferio occidental como criados acompañando a sus amos españoles. Después de largas estadías en España, eran individuos tanto cristianizados como hispanizados. Pero la destrucción de la población indígena del Caribe por los trabajos forzados y las enfermedades transformó a los negros de criados pasando a través de España, a esclavos que llegaron directamente de África, especialmente de Senegal y Angola.

La Corona española reguló el trato de esclavos en beneficio propio. En 1518, Carlos V le otorgó a uno de sus favoritos flamencos una concesión para introducir 4,000 esclavos africanos en las colonias españolas. A partir de entonces, la población negra en Hispanoamérica crecería al ritmo de 8,000 personas al año, hasta 30,000 en 1620. En Brasil, los primeros negros llegaron en 1538. Durante los próximos tres siglos, tres y medio millones de esclavos africanos cruzarían el Atlántico. Portugal importaría varias veces más negros al Brasil que los indios que ahí encontró originalmente. Y en la actualidad, el continente americano posee la más grande población negra fuera de África. Pero dondequiera que fuesen, los esclavos se encontraban rígidamente atados a la economía de plantación, es decir, al cultivo intensivo y extensivo de los productos tropicales. Esta rígida ecuación —esclavos negros y economía de plantación— fue complicada por la gran rivalidad entre las potencias para dominar tanto el comercio de esclavos proveniente de África, como la fuente del producto en el Nuevo Mundo.

Asediados entre estas exigencias de la política y el comercio internacionales, los esclavos negros ni siquiera podían apelar a la conciencia cristiana de quienes les esclavizaban. Los jefes africanos les daban cacería para obtener ganancias al venderlos a los tratantes europeos, quienes alegaban que solamente estaban liberando a los esclavos de la violencia tribal, en tanto que la Iglesia cristiana, a su vez, se justificaba diciendo que simplemente estaban siendo salvados del paganismo.

Este grandioso ejercicio de hipocresía e injusticia no alcanzó a destruir el espíritu creativo, y aun rebelde, de los esclavos negros en las Américas. Insurgentes, cimarrones, saboteadores, a menudo fracasaron en el intento de liberarse. Pero otras veces lo lograron, convirtiéndose en capataces, artesanos, granjeros y cargadores. Su trabajo siempre fue intenso, no sólo en los campos, sino también como albañiles y joyeros, pintores y carpinteros, sastres, zapateros, cocineros y barberos. Es difícil imaginar un aspecto del trabajo y de la vida en el Nuevo Mundo que no haya sido marcado por la cultura negra. En Brasil ayudaron a explorar y conquistar el interior del continente. Regimientos negros con comandantes negros combatieron a los holandeses y defendieron a Río de Janeiro contra los franceses. Los negros fueron esenciales para la conquista, la población y el desarrollo del Brasil. También se rebelaron.

Una de las primeras rebeliones de esclavos tuvo lugar a principios del siglo XVII en México, donde el cabecilla rebelde negro Yanga logró ocupar una gran extensión de la costa del Golfo de México, obligando al virrey a negociar, antes de que la revuelta fuese finalmente sofocada por las armas. Pero a los sobrevivientes de la rebelión se les permitió fundar el pueblo de San Lorenzo de los Negros, en Veracruz. Venezuela fue el escenario de varias revueltas negras durante el siglo XVIII, que culminaron con la rebelión de Coro en 1795. Esta rebelión, combinada con la revolución de independencia en Haití y la creación en esa isla de un imperio negro, animó un verdadero terror en las clases superiores de Venezuela contra los "pardos" durante las inminentes guerras de la independencia. Además, durante la rebelión de Manuel Espinosa en la propia Caracas, los negros no sólo exigieron plenos derechos, sino que quisieron imponer a sus antiguas amas blancas la obligación de servir, ahora, como cocineras y lavanderas. Y, muchas veces, los rebeldes simplemente desaparecieron en el interior, estableciendo poblaciones llamadas quilombos. Uno de ellos, en Palmares de Alagoas, Brasil, duró hasta bien entrado el siglo XVII. Sus 20,000 habitantes lo convirtieron en un Estado africano en el corazón de Sudamérica, con su propia tradición africana. Pero, al igual que en el caso de los indios, fue en el encuentro con los europeos donde los negros se convirtieron en habitantes del Nuevo Mundo, en miembros de una cultura mestiza.

En el caso de la cultura negra de las Américas, el lenguaje tuvo que adaptarse con agilidad proteica a los cambios y mestizajes súbitos. Era necesario adaptar un lenguaje para comprender y ser comprendido por los capataces, por los demás trabajadores, a menudo negros, pero de regiones distintas; sobre todo, para ser entendido por las nuevas mujeres de los esclavos. ¿Qué lenguaje habrían de hablar los hijos? Obviamente, las colonias ibéricas le dieron a sus poblaciones negras una identificación lingüística con el lenguaje común (español o portugués) más fuerte que las colonias francesas e inglesas (criollo o pidgin). Esto, a su vez, reflejó la tolerancia y flexibilidad mayores de las autoridades coloniales españolas y portuguesas. El excepcionalismo religioso fue prohibido en los dominios protestantes del Caribe; pero fue sin duda tolerado en las posesiones católicas. Si existe un solo rasgo de identidad entre África y el Nuevo Mundo, éste es religioso, y, especialmente en Cuba, fue perfectamente localizable en cuanto a sus orígenes. Éstos se encontraban en los estados yoruba de lo que es hoy Nigeria, y particularmente en la ciudad de Oyo en el reino de Ulkami, que se convirtió en la cultura "lukumí", que, hasta el día de hoy, identifica una continuidad religiosa, estética y física dentro de la tradición cubana.

El sincretismo cristiano-yoruba en Cuba desarrolló un fervor comparable al del sincretismo cristiano-indígena en México y en Perú. Pero en Cuba, la religión sincrética llegó a tener su propio nombre, la Santería, y en la época en que se inició la revolución cubana era practicada por las tres cuartas partes de la población. Asimismo, de la misma manera que, en México, Tonantzin, la diosa de los aztecas, se convirtió en la virgen morena de Guadalupe, en Cuba la diosa africana del Mar, Yemayá, se convirtió en Nuestra Señora de Regla, patrona de los marineros y particularmente del puerto de La Habana, en tanto que Ogún, deidad africana de los herreros, se convirtió en San Pedro, a quien le fueron dadas las llaves de fierro del paraíso.

Una asimilación sincrética aún más notable es la de Santa Bárbara, la mártir cristiana encerrada en una torre para separarla de sus pretendientes. Ahí, como en la obra de teatro de Calderón, Santa Bárbara soñó. Se convirtió al cristianismo. Las autoridades romanas le ordenaron a su padre asesinarla. Lo cual hizo sólo para ser destruido, inmediatamente, por un rayo. Tan bella, sin duda, como una pintura de Zurbarán, tan onírica, sin duda, como un personaje de Calderón, Santa Bárbara fue asimilada a la religión afrocubana como Xangó, dios de la Guerra, porque en la Europa cristiana Santa Bárbara se había convertido, debido a su asociación con los rayos, en santa patrona de los artilleros y de los mineros.

La rebelión y el lenguaje son parte del continuo de la cultura afroamericana, y a ellos se añadió la identidad, espléndidamente persistente, de las conductas rítmicas, los movimientos corpóreos, la estética del cuerpo, la gramática de la música y de la danza. Desde el principio, la música negra autorizó un ritmo privado, autónomo, libre e incluso rebelde de parte del auditor o del danzante, en vez de sujetarles a un esquema dominante, previsible o preescrito, como tradicionalmente era el caso con la música occidental. La música afroamericana, también desde sus orígenes, predijo y practicó las formas de la música moderna, en las cuales un centro de referencia tonal termina por quebrarse en múltiples centros, cada uno generando respuestas diversas de quienes escuchan. La polifonía musical fue enriquecida aún más por la imaginación bailable de las culturas negras de las Américas: el baile como representación y el baile como celebración se volvieron indistinguibles el uno del otro. Y a lo largo de toda esta continuidad, el propio cuerpo alcanzó una sensación de realidad, belleza y movimiento, ausentes de los mandamientos restrictivos de la cultura católica, criolla y mestiza, del cuerpo.

La gozosa celebración del cuerpo, la creación incesante del lenguaje, la belleza del movimiento y el espíritu rebelde se suman en un hecho político central señalado por el sociólogo norteamericano Frank Tannenbaum: la cultura negra, dijo, se había instalado para todos los tiempos en las Américas. Y, sin duda, nada ha identificado tanto a los Estados Unidos y a la América Latina como la imaginación, el habla y los ritmos de nuestra cuenca común de negritud: el sur de los Estados Unidos y el Caribe, la comunidad cultural que se extendió del Orinoco y el Amazonas hasta el Mississippi, a través de las islas.

La cultura afroamericana sería, también, el testigo más clamoroso de la injusticia en las Américas. Los hechos, el trabajo, las leyes y el lenguaje de los negros confluirían en la corriente más poderosa hacia la justicia que haya conocido el Nuevo Mundo. Además, el resto de las Américas acabó por comprender que el destino de la cultura afroamericana sería el común denominador de la cualidad de la justicia en todo el continente. Ésta debería ser una cualidad adquirida en profundidad, no en apariencia y por ello mucho más difícil de alcanzar. Esto es lo que nos dice el poeta negro de la Martinica, Aimé Césaire, cuando escribe que la cualidad de la cultura afroamericana viene de un pueblo "que se entrega con éxtasis a la esencia de todas las cosas, está poseído por el movimiento de todas las cosas y palpita con el pálpito mismo del mundo". Pero también para defender estas cualidades mediante el ejercicio de la justicia, la cultura negra ha dado algunas de las más preclaras mentes jurídicas, políticas y parlamentarias del Nuevo Mundo.

Pues ninguna de las culturas del Nuevo Mundo nació en medio de tanto sufrimiento y dolor como la de los hombres, mujeres y niños negros que llegaron al Nuevo Mundo en los barcos de la esclavitud. Aun antes de embarcarse, muchos de ellos trataron de suicidarse. Una vez a bordo, eran desnudados, herrados en el pecho y encadenados en parejas. Vendidos por la yarda, viajaban capturados en el espacio de una tumba, en la profundidad de las bodegas, empacados como sardinas y sin precauciones sanitarias. La asfixia, la locura, incluso la estrangulación de algunos a fin de crear más espacio respirable fueron hechos comunes, así como los motines, aunque éstos generalmente fracasaron. Prosper Mérimée, el autor de *Carmen*, escribió una novela llamada *Tamango*, donde relata el hecho real de un motín que tuvo éxito a bordo de un barco de esclavos. Los rebeldes, sin embargo, no supieron maniobrar la embarcación y perecieron a la deriva.

Que de este sufrimiento naciese una cultura capaz de continuarse a sí misma y de renacer en su contacto con las culturas previas del Nuevo Mundo, es en sí mismo una prueba de la voluntad de supervivencia, una voluntad que no pudo ser derrotada ni por el sufrimiento ni por el rencor justificado. La cultura negra del Nuevo Mundo, como la de los indios, encontró expresión en el barroco. Y de la misma manera que un barroco hispanoamericano apareció, de Tonantzintla en México a Potosí en el Alto Perú, a través del encuentro de las culturas indias y europeas, la fusión de las civilizaciones negra y portuguesa creó uno de los grandes monumentos del Nuevo Mundo: el barroco brasileño, afrolusitano, de Minas Gerais, la más opulenta región productora de oro en el siglo XVIII.

Ahí, el mulato Aleijadinho creó una obra que muchos consideran la culminación del barroco latinoamericano. Aleijadinho era hijo de una esclava negra y de un arquitecto portugués. Pero tanto sus padres, como el mundo, lo abandonaron. El joven era leproso. De manera que, en vez de a la sociedad de hombres y mujeres, se unió a una sociedad barroca de piedra. Las doce estatuas de los profetas esculpidas por Aleijadinho en la escalera que conduce a la iglesia de Congonhas do Campo evitan la simetría de la escultura clásica. Como las figuras italianas de Bernini (pero en una dimensión geográfica absolutamente remota), éstas son estatuas en movimiento, tridimensionales, que descienden en cascada hacia el espectador; estatuas rebeldes, torcidas en su angustia mítica y en su rabia humana.

El carácter circular del barroco, que exige puntos de vista determinados por el desplazamiento y rehúsa darle a nada ni a nadie un punto de vista privilegiado; su afirmación del cambio perpetuo; su conflicto entre el mundo ordenado de los pocos y el mundo desordenado de los muchos, fue consagrado por este arquitecto mulato en la iglesia de Nuestra Señora del Pilar, en Ouro Preto, la gran capital minera del Brasil colonial. El exterior de la iglesia es un rectángulo perfecto. Pero adentro, todo es curva, polígono, formas ovoides, como el Orbe de Colón, como el huevo del descubridor. El mundo es redondo y puede ser visto desde múltiples puntos de vista.

La visión de Aleijadinho se suma así a la de los artistas de Iberia y del Nuevo Mundo indoamericano. En Congonhas y Ouro Preto, nuestra visión se reúne, vemos con ambos ojos, nuestra corporeidad se completa. Paradójicamente, esta reunión es llevada a cabo por la visión de un hombre separado, un joven leproso que, se decía, trabajaba sólo de noche, cuando no podía ser visto. Pero de Brasil, ¿no se ha dicho que el país crece de noche, mientras los brasileños duermen?

Trabajando de noche, rodeado de sueño, acaso Aleijadinho le da un cuerpo a los sueños de sus contemporáneos. Pues no tenía otra manera de dirigirse a ellos, excepto a través del silencio de la piedra. A medida que adquirió una forma propia, esta nueva cultura del barroco americano, esta nueva cultura indoafroibérica, exigió una voz y la encontró en el más grande poeta de la América colonial.

"Mi alma está dividida"

Nadie pudo predecir que de un convento en el mundo enclaustrado del México colonial habría de escucharse la voz de una mujer, una monja, que se convertiría en uno de los grandes poetas barrocos del siglo XVII y, en opinión de muchos, uno de los grandes poetas de todos los tiempos.

Nacida Juana de Asbaje en el México central, en 1651, quizás fue una niña ilegítima. A los siete años de edad le rogó a su madre que la dejase vestirse como niño, a fin de poder estudiar en la universidad. Su brillante inteligencia la condujo hasta la corte virreinal durante la adolescencia. Ahí, asombró a los profesores universitarios con su conocimiento de todas las cosas, del latín a las matemáticas. Juana era una intelectual que parecía saberlo absolutamente todo, a pesar de (o quizás gracias a) la distancia, el aislamiento y las restricciones del mundo político y religioso en el que le tocó vivir. Alcanzó fama y alabanza, pero muy pronto se dio cuenta de las dificultades de ser una escritora en el México colonial. No sólo hubo de enfrentarse a la oposición masculina y a la vigilancia eclesiástica, sino al rapto de su tiempo y a la amenaza contra su seguridad. De manera que optó por ingresar a la Iglesia, esperando, quizás, encontrar refugio en la misma institución que algún día podría atacarla. Pero su celda en el convento de San Jerónimo conjuró por un tiempo todos los peligros. Aquí, Juana reunió más de

4,000 volúmenes, sus papeles, sus plumas, tinta, instrumentos musicales. Aquí, podía escribir sobre todas las cosas bajo el sol y desplegar, con alegría y disciplina, su imaginación y su sabiduría. Aquí, en el mundo de la religión y las letras, unidos por un momento en el tiempo, se le conocería como Sor Juana Inés de la Cruz.

Y como nadie era más silencioso en la sociedad colonial que las mujeres, quizás sólo una mujer pudo darle voz a esa sociedad, sin dejar de admitir, lúcidamente, las divisiones de su cabeza y de su corazón: "En dos partes dividida / tengo el alma en confusión: / una, esclava a la pasión, / y otra, a la razón medida".

¿Pasión? ¿Razón? ¿Esclavitud? ¿En dónde estaban entonces la certeza, la fe, la ciega aceptación de los mandatos religiosos, no los de la razón, y mucho menos los de la pasión? ¿Quién era, después de todo, esta monja presuntuosa, admirada en Europa, amiga íntima y acaso compañera sexual de la virreina, presidiendo una corte personal desde su celda, admitiendo que "padezco en querer y en ser querida"?

Al cabo, su celda monástica no fue capaz de protegerla contra la autoridad, masculina y rígidamente ortodoxa, personificada en su perseguidor, el arzobispo de México, Aguiar y Seixas. A los 40 años de edad, se le privó de su biblioteca, sus instrumentos musicales, sus plumas y sus tinteros. Fue arrojada de vuelta al silencio y murió, a la edad de 43 años, en 1695.

Y, sin embargo, derrotó a quienes la silenciaron. Su poesía barroca tuvo la capacidad de abrazar, para siempre, las formas y las palabras de la abundancia del Nuevo Mundo, sus nuevos nombres, su nueva geografía, su flora y su fauna, nunca antes vistos por ojos europeos. Ella misma se preguntó si su poesía no era más que un producto de la tierra: "¿Qué mágicas infusiones / de los Indios herbolarios / de mi Patria, entre mis letras / el hechizo derramaron?".

Cosas no mencionadas en la Biblia

El sincretismo religioso, el barroco afroamericano, la poesía europamericana de Sor Juana, fueron todas manifestaciones de lo que la historiadora Peggy Liss llama "el intercambio atlántico", la red de comercio, cultura y política que inmediatamente vinculó a Europa y a las Américas después de 1492.

En la base de estos "imperios atlánticos" hubo un intercambio de novedades, de cosas nunca vistas con anterioridad por los europeos o por los americanos. Después de 1492, la flora y la fauna emigraron en abundancia de un continente al otro, a veces con un sentimiento de asombro. Hoy, se trata de productos comunes y corrientes: los tomates, el chocolate. Al principio, en Europa, se temió que el tomate fuese venenoso, pero más tarde, por supuesto, se descubrieron sus deliciosas virtudes. La palabra deriva del azteca *xitomatl* pero probablemente los italianos le dieron su nombre más hermoso: *pomodoro*, la manzana dorada, con su insinuación de paraísos, tanto de placer como de pecado —como si los dos pudiesen separarse—. El chocolate, *xocolatl*, es otra palabra azteca y otro producto azteca. En el Imperio de Moctezuma era precioso y abundante a la vez, y hacía las veces de circulante monetario.

El emperador Moctezuma gozaba bebiendo chocolate, pero en Europa, al principio, se le consideró demasiado amargo para la mayor parte de los paladares. Sin embargo, las señoras de España enloquecieron con el brebaje y finalmente Luis XIV, casado con una infanta española, lo introdujo en la Corte de Versalles. Y si el chocolate abundaba en México, el azúcar escaseaba en Europa y alcanzaba altos precios después de ser cuidadosamente pesado en los platillos de una balanza. En el Nuevo Mundo, el azúcar floreció en los trópicos, invadió antiguos eriales e hizo la fortuna de su primer productor, Gonzalo de Víbora, en la isla de La Española. Cuando los trabajadores indígenas del Caribe se extinguieron, los esclavos negros vinieron a tomar su lugar, precisamente en las nuevas plantaciones de azúcar, ingenios o centrales.

Por supuesto, fue Colón quien primero vio hombres y mujeres cruzando una aldea mientras fumaban tabaco, el martes 6 de noviembre de 1492, naturalmente, en la isla de Cuba. Pero como con el resto de las novedades que llegaban del Nuevo Mundo, le tomó al Viejo Mundo un poco de tiempo acostumbrarse a estos productos exóticos, y se requirió toda la galanura de Sir Walter Raleigh para hacer que el tabaco fuese aceptado en Inglaterra, aunque el rey Jacobo I advirtió que la hierba "convierte los órganos internos de un hombre en una simple cocina". Pero si América fue descubierta porque los europeos querían más pimienta en sus mesas, la única especia encontrada en el Nuevo Mundo fue el chile, el ardiente ají que, escribió el padre Joseph de Acosta, era "la salsa principal de todos los platillos". En su *Historia natural de las Indias* de 1590, el obeso y sanguinolento padre, que subió y bajó sin aliento por las grandes alturas de los Andes, advirtió acerca del chile "que al entrar y salir dicen todos que quema". Y es más, continúa su advertencia, tomado en cantidades excesivas, "provoca sensualidad". Más ominosa, la hoja de la coca crecía en los Andes y mascándola, escribió Acosta, un hombre "puede caminar doblando jornadas sin comer a las veces otra cosa".

En Offenburgo, Alemania, existe un monumento a Sir Francis Drake, quien sostiene una papa en su mano. La inscripción se lee: "A Sir Francis Drake, quien introdujo la patata en Europa, AD 1586." Y la inscripción añade: "En nombre de los millones de campesinos que bendicen su memoria eterna".

Y sin embargo, cuando las primeras papas llegaron a Europa, parecían cosa sucia, semejante se dijo, a testículos o a trufas, y *truffles*, *kartoffel*. Y una secta religiosa rusa, advirtiendo que la patata no era mencionada en la Biblia, declaró que se trataba de una monstruosidad botánica. No imaginaban que el vodka sería fabricado con la fermentación de la patata.

Una cosa que Cortés encontró en abundancia en todas partes en las Américas fue el maíz, el pan del Nuevo Mundo, el regalo de Quetzalcóatl. América lo envió a Europa a cambio del trigo. Pero durante un largo tiempo, los europeos usaron el maíz sólo para alimentar a los cerdos, los cuales, domesticados, hicieron su aparición en el Nuevo Mundo, junto con los primeros mataderos.

El ganado y los caballos constituyeron, acaso, la mayor novedad de todas. Y si Bernal Díaz del Castillo podía precisar cuántos caballos llegaron con Cortés a México (16 en total), algunos años más tarde, escapando del poder de los conquistadores, los caballos retornaron a su estado salvaje y formaron inmensas hordas de cimarrones, desplazándose libremente a lo largo de la inmensa distancia entre Colorado y Patagonia.

El trigo y el ganado, emigrando hacia el sur como las antiguas tribus provenientes de Asia, habrían de sentar las bases para la gran riqueza agropecuaria del Cono Sur: Uruguay, Brasil y Argentina. Los ganados salvajes fueron capturados por los bucaneros ingleses, franceses y holandeses, así nombrados porque secaban y ahumaban la carne, un proceso llamado "bucan" por los indios caribes.

No toda era paz. También llegaron al Nuevo Mundo los mastines y los sabuesos, utilizados para seguir y atrapar a los indios fugitivos y más tarde a los esclavos negros. En Puerto Rico, Ponce de León consideraba que sus perros eran tan importantes, que les permitía compartir con él las comidas, los botines y recibir los estipendios propios de un soldado español. Pero los perros, al igual que los objetos de su persecución, también huyeron y formaron salvajes jaurías cimarronas.

Las plantas europeas que llegaron al Nuevo Mundo fueron un poco más sedentarias y vigiladas de cerca. Los olivos, las uvas, las naranjas y los limones se contaban entre las novedades europeas en las Américas. Las viñas eran consideradas tan preciosas que en el Chile colonial eran rodeadas por guardias armados: Excelente precaución, en vista de que Chile continúa produciendo el mejor vino de la América Latina. Las naranjas salvajes pronto se extendieron por las tierras subtropicales, y en tanto que las ovejas perecían en el trópico, se reprodujeron maravillosamente en las tierras altas y en las llanuras pamperas. El burro sentó sus reales en las Américas. Pero en su mirada melancólica había también un dejo de asombro ante los nuevos animales americanos, que tampoco fueron mencionados en el arca de Noé, como escribió Acosta. Ahora, aparecieron encaramados en las alturas de los Andes: vicuñas y guanacos, mientras les sobrevolaban aves jamás vistas por ojos europeos: el cóndor, fuerte y ligero, y buitres de ala veloz y mirada certera, limpiando las ciudades y las calles, descendiendo en picada sobre toda clase de cadáveres.

Los loros eran hablantines. El *guaxolotl* azteca era delicioso, llámasele, por los franceses, *dindon*, el pájaro de las Indias, o por los ingleses, característicamente desorientados, una "turquía". El hermoso quetzal languidecía en una jaula. Su vocación era volar libremente. Un guajolote sobre una mesa. Un loro parloteando en un patio. Un quetzal moribundo en su jaula. Un buitre volando sobre los tejados. Y debajo de ellos, las nuevas ciudades de las Américas.

La ciudad barroca

Ciudades nuevas, recién acuñadas como la plata de Potosí, extendieron el dominio español sobre el interior del continente. Aun las economías agrarias y mineras de las Américas tenían una base urbana, un centro citadino desde donde España ejercía su poder. Pero dentro de las ciudades, rápidamente se desarrollaron desigualdades extremas y fuertes tensiones. Las ciudades portuarias (La Habana, San Juan de Puerto Rico,

Cartagena de Indias, Maracaibo, Valparaíso) desarrollaron más rápidamente una civilización moderna mercantil, abierta a las influencias extranjeras y predispuestas a la convivialidad en sus calles. Se diferenciaban de las ciudades de montaña y altiplano (México, Bogotá, La Paz, Quito, Guatemala) y también de las ciudades costeras que se convirtieron en capitales virreinales (Lima, Buenos Aires) dado que, en éstas, el ímpetu comercial fue frenado a favor del instinto ceremonial.

El sueño no declarado de muchas de estas capitales era convertirse en sociedad cortesana, y esto les dio un barniz parasitario, subrayado por la gran división, dentro de cada centro urbano, entre los poseedores y los desposeídos. En tanto que una capital europea, a pesar de todas sus injusticias, podía desarrollar un sector intermedio mediante la actividad comercial y profesional, en la América española los hidalgos sólo lo eran porque poseían, fuera de la ciudad, minas y haciendas. Ser obedecido, servido, admirado y respetado: tal fue el propósito vital del hidalgo hispanoamericano. Le rodeaban quienes podían, precisamente, ofrecerle estos servicios. Sólo que en el Nuevo Mundo fue más difícil obtener el respeto feudal. Sátiras y pasquines describen y ridiculizan las ambiciones cortesanas de la alta sociedad, anclada en un mar de pobreza. Los privilegiados son pocos; los marginados muchísimos; y, entre ambos, un reparto jocoso de pícaros, rateros, prostitutas y limosneros ocupa la escena, igual que en las ciudades barrocas del Siglo de Oro español.

Tensiones entre poseedores y desposeídos. Tensiones entre hidalgos ricos e hidalgos pobres. Entre todos los hidalgos de origen español y los mestizos rencorosos, maliciosos, ambiciosos y burlones, corroyendo las rígidas diferencias entre las clases altas y bajas. Y los indios, negros y mestizos pobres no sólo aumentaron, sino que amenazaron a las clases superiores. Además de las sublevaciones indias de los primeros años de la Colonia, numerosos motines populares se sucedieron a lo largo del tiempo. En 1624, el palacio virreinal en la Ciudad de México fue incendiado por una masa de trabajadores urbanos, encabezados por frailes rebeldes en protesta contra el "mal gobierno"; o el famoso "tumulto" de 1692, inspirado por la escasez de alimentos y los precios en ascenso, atacó también el palacio y otros edificios gubernamentales.

La descripción más elegante de la vida en una gran metrópoli barroca del Nuevo Mundo nos fue dada por Bernardo de Balbuena, un poeta español que llegó a México como niño, y escribió sobre lo que llamó la grandeza de la Ciudad de México en 1604. Sólo en el capítulo de "regalos, ocasiones de contento" Balbuena habla "de fiestas y regalos mil maneras", incluyendo conversaciones, juegos, convites, jardines, cazas, saraos, conciertos, música, regocijos, "fiestas y comedias nuevas cada día", usos nuevos, antojos de señores, la autoridad de coches, carrozas, sillas y literas, de mujeres, tocados y quimeras, de sus maridos "carcomas y dolores", y todo ello bañado en "escarchas, bordaduras, entorchados, / joyas, joyeros, perlas, pedrería, / aljófar, oro, plata, recamados"; y atendido por legiones de criados; y todo ello, también, prueba elocuente de la nueva posición de la Nueva España como cruce de caminos comerciales:

En ti se junta España con la China,
Italia con Japón, y finalmente
un mundo entero en trata y disciplina...

Estas pretensiones son derribadas, notablemente, por los cronistas de la otra capital virreinal, Lima. Mateo Rosas de Oquendo ridiculiza a la oligarquía limeña, rodeada de

Poetas mil de escaso entendimiento;
cortesanas de honra a lo borrado;
de cucos y cuquillos más de un cuento.

El virrey nos dice estar rodeado de "vagabundos, pelones caballeros, jugadores sin número y coimeros", en tanto que la policía son "ladrones muy cursados". Una ciudad, termina diciendo, con "el sol turbado, pardo el nacimiento: aquesta es Lima y su ordinario trato". Simón de Ayanque, en su descripción de la Lima colonial, va más lejos y más peligrosamente. Ésta es una ciudad, nos recuerda, de "indias, zambas y mulatas, chinos, mestizos y negros... Verás en todos oficios chinos, mulatos y negros, y muy pocos españoles... Verás también muchos indios que de la tierra vinieron, para no pagar tributo y meterse a caballeros".

La pretensión de ser algo distinto parece ser uno de los sellos de las sociedades urbanas barrocas, divididas entre ricos y pobres, órdenes eclesiásticas en pugna, apasionados amoríos y negaciones igualmente apasionadas del sexo y del cuerpo. Por lo visto, en la época colonial coexistieron un estricto puritanismo y una proliferación libertina.

Roland Barthes ha escrito que el sadismo prevalece sobre todo en las regiones subdesarrolladas. La crueldad sexual puede ejercerse fácilmente en sociedades de estrictas separaciones sociales, donde el compañero sexual puede ser fácilmente reclutado (de entre las legiones de criados), el objeto del placer fácilmente desechado, y la impunidad disfrutada aunque practicada en lugares ocultos. Las ciudades de la Hispanoamérica colonial poseyeron todos estos atributos, con la dimensión añadida —impunidad, escondrijo— del mundo religioso del convento y el monasterio.

El escritor mexicano Fernando Benítez, en un delicioso libro llamado *Los demonios en el convento*, relata muchas de las "ficciones alucinantes" que le dieron a las sociedades de América Latina, junto con sus prácticas libertinas, el correspondiente erotismo represivo. El arzobispo de México en tiempos de Sor Juana, Aguiar y Seixas, detestaba de tal modo a las mujeres que no las permitía en su presencia, y si accidentalmente se topaba con una, enseguida se cubría la cara con las manos. Su odio hacia el agua (otra fobia hispanocatólica) era igualmente ferviente, y en su furia le asistía el hecho de que caminaba ayudado por muletas, y las usaba con violencia, como lo supo el poeta Carlos de Sigüenza y Góngora, amigo y protector de Sor Juana, cuando el arzobispo le rompió los anteojos y le cortó la cara en el curso de una disputa teológica. Aguiar y Seixas también logró suprimir las peleas de gallos, el juego, las novelas, y desde luego, en cuanto le fue posible, a las mujeres.

En una época presidida por tan implacable prelado, responsable de la caída de Sor Juana, otros puritanos, inferiores al arzobispo pero igualmente celosos, actuaron con prontitud. Un cierto padre Barcia, hacia el final del siglo XVII, decidió reunir a todas las mujeres de la Ciudad de México y encerrarlas en el convento de Belén, donde jamás serían vistas por hombre alguno. Por supuesto, el padre Barcia sólo logró reunir a un gran número de prostitutas, actrices y cirqueras. Pero una vez que las hubo encerrado en el convento, los amantes de estas mujeres trataron de liberarlas y de asesinar a Barcia. Sitiaron el convento, y cuando las mujeres se rebelaron, diciéndole al buen padre que si éste era el cielo, ellas preferían el infierno, Barcia enloqueció y trató de suicidarse mediante la inserción de supositorios de agua bendita en el recto.

En una época dominada por la triple tensión del sexo prohibido, el ideal de esposar a Cristo y el ideal de la maternidad virginal, muchas monjas mexicanas, horrorizadas ante sus propios cuerpos, se vendaron los ojos, comunicando así su deseo de ser ciegas y sordas; lamieron el piso de sus celdas hasta formar una cruz con saliva; fueron azotadas por sus propias criadas y se embarraron con la sangre de sus propias menstruaciones.

Los monjes y los sacerdotes también, dice Benítez, hubieran disfrutado golpizas como las que recibió San Juan de la Cruz, pues en ello veían una compensación por los sufrimientos de Cristo en el Calvario.

La última utopía y el primer rebelde

La última frontera de la utopía en el Nuevo Mundo fueron las misiones jesuitas del Paraguay. Ahí, los jesuitas habían obtenido un decreto real liberando a los indios guaraníes, autorizados para gobernarlos y educarlos dentro de los límites de una república cristiana semejante a la Ciudad de Dios en la Tierra. En vez de morir por trabajos forzados o de viruela, los guaraníes del Paraguay abolieron el uso del dinero, establecieron la propiedad comunal y vivieron una vida contenta basada en la distribución equitativa de la riqueza.

Pero esa utopía sólo perduró aislada, en virtud de que el rey de España le dio a los jesuitas el derecho de armarse y armar a los indios en contra de los colonizadores españoles y portugueses deseosos de apoderarse de ellos y de sus tierras. Sin embargo, es válido preguntarse si una utopía armada es realmente una utopía. Privados de armas y de la protección de los jesuitas, quienes fueron expulsados de España y sus dominios por los Borbones en 1767, los guaraníes, también, fueron absorbidos por la masa de poblaciones desesperadas y esclavizadas que, durante un momento dramático, encontraron una voz en la rebelión de Túpac Amaru.

El 4 de noviembre de 1780, el cacique indio de la provincia de Tuita en los Andes, José Gabriel Condorcanqui, tomó el nombre del último emperador inca, Túpac Amaru, y reclamando la descendencia de los monarcas indios, se levantó en armas contra el gobierno español. Seguido por un ejército de arrieros indios, Túpac Amaru extendió la revolución por todo el país.

Fue una rebelión inmersa en la violencia y en el simbolismo. Puesto que los españoles habían demostrado desmedida sed de oro, Túpac Amaru capturó al gobernador español y lo ejecutó obligándolo a beber oro derretido. Y puesto que los indios sólo po-

dían ser derrotados por la caballería española, Túpac
Amaru fue ejecutado de la siguiente manera, tras de
su captura en 1781. Un testigo anónimo describe la
muerte del cacique revolucionario indio: "Se le sacó a
media plaza: allí le cortó la lengua el verdugo, y despojado de los grillos y esposas, lo pusieron en el suelo:
atáronle a las manos y pies cuatro lazos, y asido éstos
a la cincha de cuatro caballos, tiraban cuatro mestizos
a cuatro distintas partes: espectáculo que jamás se había visto en esta ciudad. No sé si porque los caballos
no fuesen muy fuertes, o el indio en realidad fuese de
fierro, no pudieron absolutamente dividirlo, después
de un largo rato lo tuvieron tironeando, de modo que
le tenían en el aire, en un estado que parecía una araña.
Tanto que el Visitador, movido de compasión, porque
no padeciese más aquel infeliz despachó de la Compañía una orden, mandando le cortase el verdugo la
cabeza, como se ejecutó. Después se condujo el cuerpo
debajo de la horca, donde le sacaron los brazos y los
pies... Este día concurrió un crecido número de gente,
de que entre tanto concurso no se veían indios, á los
menos en el traje mismo que ellos usan, y si hubo algunos, estarían disfrazados con capas ó ponchos. Su-
ceden algunas cosas que parece que el diabolo las
trama y dispone, para confirmar á estos indios en sus
abusos, agüero y supersticiones. Digolo porque, habiendo hecho un tiempo muy seco, y días muy sere-
nos, aquel amaneció tan toldado, que no se le vio la
cara al sol, amenazando por todas partes á llover; y á
hora de las doce, en que estaban los caballos estirando
al indio, se levantó un fuerte refregón de viento, y tras
este aguacero, que hizo que toda la gente, y aun las
guardias se retirasen á toda prisa. Esto ha sido causa

de que los indios se hayan puesto á decir, que el cielo y los elementos sintieron la muerte del Inca, que los españoles inhumanos é impíos estaban matando con tanta crueldad. ...De este modo acabaron José Gabriel Túpac Amaru y Micaela Bastidas."

En nuestro propio tiempo, Pablo Neruda escribiría que en los Andes, hasta las semillas repiten en silencio: "Túpac". Tradición de revueltas sin fin y traiciones sin fin; y otra tradición, de aspiraciones utópicas también sin fin, violentas o razonables, habían gobernado los territorios españoles en el Nuevo Mundo. Cuando la monarquía borbónica sucedió a los Austrias en España, claramente anunció que ahora había llegado la edad de la razón. Fue también la época del pintor que imaginó el sueño de la razón produciendo monstruos.

De la serie Los caprichos de Francisco de Goya

10. La época de Goya

El primero de noviembre de 1700, Día de los Muertos, el último monarca de la Casa de Austria en España, Carlos II, murió sin dejar descendencia. Él mismo era el último descendiente de Juana la Loca, la hija de Isabel la Católica. Uno de sus biógrafos dijo que había sido envenenado cien años antes de morir.

Todas las semillas de la locura y la enfermedad implantadas durante el largo reinado de los Habsburgo se concentraron al cabo en este pobre niño imbécil, quien nunca pudo cerrar su mentón prognata y que no aprendió a caminar hasta la edad de siete años. Fue llamado El Hechizado y mantenido en vida, se dijo, como asunto de Estado, a fin de pretender que el Imperio español tenía una cabeza y podía aún imponerse a los otros Estados europeos. Una especie de portento tuvo lugar cuando El Hechizado visitó el palacio estival de los Habsburgo, la granja de San Ildefonso cerca de Segovia, y el lugar enseguida se incendió.

Fue reconstruido como un Versalles español, al estilo rural, por el siguiente rey de España, Felipe V, quien era el nieto de Luis XIV de Francia. Felipe llegó al trono como resultado de la Guerra de la Sucesión española, que una vez más enfrentó a Francia contra Inglaterra en la lucha por decidir quién habría de ocupar el trono de España y reinar sobre sus extensos dominios.

Pero el rostro del último de los Austrias simbolizó todo aquello que los Borbones modernizantes querían reformar y dejar atrás: la tradición al servicio del prejuicio; la intolerancia; el aislamiento de la modernidad. Un capítulo más de la larga lucha española entre lo tradicional y lo moderno sería vivido a lo largo del siglo XVIII, ilustrando una vez más el combate cultural casi constante, en España y la América española, entre lo viejo y lo nuevo.

La Ilustración anunció una nueva era para la humanidad. El pasado fue dejado atrás, irracional y bárbaro. El futuro fue aclamado: el hombre era perfectible, le bastaba aplicar su razón a las tareas del progreso. La felicidad en esta tierra era posible, gracias a la ciencia, la educación y el desarrollo económico. La Ilustración puso a Europa en el umbral de la Revolución Industrial. ¿Se uniría España a esta corriente general del continente o permanecería, una vez más, fuera de ella? ¿Saldría España, por fin, de la larga noche de El Escorial para entrar al reino solar del Siglo de las Luces? Dos hombres están de pie en el centro de esta arena cultural. Uno es un humanista, pensador y estadista de origen patricio. El otro, un pintor de instintos populares y origen plebeyo, ascendido hasta las más grandes alturas en alas de su genio artístico. El nombre del humanista es Melchor Gaspar de Jovellanos. El del pintor, Francisco de Goya y Lucientes.

Una revolución feliz

En el año 1789 Jovellanos posó para Goya. El resultado es el retrato más radiante, pero también el más triste, del hombre ilustrado del siglo XVIII: el filósofo de una Europa que abrazó los ideales de la Ilustración: razón, claridad, tolerancia, sin la dosis suficiente de escepticismo respecto de ellos. Es uno de los grandes retratos biográficos, condensando en la mirada la actitud y el aire de un hombre y cuanto lo rodea, la vida de ese hombre, pero también la de su tiempo.

Nacido en la provincia norteña de Asturias, y onceavo hijo de un sistema gobernado por la primogenitura, Jovellanos fue destinado ante todo a la vida eclesiástica, pero después de fracasar, providencialmente, en sus exámenes canónicos, llegó a Madrid a tiempo para subirse al carruaje del reformismo borbón y llamar la atención del poderoso ministro de Carlos III, el conde de Aranda. En un periodo de catorce años, entre las edades de 23 y 37, Jovellanos ascendió de juez penal en Sevilla a miembro de la Real Academia Española en Madrid. Se describió a sí mismo entrando al mundo del derecho armado sólo con "una lógica bárbara y una metafísica estéril y confusa", resultado de sus estudios religiosos. Pero uno de sus amigos en aquella época lo describió como un hombre que mantenía la "cabeza erguida" y que "pisaba firme y decorosamente por naturaleza, aunque algunos creían que por afectación".

Jovellanos, el juez, se propuso limpiar las cárceles andaluzas y poner fin a la práctica corriente de la tortura. Simbolizó su política reformista abandonando la peluca tradicional de la magistratura y apareciendo con la cabeza desnuda en el tribunal. Pero mientras otros libraban la batalla de la modernidad basados puramente en las apariencias, Jovellanos estaba convencido de que la Ilustración debía ser algo más que un hecho formal.

El ímpetu modernizante de los Borbones españoles se detuvo temporalmente debido a los levantamientos populares que siguieron a los llamados motines de Squillace, cuando el Domingo de Ramos de 1766, en Madrid, las turbas enardecidas atacaron la residencia del marqués de Squillace, ministro en la Corte del monarca borbón, Carlos III. El marqués, que era italiano por nacimiento, fue juzgado culpable de promover un decreto prohibiendo el uso del chambergo y la capa porque, de acuerdo con las autoridades, protegían a los criminales y les permitían escapar con impunidad.

En cambio, los ciudadanos de Madrid fueron animados a usar el sombrero de tres picos y la capa corta, prendas que hacían imposible disfrazarse. Cuando los madrileños no hicieron caso del decreto, grupos especiales de la policía procedieron a cortar el ala de los sombreros con tijeras y en público, hasta que el chambergo adquiriese una dimensión moderna, aunque adornase cabezas tradicionalistas y gruñonas.

La población amotinada ocupó las calles de Madrid y caminó hasta el palacio real, obligando al rey y a su familia a abandonar la ciudad. Sólo el despido del ministro Squillace calmó esta furia tradicionalista y, finalmente, xenofóbica. Los acontecimientos internacionales tampoco ayudaron al monarca reformista. España había sido derrotada por Inglaterra en la Guerra de Siete Años, y aunque Gibraltar se encontraba ya en manos británicas, ahora La Habana y Manila fueron capturadas también por la pérfida Albión, y sólo fueron devueltas a la tutela española a cambio de la Florida y todos los territorios colonizados por España al este del Mississippi.

A fin de sobreponerse a estos contratiempos e impulsar, a pesar de ellos, las reformas modernizantes, el enérgico conde de Aranda fue nombrado primer ministro. Su consejero principal, su enciclopedia personal, sería el joven magistrado de Asturias, Jovellanos, en cuyos discursos, escritos y acciones, la "revolución feliz" de la Ilustración obtuvo vuelo intelectual y propósito práctico. Darle "entrada a la luz" en los dominios de España, exclamó Jovellanos: lo que España necesita son "ciencias útiles, principios económicos, espíritu general de ilustración".

Educadores y escritores como Jovellanos, y estadistas como Aranda dirigieron a España hacia el desarrollo, el pragmatismo, las comunicaciones y la educación pública. Una docena de sociedades para la difusión de las artes fue fundada; mil ideas para la modernización económica fueron lanzadas; y cien decretos trataron de implementar el espíritu de la Ilustración española bajo Carlos III.

Pero un contratiempo mayor esperaba a España cuando, al morir Carlos III, su hijo, Carlos IV, ocupó el trono y rápidamente deshizo cuanto pudo de la obra de su padre. Una frivolidad sin medida fue determinante para ello. A Carlos IV le interesaba más la buena vida que la buena educación, había muy poca materia gris debajo de su peluca empolvada, y era fácilmente manipulado por su reina, la sexualmente voraz María Luisa de Parma, conocida con el mote un tanto quesero de la Parmesana.

El escandaloso amasiato de la reina con un oficial de 27 años llamado Manuel Godoy, elevado al puesto de primer ministro, y después de sus derrotas frente a Francia en 1795, designado por el rey "Príncipe de la Paz", reveló que los peores vicios del nepotismo, el favoritismo y la corrupción habían sucedido, desgraciadamente, al despotismo ilustrado de Carlos III.

Jovellanos sufrió en consecuencia. Mantuvo alta la cabeza, pero entendió que la época de Carlos III había terminado. Cuando Carlos IV empezó a perseguir a los antiguos ministros de la Ilustración, Jovellanos continuó apoyándolos, aunque muchos de ellos no fueron capaces de apoyarse a sí mismos. En un macabro prólogo a las persecuciones de nuestro propio tiempo, un ministro acusado reconoció, en una carta a Jovellanos que "Inspiro temor. Seré observado. Que estaré en la lista de los proscriptos. Que quiero ser heroico. Que no puedo serlo. Que me pierdo". El mensaje a Jovellanos fue transparente: Deja que otros sean los héroes. El macartismo no es nada nuevo, con o sin pelucas polveadas.

A partir de entonces, nadie encarnaría los dilemas propuestos por la decisión de permanecer fiel a los ideales propios, pero salvando la integridad física, mejor que Jovellanos. Regresó a su casa en Asturias, satisfecho, moral e intelectualmente, con darle realidad y raíz a sus ideas en su propio terruño. Asturias era una tierra rica en agricultura y un subsuelo rico en carbón, y Jovellanos aprovechó la oportunidad para hacer a España consciente de su riqueza potencial. La Revolución Industrial se aproximaba y España no debería quedarse atrás una vez más. Jovellanos fundó un instituto de mineralogía en Asturias, promovió el uso del carbón para generar energía, y abrió nuevos puertos y nuevas carreteras, caminos hacia el corazón de una España urgentemente requerida de una reforma agraria. Denunció la acumulación de tierras baldías, improductivas, en las manos de unos cuantos terratenientes ausentistas; y le indignaron las condiciones inhumanas de la vida rural, donde las ovejas recibían mejor trato que los hombres; pero también luchó en favor de la escuela y el archivo, la irrigación y la comunicación. Fue llamado "el viajero de la Ilustración", penetrando la tierra dura y aislada de sus antepasados.

El sueño del progreso en el Siglo de las Luces español llegó a su fin cuando los reyes franceses perdieron sus cabezas y los reyes españoles, decidiendo no perder las suyas, regresaron a la práctica del absolutismo ultraconservador. El proceso modernizante fue prácticamente detenido a partir de la Revolución francesa. Pues, acaso, ¿no eran la educación, la ciencia y la reforma, las armas mismas de la Revolución? ¿Y no había proclamado Melchor Gaspar de Jovellanos, en voz alta, que la injusticia social permite establecer "la opulencia de los ricos en la miseria de los pobres" y levantar "la felicidad del Estado sobre la opresión de los miembros del Estado mismo"?

En 1794, Jovellanos cumplió los cincuenta años de edad, considerada ya la vejez en aquella época. Lejos de la Corte, en Asturias, se contentó con librar una acción de retaguardia en favor de sus ideales de progreso. Temió que él mismo, como muchos de sus amigos, fuese acusado públicamente y luego castigado. Pero como si su propio refinamiento estimulase la perversidad de sus enemigos, Jovellanos, en 1797, fue obsequiado con un regalo envenenado por Godoy y Carlos IV, al ser nombrado embajador de España en Rusia. Junto con el cargo público, llegó la angustia privada. ¿Debería aceptar y, como él mismo escribió, "haré el bien, evitaré el mal que pueda", o se mancharía a sí mismo para siempre, colaborando con el gobierno corrupto, despótico y frívolo de Carlos IV? En todo caso, el filósofo no abrigaba demasiadas ilusiones: "¡Dichoso si conservo el amor y opinión del público que pude ganar en la vida oscura y privada!"

Puesto público, dolor privado. Sus sueños se volvieron "Breve y turbado sueño. Hasta las piedras excitan mis lágrimas". Invitado a comer con Godoy, en presencia de la mujer del primer ministro pero también de su amante, la cantante Pepita Tudó, una tercera relación se hacía presente: la de Godoy con la propia reina, la Parmesana. En su diario, Jovellanos consignó: "Este espectáculo acabó mi descontento. Mi alma no puede sufrirle. Ni comí, ni hablé, ni pude sosegar mi espíritu. Huí de allí…".

Pero Godoy estaba decidido a atrapar al ratón intelectual, o, quizás, le divertía jugar con él como un gato. Cuando le ofreció a Jovellanos el Ministerio de Justicia, uno de los cinco puestos de gabinete en la España de Carlos IV, un horizonte de inmenso poder se abrió ante la mirada del filósofo. Durante ocho meses, Jovellanos trabajó de buena fe. Su enemigo era la Inquisición. Pero una vez que adquirió el gusto por el poder, Jovellanos fue cesado tan rápidamente como había sido nombrado. Sus amigos y simpatizantes fueron objeto de calumnias, intrigas e incluso encarcelamientos. Se le aplicó la ley del hielo. La tertulia de Jovellanos en Gijón se volvió cada vez más triste y solitaria. El filósofo se preguntó si sus amigos, intimidados y desagradecidos, regresarían un día a ella. "Acaso volverán. ¡Nada me importa!", escribe en su diario. Y se preparó estoicamente para soportar lo que, inevitablemente, habría de venir. Estimaba que su conducta había sido honesta e inmaculada y que, siendo esto así, podría soportar todos los embates de la mala fortuna. En todo caso, no le quedaba más recurso que el testimonio de su propia conciencia. Y su conciencia "sólo me acusa de aquellas flaquezas que son tan propias de la condición humana".

Éste era Jovellanos, una vez más la encarnación del estoico español, pero esta vez pintado por Goya, sentado en una silla barnizada de oro, una hoja de papel en la mano, la cual descansa sobre la rodilla derecha; su cabeza descansando sobre la otra mano, el codo plantado en una mesa de trabajo llena de libros y papeles, una pluma y una estatua de la diosa del saber, Minerva, la inteligencia armada, vigilando al sabio. Pero los dorados y la diosa son menos impresionantes que la cualidad civil del retrato, el hombre sin peluca, vestido con pantalón y levita burgueses, medias sencillas y zapatos de hebilla. De haber sido norteamericano, Jovellanos hubiese sido el primo de Benjamín Franklin. Pero, en verdad, es la versión ilustrada del magnífico retrato de El Greco, *El caballero de la mano en el pecho* que es, además, la versión siglo XVII del eterno perfil histórico ofrecido por una parte de España como correctivo contra lo picaresco o lo cruel, lo pintoresco o lo poderoso. Equilibrio exacto entre la arrogancia de los menos y la humildad de los más, es el retrato de un hombre refugiado en su fuero interno, protegido por sus valores, su dignidad y sus convicciones privadas, en un mar público de intriga, adversidad y compromiso.

Jovellanos, último descendiente de Séneca en España, tuvo que echar mano de toda su fortaleza personal para enfrentarse a la fortuna adversa. Fue arrestado en marzo de 1801 en su Asturias nativa. Un informante lo había denunciado secretamente de "leer libros prohibidos", e insistió en enviarle "muy lejos de su tierra, privándose de toda comunicación y correspondencia". Jovellanos, añade la carta que lo denuncia, debe servir de ejemplo contra "los infinitos libertinos" que siguen sus ideas. Su casa fue rodeada al amanecer, Jovellanos arrastrado fuera de su cama, sus papeles confiscados, y al día siguiente, el filósofo salió al exilio acompañado de cuatro guardias armados. Se le siguió juicio secreto, y después de un periodo de encarcelamiento en una cartuja, el "viajero de la Ilustración" se convertiría en el prisionero del castillo de Bellver en la isla de Mallorca. Ahí permaneció siete largos años.

La reacción en contra de la incompetencia y la corrupción de la trinidad *non sancta* de Carlos IV, la Parmesana y Godoy, hizo causa común en torno al heredero de la corona, Fernando. Una turba amotinada en Aranjuez obligó a Carlos IV a renunciar en favor de su hijo. Poco le faltó a Godoy para perecer en el mitote y uno de los primeros decretos del nuevo gobierno fue liberar a Jovellanos de su castillo prisión.

Pero Napoleón sabía actuar con más rapidez que cualquier borbón. Antes de que el nuevo rey, Fernando VII, pudiese poner un pie en Madrid, Bonaparte secuestró al padre y al hijo, Carlos IV y Fernando VII, junto con el favorito Godoy y su amante, la reina María Luisa, en Bayona. Acto seguido, Bonaparte impuso una constitución liberal, aboliendo la Inquisición y las alcabalas, privando al feudalismo y a la Iglesia de muchos privilegios y proclamando los derechos del hombre. Los Bonaparte, Napoleón y su hermano José, instalado como rey de España, invitaron a Jovellanos a unirse a "la gran tarea" de hacer de España, al fin, una nación moderna.

Jovellanos dirigió la mirada hacia Madrid. Ahí, la población se había levantado contra las fuerzas de ocupación francesas. Cuando Francia le ofreció a los españoles la libertad a cambio del despotismo de los reyes, los españoles gritaron "¡Vivan las cadenas!", y en vez de la libertad, fueron conducidos al paredón. Goya pintó esta escena inolvidable; es la noche del 2 de mayo de 1808. Y Jovellanos tomó una decisión. Lucharía por España, por su independencia, pero no por los Borbones estúpidos, corruptos y venales, retratados para siempre en el gran cuadro goyesco de Carlos IV y su familia.

España luchó y fue derrotada por la máquina de guerra imperial de Bonaparte. Jovellanos, sintiendo que todo estaba perdido, regresó a su hogar asturiano. El pueblo enloqueció, el filósofo fue llevado en triunfo hasta su residencia, se encendieron hogueras para celebrar su regreso, todo el mundo iluminó su casa en su honor y Jovellanos fue proclamado "padre de su patria". Pero encontró que su casa, sus libros y sus pinturas habían sido saqueados por las tropas del mariscal Ney. Una vez más, los franceses se encontraban a las puertas de Asturias. Jovellanos apenas tuvo tiempo de embarcarse en una noche tormentosa, acercándose a una aldea de pescadores cuando la navegación se volvió imposible. Ahí murió de pulmonía, delirante, repitiendo sin cesar: "Una nación sin cabezas. Una nación sin cabezas."

El sueño de la razón

Como para compensar y establecer una tensión dramática entre las fuerzas de la razón y las advertencias de la imaginación artística, el escenario de la España ilustrada lo compartió Jovellanos con su complemento y antítesis, Goya. Ambos llegaron a Madrid en el punto culminante del régimen reformista de Carlos III. Pero si Jovellanos era un intelectual aristócrata, proveniente de una provincia que es casi sinónimo de la dignidad, Asturias, Goya era un hijo instintivo y plebeyo de la provincia ruda y dura de Aragón. Hijo de artesanos, su pinta no lo desmiente. Llegó desde las profundidades de España, la aldea aragonesa de Fuendetodos, un pueblo, se decía, "que ponía los pelos de punta". Sus gentes eran sin duda duras pero también decididas, groseras a veces, pero también soñadores secretos. Aragón es también la patria chica del Goya contemporáneo, el cineasta Luis Buñuel.

Goya era robusto, hirsuto, sus ojos eran soñadores, pero poseían un brillo metálico. Su nariz era plebeya, levantada; su boca era un misterio, sensual, protuberante, como un riñón en el centro de su ancho rostro. Sus camisas están abiertas en el cuello, revelando un pecho virilmente velludo; sus botas están empasteladas de lodo y excremento. Amaba al pueblo, tenía un espíritu abierto y se unía fácilmente a las fiestas populares. De hecho, perdió el uso de una oreja tomando parte en un excesivo concurso de levantamiento de carretas en Aragón. Su capacidad para el trabajo fue siempre estupenda.

Nombrado pintor de la Corte en 1786, Goya ingresó al mundo de corrupción y engaño de la decadencia borbónica que sucedió al reino de Carlos III. Hermosas duquesas, filósofos brillantes, príncipes estúpidos, reinas infieles aunque feas, favoritos venales, pero también toreros y actrices embarcados en las naves de la vanidad y el egoísmo, le rodeaban. Engaño y corrupción; pero también, elegancia, sensualidad y un intenso gusto por la vida. Pues el Siglo de las Luces, en España, fue también el siglo de las candilejas, de las plazas de toros y de la parranda aristocrática. Goya sería el pintor de este mundo.

Ciertamente, cuando se le pidió traer la felicidad y la luz, Goya lo hizo de mil amores. Los grandes cartones del Prado reproducen los cielos brillantes y las cálidas sombras de un sensual verano madrileño. Esta serie extraordinaria de escenas alegres, asoleadas y juguetonas, cervantinas a veces en su bullicio popular, reflejan sin embargo la atmósfera del Madrid de los Borbones, a medida que la ciudad creció y se hermoseó bajo el gobierno progresista. Algunos de los más bellos monumentos y avenidas madrileños se construyeron bajo Carlos III: el Museo del Prado, las fuentes de Neptuno y La Cibeles, la Puerta de Alcalá. Con razón Jovellanos alegó que fundar dos nuevas ciudades en España resultaba mejor y menos caro que conquistar una ciudad extranjera.

Pero la intención de Goya, aun cuando pintaba las más deliciosas escenas preimpresionistas de festivales campestres, tales como la fiesta de San Isidro en Madrid, o el maravilloso cuadro de la muchacha bajo un parasol mientras su amante la corteja, nunca fue la de ilustrar, sino la de introducir. Goya introdujo el pueblo a la aristocracia. La mujer de alcurnia pasa en su carroza, y cruza miradas con las vendedoras callejeras. Los aristócratas se pasean vestidos como toreros, y las actrices son las reinas de Madrid. Entre todos, imponen el estilo del majismo, masculino y femenino: el triunfo del estilo sobre el contenido, el culto de la belleza y la juventud, la consagración de la pose, la actitud, la teatralidad. Y todo ello buscando su fuente en la energía popular. La alta sociedad descendió a las barriadas. Y Goya fue quien le dio su icono definitivo a esta época, con sus dos grandes retratos de la duquesa de Alba.

En uno de ellos, *La maja vestida*, vemos a la gran dama disfrazada como muchacha del pueblo. En el siguiente, *La maja desnuda*, Goya ha desvestido a la duquesa, nos ha mostrado su intimidad, la dulzura color de rosa de sus pezones, la oscura invitación de su sexo, la audaz suavidad de sus axilas afeitadas. La maja no era una modelo posando como diosa mitológica. Esta mujer poseía tanto un título aristocrático como un disfraz popular. ¿Eran ambos, al cabo, disfraces? ¿No es el cuerpo, al cabo, un disfraz del alma, de la imaginación, de sus temores y anhelos?

Goya, el crítico social, traspasó con la mirada el espectáculo vicario de la nobleza disfrazada de proletariado, con las sombras más ácidas, con la luz más filosa. *Los caprichos* son la crónica insuperable de la locura humana, sus hipocresías, debilidades y corrupciones. La belleza de la técnica empleada por Goya, el aguafuerte blanco, negro y gris, proyecta estas escenas de la miseria moral más allá de cualquier sospecha moralista. Los grabados de *Los caprichos* al cabo se resuelven, en el más famoso de todos ellos, en una crítica de la razón, crítica del optimismo acrítico, crítica de la fe sin límites en el progreso.

Me gusta comparar el semblante digno, casi republicano de Melchor Gaspar de Jovellanos, pintado por Goya, y el más famoso de *Los caprichos, El sueño de la razón produce monstruos*. El retrato esencial del hombre de razón, sentado junto a su mesa de trabajo, el papel en una mano, la cabeza descansando sobre la otra, se convierte en el capricho de la razón dormida, liberando a los monstruos tanto de la psique como del mundo. El atuendo y el escenario son los mismos que en el retrato. Pero en el grabado, Jovellanos, el educador, ha sucumbido al sueño un minuto después de que Goya lo pinte en su habitual estado de racionalidad total. Ahora, en el sueño de la razón, las alas de los murciélagos vuelan sobre la cabeza del filósofo. Las gárgolas y las lechuzas saquean su sueño del progreso ilustrado, y la razón, atrozmente, es vampirizada. Pero acaso la razón, cuando olvida sus propios límites y deja de comportarse críticamente en relación con sí misma y con su hija, el progreso, merece esta pesadilla. Acaso sólo el sueño de los monstruos produce la razón.

Señalé con anterioridad que la tradición estoica de España encarna de manera dramática en la figura y la obra de Jovellanos. Es tiempo de añadir que otra gran tradición española, el erasmismo renacentista, no es tampoco ajena a esta figura.

Pero, ¿en realidad duerme eternamente Jovellanos el sueño de la muerte o apenas toma una pequeña siesta, desilusionado: ¿*El sueño de la razón*? "Martes 20 —escribe en las páginas finales de su *Diario*—. Poco sueño. Nubes. Frío." Dormido, Jovellanos libera los monstruos de la razón. Mediante esta asombrosa y dramática comparación entre la vigilia y el sueño, entre la realidad del hombre despierto y la fantasía del hombre dormido, Goya arroja una luz inmensa (junto con una inmensa sombra: una y otra rara vez se separan en este artista) sobre la totalidad de su obra, uniendo de esta manera la asoleada libertad de los cartones a las obras finales, las inmensamente amargas "pinturas negras" de un viejo sordo que, en la década de sus setenta años, insiste en pintar cuando la fiesta ha terminado, cuando la Corte de Carlos IV ha profanado el sentido de las luces, y cuando los ejércitos de Napoleón han invadido España.

De esta suerte, el gran diseño de Goya apareció poco a poco, revelándose en una tela que en realidad se desenvuelve como una cinta cinematográfica sobre un territorio tanto español como universal, en un tiempo tanto pasado como contemporáneo, tan luminoso como los cielos estivales de Castilla, y tan horrible como un frío páramo invernal. Sobre este espacio y en este tiempo, en tanto que la historia hace desfilar sus demonios —poder, vanidad, gloria, valentía, matanzas— y daña los dominios de la naturaleza con sangre y muerte, la figura final de Goya aparentemente sería el Dios devorador y enloquecido, Saturno. Pero entre los demonios de la historia y los dominios de la naturaleza, Goya es capaz de invocar, dolorosa, majestuosamente, la respuesta del arte.

Francisco de Goya y Lucientes murió en Burdeos en 1828, a la edad de 82 años, exiliado de su suelo natal. Después de que Napoleón abandonó España y entró a los años finales de sus derrotas y destierros, el ultrarreaccionario Fernando VII volvió a ocupar el trono, actuando como si nada hubiese ocurrido ("Los Borbones", dijo famosamente Talleyrand, "no olvidan nada pero no aprenden nada"), pisoteando la Constitución liberal de 1812 y el legado de Jovellanos. Goya fue obligado a desterrarse y, cuando murió, fue enterrado en Francia.

Sólo en 1899 pidió el gobierno español que los restos del gran artista regresasen a Madrid. Cuando el cónsul español en Burdeos ordenó la exhumación del cadáver de Goya, descubrió que el cuerpo carecía de cabeza. Inmediatamente mandó un telegrama al Ministerio en Madrid: "El esqueleto de Goya sin cabeza. Solicito instrucciones".

El gobierno telegrafió de vuelta: "Envíe Goya, con o sin cabeza."

¡Que vivan las cadenas!

Goya es un asesino. Figurativamente, como cuando pintó la Corte de Carlos IV y su familia sin disimular para nada los contornos de idiotez o el realismo más que fotográfico de sus figuras. Y su retrato de Godoy, reclinado en una silla curul de campaña, rodeado por los motivos de la actividad militar, sólo resalta la holgazanería vulgar del personaje, su anatomía hinchada, fofa, descuidada y, sospechamos, olorosa a ajo.

Pero, literalmente, también Goya le dio vida inmortal al crimen, pintando las guerrillas de Madrid mientras eran fusiladas por las tropas francesas. Se trata del asesinato de una paradoja. Pues estos revolucionarios franceses habían venido a librar al pueblo de España de sujetos como Carlos IV y Godoy. Pero el inmenso orgullo patriótico de los españoles les contestó a los franceses que, de ser así, ¡que vivan las cadenas! Sin duda no sospechaban que este mismo nacionalismo, las mismas tácticas guerrilleras, el mismo grito de independencia, pronto les sería arrebatado por los insurgentes de la América española en su lucha contra el rey de España.

11. Hacia la Independencia: múltiples máscaras y aguas turbias

Las distancias en el continente americano siempre han sido enormes, y no sólo en un sentido físico. Aun hoy, en la era de los jets, viajar de Buenos Aires a la Ciudad de México toma unas 16 horas de vuelo; en 1800, tomaba varios meses. Por eso sorprende tanto que, en un solo año, 1810, los movimientos de la independencia se hubiesen manifestado, con velocidad tan extrema y sincronización tan asombrosa, desde México, el Virreinato de la Nueva España, a Buenos Aires, el Virreinato del Río de la Plata. En abril, Caracas depuso al capitán general español. En mayo, Buenos Aires expulsó al virrey español. El 15 de septiembre, el padre Hidalgo se levantó contra el régimen español en México. Y el día 18, del mismo mes y del mismo año, en la lejana Santiago de Chile, fue inaugurado el movimiento independentista.

La simultaneidad es asombrosa, no sólo en virtud de la falta de comunicaciones o de las inmensas distancias físicas, que constituían el factor negativo de la ecuación. El factor positivo fue la comunidad de lengua y de propósitos que unieron a los movimientos patrióticos, nuevamente desde México hasta la Argentina, revelando la existencia de fuertes ligas espirituales e intelectuales entre las colonias de España en América. La pérdida de este sentimiento del destino común después de la Independencia, debido a políticas nacionales y tensiones regionales, es harina de otro costal. Pero en 1810, la Independencia hispanoamericana vivía en intimidad consigo misma.

El asombro mayor, no obstante, es el hecho de que la Independencia haya ocurrido, dada la longevidad del Imperio español de América y las costumbres, fidelidades y aun inercias establecidas entre la península y el Nuevo Mundo a partir de 1492. Al alborear el siglo XIX, la Independencia americana no era un hecho evidente. Un criollo hispanoamericano, asomado a su balcón en México, Caracas o Buenos Aires el primer día del año 1801, hubiese arriesgado su apuesta si hubiese predicho que, en el año 1821, España habría perdido todas sus posesiones en el Nuevo Mundo, con la excepción de dos islas caribeñas: Cuba y Puerto Rico.

A pesar de su fortaleza, estas ligas espirituales y sanguíneas a la postre resultaron más débiles que la nueva conciencia de sí, la voluntad nacional, y la divergencia de intereses entre la metrópoli y las colonias que fluyeron hacia la gran corriente independentista: el nacimiento de las naciones hispanoamericanas. ¿De dónde vino esta nueva conciencia? ¿Cómo evolucionó? ¿Quiénes fueron sus actores? Y por supuesto, la pregunta implícita: ¿Quiénes eran los hispanoamericanos? En 1810, el año de la irrupción revolucionaria, 18 millones de personas vivían bajo el gobierno de España, entre California y el cabo de Hornos. Ocho millones seguían siendo considerados indígenas, aborígenes del Nuevo Mundo. Sólo un millón eran negros puros, traídos de África como resultado de la trata de esclavos. Y sólo cuatro millones eran de raza caucásica, tanto españoles peninsulares como criollos, esto es, descendientes de europeos nacidos en el Nuevo Mundo. Los criollos (en su mayoría de ascendencia española, pero con unos cuantos nombres franceses, alemanes o irlandeses —O'Higgins, O'Reilly— superaban a los españoles peninsulares en razón de nueve a uno. Pero, a su vez, todos los hispanoamericanos de raza blanca constituían una minoría frente a los individuos de raza indígena, negra y mestiza. Éstos, el cuarto y acaso el más original y dinámico de todos los grupos raciales, sumaban cinco millones de personas en 1810. Eran una mezcla de todos los demás, clasificados de acuerdo con nomenclaturas bizantinas y a menudo insultantes:

El mestizo era hijo de blanco y de india. El mulato (este nombre racialmente ofensivo derivaba de *mula*), de blanco y negro. El zambo era hijo de indio y negro. El tercerón, de mulato y blanco. El cuarterón, de tercerón y blanco, en tanto que tercerón y mulato daban la categoría de "tentenelaire" y el ayuntamiento de cuarterón y negro producía el "saltapatrás".

Los dos hechos memorables, sin embargo, son que los criollos eran mayoría frente a los españoles, pero que los propios criollos eran minoría frente a la mayoría "de color". Ambos hechos habrían de determinar la naturaleza de la Independencia hispanoamericana. Los criollos poseían una conciencia aguda de ser la cima de la sociedad local, y sin embargo desempeñaron un papel secundario frente a los españoles peninsulares en materias de consideración, privilegios, acceso a la riqueza, acceso a la función pública y a decisiones políticas. No obstante, la lasitud misma de la administración Habsburgo en España (y, por supuesto, las tremendas distancias) prohijaron un sentimiento de supervivencia autónoma y capacidad de autogestión entre los criollos. El relajamiento de la administración colonial en la época de los Austrias se inmortalizó en las famosas palabras, "la ley se acata pero no se cumple".

Esto es, precisamente, lo que cambió bajo el régimen celosamente reformista del monarca borbón, Carlos III. Los Borbones, después de hacer la balanza de los años finales de los Austrias, se percataron de que sus colonias financiaban a la metrópoli en cantidades muy inferiores a las de las colonias británicas y francesas del Nuevo Mundo. Pero, al mismo tiempo, la América española estaba produciendo más metales, más producto agrícola, más ganadería, mientras sus poblaciones y sus ciudades se expandían. ¿Por qué, entonces, no estaba recibiendo la metrópoli más? O, visto desde otro punto de vista, ¿por qué estaban reteniendo las colonias más?

Aunque la Corona, indudablemente, estaba animada por el deseo de una prosperidad creciente tanto para sí como para sus súbditos americanos, también deseaba el desarrollo de una comunidad de intereses económicos; pero éstos aparecieron envueltos en una nueva filosofía política que negaba la experiencia de los tres siglos anteriores. Se trataba, pues, ni por primera ni por última vez en el mundo hispánico, de una revolución desde arriba, impuesta desde adentro del gobierno, no emergente de la voluntad y el debate de los gobernados, y como tal, fue incapaz de comprender los motivos por los cuales irritó a las élites coloniales. Pues al forzar al mundo hispanoamericano dentro del apretado molde de la unidad orgánica con España, la Corona amenazaba los múltiples intereses locales desarrollados durante los tres siglos coloniales, su sentimiento de autonomía y, aun, su sentimiento de identidad. Por otra parte, estos poderes locales habían desarrollado un alto grado de impunidad aprovechando las distancias entre España, su "monarquía indiana" abstracta, y los objetivos sumamente concretos de la población criolla.

En 1801, entonces, este criollo típico de Buenos Aires, Caracas o México podría preguntarse si él o sus hijos podían seguir siendo considerados simplemente como una clase. ¿Acaso no estaban convirtiéndose en una nación, precisamente la nación criolla? En todo caso, se sintieron irritados, perplejos y hasta furiosos observando la manera como la monarquía española se desprendía violentamente de su paternalismo tradicional, humanitario, distante y se lanzaba a un intervencionismo celoso y agitado.

La expulsión de los jesuitas

El evento externo y sensacional que precipitó el creciente sentimiento de identidad a lo largo de la América española fue la trascendental decisión monárquica de expulsar a los jesuitas de España y de sus colonias.

La nación-Estado borbónico juzgó que su propia autoridad era incompatible con los poderes excesivos de otras corporaciones, incluida la Iglesia, y también de las clases privilegiadas como las viejas aristocracias terratenientes de Castilla y Andalucía. Pero en vez de atacarlas frontalmente, la Corona ejemplificó su estatismo modernizante señalando con el dedo a una corporación poderosa pero no tanto, abarcadora pero no omnipresente, estrechamente ligada tanto a la Iglesia como a la aristocracia. En otras palabras: los jesuitas fueron escogidos para enviarle un mensaje a sus poderosos patrones. Carlos III y sus ministros decidieron acusar a la Compañía de Jesús de haber instigado los motines de Squillace el Domingo de Ramos de 1766. Les inspiró el deseo de obtener mayor independencia del papado, considerando a la Compañía de Jesús como aliada íntima de Roma. Pero la monarquía también se proponía vulnerar a la aristocracia española más vieja y conservadora, que se oponía a las reformas borbónicas y, asimismo, estaba ligada muy de cerca a los jesuitas. El semimonopolio jesuita sobre la educación sería destruido, a fin de favorecer un programa más liberal.

Fuesen cuales fueran las razones de la monarquía para expulsar a los jesuitas, el hecho es que resultaron profundamente contraproducentes en el Nuevo Mundo. He aquí una paradoja más: las reformas borbónicas habían promovido el estudio de las ciencias en España. Pero en el Nuevo Mundo, habían sido precisamente los jesuitas quienes habían fomentado tales estudios modernos. En vez de atrincherarse en la escolástica, los jesuitas le habían arrebatado poder a los tomistas, quienes habían dominado el pensamiento político a través de las enseñanzas de Santo Tomás de Aquino. A la vez que intentaron renovar desde adentro el tomismo, los jesuitas le sirvieron a las élites hispanoamericanas grandes platillos de Descartes y Leibniz. De hecho, fueron los jesuitas quienes trajeron a la América española el espíritu reformista de los Borbones. La política de la Corona fracasó, porque no se dio cuenta de que sus esfuerzos modernizantes en el campo de la educación ya habían sido anticipados por los jesuitas y que, hecho aún más importante, la modernización en la América española llegó a significar identificación de la América española. Esto es lo que los jesuitas comprendieron, y la Corona no.

En la segunda mitad del siglo XVIII, la América española se había embarcado en la aventura del autodescubrimiento moderno, rápidamente aventajando, en distancia y en profundidad, las modernizaciones propuestas desde Madrid. Los jesuitas fueron identificados con esta renovación del autoconocimiento.

No es de extrañar, por ello, que el edicto de expulsión de 1767 haya tenido un efecto explosivo en las colonias, desfigurando el choque entre éstas y la monarquía. Comunidades enteras, en todo el continente, se levantaron en contra de la expulsión de los jesuitas, y el virrey de México, el marqués de Croix, a quien le fue encargada la operación de expulsar a los hermanos, le confesó en una carta a su propio hermano: "Eran dueños absolutos de los corazones y las conciencias de todos los habitantes de este vasto Imperio". Esto, el marqués lo podía decir en privado. En público, mostró el duro rostro autoritario de la monarquía española, condenando a muerte a quien se opusiese al edicto de expulsión y aun advirtiendo, *urbi et orbi*, que "pues de una vez para lo venidero deben saber los súbditos del gran Monarca que ocupa el trono de España que nacieron para callar y obedecer y no para discurrir, ni opinar en los altos asuntos del Gobierno".

Posición tan implacable no fue un capricho de un virrey excéntrico, imponiendo su voluntad en una lejana colonia americana. Las palabras del virrey confirmaban la pragmática real mediante la cual el propio rey, Carlos III, el ilustrado, le ordenaba a la Inquisición: "Prohibido expresamente que nadie pueda escribir, declarar o conmover, con pretexto de estas providencias en pro ni en contra de ellas, antes impongo silencio en esta materia a todos mis vasallos y mando que a los contraventores se les castigue como a reos de Lesa Majestad".

Desterrados de Portugal, España y sus dominios, los jesuitas acudieron de manera natural a las puertas de Roma. Pero el Papa, temeroso de ofender a las monarquías ibéricas, las cerró a los buenos hermanos quienes, en una instancia, esperaron durante semanas en sus barcos, anclados frente al puerto romano de Ostia, enfermos y mareados, esperando ser admitidos hasta que el Papa se arrepintió. Si España y Portugal se habían privado a sí mismas de los talentos de los jesuitas, ¿por qué no habría de aprovecharlos el Papa? Pero más que el Papa, el verdadero vencedor en este incidente tragicómico fue la América española. Pues desde su refugio en Roma, los jesuitas hispanoamericanos no sólo intrigaron contra el rey de España.

Aún más importante fue el hecho de que se identificaran con la causa del americanismo. Se vengaron de la Corona española escribiendo *historias nacionales* de las colonias. El jesuita chileno Juan Ignacio Molina escribió (desde Roma y en italiano) su *Historia nacional y civil de Chile*, en tanto que el jesuita mexicano Francisco Javier Clavijero escribió (desde Bolonia y también en italiano) su *Historia antigua de México*.

Estos libros le dieron un enorme sentido de identidad a la emergente nación hispanoamericana, la élite criolla, blanca e hispanoamericana, pero también a las clases mestizas con acceso a la educación y que, cada vez más y más, fueron capaces de identificarse con sus lugares de origen. Esta identificación ocurrió a través de la realidad americana como historia americana, como geografía americana. Juan Pablo de Viscardo y Guzmán, un jesuita nacido en Arequipa, escribió estas extraordinarias palabras, desde el exilio en Londres, cuando el Nuevo Mundo celebró, en 1792, el tercer centenario del descubrimiento por Colón: "El Nuevo Mundo es nuestra patria, su historia es la nuestra, y en ella es que debemos examinar nuestra situación presente, para determinarnos por ella a tomar el partido necesario a la conservación de nuestros derechos propios... Nuestra historia de tres siglos acá... se podría reducir a estas cuatro palabras: *ingratitud, injusticia, servidumbre y desolación.*"

Y en México, el editor y sabio Antonio de Alzate inició la publicación de su *Gaceta* en 1788. En ella, prometió que escribiría sobre los hombres que habían ilustrado a "nuestra nación hispanoamericana". La nación mexicana, escribió Alzate, poseía su propia cultura, su propio pasado y sus propias tradiciones, y éstas eran tanto indias como europeas.

La conciencia continental del lugar y el tiempo en que se vivía recibió un enorme impulso con la presencia del científico alemán, el barón Alexander von Humboldt, quien en su gira por Hispanoamérica, iniciada en 1799, dio cuenta de la creciente riqueza de las colonias pero también lamentó que éstas beneficiasen a España más que a los intereses locales. La América española, escribió Humboldt, necesitaba menos impuestos, más comercio, una clase media y mejor gobierno. Pero nada de ello era obtenible sin mayor libertad.

La clase criolla en la América española se enfrentó a un dilema no demasiado distinto del que confrontaba la metrópoli. Junto con el crecimiento de la riqueza económica y de la diversidad del trabajo, aumentaron las divisiones sociales y los enconos clasistas, pues como lo ha hecho notar el economista norteamericano Mancur Olson, el rápido crecimiento económico puede ser seguido de creciente descontento político, sobre todo cuando el pastel crece pero su distribución no le sigue el paso.

Olson, economista conservador, acredita a Marx con una comprensión de que el progreso de un sistema puede conducir a su crisis; que los avances de los sistemas sociales, no menos que sus fracasos, pueden conducir a su desaparición. Son palabras que convienen perfectamente al destino de España y de sus colonias americanas.

La nación criolla

También en la primera mañana del siglo XIX, España, la madre patria, se vio envuelta en una situación de corrupción creciente en las esferas del Estado y participación continua en guerras continentales y transcontinentales, que agotaban sus recursos domésticos y la obligaban, cada vez más, a volver la mirada hacia las colonias, a fin de financiar el gasto español con el impuesto americano. Los privilegios concedidos, en canje, a las colonias, llegaron sólo tarde y con cuentagotas, y siempre en función del provecho que la metrópoli podía sacar de ellos. El desarrollo hispanoamericano debería someterse a las necesidades de una España modernizante y liberalizada sólo en la medida en que le permitiese a sus colonias contribuir a las finanzas y a las obligaciones internacionales de España mejor que el desorganizado sistema de los Austrias.

Una retórica dura, autoritaria e innecesaria puntuó de vez en cuando el discurso generalmente progresista de la Corona española. Todo un resumen de ello puede leerse en las palabras del virrey Revillagigedo, quien le aconsejó a su sucesor en México en 1794: "no debe perderse de vista, que ésta es una colonia que debe depender de su matriz la España, y debe corresponder a ella con algunas utilidades, por los beneficios que recibe de su protección y así se necesita gran tino para combinar esta dependencia y que se haga mutuo y recíproco el interés".

En México, en Caracas o en Buenos Aires, el criollo en su balcón podía quejarse de que cada vez pagaba más impuestos, sin recibir adecuada representación política o acceso a la función pública. Aunque las medidas favorables a la libertad de comercio tomadas por la monarquía borbónica aumentaron el apetito criollo para comerciar más, y más directamente, con otras partes del mundo, el hecho es que también abrieron las economías hispanoamericanas a la competencia internacional. ¿Quién compraría ponchos o espuelas fabricados en el interior de la Argentina, si podía adquirirlos, más baratos, mejores y más rápidamente, importándolos de Inglaterra? A su vez, esta situación provocó un nuevo problema, el de saber si los intereses mercantiles de la América española iban a sacrificar su producción interna a la competencia internacional, o si la producción regional debería ser protegida contra semejante competencia. Independientemente de estas decisiones, las clases criollas adquirieron conciencia de que su propia unidad y supervivencia eran amenazadas también por las mayorías no criollas: los indios, los negros y los mestizos —la temida "pardocracia", como se le llamó en Venezuela—. El siglo XVIII fue testigo de varias revueltas populares, unas de ellas protagonizadas por negros, otras por indios, pero todas ellas de corta duración. Hasta que, en 1780, la rebelión india de Túpac Amaru estremeció las espinas dorsales colectivas de los criollos. Pero fue la rebelión negra y mulata de Coro en Venezuela lo que realmente congeló esas mismas espinas. En 1795, miles de negros y mulatos se levantaron en armas y mataron a los terratenientes en sus lugares de trabajo, proclamando "la república y la libertad de los esclavos", y basándose en "la ley de los franceses", esto es, el ejemplo de la Revolución francesa. Los negros fueron brutalmente reprimidos. Pero otros se convirtieron en fugitivos y crearon comunas autónomas en lo hondo de las selvas y de los llanos, donde la autoridad, criolla o virreinal, no pudiese alcanzarles.

El criollo hispanoamericano, cada vez más enajenado respecto a la metrópoli española pero también respecto a su propia mayoría nacional, se vio obligado a tomar la iniciativa antes de que la monarquía o el pueblo se la arrebatasen. El criollo se vio obligado a encabezar su propia revolución. Y habría de guiarla en su propio interés, ya no compartiéndola con España, pero exorcizando al mismo tiempo el peligro de tener que compartirla con mulatos, negros o indios. Este cálculo, frío y desnudo, sería cobijado con el manto tibio de la naciente conciencia nacional, el sentimiento de unidad comprensiva proporcionado por la historia y la geografía, y excluyente tanto del imperialismo español como de la política igualitaria.

Esto es lo que se propuso hacer la nación criolla, con la esperanza de que el arco de sus justificaciones morales, políticas, jurídicas, nacionalistas y aun sentimentales, acabaría por abarcar tanto la necesidad continuada de la monarquía española respecto a sus colonias, como el creciente clamor de la mayoría de color para obtener libertad con igualdad.

Noticias del mundo

Los morros de San Juan de Puerto Rico y La Habana, las imponentes fortificaciones de Cartagena de Indias y las murallas de San Juan de Ulúa en Veracruz habían sido levantadas para aislar a las colonias de los ataques, pero también de las influencias extranjeras.

Pero ahora, las murallas ofrecían resquebrajaduras visibles. Las noticias del mundo comenzaron a penetrarlas. Las sociedades hispanoamericanas, cada vez más conscientes de su identidad específica, cada vez menos dispuestas a servir como meros apéndices de la corporación española, sintieron que sus esperanzas fueron fomentadas por tres acontecimientos internacionales, que llegaron con un gran oleaje hasta los morros de las viejas fortificaciones españolas, debilitándolas aún más.

Estos tres acontecimientos fueron la revolución de independencia en Norteamérica, la Revolución francesa y la invasión napoleónica de España. La gira del barón Von Humboldt le había dado alas a las ilusiones de los criollos hispanoamericanos. El científico alemán había propuesto su receta (menos impuestos, más comercio, mejor gobierno) y ésta trascendía la fidelidad a España, e incluso, las consideraciones pragmáticas para seguir aliados a la Corona. En realidad, cuando Humboldt publicó su famoso libro *El reino de la Nueva España,* una nueva nación había aparecido en el hemisferio occidental, siguiendo a la letra la fórmula de Humboldt para el éxito. Los Estados Unidos de América se habían levantado contra la Gran Bretaña, a partir de una rebelión contra los impuestos en Boston. Se habían dado una Constitución basada en las libertades individuales y el buen gobierno. Su clase media promovía los valores ausentes en el mundo hispánico: la industria, la educación y el ahorro. Y, colmo de colmos, España le había prestado su apoyo a la revolución norteamericana como parte de la estrategia antibritánica de Madrid. Durante la revolución norteamericana los puertos hispanoamericanos se abrieron a las naves rebeldes de la revolución y ahora, después del triunfo revolucionario, los Estados Unidos se habían convertido en el principal socio comercial de Cuba, en tanto que sus barcos ejercían el comercio tanto en las costas del Pacífico como en las del Caribe, en el Nuevo Mundo hispánico.

Durante los años primerizos de la República norteamericana, que también fueron los años finales del Imperio español en las Américas, la admiración hispanoamericana hacia la revolución norteamericana fue inmensa. Sin embargo la inspiración ideológica mayor vino de los filósofos franceses de la Ilustración. Sus grandes ideas generales llenaron una necesidad profunda, aunque a veces inconsciente, de la nueva inteligencia hispanoamericana. Abogados, burócratas, párrocos, maestros, estudiantes y hombres de ciencia primerizos, todos ellos necesitaban una nueva versión secular del universo que de manera tan dogmática explicó la escolástica católica en el pasado. En vez de Tomás de Aquino, Tomás Paine y Tomás Jefferson. En vez de San Agustín, el santoral civil, Montesquieu, Voltaire y Rousseau, especialmente Juan Jacobo Rousseau, el Ciudadano de Ginebra, y su inolvidable llamado: "El hombre nace libre, pero en todas partes se encuentra encadenado." Rousseau es quizás el escritor que mayor influencia ha ejercido jamás sobre la historia, la sensibilidad y la literatura de la América española. Representaba a los escritores de la Ilustración, portadores de los nuevos principios de la organización social y política, contra la monarquía y contra la Iglesia, opuestos al derecho divino de los reyes y en favor de la soberanía popular.

La mezcla resultó embriagante y mareó las cabezas de los párrocos en aldeas pequeñas, de los abogados en capitales provinciales, y de los primeros escritores nacionales en las antiguas capitales de la colonia. Todos ellos aprendieron apresuradamente el francés, a fin de saborear a estos grandes escritores, como si fueran un añoso vino de Borgoña. Habría que imaginar a un joven seminarista leyendo a Voltaire por primera vez en el mundo colonial, o a un joven abogado exaltado por la retórica y las exigencias morales de Rousseau, puesto que éste era un escritor que obligaba al lector a actuar, a transformar las palabras en realidades.

La voluntad general, los derechos del hombre, la independencia nacional: todas ellas fueron ideas recogidas por los criollos ilustrados y los principales mestizos, a pesar del clamor generalizado de la Inquisición, que denunció "la marea de literatura sediciosa, impregnada de los principios generales de igualdad y libertad para todos los hombres y contraria a la seguridad del Estado".

Los libros prohibidos entraron a Hispanoamérica de maneras originales. Puesto que las iglesias y los monasterios se encontraban exentos de inspección aduanal, muchos clérigos ilustrados en Europa llenaron los cajones y a veces los propios objetos sagrados, ciborios y eucaristías, con libros, manuscritos y panfletos prohibidos. Quizás Voltaire habría modificado su grito de batalla *Écrasez l'infâme*, "Aplastad a los infames" , refiriéndose a la Iglesia, de haber sabido que *Cándido* viajaría de España a América dentro de un ciborio.

La lectura de estos autores inflamó a los jóvenes intelectuales del mundo hispanoamericano, les dio su nuevo credo, por encima y más allá de las lecciones buenas y malas de la propia Revolución francesa. Como siempre, la iconografía de la época, más poderosa que cualquier análisis cuidadoso de los acontecimientos y de las ideas, se nutrió de imágenes de la guillotina, el terror, el regicidio y el destierro, o propuso la emoción vicaria del heroísmo republicano, sus escarapelas tricolores y su entusiasmo popular. Menos atención se le dio al hecho de que la Revolución francesa, en pocos meses, había logrado la más grande extensión de derechos políticos en toda la historia, y también la más profunda transformación del régimen de propiedad jamás vista en Europa. Cuatro millones de nuevos electores recibieron el derecho al voto, cien mil jueces fueron electos, junto con doce mil magistrados civiles, entre

1789 y 1790. El sistema feudal fue abolido, así como la nobleza y las culpas hereditarias pasadas de generación en generación. Tribunales especiales para la nobleza fueron sustituidos por tribunales comunes a toda la población. La Iglesia fue despojada de su riqueza y la nación francesa se unificó, a medida que las alcabalas y las barreras al comercio interno fueron abolidas.

Como resultado de todos estos factores, una personalidad como la de Bonaparte pudo surgir de la nada. Él era la mejor prueba de que las carreras estaban abiertas para todos los talentos. Su ascenso lo logró sobre la cúspide de la gran marea revolucionaria. Napoleón se vio siempre como un representante del liberalismo, el progreso, las ideas nuevas, a pesar del despotismo político que justificó invocando las condiciones de guerra y el desafío de la Europa reaccionaria. Pero aun en medio de las guerras, Napoleón fue capaz de crear toda una nueva situación jurídica. Su labor legislativa es verdaderamente impresionante: el Código Civil francés, el sistema fiscal moderno, el Código Penal, la Legión de Honor, los sistemas educacionales y administrativos modernos y hasta un presupuesto equilibrado en tiempos de guerra. Napoleón demostraba lo que un hombre de la burguesía podía obtener, mediante la fuerza o la voluntad o la inteligencia: absolutamente todo. Napoleón ordenó la creación de los primeros pavimentos y del primer servicio de bomberos de París; incluso inauguró el servicio postal en Egipto. Los jóvenes criollos hispanoamericanos se vieron a sí mismos en este modelo y soñaron también que todo era verdaderamente posible. Bastaría promulgar una nueva legislación ilustrada para cambiar el rostro de la América española.

Las guerras napoleónicas también se dejaron sentir en las colonias americanas en términos de nuevas relaciones comerciales. A medida que se embrolló en el conflicto europeo, España abandonó a sus colonias a una dependencia creciente con el comercio de los países neutrales, particularmente con los Estados Unidos de América, relaciones que se multiplicaron durante este periodo. Pero con el comercio creció también la competencia, especialmente la británica, que amenazó a las industrias locales, sobre todo en el Río de la Plata.

De hecho, en 1806, una invasión británica de Buenos Aires había tratado de ganar una cabeza de playa sobre el Plata. Pero en tanto que las fuerzas españolas y el virrey Sobremonte huyeron del ataque inglés, las milicias locales argentinas, encabezadas por Santiago Liniers, rechazaron a los ingleses. Este drama se repitió el año siguiente y una pintura en el Museo de Historia de Buenos Aires nos muestra al general inglés Beresford, humillado, entregándole su espada al comandante argentino Liniers. Es legítimo imaginarse el sentimiento de orgullo que nació en los pechos de las milicias locales, puesto que Argentina había derrotado a Inglaterra, la cual siempre había derrotado a España. La pregunta inevitable era la siguiente: ¿Podría Argentina, ahora, derrotar a la propia España?

La idea nacional ganaba extraordinaria fuerza. La ocasión para probar la consistencia de esta enorme constelación de sentimientos, esperanzas, ideas y temores en la relación entre España y sus colonias americanas llegó en el momento en que Napoleón, en el apogeo de sus victorias europeas, confiado en que su frente oriental estaba bien afianzado mediante la alianza con Rusia, se embarcó en la invasión de la España borbónica.

Es posible preguntarse si la pesada inercia del Imperio español en el Nuevo Mundo, que acababa de iniciar su cuarta centuria, pudo haber pospuesto los movimientos de independencia si la situación española no hubiese cambiado de manera tan drástica. Por primera vez desde la invasión musulmana en 711, España había sido invadida por una nación extranjera. Los Borbones, en la figura espléndidamente idiota de Fernando VII, habían perdido el trono. En su lugar, gobernaba la familia Bonaparte, encarnada en la figura espléndidamente embriagada del hermano de Napoleón, José, prontamente bautizado con el mote de Pepe Botella por el pueblo español. Y aunque ese mismo pueblo resistió con coraje a los invasores franceses, el hecho es que la familia real era prisionera de Napoleón en Bayona y que España ya no era gobernada por los españoles.

¿Cuál sería la respuesta de las colonias?

Porque después de tres siglos de administración colonial, una realidad nueva, imprevista y deslumbrante, cegó a todos y cada uno de los habitantes de la América española. La monarquía que, hábil o ineptamente, paternalista o tiránicamente, lejana o entrometida, indiferente o celosa, nos había gobernado, ya no existía.

Las preguntas de los hispanoamericanos fueron inevitables. ¿Si no hay rey en España, no revierte la soberanía a nosotros? ¿Si no hay un gobierno imperial legítimo en España, no somos ya, de hecho, independientes? O, más bien, ¿nuestra obligación es mantener a las colonias en reserva para el momento de la restauración de la monarquía española? ¿Debemos actuar en nombre de la Corona pero contra Napoleón? Los efectos de los ejemplos norteamericano y francés se añadieron a estas consideraciones inmediatas. ¿Podíamos nosotros también expulsar al poder colonial? ¿Podíamos sustituir a una monarquía con una república? ¿También nosotros podríamos ser naciones modernas, independientes, comerciando con todos, publicando, leyendo y hablando con libertad, liberados para siempre de la vigilancia de la Inquisición?

Ahora, en la estela de los acontecimientos españoles, los cabildos en toda la América española resucitaron, como la única manera que las fuerzas sociales más articuladas tenían de actuar dentro de un marco legal a fin de ponderar los acontecimientos en España y el futuro de las colonias. En el cabildo de Buenos Aires, en mayo de 1810, se reunieron los militares y las milicias locales, llenos de seguridad en sí mismos después de su doble victoria contra los ingleses. Por primera vez, un ejército latinoamericano local había gustado el sabor de la victoria y de la identidad nacional. Y gracias a este éxito, los criollos habían sido capaces de arrestar al fugitivo virrey español, Sobremonte, y convencerse de que, de la misma manera que habían rechazado la dominación británica, podrían muy bien hacerlo con respecto a la dominación española.

Aquí están, en el cuadro del cabildo, los lectores de Voltaire y Rousseau, esperando aplicar sus ideas generales sobre la libertad, la voluntad general y la felicidad de todos, apenas se les diese la oportunidad de hacerlo. Entre ellos, pero un poco aparte, se sienta un intenso joven, mirando a lo lejos, como si el cuadro no pudiese contener la inmensidad de su mirada o la intensidad de su espíritu. Es el joven Mariano Moreno, un ferviente jacobino que le había dado voz no sólo a las exigencias liberales de la inteligencia, sino también a las exigencias económicas de la clase empresarial argentina, en favor del libre comercio, la restricción de impuestos y una marina mercante independiente.

Moreno, amado por todos, murió a la edad de 31 años. Pero el respeto que inspiraba era tanto que se atendió la solicitud de su joven viuda para que en todas las pinturas su rostro apareciese sin las cicatrices de la viruela que tenía en la vida real.

Los acontecimientos también galvanizaron a los miembros del bajo clero, quienes tenían sus propios agravios contra el gobierno español. El celo reformista de los Borbones los había perjudicado más que a nadie con una mal concebida ley de 1805, que despojó al bajo clero de sus pobres privilegios y canceló todas las hipotecas religiosas sobre la propiedad agraria. El propósito de esta dura ley fue pagar la guerra y cohechar a Napoleón, dándole al emperador de los franceses un subsidio de cinco millones de pesos oro.

Ese mismo año, 1805, la armada española fue destruida en Trafalgar, la masa monetaria recuperada del clero mediante la llamada Ley de Consolidaciones se quedó en los bolsillos de los cortesanos borbónicos, y el bajo clero de la América española empezó a publicar periódicos incendiarios como *La Aurora de Chile* del padre Camilo Henríquez en Santiago, o animando reuniones conspirativas disfrazadas de tertulias literarias como la del padre Miguel Hidalgo en la provincia mexicana, o participando en las reuniones del cabildo de Buenos Aires.

Clérigos, comerciantes, intelectuales, oficiales del ejército: entre todos, surgió la decisión de actuar unidamente frente a los extraordinarios acontecimientos que se sucedían, y a fin de escoger entre la continuación de la lealtad hacia España, una independencia provisional hasta que Napoleón fuese expulsado y Fernando VII restaurado o, al cabo, la separación radical y definitiva de la Corona española. Las aguas de la independencia bajaron turbias y sus protagonistas la iniciaron enmascarados.

12. El precio de la libertad: Simón Bolívar y José de San Martín

Estas ideas, estas opciones, estos acontecimientos radicales dejaron una honda huella en un joven aristócrata venezolano, nervioso e impaciente, con una mente tan abierta como sus ardientes ojos negros. Se llamaba Simón Bolívar, y mientras leía ávidamente a los filósofos prohibidos, también él se preguntó, ¿no podemos comerciar por nosotros mismos, pensar por nosotros mismos y gobernarnos a nosotros mismos?

Heredero de una familia inmensamente rica de terratenientes y oficiales del ejército, Bolívar conoció la tristeza y la soledad desde muy temprano. Su padre murió cuando el niño tenía tres años, su madre, cuando tenía nueve. A partir de entonces, Bolívar consideraría a su nodriza negra, Hipólita, como su verdadero padre y madre. La mezcla racial de Bolívar ha sido ampliamente discutida. Los primeros portadores de ese nombre llegaron del país vasco a Venezuela en el siglo XVI. Después de dos siglos, como lo hace notar Jean Descola, "entre indios lánguidos y Venus negras", inevitablemente se convirtieron en mestizos y, aun, en mulatos.

Los retratos de Bolívar subrayan, idealizan, borran o disimulan la mezcla racial. Pero la relación con Hipólita es mucho más reveladora. Como lo escribió el novelista venezolano Arturo Uslar Pietri, todos somos, a través de nuestras nanas negras o indias, triculturales en la América española. Aun cuando seamos blancos puros, también somos negros e indios. Pero también un puro negro o un indio puro participa del mundo europeo. Es decir: el triculturalismo no es una cuestión racial. Más bien la cultura se impone al racismo.

En 1801, a la edad de 18 años, Simón Bolívar partió en el gran viaje a Europa prescrito para los jóvenes de su categoría social en el siglo XVIII. Fue, como escribe Descola, un "descubrimiento del Viejo Mundo". Bolívar, pequeño y nervioso, se entregó al placer. Era un bailarín extraordinario y gozó el mundo asoleado de la España de Goya: los paseos en Madrid, las noches en el teatro, las fiestas al aire libre en el palacio de verano, la Granja de San Ildefonso. También se enamoró de una joven de origen venezolano, María Teresa Toro, quien le aventajaba en dos años. Ocho meses después de casados, el romántico matrimonio terminó en tragedia. Una de las "fiebres malignas" de aquellos tiempos se llevó a María Teresa. El amor en los tiempos del cólera dejó a Bolívar convertido en viudo a la edad de 19 años. Jamás se volvería a casar, a menos que consideremos que la Independencia y la Revolución fueron sus eternas novias.

Llegó a París en vísperas de la autocoronación por Napoleón en Notre Dame. Si el joven Bolívar vio en esto una traición a la promesa igualitaria y libertadora de la Revolución francesa, acaso sea más cierto que le confirmó en su fervor republicano y lo condujo a una decisión, permanente, de resistir toda tentación de crear monarquías en el Nuevo Mundo. En cualquier caso, los intereses de Bolívar no se encontraban en la Europa napoleónica, sino en las situaciones concretas de la América del Sur. Cualesquiera que hayan sido sus contradicciones con la Revolución francesa, o la grandeza y servidumbre de Bonaparte, hombre y emperador, Bolívar obviamente las dejó atrás para embarcarse de manera dramática, entusiasta, retórica y afirmativa en el mar de la revolución. Desde el Sacromonte en Roma, en compañía de su tutor y compañero de viaje, Simón Rodríguez, Bolívar hizo la siguiente solemne promesa, su verdadero introito en la historia:

¡Juro por el Dios de mis padres... juro por mi honor, y juro por mi patria, que no daré descanso a mi brazo, ni reposo a mi alma, hasta que haya roto las cadenas que nos oprimen por voluntad del poder español!

Cumplió su palabra. Si otros hablaban de independencia provisional mientras España permaneciese en manos de los franceses, o de lealtad a Fernando VII —"la máscara fernandina"—, Bolívar arrancó todas las máscaras y declaró, a su regreso a Venezuela, que la América española debía ser radicalmente independiente de la metrópoli y afirmar su propio carácter: "Pongamos sin temor la piedra fundamental de la libertad suramericana. Vacilar es sucumbir".

¿Quién era este hombre, este aristócrata que luchaba por la igualdad, este hombre inmensamente rico que entregó su vida a la revolución? Bolívar, el visionario humanista que podía librar la guerra con la misma violencia implacable de sus enemigos. El guerrero y filósofo que pasó por la historia pensando en voz alta. El romántico impaciente que deseaba alcanzar tantas cosas en tan poco tiempo: la democracia, la justicia, incluso la unidad latinoamericana.

Ante todo, Bolívar fue un hombre de acción, un genio militar que cubrió un campo de batalla tan vasto como la Europa de Napoleón: del Caribe al Pacífico al Altiplano peruano, rebotando después de cada derrota, aun desde su exilio temporal en Jamaica, y combatiendo "la guerra hasta la muerte" contra los terribles comandantes españoles, quienes abandonaban a sus prisioneros, atados a postes bajo el sol, a que se pudrieran vivos. Bolívar había apreciado la situación en España mejor que quienes dudaban. La ausencia del rey secuestrado, Fernando VII, no significaba que Napoleón gobernase efectivamente a las colonias españolas; éstas permanecieron, de manera nada incierta, en manos de ejércitos españoles bien equipados y sujetos a la autoridad de los virreyes y de los capitanes generales, quienes no tenían la menor intención de abandonar sus puestos o de renunciar a su lealtad hacia una monarquía borbónica continua y, eventualmente, restaurada.

Es más: la invasión napoleónica no sólo había dejado a España sin rey español. Había provocado la acción de las fuerzas liberales de la península. Mientras los franceses trataban de someter a las guerrillas españolas, las adormiladas Cortes se organizaron para llenar el vacío de poder y, eventualmente, presentarle a la monarquía un *fait accompli*: una Constitución liberal. Reunidas en Cádiz, las remojadas Cortes prepararon exactamente eso: un documento político que realmente marca el inicio de la modernidad española. Muchos representantes de las colonias hispanoamericanas se hallaban presentes. Pero las autoridades coloniales, de México a Caracas a Santiago de Chile, observaron todo esto con pavor. La ausencia de un rey en España, una

Constitución liberal y la independencia en América, se sumaban para escribir sobre el muro de las autoridades monárquicas la advertencia de que su tiempo se terminaba.

Cuando Napoleón, con efectos desastrosos, volteó la mirada hacia el este y se embarcó en su fatal campaña contra Rusia, los funcionarios españoles en las colonias se sintieron autorizados para iniciar acciones cada vez más violentas, quizás, que si hubiese habido una cabeza visible en Madrid. Al cabo, el regreso al trono del autoritario y reaccionario Fernando VII en 1814, no hizo más que acentuar el ánimo de violencia contra los rebeldes. El rey restaurado rehusó jurar la Constitución de Cádiz y transformó a España en bastión del nuevo orden conservador en Europa, que pronto sería conocido como la Santa Alianza y bendecido en el Congreso de Viena.

En estas circunstancias, los comandantes españoles desplegaron una voluntad implacable para acabar con el movimiento insurgente. Bolívar les contestó con sus mismas armas. Su declaración de guerra a muerte contra España no admite compromisos: "Todo español que no conspire contra la tiranía a favor de la justa causa… será tenido por enemigo y como traidor a la patria, y por consecuencia será irremisiblemente pasado por las armas… Españoles y canarios, contad con la muerte, aun siendo indiferentes, si no obráis activamente en obsequio de la libertad de la América".

Proclamó la libertad de los esclavos a cambio de su participación en el ejército rebelde. Los españoles no respondieron a la iniciativa de Bolívar con una declaración comparable. Y sin embargo los esclavos asumieron una posición neutral: la oligarquía criolla de Venezuela, más temerosa de la igualdad con los negros que de la continuidad colonial, luchó por la independencia para obtener libertades económicas, pero se opuso a hacerles concesiones igualitarias a los negros. Éstos se dieron cuenta de que España nada les ofrecía, pero la independencia, acaso, tampoco. El ejército de Bolívar, sin embargo, fue fortalecido por el surgimiento de caudillos locales, quienes organizaron regimientos de llaneros provenientes de las tierras calientes del Orinoco, dispuestos a librar batalla a cambio de recibir tierras. Bolívar aceptó esta exigencia, aunque las tierras fueron prometidas mediante comprobantes que sólo deberían ser revalidados una vez ganada la guerra. A la postre, las infanterías fueron incapaces de reclamar sus tierras; en cambio, los caudillos se hicieron de enormes extensiones. El principal de ellos fue José Antonio Páez, un llanero que era el exacto opuesto de Bolívar; el Sancho Panza del Quijote bolivariano. Cuadrado, cabezón, prácticamente iletrado, pero pegado a la tierra y al pueblo, Páez le aseguró a Bolívar un flujo incesante de soldados.

"¡Si la naturaleza se opone a nuestros designios, lucharemos contra ella y haremos que nos obedezca!", exclamó Bolívar, en otra de sus tiradas retóricas. Esta resonancia romántica del verbo y la acción de Bolívar se hizo evidente cuando encabezó la marcha de sus "muchachos malvados" sobre las cumbres heladas de los Andes, en lo hondo de las selvas ecuatoriales y sus mortales arañas bravas, liberando a Colombia en Boyacá y a Venezuela en Carabobo. En todas partes fue recibido con entusiasmo y aire de gloria, y proclamado el Libertador. Bolívar soñaba no sólo con la independencia de Hispanoamérica, sino con su unidad. Vio a

nuestros países como una raza humana en miniatura...
un macrocosmos: "No somos europeos, no somos indios, sino una especie media entre los aborígenes y los
españoles". Pero parte de la inteligencia de Bolívar era
su capacidad humorística de reírse de sí mismo, y al
lado de sus declaraciones más grandilocuentes, otras
apreciaciones, graciosamente autocríticas, revelan no
sólo su sentido de las proporciones, sino su sentimiento
aún más profundo de destino y fracaso trágico. "Los
tres grandes majaderos de la humanidad hemos sido:
Jesucristo, Don Quijote y yo...".

La campaña de los Andes

Del Orinoco al Río de la Plata, todo un continente
luchaba por su independencia, expulsando a la Corona española, pero colocando en su lugar un nuevo
poder encabezado por los ejércitos locales. La primera
victoria databa de 1806, cuando las milicias locales
argentinas rechazaron a la fuerza invasora inglesa en
el puerto de Buenos Aires.

    Después de la reunión del Cabildo el 25 de
mayo de 1810, Argentina rápidamente consolidó su
independencia, expulsó al virrey y estableció una
alianza entre las milicias locales y los intelectuales,
quienes en combinación llevaron la revolución más allá
de las Pampas y hasta las regiones mineras de Potosí en
el Alto Perú. La revolución argentina fue la más radical
en Hispanoamérica y extendiéndose rápidamente desde
su base urbana y europea en Buenos Aires, desplegó las
ideas de la Ilustración ante las asombradas aldeas indígenas del Alto Perú: en el techo de América del Sur, la

revolución argentina suprimió los tributos, distribuyó tierra, ofreció educación e igualdad. Estas medidas no fueron bien comprendidas por los pueblos iletrados, ignorantes de la lengua castellana. Por lo demás, las leyes de la revolución no podían hacerse efectivas mientras que España y su ejército realista permaneciesen atrincherados en el más poderoso bastión del continente sudamericano, el Virreinato del Perú y su magnífica capital, Lima.

En el Alto Perú, frontera militar entre las fuerzas realistas de Lima y las fuerzas revolucionarias de Buenos Aires, se produjo un prolongado estancamiento apenas roto por la mediación de las múltiples fuerzas guerrilleras de la región, encabezadas por caudillos hábiles y ambiciosos. Los "montoneros" realizaron acciones de retaguardia, incesantes y azarosas, que a menudo empantanaron a los españoles, pero no le dieron la victoria a los argentinos. En realidad, quizá sólo le dieron poder a los ubicuos líderes separatistas de estas "republiquetas". En ellos, los estadistas de las futuras repúblicas nacionales de Hispanoamérica podían adivinar los peligros de la desunión, la atomización y la contienda incesante entre los poderes centralizadores y las fuerzas políticas locales.

Surgió entonces el segundo gran dirigente de las guerras suramericanas, empeñado en romper la situación de mutua inmovilidad. José de San Martín, oficial del ejército argentino, se dio cuenta de que las revoluciones de independencia jamás se consumarían mientras los españoles permaneciesen atrincherados en el Perú. A los 39 años de edad, San Martín, quien había luchado con el ejército español contra los franceses en España, decidió alterar para siempre la situación, mediante un ataque sorpresivo a los realistas en su flanco sureño en Chile.

Pero Chile estaba protegido por la muralla de los Andes. Ni siquiera Aníbal se hubiese atrevido a cruzar esta prohibitiva frontera. Pero hacia fines de 1816, San Martín había organizado una economía de guerra en la ciudad de Mendoza, en las estribaciones argentinas de los Andes, con el propósito de crear un ejército que expulsase a España del Cono Sur del hemisferio. Desde Mendoza, San Martín podía actuar aislado de las intrigas políticas de Buenos Aires y concentrarse en la tarea por hacer.

Como en todas sus acciones, en ésta San Martín fue tan meticuloso como heroico. A los pobres les pidió camisas y ponchos; a los ricos, sus joyas; los viejos soldados le entregaron sus cornetas y las estancias sus caballadas. Fabricó sus propios cañones y pólvora, así como los uniformes para sus tropas. A Chile envió espías a propagar falsos rumores, engañando a los españoles y haciéndoles creer que atacaría a través de las tierras indias al sur del Aconcagua. Los indios de la región, los pechuenches, ni tardos ni perezosos le informaron a los españoles, tal y como San Martín lo había previsto.

El presidente de Argentina, Pueyrredón, le envió dos mil sables y doscientas tiendas de campaña. "Va el Mundo. Va el Demonio. Va la Carne... ¡Carajo! No me vuelva a pedir usted más."

San Martín no necesitaba más. A cada soldado le encargó ser el centinela de su propio destino, nombró a la virgen "generala de las tropas", y el 18 de enero de 1817 inició el ascenso a los Andes. Marchó con 5,423 hombres, mulas, caballos, 18 piezas de artillería y provisiones que incluían una carreta llena de trigo. San Martín preveía una campaña larga y difícil y trajo consigo albañiles y un panadero, muchas linternas y carretas de agua, así como un carruaje lleno de mapas.

Ascendieron más de trece mil pies, al lado de la montaña más alta de Sudamérica, el Aconcagua, enfrentando los vientos, el hielo y la ceniza volcánica, combatiendo a los realistas en los desfiladeros y capturando sus guarniciones, pero luchando también contra el soroche, la enfermedad nauseante de las alturas.

Finalmente, el 12 de febrero, San Martín llegó al otro lado de los Andes a la luz de la luna. Esa madrugada descendió sobre las fuerzas españolas para la decisiva batalla de Chacabuco. En el campo, después del encuentro de armas, quinientos soldados realistas yacían muertos, y sólo doce insurgentes. San Martín abrazó a su aliado, el comandante chileno Bernardo O'Higgins. Ambos sabían que el Cono Sur de las Américas estaba libre, del Atlántico al Pacífico. La independencia de Chile y Argentina era un hecho. No quedaba sino navegar hacia el norte y expulsar a los españoles de su fortaleza en Perú.

Pero en la campaña de los Andes no sólo se alcanzaron grandes alturas físicas, sino mayores alturas morales. La marcha de San Martín nos demostró a los hispanoamericanos que éramos capaces de organizarnos, de actuar puntualmente, con valentía y fortaleza en contra de obstáculos gigantescos. El paso de los Andes constituye un ejemplo, una fuente de orgullo y una referencia para el futuro de la América española.

San Martín y Bolívar

De Valparaíso en Chile, San Martín zarpó a liberar el Perú con una armada al mando del almirante irlandés Lord Thomas Cochrane y una parvada de capitanes ingleses vestidos con chaquetillas blancas y luciendo patillas coloradas. En julio de 1821, San Martín entró en Lima y proclamó la Independencia del Perú. Pero, ahí mismo, se dio cuenta de la profunda raíz de las realidades coloniales. Un anticipo de las frustraciones que aguardaban a las Repúblicas independientes dejó su amargo sabor en los labios de San Martín: nombrado "Protector del Perú", el libertador abolió el tributo indígena y el trabajo forzado en las minas. Pero la oligarquía peruana, que había dado muy poca ayuda a la Independencia, alegó que la libertad provocaría deserción en las minas y las haciendas, y el fin del sistema colonial de tenencia de la tierra. El decreto de San Martín permaneció en el papel, a semejanza de las Leyes de Indias que le precedieron (de hecho, el Perú independiente sólo abolió la esclavitud en 1855, siete años antes de la declaración de emancipación de Abraham Lincoln). Como lo resume John Lynch en su clásica historia de la revolución de la independencia, las clases altas del Perú, "celosas de sus privilegios y conscientes de la masa sin privilegios debajo de ellos... no se preocupaban tanto sobre la supervivencia del gobierno español o la victoria de la independencia, como del grado de poder y dominio que se reservarían para sí bajo cualquier régimen".

En 1822, Bolívar y San Martín, los dos grandes emancipadores, se encontraron por la primera y única vez en el puerto ecuatoriano de Guayaquil. ¿De qué hablaron? Mucho se ha especulado al respecto. Pero todo parece indicar que el tema central fue la futura organización de los Estados recientemente liberados. Bolívar y San Martín estaban de acuerdo en la sustancia de la independencia, pero no en su forma. ¿Se sentía San Martín atraído hacia formas de gobierno monárquico? ¿Fue incapaz de persuadir a Bolívar, firme republicano? Más allá de las hipótesis, resulta claro que la tentación de establecer una monarquía en la América española murió de una vez por todas, pero la manera en la que las Repúblicas debían ser organizadas siguió siendo asunto no resuelto.

Se planteó también el espinoso tema de la colaboración entre los dos jefes. San Martín, de más edad, ofreció ser el segundo de Bolívar, pero Bolívar se negó a aceptar esto. San Martín temió una lucha entre iguales, que inevitablemente sería una contienda política, hecho que le repugnaba. El argentino no quería rivalizar con el venezolano. El efecto, San Martín le dijo a Bolívar: Yo he cumplido con mi encomienda. La gloria que sigue es tuya. Yo me voy a mi casa.

San Martín creía firmemente que los militares no deberían gobernar. Él quería instituciones fuertes, no hombres fuertes. Y aconsejó a la Argentina que nunca se entregase al "soldado afortunado": "La presencia de un militar afortunado, por más desprendimiento que tenga, es temible a los Estados que de nuevo se constituyen... ¿Será posible que yo sea el escogido para ser el verdugo de mis conciudadanos?... No. Jamás, jamás."

No había manchado sus manos en la guerra y no quería mancharlas en la paz. Su postura fue profundamente moral. ¿Pero es posible discutir sus razones? ¿Debió correr San Martín el riesgo de gobernar a la Argentina, a fin de evitar la amenaza misma que quería exorcizar: el gobierno militar, que habría de envenenar la historia de su patria?

No es posible saberlo.

San Martín había tomado su decisión. Acosado, espiado por los primeros gobiernos republicanos, al cabo optó por el exilio en Francia. Murió a la edad de 72 años, sin regresar a las tierras que había liberado.

Bolívar permaneció y luchó arduamente con el problema: ¿Cómo gobernarnos después de ganada la independencia? Puede decirse que el Libertador agotó su alma buscando una solución. En el Congreso de Angostura, donde la Constitución de 1819 fue elaborada, Bolívar trató de evitar los extremos que, a su vez, agobiarían la existencia de la América española durante todo el siglo XIX y bien entrado el siglo XX. ¿Tiranía o anarquía?

"No aspiremos a lo imposible, no sea que por elevarnos sobre la región de la libertad, descendamos a la región de la tiranía. De la libertad absoluta se desciende siempre al poder absoluto, y en medio de estos dos términos está la suprema libertad social."

Para alcanzar este equilibrio, Bolívar propuso un "hábil despotismo", un Ejecutivo fuerte, capaz de imponer la igualdad jurídica ahí donde predominaba la desigualdad racial. Bolívar advierte contra "una aristocracia de rango, de empleos y de riqueza" que, aunque "hablan de libertad y de garantías, es para ellos solos para lo que las quieren y no para el pueblo... quieren la igualdad para elevarse... pero no para nivelarse ellos con los individuos de las clases inferiores".

Y si bien Bolívar, al cabo, propone un Ejecutivo fuerte y un despotismo ilustrado ("el presidente de la República viene a ser en nuestra Constitución como el sol que… da vida al universo"), no cae en la tradición autoritaria española, sino que la templa con su formación francesa. Pero si es discípulo de Montesquieu por la insistencia en que las instituciones se adapten a la cultura, no lo es de los federalistas norteamericanos, a los que explícitamente rechaza por nombre: consultemos el *Espíritu de las leyes*, dice, "y no el de Washington". Pero otra influencia más honda, la de Rousseau y su visión de la Virtud política, le lleva a proponer un cuarto Poder, Moral, como apéndice a la Constitución y terna de reflexión para el porvenir. Entre el poder moral "impracticable" en los tiempos presentes, y el "sol" presidencial, Bolívar no halló lo que Montesquieu presuponía: una sociedad civil.

Quizás temía el poder de los caciques locales, cuyas ambiciones, en muchos casos, balcanizaron a las Repúblicas nacientes. Ciertamente, Bolívar jamás consideró los modelos alternativos de autogobierno mediante la identificación cultural, que habían sobrevivido en muchas comunidades agrarias. Pero, al mismo tiempo, promovió una magnífica visión de la unidad latinoamericana, prematura pero duradera, abierta a las promesas del futuro y a las realidades cambiantes de la política internacional. En su llamado al Congreso Anfictiónico de Panamá en 1824, Bolívar le pidió a la América Latina buscar instrumentos de conciliación, unidad y consejo. Significativamente, no invitó a los Estados Unidos de América. Acaso conocía ya la carta de Thomas Jefferson a James Monroe, fechada en 1823, en la cual el estadista norteamericano predice una rápida expansión de los Estados Unidos más allá de sus fronteras, a fin de cubrir, "todo el continente norte, y acaso el sur". Quizás conocía la carta del propio Jefferson a Lafayette en 1817, donde el demócrata de Virginia consideraba a "nuestros hermanos del sur", como seres impreparados para la independencia. "La ignorancia y el prejuicio", escribió, "no son bases propias para el autogobierno: los latinoamericanos", concluyó Jefferson, son "incapaces de gobernarse a sí mismos".

Bolívar respondió proponiendo un poder moral que, en sus palabras, debía "regenerar el carácter y las costumbres que la tiranía y la guerra nos han dejado". Esta idea se remontaba "a la más remota antigüedad", considerando que la ilustración moral constituía el primer requerimiento del ejercicio político en Hispanoamérica.

En realidad, nuestra necesidad primera y continua fue siempre la de una sociedad civil independiente, un pluralismo autónomo de actividades sociales, intelectuales, políticas y económicas sobre las cuales construir instituciones democráticas flexibles y duraderas. Puesto que tanto la sociedad civil pluralista como las instituciones democráticas brillaban por su ausencia, Bolívar concibió una "nación liberal" creada por el Estado, el cual, a su vez, educaría —es decir: crearía— una ciudadanía democrática. ¿Podía esto lograrse sin fuerza? Pero si de fuerza se trataba, ¿entonces no correspondía al ejército gobernar a la nación? ¿Y una nación gobernada por un ejército, podía ser liberal y democrática?

Las guerras de independencia, indudablemente, liberaron a múltiples y novedosas fuerzas sociales. Heterogéneas y crudas, sintieron poca necesidad de compartir la angustia de Bolívar. Eran las mayorías indias, negras y mulatas, ni siquiera representadas en el Congreso Constitutivo de Angostura. Eran los terratenientes criollos, quienes no habían apoyado la independencia a fin de perder sus propiedades o darle poder a los "pardos". Y, sobre todo, eran los nuevos caudillos militares, como Páez, que después de la guerra entraron en posesión de las extensiones territoriales otorgadas por Bolívar para pagarles sus servicios en tiempos de guerra. Los caudillos instrumentarían con rapidez la proposición en virtud de la cual, de ser necesarias la unidad y la fuerza, ellos la proporcionarían.

Todos ellos le dieron la espalda a Bolívar y abandonaron al Libertador en su larga y solitaria peregrinación hacia la muerte. Pero ese camino pasaba por la dictadura y el fracaso. Temeroso de que la anarquía, el faccionarismo y, eventualmente, la desintegración descendieran sobre las nuevas Repúblicas, en 1828 Bolívar se proclamó dictador en nombre de la unidad. Ahora, el Libertador debió confrontar el odio ciudadano, y aun el afán de asesinarle. Uno de los intentos de matar a Bolívar sólo fracasó, en 1828, gracias a su amante, Manuelita Sáenz, quien distrajo a los matones mientras Bolívar escapaba.

El sentimiento de la derrota consumió a Bolívar. Durante veinte años había luchado, redactando constituciones con una mano y blandiendo un sable con la otra: "No hemos tenido tiempo para aprender mientras nos hemos estado defendiendo". Agotado, Bolívar cayó víctima de la desesperación.

"La América entera es un cuadro espantoso de desorden sanguinario… Nuestra Colombia marcha dando caídas y saltos, todo el país está en guerra civil… En Bolivia en cinco días ha habido tres presidentes y han matado a dos", se lamentó en 1829. Y cuando abandonó Bogotá a la medianoche del 8 de mayo de 1830, las gentes salieron a los balcones para vaciar el contenido de sus bacinicas sobre su cabeza.

"Vámonos —le dijo a su ayudante militar—. Aquí ya no nos quieren."

Era cierto. Calumniado, acusado de ambiciones dictatoriales, declarado criminal en su Venezuela nativa, Bolívar siguió la ruta del río Magdalena al mar, prolongando el viaje como si de ello dependiese la prolongación de su vida. En su conmovedora e imaginativa recreación del viaje final de Bolívar hacia el mar, Gabriel García Márquez visualiza las mil memorias, encuentros, digresiones y pretextos que le permitieron al libertador extender su vida unos cuantos días más. La visión duradera de la novela, *El general en su laberinto*, es la de una mente vibrante y creativa, arrastrando a un cuerpo moribundo que en vano responde a la voluntad de su dueño.

Desde su lecho agónico en Santa Marta, unas semanas más tarde, Bolívar pronunció su propio epitafio: "La América es ingobernable para nosotros… El que sirve una revolución ara en el mar…".

El joven idealista, el brillante comandante militar, el estadista desilusionado, había muerto a la edad de 47 años.

La mañana de la Independencia

La mañana después de la Independencia nos despertamos con una clásica cruda, goma o resaca, dándonos cuenta de la enorme distancia que existía entre los ideales y las acciones, y con qué frecuencia los ideales eran destruidos por la falta de comunicaciones, el aislamiento, la ausencia de instituciones, la pobreza de las prácticas democráticas, la profundidad de las divisiones entre la capital y el interior, entre las iniciativas locales, el gobierno central, entre lo moderno y lo tradicional, y entre liberales y conservadores. No obstante, un chiste corriente en Bogotá decía que la única diferencia entre ellos era que los liberales iban a misa de seis y los conservadores a misa de siete. Pero la división más amarga, la más cruel, la más profunda, continuó siendo la desigualdad social.

Todo esto creó un vacío en la vida hispanoamericana. Después de quince años de guerra continua, resentimos la ausencia de la monarquía española como institución política central. En verdad, la monarquía, junto con la Iglesia, era nuestra más antigua y más firme institución. ¿Pudo Madrid haber actuado a tiempo para evitar las revoluciones de independencia? Tal era el programa de nuestro viejo conocido, el ilustrado conde de Aranda, quien advirtió a Carlos III que una explosión se preparaba en las colonias americanas de España, ofreciéndole, también, la solución del problema. Aranda propuso la creación de una comunidad de naciones hispanohablantes en América, asociadas con España y entre sí, de la misma manera que un día lo estarían las antiguas colonias de la Gran Bretaña.

Nadie escuchó a Aranda, y la ceguera política de los sucesivos reyes, Carlos IV y Fernando VII, definitivamente mató la idea de la comunidad de naciones. Pero acaso no estábamos preparados, en verdad, para asumir la carga de la autodeterminación. Incluso San Martín, según el comandante inglés William Bowles, deploraría "la peligrosa disposición revolucionaria de las clases inferiores", cuya "falta de educación e información en general es tan grande". El enemigo de Bolívar, el general Santander, como presidente de Colombia, piadosamente convirtió este miedo en una hipocresía digna de Uriah Heep cuando dijo: "Mil veces bendigo al pueblo de Cundinamarca, pueblo rústico e ignorante, pero con virtudes, y sobre todo con una obediencia laudable."

Estas actitudes formaban parte de una justificación que resonaría, de manera cada vez más hueca, durante el próximo siglo y medio. No estábamos preparados para la independencia. No estábamos listos para la democracia. No estábamos listos para la igualdad. Pero, ¿cuándo está una nación realmente lista? ¿Lo estuvo el África negra, la India? En verdad, ¿lo estuvieron los Estados Unidos de América?

Nadie aprende a nadar si no se arroja al agua y lo que la América española habría de aprender, sólo podía hacerlo mediante la independencia. Aprendimos que la Corona y la Iglesia eran nuestras más viejas instituciones. Habíamos expulsado a aquélla; teníamos que colocar a ésta en su sitio justo. Aprendimos que nuestra realidad más novedosa y endeble era la sociedad civil; aprendimos la necesidad de una vigorosa clase media, pero no a expensas de los talentos creativos de las comunidades rurales. Los círculos intelectuales y los partidos políticos comenzaron a manifestarse, pero entre la ausencia de la monarquía y la debilidad de la sociedad civil, entre la fachada de la nación legal y la sustancia de la nación real, se abrió un vacío que sólo sería llenado por lo que San Martín más temía: el soldado afortunado, el hombre fuerte, el tirano.

El dictador dominaría el escenario de la América española durante un larguísimo tiempo.

13. El tiempo de los tiranos

Entre 1810 y 1815, la revolución argentina de independencia se irradió desde Buenos Aires con un mensaje radical de libertad. La revolución de mayo de 1810 conoció la unión de las armas y las letras, como diría Don Quijote: el ejército y los intelectuales unidos en un propósito común de independencia. Esta alianza se enfrentó de inmediato a un dilema típico de todas las sociedades revolucionarias: la persecución de ideales democráticos con métodos no democráticos, con el objeto de oponerse a peligros reales, o imaginarios, contra la revolución. Con este fin, se creó un Comité de Salud Pública en Buenos Aires, con autoridad para identificar a la oposición, admitir denuncias contra supuestos contrarrevolucionarios y ejecutarlos sumariamente, tal y como ocurrió con el comerciante realista Martín Alzaga y sus co-conspiradores en 1812. Estas semillas de la intolerancia no explican, sin embargo, el surgimiento de los regímenes tiránicos en la América española.

Las revoluciones fueron animadas por un fervor libertario. Una vez más, el caso argentino nos ofrece el mejor ejemplo. El fogoso y fanático jacobino porteño Juan José Castelli propagó las ideas de la Ilustración francesa en el Alto Perú, predicando el evangelio de Rousseau y de Voltaire a los indios quechuas y aymarás, suprimiendo, por la fuerza, los tributos impuestos al indio y distribuyendo tierras, prometiendo escuelas e igualdad. Todo ello vendría automáticamente como resultado de una rebelión permanente. "Levantaos —dijo Castelli a las masas indias— todo ha terminado. Ahora somos iguales." En Chile, treinta años más tarde, donde se encontraba exiliado, un escritor argentino de 34 años llamado Domingo Faustino Sarmiento evocaría con nostalgia el tiempo de la revolución y la audacia con la cual la Argentina inicia la revolución, la lleva a todas partes y se siente "encargada de lo alto de la realización de una grande obra".

Y la Argentina fue recompensada, pues "sólo en catorce años había escarmentado a la Inglaterra, correteado la mitad del continente, equipado diez ejércitos, dado cien batallas campales, vencido en todas partes, mezclándose en todos los acontecimientos, violado todas las tradiciones, ensayado todas las teorías, aventurándolo todo y salido bien en todo [y ahora] vivía, se enriquecía, se civilizaba".

En vez, Sarmiento escribía desde Chile, huyendo de la tiranía asesina de Juan Manuel de Rosas en Buenos Aires. ¿Qué había sucedido con la promesa de grandeza y libertad? "Con la revolución vienen los ejércitos y la gloria, los triunfos y los reveses…", pero también, lo admite, "las revueltas y las sediciones".

Sarmiento, el joven provinciano de San Juan en el norte de la Argentina, el brillante muchacho autodidacta que, en su juventud, había enseñado a leer y a escribir a los adultos iletrados; el vigoroso escritor polémico, tenía razón en preguntarse por qué el sueño de independencia había naufragado tan dolorosamente, de México a la Argentina, al acercarse el siglo a su mitad. ¿Acaso no habían propuesto los liberales una República democrática ideal, basada, cultural y jurídicamente, en los modelos europeos y norteamericanos? "*El contrato social* [de Rousseau] vuela de mano en mano", escribe Sarmiento en su libro clásico, *Facundo. Civilización y barbarie.* "Robespierre y la Convención [son] los modelos... Buenos Aires se cree una continuación de la Europa..."

De tal manera, Sarmiento, acaso inconscientemente, se dio respuesta a sí mismo. Los pensadores y estadistas de la revolución liberal imaginaron y proclamaron una democracia hispanoamericana ideal. Simón Bolívar se encontraba entre ellos. Pero esta democracia, propuesta en las leyes y proclamada desde arriba, pasaba por alto las múltiples realidades que era necesario cambiar a fin de que la democracia fuese algo más que una intención, o la libertad algo más que una declaración proclamada por Castelli a los grupos de indios iletrados del Alto Perú, quienes, además, no entendían una palabra de español.

La resistencia de las antiguas estructuras, tanto indígenas como coloniales, al cambio súbito, y a pesar de su inspiración democrática, fueron subestimadas. Las nuevas Repúblicas, al igual que la Corona antes que ellas, aparecían como algo muy remoto de las preocupaciones concretas de los trabajadores y campesinos que las miraban desde abajo; pero resultaban también lejanas a los terratenientes y a los caciques políticos locales, quienes deseaban aumentar su poder y sus privilegios, y no entregárselos a los trabajadores. El fervor con que la Argentina independiente proclamó su solidaridad con otras revoluciones, y que Sarmiento evocó tan emotivamente, resultó, al cabo, un hecho contraproducente. Las campañas argentinas para imponer la revolución radical en el Paraguay desembocaron en la dictadura hermética del doctor Gaspar Rodríguez de Francia, quien selló el ingreso a su República. La campaña jacobina de Castelli en el Alto Perú asustó a las oligarquías locales, que se volvieron pro españolas, lucharon en contra de los ejércitos revolucionarios y, al cabo, proclamaron la Independencia en su propio beneficio, sin concesión alguna para las clases trabajadoras.

Ahora, a las oligarquías tradicionales se unió, fortaleciéndolas, una nueva clase propietaria formada por oficiales del ejército, recompensados con tierra por sus servicios en la campaña revolucionaria. Recordé más arriba que en 1817 Bolívar firmó un decreto prometiendo la confiscación de tierras públicas en Venezuela para favorecer a los soldados de la República. Pero el Congreso decretó, a su vez, que los soldados serían pagados con vales que sólo podían ser reclamados en una vaga fecha posterior a la guerra. Cuando esa fecha llegó, los bonos no fueron reclamados por la infantería iletrada, sino por los oficiales poderosos y dueños de la victoria. José Antonio Páez, el caudillo republicano de los llanos de Venezuela, creó de esta manera un inmenso latifundio en el Apure. Aunque no fundó una república separatista, Páez se convirtió en ley en sí mismo, totalmente indiferente al gobierno de Caracas.

Las guerras de independencia alentaron la decisión de las clases superiores tradicionales de aferrarse al poder, agitaron las ambiciones de los caudillos y desataron en ambos una dinámica fatal que habría de enfrentarlos con los gobiernos nacionales y liberales de reciente cuño, desde el de Vicente Guerrero en México hasta el de Bernardino Rivadavia en Argentina. Ambos serían sucedidos por dictaduras militares reaccionarias: Santa Anna en México y Rosas en Argentina. La súbita ausencia de la autoridad colonial, después de trescientos años, creó un vacío. Formalmente llenado por los gobiernos liberales centralistas, éstos se mostraron incapaces de imponerse a una fuerza mucho más inmediata: la de los caudillos provincianos que contaban con gente armada, tierra, ganado, caballos y campesinos para imponer su voluntad localmente. La existencia misma de estos caudillos desafió a los nuevos gobiernos nacionales. La ingenuidad y el idealismo político de los liberales, instalados en las ciudades capitales, no supo oponerse a las fuerzas centrífugas.

Los liberales centralistas querían imponerle un régimen legal a la totalidad del país. Tal fue la política de Bernardino Rivadavia en Argentina, quien durante la década de 1820 extendió la educación, limitó el poder de la Iglesia y llevó a cabo una transferencia masiva de tierras, del dominio público al privado, con la esperanza de establecer un sistema moderno de propiedad privada. La gran ironía de este diseño fue que las tierras públicas, naturalmente, fueron adquiridas por un pequeño grupo de rancheros, quienes concentraron su poder sobre inmensas extensiones de tierras llamadas estancias. Hacia 1827, cuando Rivadavia fue obligado a renunciar, 21 millones de acres de tierras públicas en la Argentina habían sido transferidas a sólo quinientos individuos y el sistema estanciero había quedado establecido por mucho, mucho tiempo.

Rivadavia cayó, no a causa de sus inocentes y contraproducentes leyes sobre la propiedad, sino porque se rehusó a conceder una pulgada en su política centralista o "unitaria" que favorecía la hegemonía de Buenos Aires sobre la autonomía de las regiones. Pero era en las regiones donde el verdadero poder, incluyendo el poder de desafiar al gobierno nacional, se encontraba. Entre los múltiples caudillos argentinos que ejercían el dominio sobre sus provincias, dos se destacan: Estanislao López en Santa Fe y Facundo Quiroga en La Rioja. Quiroga es el protagonista del célebre estudio de Sarmiento sobre la política, la historia y las costumbres argentinas, *Facundo*, subtitulado *Civilización y barbarie*. Quiroga, el caudillo provinciano, era, en su aspecto físico, el retrato mismo de la barbarie. La negra barba le subía hasta los pómulos, y los largos rizos negros se le derramaban sobre la frente "como las serpientes de la cabeza de Medusa". De acuerdo con Sarmiento, Facundo era capaz de darle muerte a un hombre a patadas. En una ocasión le abrió la cabeza a su hijo con un hacha simplemente porque el niño seguía llorando. Y aun incendió la casa donde vivían sus propios padres cuando éstos se negaron a prestarle dinero. Facundo desplegó banderas negras con el lema "Religión o Muerte", pero nunca se hincó a orar, confesar o escuchar misa. Sarmiento, el buen liberal, quería educar, civilizar y modernizar un mundo de impunidad e impulsos salvajes. Sin embargo, la política de la civilización debía esperar a que se agotase el tiempo de los bárbaros.

Después de que las reformas de Rivadavia, intencional o inconscientemente, pasaron un gigantesco poder económico a un limitado grupo de propietarios, éstos debieron ponderar asuntos de índole más concreta. ¿Quién, por ejemplo, protegería de manera más adecuada sus intereses? ¿Los caudillos locales o el gobierno nacional porteño? Pero una nueva consideración levantó la cabeza. Para sobrevivir y para expandirse hacia la Pampa, el sistema de propiedad en el interior de la Argentina exigió algo que, después de todo, había sido principio fundamental de la revolución de independencia: la libertad de comercio, libertad para importar bienes manufacturados europeos y norteamericanos, y facilitar su intercambio por exportaciones de trigo, lana, cueros y carnes argentinas.

Esta vorágine de exigencias, agitándose peligrosamente en el vacío dejado por la monarquía española, explica la aparición del tirano hispanoamericano arquetípico, Juan Manuel de Rosas. Este personaje maquiavélico, tanto león como zorro, entendió rápidamente el mordaz dualismo de la Argentina. En ese país, los centralistas eran llamados "unitarios". Favorecían la hegemonía de Buenos Aires y la región costera alrededor de la capital. El poder de Buenos Aires se fundaba en las operaciones de exportación e importación, la estancia y el saladero. Sobre estos tres pilares se sostuvo la llamada "civilización vacuna" de la Argentina. Del otro lado, los federales, autonomistas y regionalistas, favorecían una asociación flexible entre las provincias. Materialmente, se basaban en la actividad minera y en una población de masas nómadas, sin tierras. Su mundo era el del sendero solitario del buey y la carreta: tomaba tres meses viajar desde la frontera norte del país hasta Buenos Aires. La provincia aislada era la base de poder de los caudillos locales.

Rosas, quien era un estanciero sumamente rico de la provincia de Buenos Aires, imaginó una engañosa estrategia, mediante la cual, por un lado, se presentó como uno más entre los caudillos regionales, luchando en favor de los intereses locales de las provincias, en el acto mismo de conquistar y consolidar el poder central. Políticamente, proclamó su lealtad al federalismo y juró luchar hasta la muerte contra los unitarios. Pero gracias a la confusión que introdujo en la política argentina, Rosas logró seducir primero y enseguida derrotar a los caciques locales. Con la muerte tanto de Quiroga como de López, Rosas se convirtió en el amo indiscutido de la Argentina, en nombre de un federalismo al cual sólo rendía homenaje retórico. En realidad, combatió brutalmente a los unitarios con sus tropas federalistas, distinguidas por sus gorros colorados y sus claveles del mismo color, sólo para imponer lo mismo que decía combatir: el poder central. En Rosas, los terratenientes y los grandes propietarios ganaderos encontraron a su hombre. El tirano aseguró la hegemonía de Buenos Aires, la estancia y el saladero, así como la creciente concentración de la tierra, mediante compraventa y donaciones. El gobierno y sus allegados se aseguraron ingresos permanentes mediante el dominio de la aduana de Buenos Aires. Más aún, los ricos aliados de Rosas se enriquecieron todavía más gracias a la confiscación de los bienes de los enemigos políticos del régimen. Y la clase terrateniente le quedó inmensamente agradecida a Rosas cuando éste expandió el territorio de pastos gracias a sus continuas guerras contra los indios.

Rosas entregó el poder a las fuerzas centralizantes, mientras pretendía, retóricamente, ser un ferviente federalista. Todo ello demuestra la suprema agilidad política del dictador argentino. A menudo, los observadores extranjeros describieron su aspecto rubio, sus ojos acerados y su fortaleza física. En 1835, la publicación francesa *Revue des Deux Mondes* escribió que "nadie sabía domar una yegua, quebrar a un caballo salvaje o dar caza a un puma, mejor que Rosas". Y en realidad, Rosas nunca ocultó la naturaleza de su demagogia populista: "Rivadavia despreciaba lo físico, pues, los hombres de las clases bajas, los de la campaña, que son la gente de acción... me pareció, pues, desde entonces muy importante conseguir una influencia grande sobre esa clase para contenerla o para dirigirla; y me propuse adquirir esa influencia a toda costa; para esto me fue preciso trabajar con mucha constancia, con muchos sacrificios de comodidades y de dinero, hacerme gaucho como ellos, hablar con ellos y hacer cuanto ellos hacían; protegerlos, hacerme su apoderado".

Semejante cinismo no deja de ser simpático. No lo son, en cambio, los escritos sicofantes de algunos de sus seguidores encomiando sus talentos, sus vastos conocimientos, su sabiduría política y su valentía en las campañas militares. Consumado estadista, añadió, sin medirse, el autor de estos elogios: guerrero intrépido, ágil y valeroso. En pocas palabras, Rosas, a los ojos de este adulador, era "el más perfecto ejemplo del político, del héroe, del guerrero y del gran ciudadano".

Este homenaje de mal gusto, aparecido en un periódico dominado por Rosas, *La Gaceta Mercantil*, fue templado por muchas apreciaciones extranjeras. Un viajero francés reconoció que Rosas había conquistado la anarquía "que devoraba la tierra", pero este triunfo fue calificado por el siguiente juicio: "Desgraciadamente, Rosas se fue al extremo opuesto... Impuso su personalidad por encima de las instituciones existentes. Obligó a la totalidad de la población a adorar su retrato; ordenó que se quemase incienso frente a su retrato en las iglesias; se hizo tirar en su carroza por grupos de mujeres".

Mientras asumía la postura del amigo del pueblo, aunque en realidad protegiendo los intereses de la minoría terrateniente, Rosas, en la ácida frase de Sarmiento, había "introducido el régimen de la estancia de ganados en la administración de la República más guerrera, más entusiasta por la libertad y que más sacrificios hizo para conseguirla".

Hizo algo peor. El diplomático francés, el conde Alejandro Walewski, hijo de Napoleón Bonaparte y de la aristócrata polaca María Walewska, claramente discernió que Rosas "no sabía mantenerse en el poder sino mediante la fuerza". "Vengativo e imperioso", cometió numerosos actos de sangre que le coronaron con una "aureola de terror". No toleraba la oposición y acabó por crear, como lo vio claramente Walewski, "un sistema de opresión legal mediante el cual persigue a sus enemigos".

Rosas organizó La Mazorca, acaso el primer escuadrón de la muerte latinoamericano, a fin de silenciar a sus enemigos. Sarmiento narra cómo, en la ciudad de Córdoba, el jefe local de La Mazorca, un tal Bárcena, llegó a un baile y arrojó sobre la pista las cabezas cortadas de tres jóvenes cuyas horrorizadas familias se encontraban presentes. Acaso hiperbólicamente, Sarmiento escribe que, entre 1835 y 1840, "casi toda la ciudad de Buenos Aires ha pasado por las cárceles [de Rosas]". ¿Por qué? ¿Qué habían hecho? Exactamente: nada. "¡Imbéciles!, ¿no veis que se está disciplinando la ciudad?"

Anarquía o tiranía. Este depresivo movimiento pendular en nuestra vida política sirvió de justificación a Rosas para usar el poder de la manera en que lo usó. Unificó al país, incluso Sarmiento admitió esto; le arrebató el poder a los caudillos locales y al hacerlo evitó la atomización de la República Argentina. Rápidamente se dio cuenta de que, entre todas las verdades que se podían decir sobre la Argentina, la principal era que Buenos Aires había de desempeñar un papel central, puesto que era el único puente existente entre la nación y el mundo, pero también entre el principal centro comercial de la nación y los productos del interior de la República.

Rosas dirigió magistralmente su teatro político; nominalmente federalista, de hecho centralista, aprovechó la oposición entre las dos fuerzas para diezmar a su oposición y concentrar el poder en sí mismo.

Rosas se mantuvo en el puesto de autoridad suprema durante 23 años, entre 1829 y 1852. Los argentinos continúan debatiendo con calor su personalidad. ¿Acaso no logró la unidad, el fin de la anarquía, una vigorosa expansión del comercio internacional, el patriotismo, la resistencia a la intervención extranjera y una defensa igualmente vigorosa del desarrollo interno basado sobre fuerzas productivas? Tal es el argumento de los defensores de Rosas. Pero, ¿pueden la ilegalidad, la crueldad y el terror disfrazado de orden ser el precio de la libertad?

Tiranos: virginales o promiscuos

Del otro lado del río fronterizo con la Argentina, sobre las riberas del Paraná, otro caudillo nacional gobernó al Paraguay como "dictador perpetuo" entre

1814 y 1840. El doctor Gaspar Rodríguez de Francia explotó el nacionalismo paraguayo en su favor. Arrinconado entre las ambiciones de Brasil y Argentina, no se resignó, en contraste con el destino de la pequeña República del Uruguay, a ser un simple Estado colchón entre los gigantes de la América del Sur. Basándose en la premisa de que Paraguay no estaba dispuesto a cambiar la dominación de España por la de Brasil o la de Argentina, el Doctor Francia efectivamente aisló a su nación de cualquier contacto con el extranjero.

Aislado en el corazón de Sudamérica, sin litorales propios, el Paraguay había sido la reserva colonial de los jesuitas. Ahora, rodeado por vecinos ambiciosos, el Doctor Francia convirtió el hecho del aislamiento paraguayo en su virtud nacionalista, efectivamente clausurando al país con el pretexto de salvarlo de la absorción. Se nombró a sí mismo "El Supremo", prohibió el comercio, el viaje al extranjero, y aun el servicio de correos entre su nación fortaleza y el mundo exterior. Como en una novela de Evelyn Waugh, el extranjero que lograba entrar al Paraguay permanecía ahí para siempre. El Doctor Francia arropó su chauvinismo de hierro con una capa populista. Por necesidad, su república introvertida era autárquica; creó una economía de subsistencia; favoreció el gobierno demagógico de la multitud bajo la dirección del tirano. Atacó y debilitó a la Iglesia. Sin embargo, igual que en Argentina, el tirano finalmente protegió y fortaleció los intereses oligárquicos, tanto antiguos como recientes. El prolongado reino del Doctor Francia demuestra el hecho, a menudo ignorado, de que el nacionalismo latinoamericano tiene sus orígenes en la derecha e ilumina la noción de que el populismo despótico sólo logra disfrazar la parálisis impuesta por el tirano a la sociedad: dando la impresión de que todo se mueve, nada cambia.

La "dictadura suprema" del virginal Doctor Francia terminó en 1840, cuando el dictador murió a los 74 años de edad. No logró salvar a su nueva nación de la infelicidad y el conflicto constante. Entre 1865 y 1870, Paraguay combatió a Brasil y Argentina con el resultado de que la mayor parte de la población masculina de la pequeña nación pereció en combate. Asediada por continuas guerras en torno a la selva del Chaco con Bolivia, Paraguay continuaría bajo la bota de las dictaduras hasta nuestros días.

El equivalente y contemporáneo de Rosas y Francia en México, el general Antonio López de Santa Anna, fue menos afortunado que sus colegas. En contraste con Francia, quien es el protagonista de una poderosa novela de Augusto Roa Bastos, nadie ha sido capaz de hacerle verdadera justicia literaria a Santa Anna, un personaje que parece escapar de las manos de la recreación literaria, por el simple hecho de que su vida es mucho más ficticia que cualquier imaginación novelística. En la biografía de Santa Anna, la realidad derrota a la ficción. Aparece pintado en los murales contemporáneos por Diego Rivera que, en sí mismos, a menudo parecen historietas cómicas glorificadas. Pero ello conviene a Santa Anna, el prototipo del dictador latinoamericano de opereta. Astuto y seductor, logró combinar estas características con una enorme dosis de audacia y caradura, ejerciendo la Presidencia de México once veces entre 1833 y 1854. Figura grotesca, jugador de gallos y tenorio, Santa Anna incluso cayó en la tentación de darse golpes de Estado a sí mismo.

En 1838, Santa Anna perdió una pierna en la Guerra de los Pasteles contra Francia, así llamada porque una escuadra naval francesa bombardeó Veracruz para defender los reclamos de un panadero francés cuya pastelería había sido saqueada durante un motín en la Ciudad de México. Santa Anna enterró su extremidad en la Catedral de México con pompa y la bendición arzobispal. La pierna fue desenterrada y arrastrada por turbas enardecidas cada vez que Santa Anna caía del poder, sólo para ser enterrada de nuevo, otra vez con pompa y bendiciones, cuando el tirano regresaba a la silla. Cabe preguntarse: ¿fue siempre la misma pierna, o, finalmente, un sustituto teatral, una extremidad de utilería?

Si el Doctor Francia fue un tirano virginal y ascético, Santa Anna fue un dictador promiscuo y cómico. Pero nadie rió cuando, gracias a su ineptitud, perdió la provincia de Texas primero, y enseguida todo el alero norteño de territorios mexicanos, incluyendo Arizona, Nuevo México, Colorado, Nevada, California y partes de Utah, en aras del "destino manifiesto" del expansivo y juvenil gigante, los Estados Unidos de América, en su carrera imperial hacia el Océano Pacífico. "La guerra de Polk", como la llamaron sus críticos, fue denunciada por un solitario representante en el Congreso norteamericano, Abraham Lincoln. El escritor Henry David Thoreau, como Edmund Wilson durante la guerra de Vietnam, se negó a pagar impuestos para financiar la guerra. Pero en 1848, México perdió la mitad de su territorio nacional y la nueva frontera sobre el Río Bravo se convirtió, para muchos mexicanos, en una herida abierta.

Santa Anna ni siquiera tuvo el consuelo de ser considerado, como Rosas, un patriota.

La reacción liberal: Benito Juárez

En 1854, Santa Anna, quien se hizo proclamar como "Su Alteza Serenísima", se cubría con una capa de armiño, gastando una buena parte del erario nacional importando de París uniformes de satín amarillo para sus guardias de palacio. Lo derrocó una reacción de disgusto y dignidad nacional, encabezada por el Partido Liberal, en cuyas filas militaba una figura diametralmente opuesta al hombre fuerte con el pecho constelado de medallas. Benito Juárez era un austero abogado oaxaqueño, de raza indígena zapoteca. De niño creció como pastor, iletrado e ignorante de la lengua española, hasta que a los 12 años fue llevado por su hermana, sirviente doméstica en la casa de un párroco laico, a la ciudad de Oaxaca. Ahí, Juárez aprendió a leer y escribir español. Su mente era aguda y su ambición enorme. Siempre llamó a su protector, el franciscano Salanueva, "mi padrino". Pero Juárez no estudió para el sacerdocio, como lo esperaba Salanueva. En 1828, a la edad de 22 años, el joven indígena dejó la casa del clérigo para embarcarse en una carrera jurídica que eventualmente lo transformaría en el más grande reformista y presidente liberal de México durante el siglo XIX.

Es posible imaginar las fuerzas que se agitaban en el pecho de este joven cuando dejó su parroquia provinciana en Oaxaca. Un rasgo de fatalidad indígena le permitiría soportar muchas derrotas. Aunque formado en el medio de un pobre clérigo católico, Juárez adquiriría, con la profesión legal, una voluntad feroz de superar los obstáculos que le impedían a México convertirse en una nación moderna e independiente, entre ellos el poder excesivo de la Iglesia.

Su primera decisión consistió en separar a la Iglesia del Estado. Las Leyes de Reforma confiscaron la vasta e improductiva riqueza de la Iglesia, poniéndola a circular. Despojaron a los militares y a la aristocracia de sus tribunales particulares. Establecieron la prioridad del derecho civil y de leyes generales aplicables a toda la ciudadanía. Este conjunto de leyes no tardó en ser denunciado por el Partido Conservador. Juárez y los liberales habían optado claramente por una solución: sujetar al ejército y a la Iglesia al dominio del Estado nacional, y enseguida sujetar a todos, incluido el Estado, al control de la ley.

Durante tres años, los conservadores libraron la guerra contra Juárez y sus reformas. Cuando Juárez finalmente los derrotó en el campo de batalla en 1860, los conservadores miraron hacia el extranjero y encontraron apoyo en la Corte de Napoleón III en Francia, quien acababa de conquistar Indochina y soñaba, ahora, con extender la influencia imperial francesa en las Américas. Éste era el sueño de la emperatriz, la española Eugenia de Montijo, quien imaginó un imperio latino en las Américas, capaz de enfrentarse a la creciente influencia y poder de los Estados Unidos. Pero ahora éstos se encontraban divididos por la Guerra de Secesión. Napoleón III vio en todo ello la oportunidad de emular la grandeza de su tío, Napoleón el Grande.

Apoyados por Napoleón el Pequeño, los conservadores mexicanos fueron en peregrinación hasta el castillo de Miramar sobre el Adriático, donde el archiduque Maximiliano de Habsburgo representaba a su hermano, el emperador austriaco Francisco José, como gobernador de Trieste. Allí, le ofrecieron la Corona de México. Maximiliano, un joven atractivo, alto, rubio y barbado, era, sin embargo, un hombre de escasa voluntad. Carlota, su mujer, ambiciosa y políticamente alerta, hija del rey Leopoldo de Bélgica, presionó a Maximiliano para que aceptase la Corona.

Los dos hermanos, Maximiliano y Francisco José, tenían ideales políticos diferentes. En Viena Francisco José, después de aplastar los levantamientos nacionalistas liberales de 1848, gobernó en la manera autocrática propia de los Habsburgo. En Trieste, y antes en Lombardía, Maximiliano, por lo contrario, simpatizó con las reformas liberales y apoyó el *aggiornamento* de la Iglesia y del Imperio. Los conservadores mexicanos que se presentaron en Miramar en 1862 pasaron por alto estas sutilezas. México necesitaba a Maximiliano para restaurar el orden contra los revolucionarios bárbaros y anárquicos. El pueblo mexicano le rogaba aceptar. El ejército francés había ocupado el territorio de México y ahora necesitaba a Maximiliano para pacificarlo. Un referendo fraudulento, manipulado por los franceses, había favorecido a Maximiliano y a la monarquía. Y la pareja imperial de Maximiliano y Carlota no tenía oportunidad de reinar en Viena. En México, se propusieron crear una monarquía moderna e ilustrada que haría sonrojar de vergüenza a Francisco José. La rivalidad fraternal fue, de esta manera, el *modus operandi*, revelado en la correspondencia que circuló entre Trieste, Viena, Bruselas y, al fin, México. Carlota convenció a Maximiliano de que si dejaban pasar la oportunidad mexicana, nunca encabezarían un reino, sino que sólo lo servirían.

Pero si Carlota fue cegada por la ambición, así como por una honesta necesidad de probarse digna de la educación política de su padre, sus ojos debieron abrirse cuando el *Novara* atracó en Veracruz, revelando el tortuoso camino de la costa a la capital, más allá de las flores y los arcos triunfales ofrecidos por los indios. Cortés había seguido la misma ruta, a pie, trescientos cincuenta años antes, pero el emperador Carlos V jamás se había desplazado hasta el Nuevo Mundo. Y Maximiliano y Carlota no eran Hernán Cortés; ni siquiera eran Carlos V. Su carroza real, dorada y con enormes ruedas, subió con trabajo por los caminos rurales de México, sufriendo calamidad tras calamidad, averías, atascamientos y hasta volcaduras.

La saga imperial se inició con incidentes cómicos. Cuando llegó a la Ciudad de México, la pareja real ocupó los apartamentos de Santa Anna en el Palacio Nacional. Las chinches los obligaron a dejar las camas y dormir sobre la mesa de billar. Pronto, sin embargo, se trasladaron a la comodidad del Castillo de Chapultepec, que hasta hacía poco había sido la escuela militar mexicana, desde donde seis jóvenes cadetes ofrendaron su vida; uno de ellos, Juan Escutia, saltó a la muerte envuelto en la bandera, antes que rendirse a las fuerzas invasoras norteamericanas.

El mismo ánimo contra la intervención extranjera empezó a unificar a los mexicanos de todas las tendencias, con la excepción de los conservadores puros y duros que esperaban, gracias a Maximiliano, recuperar las tierras confiscadas por los liberales. Por supuesto, entre ellos se encontraba la jerarquía eclesiástica. Pero Maximiliano, a fin de probar su idealismo y darle su sello personal a los asuntos del Estado, decidió mantener la legislación reformista de Benito Juárez. Los gritos de indignación se escucharon desde las haciendas de Jalisco hasta los corredores de San Pedro. ¿No entendía Maximiliano que había sido enviado a México para mantener el privilegio, no para abolirlo? Maximiliano invitó a Juárez a ser primer ministro del régimen imperial. Pero Juárez rehusó: si Maximiliano deseaba una democracia, que tratara de obtenerla en Austria, liberando a los súbditos de su hermano Francisco José. México continuaría combatiendo.

El comandante francés, Aquiles Bazaine, midió la fuerza y extensión de la resistencia mexicana y obligó al emperador a comprender que no habría paz si no eran derrotadas las fuerzas de Juárez y sus partidarios republicanos. Bazaine obligó al emperador a firmar un decreto condenando a ejecución sumaria a cualquier mexicano al que se encontrase portando armas. La ley fue conocida como el Decreto Negro y, al firmarla el 2 de octubre de 1865, Maximiliano firmó su propia sentencia de muerte.

Al lado de la carroza dorada de Maximiliano en el Castillo de Chapultepec, se encuentra hoy la sencilla carroza negra de Benito Juárez. En ella, el presidente de México recorrió los desiertos del norte, cargado de archivos, librando la guerra de guerrillas contra los franceses, y fiel a sus propias palabras: "Dondequiera que yo esté, sobre la cima de una montaña, o en el fondo de una barranca, abandonado de todos, quizás, no dejaré de empuñar la bandera de la República hasta el día del triunfo."

Sobre su oficina en ruedas, Juárez se convirtió en la encarnación misma de la fatalidad indígena, la legalidad romana y el estoicismo hispano. Quiso convertir en realidad los sueños de Simón Bolívar y José de San Martín: instituciones fuertes, no hombres fuertes; supremacía del gobierno civil, en el que nadie se encuentra por encima de la ley. Pero imaginemos, una vez más, los sentimientos de este hombre, un niño pastor indígena, enseguida un abogado formado en los ideales de la civilización francesa, que súbitamente vio a esa misma civilización voltearse contra él y negarle a México el derecho a la independencia. Imaginemos también la voluntad de Juárez, sin más oficina que su carruaje, para defender a México a cualquier precio, a fin de establecer el principio de que ninguna potencia extranjera tenía el derecho de determinar el gobierno de una nación latinoamericana.

Maximiliano y Carlota, a la cabeza de una Corte fantasmal, no tenían en realidad nada que ofrecer y nada con qué derrotar a Juárez. Los caprichos independentistas de Maximiliano fueron risibles. El emperador no era independiente, era simplemente el títere de Napoleón III, apoyado por las bayonetas francesas. Cuando en 1867 el emperador francés decidió abandonar a Maximiliano, la caída del emperador era inevitable. Otros asuntos, mucho más urgentes, ocupaban la atención de Napoleón el Pequeño, como su enemigo, Víctor Hugo, le llamó. La Guerra Civil norteamericana había terminado. Napoleón había apoyado al Sur y el Sur había apoyado a Napoleón: ambos deseaban un México añadido al sistema de la esclavitud y la plantación feudal. Pero ahora habían triunfado Lincoln y el Norte, en tanto que sobre las fronteras orientales de Francia, Bismarck había logrado unificar a Alemania bajo la hegemonía militar de Prusia, y ahora miraba hacia el Occidente, en espera de mayores triunfos y conquistas. Los guerrilleros mexicanos, campesinos de día y soldados de noche, desaparecían en el paisaje, mimetizados, rápidos en sus movimientos, dignos herederos de la tradición de resistencia establecida por Viriato contra Roma. No se dejaron vencer por Maximiliano y los franceses. Y en Francia misma, un movimiento público de protesta contra la guerra de México, ataques en la prensa y manifestaciones públicas, exigieron el fin de la sangría mexicana y protestaron contra los miles de jóvenes franceses que regresaban a su patria en ataúdes. Sólo una estrella imperial brillaba en el ojal de Napoleón. Había conquistado el sureste asiático, del Golfo de Tonkín al Delta del Mekong. El Juárez de Indochina libraría la misma guerra cien años más tarde. Su nombre sería Ho Chi Min.

Cuando las tropas francesas se retiraron, Carlota viajó de prisa a París y en las Tullerías regañó a Napoleón por su infidelidad. De nada sirvió. Con sólo un grupo leal de oficiales mexicanos, Maximiliano se rindió en Querétaro el 15 de mayo de 1867. Fue fusilado cerca de ahí, en el Cerro de las Campanas. Juárez no cedió ante los llamados internacionales pidiendo la vida de Maximiliano. Miles de mexicanos, víctimas del Decreto Negro, se levantaron entre Juárez y la clemencia. Carlota había continuado su campaña en Europa. Durante una audiencia para defender la causa de su marido ante el papa Pío Nono, se enfermó seriamente y hubo de pasar la noche en el Vaticano —oficialmente, la primera mujer en hacerlo—. La joven emperatriz había enloquecido. A los 27 años, fue recluida en el castillo de Bouchout en su Bélgica nativa. Desde ahí, continuó escribiéndole cartas a su amado Maximiliano. Nunca se enteró de que había muerto. Sólo comió nueces y bebió de los manantiales, convencida de que Napoleón quería envenenarla. Rara vez se le vio públicamente, en entierros y funciones ceremoniales, encogida, cada vez más pequeña, cada vez más distante. Cuando su primo, el káiser Guillermo II, invadió Bélgica en 1915, puso guardias en el castillo para proteger a "Su Majestad, la Emperatriz de México".

Finalmente, en 1927, Carlota murió a la edad de 87 años. Hay una fotografía de ella en su féretro, con una cofia negra, sus manos manchadas envueltas en un rosario, su perfil muerto una curiosa mezcla de la avidez y la inocencia. Qué lejos estaba esta anciana del brillante retrato imperial del pintor Winterhalter, la emperatriz envuelta en tafetas y velos, su piel brillante, su pelo oscuro, su arrogancia templada, un destello de inteligencia y humor en su mirada.

Maximiliano también yacía para siempre en la cripta de los Habsburgo en Viena. El pelotón de ejecución mexicano le había volado un ojo. El embalsamador no pudo encontrar un solo ojo azul artificial en todo Querétaro, de tal suerte que, al cabo, el ojo negro de una virgen queretana fue ensartado en la cuenca del emperador fusilado. Desde lo hondo de la gruta de los Capuchinos, Maximiliano mira a la muerte con un ojo azul austriaco y un ojo indígena negro. Al fin, los Habsburgo, que conquistaron a México en 1521, habían puesto el pie en el antiguo Imperio de Moctezuma. Más de una vez, Maximiliano debió reflexionar sobre la ironía de representar a Carlos V y Felipe II.

Pero México, terreno para la épica de los distantes monarcas españoles, se había convertido en escenario de la tragedia de su descendiente Maximiliano. Su Corona, como lo tituló el autor dramático mexicano Rodolfo Usigli, fue una corona de sombras.

Repúblicas restauradas, culturas en espera

En 1867, Benito Juárez entró en la Ciudad de México en su hora de triunfo y restauró la República liberal. ¿Lograrían las Leyes de Reforma, el gobierno civil, el sistema democrático, la separación de poderes, la prensa independiente y la libre empresa económica vencer la pesada tradición de la autocracia indígena, el gobierno colonial español y la anarcotiranía republicana? Casi simultáneamente, después de la caída de Rosas en 1852, en Argentina dos regímenes civiles sucesivos, los de Bartolomé Mitre y Domingo Faustino Sarmiento, intentaron enderezar a su país hacia la eliminación del caudillaje local y el desarrollo de los territorios interiores mediante la expansión de las comunicaciones y la educación, así como la inmigración masiva.

Con un Juárez y un Sarmiento presidiendo al mismo tiempo las dos repúblicas hispanoamericanas más grandes, era posible imaginar que nuestros sueños de estabilidad democrática y prosperidad económica iban, finalmente, a realizarse. Sin embargo, este ideal político dependía de otro factor, abarcante, pero que sólo emergía de manera lenta: la conciencia de la vida cultural, la reflexión acerca de ese fundamento casi geológico de creencias, cambiantes o duraderas, costumbres, sueños, memorias, lenguaje y pasiones que en realidad gobiernan, desde la base, a las sociedades. Las nuestras, desde México hasta la Argentina, tenían mucho que aprender sobre ellas mismas, antes de que la cultura y la política pudiesen coincidir verdaderamente en comunidad democrática.

14. La cultura de la Independencia

Culturalmente, la América española independiente le dio la espalda tanto a su herencia india como a la negra, juzgando a ambas como algo "bárbaro". En cambio, la tradición española nos dividió dramáticamente. Muchos hispanoamericanos acusaron a España de todos nuestros males. La madre patria había privado a sus colonias de todo lo que la Europa moderna había llegado a representar, desde la libertad religiosa hasta la riqueza económica y la democracia política. ¿Acaso no era España responsable de nuestros lastres dogmáticos y conformistas, en los cuales el privilegio era la norma y la caridad la excepción? De España nos llegaron todas estas desgracias, y además la herencia de una Iglesia militante: en otras palabras, a España le debíamos todo aquello que la modernidad europea juzgaba intolerable. Y en la vida política, nos sentimos abandonados a la ausencia de la democracia, la nulidad del ciudadano y de sus derechos, la distancia entre la ley y la práctica, entre el gobierno y los gobernados.

No es de extrañar que en su mayoría las élites hispanoamericanas hayan rechazado la tradición española, dando a conocer sus razones, ruidosamente, en un discurso tras otro. Sarmiento habló en nombre de muchos hispanoamericanos, con gran pasión y con idéntica falta de justicia, pero lleno de alegría parricida, cuando dijo que en España no había escritores, científicos, estadistas o historiadores, ni nada digno de mencionar. El historiador chileno José Victorino Lastarria escribió que entre Colón y Bolívar no había habido más que un "negro invierno" en Hispanoamérica. Y el poeta romántico argentino Esteban Echeverría alegó que éramos independientes pero no libres, pues aun cuando las armas de España ya no nos oprimían, sus tradiciones nos ataban a ella.

Semejante renuncia a rajatabla de una parte esencial de nuestro propio pasado cultural abrió, naturalmente, un vacío más en nuestra historia independiente, de manera semejante al vacío político determinado por la ausencia de la monarquía. Y, nuevamente, el abismo tenía que ser llenado. Muchos hispanoamericanos miraron hacia el norte, hacia los Estados Unidos de América, la juvenil república del Nuevo Mundo que había conocido el éxito inmediato, mientras nosotros íbamos de fracaso en fracaso. Los liberales hispanoamericanos eran los grandes admiradores de los Estados Unidos al principio de nuestra larga, tortuosa e inevitable relación. Aplaudían la vitalidad, las instituciones políticas y el ímpetu modernizante de la democracia norteamericana. Por las mismas razones, los conservadores latinoamericanos se oponían a los Estados Unidos. Para ellos, los peores pecados en contra del credo conservador eran la democracia, el capitalismo, el protestantismo, la tolerancia religiosa y el libre examen. El radicalismo de la revolución de independencia en las trece colonias enajenó aún más a las clases conservadoras de la América española. Los revolucionarios al mando de Washington habían sido implacables, confiscando las tierras de los agricultores probritánicos, enviando a los conservadores al paredón y obligando a una tercera parte de la población a huir de los Estados Unidos hacia refugios conservadores en Canadá y, a veces, ahogándose en los mares de Terranova.

Pero sobre todo, los conservadores hispanoamericanos acabaron por temer lo que percibían como un potencial expansionista en la joven república de habla inglesa. En esencia, la filosofía del destino manifiesto ya había sido formulada por Thomas Jefferson y John Quincy Adams. En una carta fechada en 1821, Adams le escribió a Henry Clay: "Es inevitable que el resto del continente será nuestro".

La guerra contra México en 1847 y la pérdida de la mitad de nuestro territorio nacional a los Estados Unidos convenció a dichos liberales de que los conservadores habían medido correctamente las ambiciones territoriales norteamericanas. La cuestión cultural no se resolvió tan fácilmente. Si no hacia los Estados Unidos, ¿hacia dónde deberíamos voltear la cara en busca de inspiración y modelos? El siglo XIX latinoamericano encontró su respuesta inmediata en Francia, y especialmente en París, la ciudad que Baudelaire llamó "la capital del siglo XIX". La influencia parisina se dejó sentir desde La Haya hasta Argelia, y de San Petersburgo a El Cairo. Pero en México, Bogotá o Buenos Aires, sirvió a la necesidad profunda de llenar el vacío de cultura dejado por la ausencia de España.

Repudiar a España significó aceptar a Francia como nuevo templo de la libertad, el buen gusto, el romanticismo y todas las cosas buenas de este mundo. Típicamente, otro historiador chileno, Benjamín Vicuña Mackenna, escribió desde la capital francesa en 1853: "Estaba en París... la capital del mundo, el co-

razón de la humanidad… el universo en miniatura".
Y el aristócrata brasileño Eduardo Pardo suspiró: "Sin
duda, el mundo es París".

En el siglo XVI, la América española había sido
la Utopía de Europa. Ahora, devolvimos el cumplido
y convertimos a Europa en la Utopía de la América española decimonónica. La ciudad de Guatemala incluso
se llamó a sí misma "el París de Centroamérica". Nuestro anhelo secreto, por supuesto, es que algún día París
se llamase a sí misma "la Guatemala de Europa".

Lo malo de esta admiración por Europa, como
lo indica el escritor chileno Claudio Véliz en su libro
La tradición centralista de Latinoamérica, es que no se
extendió a la manera de producción europea, sino tan
sólo a la manera europea de consumo.

Las clases altas de Latinoamérica emularon la
sensibilidad europea en su manera de gastar, de vestir,
de vivir; en estilo, arquitectura y literatura, así como
en sus ideas sociales, políticas y económicas. Lo que
no imitaron fueron los sistemas de producción europeos, porque esto hubiese significado cambiar los sistemas de producción en la América Latina. La ópera
se convirtió en el símbolo de una modernidad latinoamericana elegante y europeizada. Desde el Teatro Juárez neoclásico en la ciudad minera de Guanajuato en
México, hasta el opulento Teatro Colón en Buenos
Aires, todo eran dorados, terciopelos rojos, telones
pintados, largos intermedios y llamativos escotes. De
hecho, la llegada a Bogotá de la primera costurera
francesa, una cierta Madame Gautron, en los años
1840, se consideró durante largo tiempo un acontecimiento memorable, certificando que la capital co-
lombiana, por fin, era una ciudad moderna. Un

periodista colombiano añadió que los gustos de Bogotá, a medida que progresó de oscura capital provinciana a moderna capital cosmopolita, podían ilustrarse con lo que las clases altas bebían en 1810 (el tradicional chocolate hispanoindio), en 1840 (café francés) y en 1860 (té inglés).

A pesar de todo, semejante imitación extralógica, como la llamaría el sociólogo francés Gabriel Tarde, le dio una cierta vitalidad a las ciudades latinoamericanas, pero, en la América Latina del siglo XIX, incluso la muerte podía ser una imitación de Europa. El cementerio de La Recoleta en el centro de Buenos Aires es una ciudad Potemkin de la vida eterna, un Disneylandia de la muerte donde todos los buenos oligarcas argentinos están enterrados y donde, al parecer, todos ellos pensaron que podían llevarse al otro mundo sus fortunas terrestres. Hay que preguntarse cuántas cabezas de ganado, peroles de leche y pacas de piel curtida se necesitaron para construir cualquiera de estos extravagantes monumentos fúnebres, donde los ángeles vuelan por encima de los bustos burgueses de distinguidos comerciantes, y la trompeta de Gabriel suena para siempre desde la tumba de un digno general argentino.

La Recoleta nos ofrece una visión del paraíso como continuación de la opulencia basada en el ganado y el comercio. Pero mientras tanto, de vuelta en la hacienda, el fundo, la plantación o la estancia, a nosotros nos correspondía ofrecer azúcar, algodón, lana, cueros, hule y trigo a fin de mantener el estilo de vida del liberalismo económico en Latinoamérica, pero no el estilo de vida del liberalismo político. La América Latina, incluyendo por supuesto al Brasil, aprovechó la expansión mundial del capitalismo en el siglo XIX, proveyéndolo de materias primas pero sin proveernos a nosotros mismos con capital para la inversión y el ahorro.

El acento de nuestra vida económica se puso en el comercio exterior, y ésta fue una necesidad determinada por un factor totalmente ajeno a las iniciativas latinoamericanas: el desarrollo económico acelerado de Europa occidental y de los Estados Unidos en todas las áreas, incluyendo las de la población, la industrialización, el comercio, la educación, el crecimiento urbano, las instituciones políticas, los transportes y el comercio. La América Latina sólo participó en la dimensión comercial de esta expansión, aprovechándose, por supuesto, de la revolución en los medios modernos de comunicación y transporte. El buque de vapor fue el principal vehículo de este aceleramiento comercial. En 1876, el primer buque frigorífico zarpó del puerto de Buenos Aires hacia Europa con un cargamento de carne congelada. En la misma década, las primeras exportaciones de trigo argentino cruzaron el Atlántico. En la fase que siguió inmediatamente a la independencia, Inglaterra administró el comercio exterior latinoamericano. En la parte final del siglo, los Estados Unidos se convirtieron en el socio principal. Ambas potencias, sin embargo, emplearon los mismos instrumentos del poder económico: acuerdos favorables para sus comerciantes; préstamos y créditos; inversiones; y el manejo de la economía exportadora de minerales, productos agrícolas y productos naturales requeridos por la expansión angloamericana. Una minoría local, privilegiada, sirvió como intermediario tanto para estas exportaciones como para nuestras importaciones de bienes manufacturados europeos y norteamericanos, que no eran producidos en la América Latina, pero eran demandados por la población urbana en las grandes capitales y también en el interior, de nuestras repúblicas.

Los comerciantes latinoamericanos, en esta fase de expansión, ingresaron a modernas relaciones de comercio internacional, se dieron cuenta de que sus fortunas dependían de una continuación de las estructuras agrarias y minerales coloniales; las grandes extensiones territoriales, la explotación intensiva de minerales y la fuerza de trabajo mal pagada. ¿Era éste el significado de la Independencia? Los propietarios de minas y tierras obtuvieron gigantescas ganancias, en tanto que la mayoría permanecía sumida en la pobreza. A finales del siglo XIX, la expectativa de vida en la mayor parte de Latinoamérica era inferior a los 27 años de edad; en algunas regiones, el analfabetismo alcanzaba a 98% de la población; y más de la mitad de la población era rural, la mayor parte viviendo en condiciones de pobreza abismal. "La pausa liberal", como llama Claudio Véliz a esta fase de nuestra vida independiente, en realidad consolidó la pobreza de los tiempos coloniales para la mayor parte de nuestros ciudadanos.

En el siglo XIX, nos convertimos en huérfanos de nuestro propio capitalismo periférico, febrilmente canjeando nuestras exportaciones por importaciones europeas y norteamericanas a fin de mantener los esquemas de consumo en las clases media a superior, pero siempre posponiendo una consideración racional y radical para mejorar las fortunas de la mayoría. Los capitalistas reinantes de Europa y los Estados Unidos retuvieron las ganancias e incrementaron los ahorros, rápidamente aumentando, con ello, su productividad. Europa y Norteamérica produjeron su propio banquete. Nosotros les dimos los postres: chocolate, café, azúcar, fruta y tabaco. La frase de Alfonso Reyes, en este sentido, fue exacta: la América Latina llegaba tarde al banquete de la civilización.

Una nueva sociedad

Las reformas liberales, la intervención extranjera, el conflicto civil, las tradiciones conservadoras y el comercio exterior chocaron entre sí, agitando a las sociedades coloniales de Hispanoamérica, liberando fuerzas nuevas y aun permitiendo, junto con la consolidación de una clase alta de terratenientes, comerciantes y políticos, la lenta emergencia de una clase media moderna. Abogados y hombres de negocios, sus servicios eran requeridos por la creciente relación económica de América Latina con el mundo, la relación creciente entre la ciudad y el campo, y entre las clases sociales en los conglomerados urbanos de crecimiento dinámico.

Buenos Aires, que tenía 42,000 habitantes en 1810, al proclamarse la Independencia, había alcanzado 180,000 habitantes en el año 1870 y continuaría creciendo, en gran medida gracias a la inmigración europea masiva, hasta alcanzar 1,600,000 habitantes en 1914, al iniciarse la Primera Guerra Mundial.

El puerto chileno de Valparaíso, foco del comercio en el Pacífico, y también del comercio atlántico por el Cabo de Hornos, duplicó su población de

52,000 en 1856 a 100,000 en 1876. La Ciudad de México tenía apenas 230,000 almas después de la caída del Imperio de Maximiliano, considerablemente menos que después de la caída del Imperio de Moctezuma. Pero cuando Porfirio Díaz, a su vez, cayó en 1910, la ciudad había crecido casi hasta el medio millón de habitantes. En los sesenta años que siguieron a 1870, Santiago de Chile y Caracas multiplicaron su población por cinco, Bogotá por ocho y Montevideo por cuatro. Periodistas, intelectuales, maestros, burócratas y comerciantes, así como sus familias, le dieron actividad, ánimo discursivo y crecimiento a nuestras ciudades. Hombres y mujeres de talante urbano se vieron a sí mismos como la mejor protección contra la doble tentación latinoamericana de la dictadura o la anarquía. Es decir, la estabilidad se convirtió en el mayor valor de las clases medias. Sintieron que los libertadores de principios del siglo XIX invocaron diseños políticos abstractos, porque no podían fundar su acción política sobre la existencia real de una sociedad civil. Ahora, dos factores concretos de la política y la economía emergieron: la clase media urbana y el Estado nacional. Ambos buscaron una identidad a lo largo del siglo XIX. La clase media, a menudo, la encontró haciéndose retratar. Retratos del doctor, de la ama de casa, de los niños e incluso del cartero, fueron algo más que una moda: una prueba de la existencia. Los reyes y los aristócratas no eran ya los únicos dignos de ser retratados. En México, las pinturas de Juan Cordero, y las de Prilidiano Pueyrredón en Argentina, fijaron la fisonomía de las clases medias urbanas, en tanto que Hermenegildo Bustos, él mismo cartero en su Guanajuato nativo, fijó las señas de identidad de los ciudadanos más humildes de las poblaciones provincianas. Finalmente, las clases medias hispanoamericanas tenían un rostro. Y si a veces se idealizaron a sí mismas, ¿quién podría echarles en cara su sentimiento de identidad recién adquirida, su orgullo, su ascenso desde la oscuridad? ¿No bastaba este hecho social para justificar a las revoluciones de independencia?

Durante el siglo XIX, el mejor ejemplo del éxito de una sociedad burguesa en América Latina se encontró en Chile, un país definido por su lejanía en términos físicos, y obligado a contar con sus propios recursos más que los centros metropolitanos del Imperio español: México y Lima. La fiebre de oro en California y Australia le abrió grandes mercados a los productos agrícolas chilenos en la cuenca del Pacífico, en tanto que Europa descubrió e importó masivamente el cobre y los nitratos chilenos. El sentimiento de poseer un superior destino nacional, incluso llevó a Chile a una guerra injusta contra Perú y Bolivia para conquistar los depósitos de salitre del desierto de Atacama. Bolivia perdió su acceso al mar. Perú, sus provincias sureñas. Pero Chile, controlando el comercio del Pacífico a través del puerto de Valparaíso, vio la emergencia de grandes fortunas nacionales y, junto con ellas, la creación de instituciones políticas únicas en el continente sudamericano.

Al cabo, Chile pagó un enorme precio por esta expansión. El país llegó a depender excesivamente de sólo un par de productos: el cobre y los nitratos. Pero con el aumento o desplome de sus precios mundiales, las fortunas chilenas ascendieron o se desplomaron también. El país independiente dependió cada vez más del mundo, y éste cada vez menos de Chile, y cuando la producción de nitratos sintéticos apareció en Alemania, la nación chilena se arruinó. En 1918, Chile era un país en bancarrota, precediendo por más de una década a la gran depresión mundial. Pero durante los años venturosos del siglo XIX liberal, el desarrollo político chileno alcanzó un feliz equilibrio en relación con su progreso económico. Entre la supremacía política de Diego Portales en los años de 1830 y la presidencia de José María Balmaceda en los años 1880, Chile se convirtió en la más estructurada sociedad política de la América Latina. Es cierto que las libertades eran algo reservado para las clases media y superior, y no eran extensibles a campesinos y trabajadores. Pero, dentro de estos límites, Chile adquirió un equilibrio político basado en el principio del elitismo diversificado. La vida política desarrolló opciones entre el poder del Congreso y el poder del Ejecutivo, entre la industria y la agricultura, la iniciativa privada y el sector público. Recordemos que México y Argentina, en estas mismas épocas, estaban aplastados bajo las tiranías de Santa Anna y Rosas.

En efecto, Chile se convirtió en el asilo contra la opresión argentina de Rosas. Le abrió las puertas a los grandes maestros, el argentino Sarmiento y el venezolano Andrés Bello. Creó el mejor sistema educativo de América Latina. Sus pensadores eran liberales y anticlericales como José Victorino Lastarria y Francisco Bilbao; sus historiadores, entre los mejores que jamás hemos tenido: Benjamín Vicuña Mackenna y Diego Barros Arana.

Todo ello convirtió a Chile en la primera nación relativamente moderna de la América Latina. Y una de las primeras señas de la modernidad en nuestras repúblicas pubescentes fue la aparición de una literatura de la Independencia, novelas y poesía, pero también periodismo e historia. Los más grandes debates culturales del siglo XIX ocurrieron precisamente en Chile, la nación con la clase media ascendente y un público lector cada vez más amplio, el país con instituciones que favorecían la libertad de la élite.

El periodismo, liberado al fin de la vigilancia de la Inquisición, fue la más grande novedad de todas. Los dos más grandes periódicos del siglo XIX fueron fundados en Argentina con cuatro meses de diferencia: *La Prensa* en 1869 y *La Nación* en 1870. Los latinoamericanos podían citar las famosas palabras del poeta y estadista francés Lamartine, "La prensa es el principal instrumento de la civilización en nuestro tiempo".

Definir a la civilización era el problema mismo en el cual se centró el debate cultural en el siglo XIX. ¿Qué era esta categoría civilizada a la cual aspirábamos, con la cual identificábamos la vida moderna y el bienestar mismo? Por exclusión, decidimos que la civilización no significaba ser indio, negro o español. En vez, quisimos creer que civilización significaba ser europeo, de preferencia francés.

Las aspiraciones modernizantes de las élites latinoamericanas acabaron, de esta manera, por derrotarse a sí mismas. Dividieron artificialmente los componentes de nuestra cultura, sacrificándolos a una opción simplista entre "civilización y barbarie", como la definió Sarmiento en el subtítulo del *Facundo*. En él, explicó que "es ley de la humanidad que los intereses nuevos, las ideas fecundas, el progreso, triunfen al fin de las tradiciones envejecidas, de los hábitos ignorantes y de las preocupaciones estacionarias".

Civilización y barbarie

La verdadera "barbarie" de esta ideología "civilizada" consistió en que excluía de la noción de civilización todos los modelos alternativos de existencia, indios, negros, comunitarios, así como toda relación de propiedad que no fuese la consagrada por la economía liberal. Notablemente, esta postura excluía el estilo de vida secular basado en la propiedad comunal, como el ejido en México y el ayllu en Perú, así como el producto agrario compartido. Estas culturas alternativas se afiliaban con una escala de valores diferentes a los de las ciudades. La tradición, el conocimiento mutuo, la capacidad de autogobierno entre comunidades que conocían bien a sus propios habitantes, la cercanía y buen uso de la naturaleza y la sospecha hacia leyes abstractas impuestas desde arriba, fueron parte de esta civilización alterna negada por la mentalidad progresista del siglo XIX. Semejante negligencia abusiva se volvería en contra de la América española en el siglo XX, regresando como un espectro a reclamar su presencia. El mayor ejemplo de la sociedad alternativa sería propuesto por el dirigente campesino mexicano Emiliano Zapata.

La cultura alternativa de indios y negros fue vista como un obstáculo contra el progreso por las élites liberales del siglo XIX, quienes llegaron a profesar una ideología que ellos consideraban "científica". Tal ideología no era sino una adaptación de la filosofía positivista de Auguste Comte, según la cual la historia humana se desarrollaba en etapas predecibles y universalmente válidas. Le bastaba a una nación latinoamericana descubrir en qué etapa de desarrollo se encontraba, a fin de insertarse, científicamente, en el movimiento ecuménico hacia el progreso. El lema de esta filosofía, "orden y progreso", inspiró a todos los gobiernos modernizantes del siglo XIX latinoamericano. Incluso, terminó plasmándose, como prueba de la influencia ejercida por Comte, en el centro mismo de la bandera nacional brasileña.

El positivismo permitió a los altos sacerdotes de la "real politik" latinoamericana presentarse envueltos, no en sus banderas nacionales, sino en una filosofía que disipaba las brumas del pasado metafísico. Puesto que era posible predecir científicamente el movimiento de la sociedad, también era posible administrar el cambio, y subsecuentemente, eliminar los obstáculos al cambio, el primero de los cuales era la población indígena. El escritor argentino Carlos Bunge, en un notorio volumen llamado *Nuestra América*, bendijo al alcoholismo, la viruela y tuberculosis por haber diezmado a los indios y negros de las Américas.

La propaganda contra los indios fue el contrapunto de un ferviente deseo de traer inmigrantes blancos europeos a la América Latina. También perpetuó la imagen de los indios como asesinos y ladrones. "Gobernar es poblar", escribió el periodista educador argentino Juan Bautista Alberdi. Pero antes, por lo visto, era necesario despoblar. En 1879, un ejército salió de Buenos Aires al mando del general Julio Roca, con la misión de exterminar a todos los indios en los territorios del sur de la Argentina. Las tierras de pastoreo indígenas eran necesarias para la civilización, esto es, para los inmigrantes europeos. El general Roca llevó a cabo con gran éxito su llamada "campaña del desierto", y fue recompensado, dos veces, con la Presidencia de la Argentina.

En Chile, el pueblo araucano, ferozmente independiente, nunca fue conquistado por los españoles. Lo conquistaron, al cabo, el rifle y la locomotora. En 1880, una campaña militar los redujo a vivir en reservaciones. En México, la dictadura de Porfirio Díaz se proclamó a sí misma "científica" e inspirada por el positivismo. Díaz, quien era un hombre de extracción indígena zapoteca, libró salvajes campañas contra la población de los estados norteños de México, Sonora, Sinaloa y Chihuahua, aferrados a sus tierras ancestrales. Díaz quería otorgarle estos territorios a los nuevos terratenientes mexicanos fieles a él, notablemente a la familia Limantour, y a empresas norteamericanas tales como la Richardson Construction Company de Los Ángeles y la Wheeler Land Company de Phoenix, Arizona. Provocó la rebelión de Tomóchic en Chihuahua y, en la guerra contra los pueblos yaqui y mayo, los jefes de éstos fueron llevados a alta mar en un buque de guerra, encadenados y arrojados al Océano Pacífico. Los jefes de la rebelión yaqui fueron asesinados, y la mitad de su población, 30,000 personas, fueron deportadas y enviadas en una atroz caminata hasta Yucatán, donde las parejas fueron separadas y las mujeres fueron obligadas a casarse con trabajadores chinos y olvidar a sus familias y su tradición indígena.

¿De dónde provenía entonces la barbarie? ¿De la ciudad o del campo? Lo cierto es que la ideología de progreso saltaba todos los obstáculos. Los indios eran sacrificables. Y la Conquista, obviamente, no había terminado. Ahora nosotros, los hispanoamericanos independientes, éramos los nuevos conquistadores, actuando exactamente como los descendientes de Cortés y Pizarro. Sólo los uniformes habían cambiado.

Pero había otro elemento de "regresión" y "barbarie" en el campo. Llamados charros en México, guasos en Chile y gauchos en la Argentina, generaron un lenguaje y una imagen que le dio voz y ojos a una cultura aparte de la cultura urbana. Figuras próximas a la naturaleza, machos, fuera de la ley, bandidos a caballo, hombres independientes y solitarios en un paisaje ciego y solitario también, nunca lejos de la violencia de la vida social. Sus biografías siempre andan cerca de alguna usurpación de tierras, una violación, una choza en llamas o el pronunciamiento de algún caudillo local, sin faltar una o dos intervenciones extranjeras, de manera que el charro y el gaucho están siempre al borde del precipicio de la guerrilla, mirando siempre, a veces ciegamente, hacia el abismo de la revolución. Tradicionalmente, el charro, igual que el gaucho, contaron sus historias mediante canciones. La canción del charro se llama el corrido. Es una derivación del romance medieval renacentista español, un poema noticioso en octosílabos inserto dentro de una tradición oral constantemente modificada y enriquecida.

El charro, como el gaucho, son los Héctores y Aquiles de la epopeya agraria latinoamericana, una segunda historia que se afirma, de palabra y de hecho, lejos de las formas convencionales de la civilización y el progreso. El gaucho, como el charro, canta su propia historia. Los payadores de las pampas, al cantar, nos hacen sentir que poseen un poder otorgado por la ausencia de cualquier otro medio de comunicación. Uno de los temas de los payadores es que el gaucho comienza a cantar en el vientre de su madre; nace cantando y muere cantando. Y lo que canta, por supuesto, son sus penas. Sólo una canción puede consolarlas.

La canción de los payadores fue el periódico de las pampas. Es el único libro de historia de gauchos y, finalmente, es la fuente de la más grande obra literaria del siglo XIX en Hispanoamérica, el poema de *Martín Fierro*, escrito por José Hernández. Hernández era un escritor urbano que pasó algún tiempo en la pampa, y se pronunció contra Sarmiento y su tajante opción entre lo urbano y lo agrario, entre la civilización y la barbarie. Al llegar a la presidencia de Argentina en 1868, Sarmiento perdió todo límite en su desprecio hacia el gaucho.

"No traté de economizar sangre de gauchos. Éste es un abono que es preciso hacer útil al país. La sangre es lo único que tienen de seres humanos."

Hernández deseaba defender al mundo agrario contra las explotaciones y la arrogancia de la ciudad. *Martín Fierro* no es el obstáculo al progreso: es la víctima de "los caprichos de ensoberbecidos caudillejos, que abusan de la debilidad y del aislamiento".

En su poema, Martín Fierro comienza recordando su vida como un hombre libre, enseguida sus sufrimientos a manos de los militares y de los corruptos caciques campiranos. Después de ser llevado por la leva al ejército, desertar y ser encarcelado, el gaucho regresa a casa. Pero Ítaca está en ruinas, Penélope ha sido violada y secuestrada, y Ulises no tiene más mar para continuar su viaje, que la pampa inmensa y sin ley: "¡Yo juré en esa ocasión / ser más malo que una fiera!".

Y así comenzó su carrera criminal. Se dice que la palabra "gaucho", así como su equivalente del otro lado de los Andes en Chile, "huaso", vienen del araucano "guacho", que significa ilegítimo, huérfano, sin padre. Este sentimiento de orfandad, e incluso de bastardía, fue uno de los sellos de la Conquista sobre los hijos de España y del mundo indígena, y ahora reapareció como la marca secreta de estas figuras solitarias y violentas de nuestros llanos y montañas.

"Two to tango"

A medida que las ciudades latinoamericanas crecieron, fueron, cada vez más, imán para un número creciente de inmigrantes del interior: las estancias, las pampas, las haciendas y los llanos. En Argentina, este fenómeno ocurrió antes que en otras partes, por la sencilla razón de que ninguna otra ciudad latinoamericana, a la vuelta del siglo, creció tan rápidamente como Buenos Aires, o se convirtió tan pronto en enorme centro de atracción para el inmigrante.

En 1869, Argentina tenía una población de apenas dos millones de habitantes. Entre 1880 y 1905, llegaron al país tres millones de inmigrantes europeos. Y en 1900, una tercera parte de la población porteña había nacido en el extranjero.

A finales del siglo XIX, ambas corrientes migratorias, la del interior y la del exterior, el gaucho y el europeo, se unieron en las *orillas flacas* de Buenos Aires: "las estrellas son la guía / que el gaucho tiene en la pampa".

Las estrellas le guían hasta la ciudad, donde desciende de su caballo sólo para perderse en los callejones de los barrios. Sin ley, sin tierra y sin compañía, los inmigrantes del interior son los antiguos gauchos abandonados y desorientados en los pavimentos de Buenos Aires. Ahí se encuentran con los inmigrantes de Europa, en los bares y prostíbulos de la ciudad. Ciudad de hombres solitarios, hombres sin mujeres. Todos se reconocen en el tango, una música para inmigrantes en una ciudad de soledades y en transición.

El tango nos cuenta historias de frustraciones, nostalgias, fragilidades, inseguridades. Jorge Luis Borges lo ha llamado "la gran conversación de Buenos Aires". Pero es, sobre todo, un poderoso acontecimiento sexual. Como dice el dicho inglés, hacen falta dos para bailar el tango, "two to tango": un hombre y una mujer, abrazados. Y en el tango, la pareja cumple un destino tanto individual como compartido, pero también se da cuenta de la imposibilidad de controlarlo. De ahí la precisa definición del tango debida al compositor Santos Discépolo: "Un pensamiento triste que puede bailarse." Los orígenes del tango son tan misteriosos como su presencia actual. Pero, africanos o mediterráneos, nos ofrecen un contacto verbal entre su etimología negra, *tang*, que significa tocar, acercarse, y su raíz latina, el verbo *tangere* que, también, significa tocar, aproximarse, interpretar. Y todo ello, ciertamente, posee su propia resonancia castellana: *tañer*, específicamente tañer una guitarra.

Cualquiera que sea su origen, el tango viajó al extranjero hacia la vuelta del siglo, de los burdeles de Buenos Aires a los salones de París. ¿Era el tango uno más de nuestros postres exportables, junto con el chocolate, el café, el azúcar y el tabaco? En todo caso, se convirtió en la sensación de Europa, el primer baile en el que las parejas se abrazaban en público. El papa

Pío X prohibió lo que llamó "este baile salvaje". El rey Luis de Bavaria le prohibió a sus oficiales bailar el tango, en tanto que en Inglaterra, la duquesa de Norfolk declaró que era un baile contrario al carácter y a las buenas costumbres inglesas. Pero los hombres y las mujeres ingleses, en 1914, acudían en grandes números, todas las noches, a las Cenas de Tango del Hotel Savoy en Londres.

A pesar de su éxito internacional, el tango siempre regresó a su fuente, Buenos Aires, y a su función primaria de evocar el misterio y la miseria de nuestras ciudades, la dificultad de vivir como seres humanos en nuestros conglomerados urbanos. Pero en las ciudades, así como en el campo, toda una cultura de encuentros, mezclada, irreverente y mestiza estaba surgiendo, manifestándose en el lenguaje, en la música, en movimientos del cuerpo, en gestos, en sueños, memorias y deseos. Poco a poco, la América española se daba cuenta de que no se trataba de escoger simplemente entre la modernidad y la tradición, sino de mantener a ambas vivas, en tensión creadora. Poco a poco, nos dimos cuenta de que la búsqueda de una identidad cultural no se agotaba en los extremos del cosmopolitismo o del chauvinismo, de la promiscuidad o del aislamiento, de la civilización o de la barbarie, sino que apuntaba hacia un equilibrio inteligente y bien gobernado entre lo que éramos capaces de tomar del mundo y lo que éramos capaces de darle al mundo. El debate cultural de la independencia pasó por todos estos dilemas. Tuvimos miedo de ser nosotros mismos, obligándonos a ser algo distinto, francés, norteamericano o inglés. Este dilema simplemente reflejaba la dificultad que sentíamos en colocarnos en el mundo,

reconocer al mundo y ser reconocidos por él. Luchamos con nuestro propio sentido del tiempo y cómo
vivir dentro de un contexto propio, sin reducirlo a una
peligrosa confusión entre el pasado como retraso y el
futuro como progreso.

Mediante el desarrollo de la cultura en todos sus
niveles, elitista y popular, vulgar y refinado, llegamos
a descubrir que para ser verdaderamente histórico, el
tiempo debe ser tanto pasado como futuro, y sólo
puede ser uno y otro en el presente. Desde luego, nuestros mejores artistas modernos lo entendieron así.

Diego Rivera, el pintor mexicano del siglo XX,
creó un mural en los años 1940 para el Hotel del
Prado en la Ciudad de México, frente al parque de la
Alameda. En él, Rivera describió un sueño poblado
por todas las figuras históricas de México, desde la
Conquista hasta la Revolución. Presenta un sueño
pero también el profundo debate en torno a nuestra
identidad: ¿Debería nuestra cultura ser nativa o im-
portada; india, española, norteamericana o francesa?
Se trata de un falso dilema, contestó el patriota y escritor cubano José Martí, a quien podemos ver, caba-
llerosamente saludando con su sombrero, a algunas
damas que pasan por el mural de la Alameda. Martí,
con toda su cortés humildad, encontró la llave para
resolver este viejo dilema nuestro. No sólo previno
contra los peligros de importar modelos de progreso
de manera acrítica. Además, ligó poderosamente el
progreso a las necesidades reales del pueblo, a los recursos reales de la nación y la composición social real
de la América española.

Martí nos sugirió destacar recursos, destacar
gente, necesidades, cultura, tradiciones, extrayendo

de todo ello un modelo nacional de progreso. "El gobierno —escribió en *Nuestra América*— ha de nacer del país. El espíritu [y] la forma del gobierno han de avenirse a la constitución propia del país. El gobierno no es más que el equilibrio de los elementos naturales del país". Sobre esta base, quizás podamos alcanzar la verdadera democracia: "si la República no abre los brazos a todos y adelanta con todos, muere la República".

Fundados en la fuerza del autoconocimiento, Martí incluso previó una capacidad latinoamericana para participar con independencia en el mundo internacional: "El pueblo que quiere morir, vende a un solo pueblo, y el que quiere salvarse, vende a más de uno... Hay que equilibrar el comercio, para asegurar la libertad."

La solución martiana continúa siendo la mejor. Puede cumplir las expectativas nacionales sin sacrificar una plena participación en el mundo interdependiente y multipolar que nos aguarda en el siglo XXI. Es, también, la más exigente de las soluciones. Martí nos pide no olvidar a nadie, no olvidar nada. La cultura omninclusiva propuesta por José Martí pronto encontró modelos propios en escritores como el nicaragüense Rubén Darío, un poeta indudablemente tanto hispanoamericano como europeo, o en la obra del extraordinario artista gráfico de la vuelta del siglo en México, José Guadalupe Posada. Tanto Martí como Posada, Rubén Darío como Sor Juana Inés de la Cruz o el escultor Aleijadinho, extrajeron su creación original de la gran riqueza de tradiciones que, por fortuna, componen la existencia latinoamericana. Para nuestros más grandes artistas, la diversidad cultural, lejos de ser una carga, se convirtió en la fuente misma de la creatividad.

Un esqueleto sobre una bicicleta

José Guadalupe Posada fue un cronista de la actualidad en estos grabados sensacionalistas y llamativos, derivados de la observación directa desde la ventana de su imprenta en la Ciudad de México. Posada dibujó e imprimió carteles, gacetas callejeras para el pueblo que exigía el reportaje directo y sensacionalista de lo que estaba ocurriendo, a fin de saber quién asesinó a quién, quién había dado a luz a un niño con dos cabezas, quién había ganado las elecciones presidenciales y cuándo iba a volar un cometa sobre nuestras cabezas. El idioma popular de Posada le dio a las masas urbanas, pero también a los inmigrantes iletrados del campo, el equivalente laico de los exvotos, los retablos y otras formas de expresión religiosa popular, generalmente pintados sobre estaño o madera, que aún pueden verse en las iglesias mexicanas. En ellas, los fieles le dan las gracias a la virgen o al santo patrón por favores recibidos. Derivados de la cultura agraria mexicana de la sacralidad, el arte de José Guadalupe Posada, sin embargo, también fue un pronóstico de los grafitos modernos que hoy encontramos, notablemente, en las ciudades norteamericanas, desde Nueva York hasta Los Ángeles. Como ellos, los grabados de Posada le dan una voz a los pobres.

Posada perteneció a esa rara categoría de artistas claramente asociados con una forma universal de la cultura: la cultura del peligro, de lo extraño, de los extremos y de la informalidad. En este sentido, Posada pertenece a la familia española de Goya y de Buñuel. Su arte también logra universalizar lo excéntrico. Por esta misma razón, se encuentra estrechamente ligado a la cultura callejera de los que carecen de letra y de voz. En Posada abundan los asesinatos. Los más interesantes nos muestran a mujeres de alto rango, vestidas con largos trajes negros, disparando las unas contra las otras. Pintó escenas de suicidio, muerte y estrangulamiento. Una joven se tira desde la torre más alta de la Catedral de México. Un torero es cogido. Un sastre es sentenciado a muerte por haberle cortado la garganta a su mujer. Abunda también el sexo, el flirteo, la bebida, el baile. Cuarenta y un homosexuales son descubiertos vestidos de mujeres en un baile privado. Nacen diversos monstruos. Un niño con cara en las nalgas. Un hombre con piernas en vez de brazos, un cerdo con cara de hombre.

Pero hay otra cara grotesca del desastre que Posada ofrece como sueño y como pesadilla. Éstos son los desastres que ocurren dentro del alma de cada individuo, no en el mundo eterno de los acontecimientos. Como *Los caprichos* de Goya *Los demonios* de Posada, sus horrores volantes, sus íncubos y monstruos (llamados Avaricia, Lujuria, Pereza y Envidia) nos muerden y nos jalonean. En tanto que las serpientes nos ahogan con sus abrazos mortales, y los fantasmas se aparecen al mediodía, para asustar a la pobre doña Pachita, la vendedora de velas de la esquina. Fantasmas y demonios, murciélagos y dragones, convergen en un extraordinario grabado de Posada. En él, una atracción de feria, llamada el Teatro de la Ilusión, tiene una entrada que no es sino la boca bien abierta de un demonio, con todo y colmillos, que espera devorar al espectador que entra al último de los espectáculos, ese "país jamás descubierto", custodiado por el sargento llamado muerte, como lo llama Shakespeare en *Hamlet*.

La muerte nos espera en la feria, en el carnaval que pone de cabeza las categorías sociales y las ficciones políticas. El gran espectáculo igualitario que disuelve las fronteras entre escenario y auditorio, entre actor y espectador, entre el que mira y el que es mirado. Este encuentro carnavalesco, este gran disolvente de la autoridad desde los albores del mundo, conduce a Posada a una visión de la muerte fantásticamente alegre e irónica. Las *calaveras* de Posada son ilustraciones preparadas para el día de Todos Santos y el Día de los Muertos. El arte de lo macabro en Posada asciende hacia su cima en el más moderno de los vehículos, la bicicleta, súbitamente aparecida en un cementerio fantasmagórico. En 1890, la bicicleta se convirtió en la gran moda de la Ciudad de México, un acontecimiento que posiblemente no era ajeno a otras pruebas de progreso: la primera planta de electricidad establecida en 1898, el globo del señor Joaquín de la Cantolla que voló sobre la ciudad en 1902; y el primer vuelo de aeroplano, poco después, por el señor Braniff. Pero estos acontecimientos "modernos" no acababan de desprenderse nunca de los lastres del pasado. Los grabados de Posada evocan, junto al progreso, los pesos muertos de la superstición, la ignorancia y el bandidaje armado.

Con un golpe de verdadero genio, Posada resuelve y reúne estas contradicciones en la figura de la muerte en bicicleta, fundiendo lo viejo y lo nuevo en la inevitabilidad de la muerte. La bicicleta se lleva a los catrines y a los matones, a los diputados y a los falsos médicos, a los coyotes y a los jueces, a las viejecillas devotas y a los yanquis explotadores; los gringos, dice Posada, deben tener cuidado con estos hábiles ciclistas. Tanto el habitante del campo como el de la ciudad tendrán que rodar, inevitablemente, por la avenida de la muerte, una muerte alegre, sin duda, una muerte con cigarro en la boca, bailando el jarabe tapatío y, sobre todo, cómica y dramáticamente también, disfrazada como una dama de fin de siglo, una especie de Mae West macabra, envuelta en los mantones de la serpiente emplumada, Quetzalcóatl, su cabeza pelona cubierta por un suntuoso sombrero parisino, de alas anchas y cargado de flores. En sí misma extraordinaria, esta visión le debe tanto a la tradición como le otorga a la misma. En Posada, como en todos los grandes artistas, la creación es una pausa que lleva adelante a la tradición y, genialmente, la reconoce y trasciende, la niega y la enriquece. Aquí están en Posada las tradiciones de danza macabra medieval, culminando con su inmortal imagen por Holbein, renovada más tarde por Goya. Aquí están, en efecto, *Los caprichos* de Goya con sello latinoamericano y el macabro jardín de placer del príncipe Orsini en Bomarzo, con sus tumbas que abren las quijadas para recibir a los muertos. Pero aquí se encuentran también las tradiciones del *coatepantli* azteca, el muro de serpientes recientemente descubierto en el Templo Mayor de la Ciudad de México, y las calaveras de azúcar que comen los niños mexicanos el Día de los Muertos. Las imágenes de Posada son también precursoras de las técnicas del montaje cinematográfico. Sergei Eisenstein reconoce su deuda hacia Posada en las secuencias del Día de los

Muertos de su película *Que viva México*. Esta visión, extraordinaria en sí misma, se vuelve única cuando todas las imágenes precedentes, pero sobre todo la de la muerte, fluyen hacia una visión de la revolución, traducida a la visión de la historia como violencia y muerte. Visión ruidosa, animada y jocosa de la muerte, el arte de Posada no sólo le ofrece a la sociedad, al estilo de Goya, su espejo deforme, sino que le ofrece, también, una visión desvelada de la historia como ruina. Pues Posada nos ayuda a unir nuestra continuidad cultural a una constante exigencia crítica. Hemos pagado caro la creencia equivocada de que la historia y la felicidad pueden coincidir beatíficamente. Posada nos recuerda que debemos ser siempre críticos. Toda felicidad es relativa porque no hay absolutos. La historia sólo es histórica si no nos engaña con una promesa de éxito absoluto o de cumplimiento perfecto. La vida sólo es vivible si no se olvida de la conciencia trágica, incluyendo, como lo hace Posada, la visión de la muerte.

En Posada, las contradicciones culturales de la Independencia se resuelven en un extraordinario y peligroso encuentro de los opuestos mediante el riesgo y la revolución, la vida y la muerte. En la aurora del siglo XX, los latinoamericanos nos dimos cuenta de que habríamos de correr todos estos peligros a fin de conocer nuestros rostros verdaderos, comprender la totalidad de nuestro pasado, y proyectar un futuro que no negase lo que éramos, sino que, por el contrario, coincidiese con nuestro pasado a fin de darle vida a nuestro futuro. Para llegar a este punto hubimos de luchar violentamente, de nuevo, con la historia. Violenta o razonable, revolucionaria o pacífica, nuestra historia tenía que mirar de frente el dilema más constante que arrastrábamos desde los tiempos precolombinos y coloniales: el problema de la posesión de la tierra y los derechos de la mayoría. En ninguna parte revelaron el pueblo y la tierra su violenta fraternidad tanto como en la primera gran conmoción social del nuevo siglo: la Revolución mexicana.

15. Tierra y libertad

La Revolución mexicana fue, en realidad, dos revoluciones. La primera la encabezaron los jefes guerrilleros populares, Pancho Villa en el norte y Emiliano Zapata en el sur; sus metas eran la justicia social basada en el gobierno local. La segunda revolución fue dirigida por los profesionistas, intelectuales, rancheros y mercaderes de la clase media emergente; su visión era la de un México moderno, democrático y progresista, pero gobernado desde el centro por un fuerte Estado nacional.

Las cabezas, tanto del movimiento agrario como del movimiento de clase media, sintieron que sus esperanzas habían sido pospuestas durante demasiado tiempo bajo el prolongado gobierno personal de Porfirio Díaz, presidente de México, casi continuamente, entre 1876 y 1910. Díaz, quien había sido, él mismo, un valeroso guerrillero a las órdenes de Benito Juárez y en contra de la intervención francesa, llegó a la Presidencia bajo los estandartes del liberalismo latinoamericano. Pero el lema "orden y progreso" no incluía, en la concepción de Porfirio Díaz, ni la democracia ni la justicia social; significaba, simplemente, desarrollo económico rápido, favoreciendo a las élites y sancionando métodos poco democráticos para alcanzar las metas económicas. Al principio, Díaz cortejó a las clases medias que se habían formado durante el siglo XIX independiente. Nuevos grupos de hombres de negocios, administradores y rancheros aparecieron en escena a medida que Díaz alentó la inversión extranjera en el petróleo, los ferrocarriles y la colonización de tierras. El régimen porfirista aumentó las vías férreas mexicanas de 1,661 kilómetros en 1881 a 14,573 kilómetros en 1900. Estas políticas también transformaron a miles de campesinos y artesanos tradicionales en obreros agrícolas e industriales, en tanto que el sistema de la Hacienda, vigorizado por las Leyes de Reforma liberales, privó a las comunidades campesinas tradicionales de los últimos vestigios de sus posesiones hereditarias, hasta ese momento protegidas por leyes emanadas de la Corona española.

Las tierras, las aguas y los bosques fueron absorbidos por la nueva y poderosa unidad territorial, la hacienda. A medida que más y más campesinos perdieron sus tierras, se convirtieron de hecho en esclavos de los latifundios. Sólo uno de ellos, la propiedad de la familia Terrazas en Chihuahua, era más grande que Bélgica y los Países Bajos juntos, y tomaba un día y una noche atravesarla en tren. Las posesiones extranjeras llegaron a ser igualmente vastas. Hacia el año 1910, las propiedades norteamericanas en México alcanzaban la extensión de cien millones de acres, incluyendo una buena parte de las más valiosas tierras forestales, mineras y agrícolas y representando 22% de la superficie mexicana. Los complejos de los que el magnate periodístico William Randolph Hearst era propietario ascendieron a ocho millones de acres.

La hacienda mexicana no era sino una acabada manifestación del sistema de peonaje por deuda que había sustituido, desde la época colonial, a las sucesivas formas de explotación del trabajo agrícola: la encomienda primero, el repartimiento enseguida. En efecto, la deuda fue la principal cadena del campesino. Deuda para con la tienda de raya. Deuda pasada de generación en generación. En 1910, el 98% de la tierra cultivable en México era propiedad de las haciendas, en tanto que 90% de los campesinos mexicanos carecían de tierras propias. Y sin embargo, las masas agrarias constituían 80% de la población y eran iletradas en un 90%. Pero al convertir a miles de campesinos y artesanos tradicionales en obreros agrícolas e industriales, Díaz se vio obligado a crear poderosas fuerzas de seguridad a fin de desalentar la unidad sindical de los obreros, romper sus huelgas y asegurar que el país contase con mano de obra barata. De otro modo, ni los apoyos locales de Díaz, ni los crecientes intereses extranjeros, se beneficiarían de la economía mexicana en rápida expansión, o invertirían en ella.

De esta manera, el descontento y la rebelión resultaron inevitables en el nivel de dos grupos sociales: los nuevos obreros industriales y los antiguos trabajadores agrarios. Para ellos, Porfirio Díaz tenía una brutal respuesta: "Mátenlos en caliente". Con una distancia de apenas seis meses, dos huelgas industriales sacudieron la administración de Porfirio Díaz. En junio de 1906, los trabajadores de la mina de cobre en Cananea desafiaron no sólo a la dictadura mexicana, sino a sus aliados extranjeros. Díaz hubo de apelar a los *rangers* de Arizona para suprimir mediante la fuerza la rebelión minera a fin de "proteger las vidas y las propiedades norteamericanas". En diciembre, el Círculo de Obreros Libres en la fábrica textil de Río Blanco, Veracruz, se rebeló en contra de una situación que incluía la enajenación a la tienda de raya, condiciones de alojamiento subhumanas, el uso de pasaportes internos y cartas de identidad, y censura del material de lectura. Esta vez, Díaz no se valió de fuerzas represivas extranjeras, sino que envió al ejército federal a disparar contra los obreros, amontonar sus cadáveres en carros de ferrocarril que los llevaron hasta Veracruz, y ahí los arrojaron al mar.

Más y más, inclusive los grupos de clase media, originalmente favorecidos por Díaz, se distanciaron del régimen. Más y más, se vieron disminuidos a medida que las ganancias mayores pasaron a manos de las compañías extranjeras, las cuales demostraban un intenso interés en exportar desde México, pero muy poco interés en ampliar el mercado interno mexicano.

Semejante esquema, impuesto a una sociedad básicamente agraria, creó una clase terrateniente sumamente fuerte y una débil burguesía frenó el desarrollo del movimiento obrero y aplastó al campesinado. Al cabo, el fracaso del régimen para incorporar a los nuevos grupos sociales que el propio régimen había creado generó una profunda enajenación hacia el gobierno de Porfirio Díaz. La represión, la falta de oportunidades, la susceptibilidad ante las crisis internacionales, viejas exigencias respecto a la tierra y nuevas exigencias respecto al poder, así como los sentimientos nacionalistas, acabaron por unir a campesinos, obreros, clases medias y élites provincianas en un movimiento irrefrenable hacia la Revolución. Como sucede a menudo, la sociedad había rebasado al Estado, y el Estado no lo sabía. Más profundamente, tanto México como el resto de la América Latina estaban empezando a cuestionar los valores mediante los cuales la modernidad podía medirse en una sociedad agraria tradicional.

¿Debería la modernidad favorecer más el crecimiento económico, la libertad política o la continuidad cultural? ¿Favorecer a uno o dos de estos factores significaba sacrificar a los demás? ¿O podíamos alcanzar un equilibrio simultáneo entre prosperidad, democracia y cultura?

Tormenta sobre México

En los primitivos noticieros cinematográficos del principio del siglo, Porfirio Díaz y su séquito parecen pertenecer más a la Alemania del káiser que al Nuevo Mundo americano. El senecto gabinete (la mayor parte de los ministros tenían entre setenta y ochenta y tantos años) se llamaban a sí mismos "científicos", o sea seguidores de la filosofía del sociólogo francés Auguste Comte cuya doctrina, compartida por todos los regímenes liberales de la América Latina, aceptaba una dialéctica según la cual el hombre progresaba en tres etapas, de la teológica a la mística y a la positivista. En ésta, despojándose de explicaciones sobrenaturales o ideales, la realidad es finalmente enfrentada. Sin embargo, la realidad enfrentada por los "científicos" era esquizofrénica. La mitad era la realidad que querían ver, una realidad beneficiada por el progreso y la modernización. Otra, muy distinta, era la realidad de la injusticia agraria sufrida por la mayoría del pueblo.

En septiembre de 1910, Porfirio Díaz recibió el homenaje del mundo al celebrar el centenario de la Independencia de México. Estadistas y escritores mundiales honraron al gobernante fuerte que había traído a México la paz, el progreso y la estabilidad. Porfirio

Díaz le había dado aún más lustre a su imagen internacional, declarándole a un periodista norteamericano que "México estaba, finalmente, preparado para la democracia". El pueblo mexicano decidió tomarle la palabra.

Un oscuro abogado y terrateniente llamado Francisco Madero, a la sazón con 39 años de edad, también recogió la promesa porfirista de la democracia, escribiendo un breve libro llamado *La sucesión presidencial en 1910*. En él, Madero hizo un sencillo llamado a las elecciones libres y a poner fin a las sucesivas reelecciones de don Porfirio. En una nación que era 90% iletrada, este pequeño libro de un pequeño hombre se convirtió en la estopa necesaria para ponerle fuego al bosque viejo y seco del Porfiriato. Todos los que pudieron lo leyeron, y todos los que lo leyeron, repitieron su mensaje.

Desde el sur llegó un hombre joven, que ya había encabezado una delegación campesina de su estado nativo de Morelos para expresarle los agravios del pueblo al presidente Díaz. Pero apenas regresó a Morelos, este joven fue castigado y llevado al ejército por la leva. En 1909, las aldeas, empeñadas en luchar por sus derechos, eligieron al mismo hombre, Emiliano Zapata, entonces con 30 años de edad, como su jefe. Zapata se había convertido en un hábil entrenador de caballos y arriero. Su mirada poderosa, directa, pero soñadora, marcaba a cuantos le conocían. Desde el norte llegó otro hombre del pueblo, un antiguo peón de hacienda, rebelde y ocasional cuatrero, llamado Doroteo Arango, quien tomó el nombre de guerra "Pancho Villa". Villa reunió un ejército de vaqueros, labriegos y artesanos para luchar contra la dictadura. Y en el centro de esta lucha se encontraba el Apóstol de la Democracia, el modesto Francisco Madero, prometiéndole a México, ni más ni menos, que la plena democracia.

Cuando la ciudad fronteriza de Ciudad Juárez en Chihuahua, sobre el Río Grande y frente a los Estados Unidos, cayó en manos de las fuerzas rebeldes en 1911, Porfirio Díaz se dio cuenta de que su tiempo había pasado. Al partir rumbo al exilio y la muerte en París advirtió que Madero había desatado a un tigre; faltaba ver si sabría dominarlo. Madero llegó a la Presidencia en una ola de entusiasmo popular. Muchedumbres delirantes lo saludaron en cada estación de su viaje a la capital. Cuando entró en la Ciudad de México la gente creyó que asistía al arribo del nuevo mesías. Un violento terremoto sacudió a la ciudad ese día, aumentando la atmósfera de portento. Pero Madero quería darle a México algo más modesto, y sin embargo algo casi milagroso, en vista de la tradición autoritaria del país desde tiempos de los aztecas y de los virreyes españoles: una democracia funcional. Prensa libre, Congreso independiente e hipercrítico del Poder Ejecutivo, libertad ciudadana para organizarse en partidos políticos. Todo esto le dio Madero a México. Pero le prestó menos atención a los motivos subyacentes del descontento. La vieja burocracia permaneció en su puesto, las haciendas no fueron tocadas, los campesinos no recobraron sus tierras y el ejército de la dictadura siguió en pie, listo para reprimir a quienes quisieron cambiar el estado de cosas. Grupos campesinos empezaron a invadir tierras y poblados. Tuvieron lugar zafarranchos callejeros entre los sindicatos y la policía. Finalmente, Zapata denunció a Madero como un traidor y decidió continuar la lucha. Con la inestabilidad en México, creció la angustia de los Estados Unidos. Generales rivales se levantaron en armas para restaurar el antiguo régimen. Los negocios se contrajeron y finalmente, en febrero de 1913, durante diez días, la llamada "decena trágica", las calles de la Ciudad de México se convirtieron en un campo de batalla. El tigre andaba suelto.

Demasiado lento en sus reformas para satisfacer a sus amigos, demasiado débil con sus enemigos, Madero fue socavado por una conspiración del ejército, los terratenientes y el embajador norteamericano, Henry Lane Wilson. En lo más crítico del levantamiento en la Ciudad de México, otro comandante militar designado por Madero, el general Victoriano Huerta, lo traicionó, apoyado por el embajador Wilson, quien se erigió a sí mismo como juez de lo que llamó "los inmaduros mexicanos", "la emotiva raza latina". Pero más que al ineficiente Madero, la administración del presidente Taft temía a los jefes populares, Villa y Zapata, firmes en su exigencia de redistribuir la tierra y ejercer el autogobierno para las comunidades agrarias.

El débil Madero fue asesinado a sangre fría por Huerta. De acuerdo con un periodista norteamericano, Madero había apostado a un centinela sordo y ciego en la puerta de su vida al fin de que gritara "sin novedad".

El brutal asesinato de Madero volvió a unir al país. Huerta comprobó ser un tirano sangriento e incompetente, demasiado encariñado con su botella de coñac. Se enfrentó a una nación ultrajada, en la que todas las facciones rebeldes se unieron bajo Venustiano Carranza, antiguo senador bajo Porfirio Díaz, y gobernador del estado norteño de Coahuila. Carranza representaba a las clases medias y altas de la provincia, las cuales, más que la democracia política, deseaban un Estado nacional fuerte y abierto, que diese cabida a las expectativas de los hombres de negocios, los profesionistas y los pequeños propietarios rurales que habían sido excluidos del favor centralizado de México durante el largo reinado de don Porfirio.

Tres fuerzas militares se unieron contra Huerta. Desde el sur, Emiliano Zapata resistió la política de tierra quemada de Huerta y respondió quemando las haciendas. En los estados del norte, Pancho Villa formó un poderoso ejército, la División del Norte, y se rodeó de sus Dorados, ganando una batalla tras otra contra el ejército federal, apoderándose de las haciendas, destruyendo a los terratenientes y a los prestamistas y amenazando a Carranza, quien había sido proclamado primer jefe de la Revolución. Cuando Villa tomó Zacatecas en el corazón minero de México, Carranza se apoyó cada vez más en el más hábil comandante de campo de la Revolución, Álvaro Obregón, un agricultor de Sonora cuyas divisiones incluían a los valientes combatientes yaquis, en marcha para vengarse de las exterminaciones contra ellos ordenadas por Porfirio Díaz. En 1914, Huerta fue derrotado y los ejércitos revolucionarios se prepararon para entrar en la Ciudad de México. Pero una vez alcanzada la victoria, la Revolución se volvió contra ella misma. Pues la Revolución mexicana fue, realmente, las dos revoluciones que invoqué al principio de este capítulo. El movimiento agrario de los pueblos, encabezado por Villa y Zapata, ha quedado fijado para siempre en la iconografía popular. Revolución basada localmente, su propósito fue el de restaurar a las aldeas sus derechos sobre las tierras, las aguas y los bosques. Este proyecto favorecía un tipo de democracia descentralizada, comunitaria y capaz de gobernarse a sí misma, con base en tradiciones largo tiempo compartidas. Se vio a sí misma como continuadora de los más antiguos valores agrarios y fue, en múltiples aspectos, una revolución conservadora.

La revolución número dos, mucho más nubosa en los iconos mentales, fue el movimiento nacional, centralizante y modernizante encabezado por Carranza y al cabo consolidado en el poder por dos vigorosos hombres de Estado: el propio Obregón primero y, más tarde, su sucesor Plutarco Elías Calles, quienes dominaron la vida política de México entre 1920 y 1935.

El choque entre las dos corrientes revolucionarias habría de ser aún más sangriento que la Revolución contra el viejo orden. Acaso toda revolución es esencialmente un acontecimiento épico en el que un pueblo unido se levanta contra una tiranía en decadencia. Pero enseguida se convierte en un acontecimiento trágico, cuando la revolución se vuelve contra la revolución: el hermano contra el hermano. Carranza, por poco tiempo, fue desalojado de la Ciudad de México por la segunda revolución encabezada por Zapata y Villa. Los dos jefes populares entraron juntos a la capital. Villa, radiante, se sentó en la silla presidencial. A su lado, Zapata, más saturnino, no se desprendió de su sombrero mientras miró, indiferente, el paisaje urbano. Las raíces de ambos hombres no estaban aquí, en la cima, sino abajo, en lo hondo del mundo rural. "Esta ciudad está llena de banquetas", le dijo Zapata a Villa. "Y yo me ando cayendo de ellas".

Regresaron a su mundo agrario, distribuyendo tierras, estableciendo escuelas, proponiendo un modelo alternativo de desarrollo. Y en efecto, durante un año increíble (1914-1915), Emiliano Zapata y el pueblo de Morelos se gobernaron a sí mismos sin intervención del centro, creando una de las sociedades más viables jamás vistas de la América Latina. Las tierras fueron distribuidas de acuerdo con la voluntad de las aldeas: propiedad comunal o individual; la agricultura fue no sólo restaurada, sino aumentada notablemente. Zapata y sus compañeros, desde luego, eran aldeanos, labriegos y aparceros; su autoridad surgía de los consejos locales y descansaba sobre la fidelidad a los textos legales que ellos se estaban encargando de convertir en realidad. Tal fue la base para lo que podemos llamar una política de confianza. En su historia definitiva del movimiento zapatista, John Womack hace notar que "significativamente, Zapata nunca organizó una policía estatal; los consejos de las aldeas se encargaron de aplicar la ley de una manera flexible". Se les prohibió a los jefes militares intervenir en los asuntos de los pueblos, y cuando el propio Zapata hubo de arbitrar conflictos locales, siempre limitó su acción a apoyar las decisiones que los habitantes del pueblo ya habían tomado por su propia cuenta.

Los campesinos de Morelos, bajo el zapatismo, hicieron realidad el sueño modesto y profundo por el que tanto habían luchado. Lejos de anclarse en la resignación, demostraron que una cultura agraria podía escapar al fatalismo y adquirir una organización civil y económica, humana y funcional, sobre bases locales.

Ellos demostraron que los mexicanos podían gobernarse a sí mismos democráticamente. Y, sin embargo, fueron exactamente estos valores del sistema zapatista los que lo condenaron a muerte; la arcadia morelense iba en sentido contrario al diseño nacional. En efecto, la visión del Estado nacional mexicano presuponía la desaparición de las peculiaridades provinciales en favor de la empresa nacional mayor. El pequeño Morelos debía ser sacrificado al gran México, la fuerza dinámica, responsable, sin escrúpulos y centralizada que tomaba forma en torno a Carranza y sus ambiciosos lugartenientes Obregón y Calles.

Una revolución nacional se enfrentó a una revolución local. Ésta se fundaba en tradiciones compartidas y aceptadas por todos; aquélla tenía aún que elaborar e imponer un plan nacional de progreso. El zapatismo podía resolver los problemas a medida que se presentaban. La moral consuetudinaria era clara y localizable, concisa e irrevocable, la cultura local era homogénea, y el íntimo conocimiento que unas gentes tenían de las otras favorecía formas de democracia directa. La revolución nacional, en cambio, sintió que su deber era centralizar las energías del país a fin de transformar a una sociedad heterogénea, creando una infraestructura moderna en un país que carecía de comunicaciones, fuerza eléctrica y coordinación administrativa. Además, la revolución de Morelos podía darse el lujo de ser internacionalmente irresponsable; pero la revolución nacional tenía que enfrentarse a la presión constante del poder norteamericano y a la amenaza explícita, una vez más, de la intervención extranjera. Confundido por una revolución al sur de su frontera, que no podía ni dominar ni comprender, el gobierno de Woodrow Wilson en Washington ocupó Veracruz en 1913 y, en 1917, ordenó al general John (Black Jack) Pershing marchar a Chihuahua a fin de castigar a Pancho Villa, quien había hecho una incursión dentro de territorio norteamericano, en Nuevo México. Ambas acciones fracasaron: la ocupación de Veracruz sólo fortaleció al dictador Huerta en nombre del nacionalismo mexicano, y Pershing jamás pudo capturar al escurridizo y hábil Pancho Villa. Pero, por otra parte, Wilson hubo de resistir presiones poderosas de parte de grupos norteamericanos afectados por la Revolución y que favorecían la invasión e incluso la anexión del México revolucionario. Al terminar la Primera Guerra Mundial, los Estados Unidos de América, victoriosos en Europa, tenían un millón de hombres armados y la impaciente dinámica necesaria para entrar en México y resolver sus problemas en favor de los intereses de los Estados Unidos. Un México dividido, como Líbano en nuestro propio tiempo, hubiese dejado de ser una nación para convertirse en una herida abierta. La revolución debía concluir, los jefes guerrilleros debieron ser eliminados y un compromiso legal y político establecido dentro y fuera del país.

La muerte de Zapata

La batalla final entre las dos revoluciones estaba a la mano. En el campo de Celaya, en el año 1915, el comandante carrancista Álvaro Obregón derrotó decisivamente a Pancho Villa. El guerrillero siempre había contado con el poder de su caballería para obtener la victoria. Obregón lo sabía. Apostó a su artillería al final del campo, desafiando a Villa a cabalgar hacia él. Escondidos en loberas, los soldados yaquis, al pasar sobre sus cabezas los caballos de Villa, levantaron sus bayonetas y las clavaron en las panzas de los corceles. La batalla terminó en una lluvia de tripas, sangre y humo. El general Obregón perdió su brazo derecho en el combate. Se comenta que eran tales las pilas de cadáveres que el general no pudo encontrar su brazo perdido. Entonces Obregón arrojó al aire una moneda de oro y, tal y como lo esperaba, su brazo salió volando a coger la pieza. Cabe añadir, en honor del general Álvaro Obregón, que él mismo inventó y contó esta historia.

Fue él también quien dijo, famosamente, que ningún general mexicano podía resistir un cañonazo de 50,000 pesos. Esto, sin duda, también lo sabía Carranza, disponiéndose a preparar una trampa contra el único desafío serio a la unidad revolucionaria: el indomable Zapata. Sólo él permanecía, elegido por su pueblo para luchar bajo la bandera de "Tierra y libertad". Ese llamado a las armas, que gobernó su vida, decidió ahora su destino.

El 10 de abril de 1919, Emiliano Zapata cabalgó hasta la hacienda de Chinameca para encontrarse con el coronel Jesús Guajardo, un oficial que había desertado del gobierno carrancista. Cuando Zapata entró por el portón de la hacienda a las dos de la tarde, la guardia de Guajardo le presentó armas. Entonces sonó la trompeta y la guardia disparó dos veces, a quemarropa, contra Zapata. El guerrillero cayó para siempre. En agosto habría cumplido 40 años de edad.

Resultó que el tal coronel no era un desertor, sino parte de una conspiración gubernamental para asesinar a Zapata. El guerrillero inquebrantable e incómodo, que jamás arrió ni sus banderas ni su guardia, luchó hasta el fin por la estricta aplicación de las demandas de tierra y libertad. El coronel Guajardo, en cambio, fue ascendido a general y recibió una recompensa de 52,000 pesos, el irresistible cañonazo al que se refirió Álvaro Obregón.

El cadáver de Zapata fue echado sobre una mula, llevado a Cuautla y arrojado sobre el pavimento. Su rostro fue iluminado con lámparas, le tomaron fotografías: se trataba de destruir el mito de Zapata. Zapata había muerto. Pero ningún habitante de este valle acepta semejante versión. Zapata no podía morir. Era demasiado listo para caer en una emboscada.

Y su caballo blanco puede ser visto constantemente esperándolo en lo alto de la montaña. Todos los habitantes del valle de Morelos, desde los viejos veteranos de la Revolución hasta los niños de escuela, creen que Zapata sigue viviendo. Y acaso tengan razón: pues mientras los pueblos luchen para gobernarse a sí mismos de acuerdo con sus valores culturales y sus convicciones más profundas, el zapatismo vivirá.

Una revolución cultural

En 1920, Venustiano Carranza fue asesinado misteriosamente mientras huía de un nuevo conflicto interno dentro de la Revolución. Álvaro Obregón, la estrella ascendente del Nuevo Mundo revolucionario, aplicó la Constitución elaborada por todas las fuerzas rebeldes en 1917, trató de abrazar a las fuerzas del zapatismo mediante la reforma agraria, consoló a Pancho Villa con un rancho en el norte de México (donde el jefe guerrillero, también, cayó asesinado en 1923). Obregón resistió las presiones norteamericanas a fin de que pospusiera la ampliación de las más radicales leyes sobre distribución de la tierra y explotación del subsuelo; pero, sobre todo, durante la presidencia obregonista se inició un programa nacional de educación bajo el enérgico secretario de Educación, el escritor José Vasconcelos.

Los primeros maestros rurales salieron de la Ciudad de México hacia las viejas haciendas. Muchos fueron inmediatamente asesinados; otros, regresaron a la capital con las narices o las orejas cortadas por las guardias blancas de las haciendas, en tanto que otros más lograron defender sus escuelas rurales y enseñarle, por primera vez, el alfabeto a gente joven y vieja también.

Y Vasconcelos, bajo Obregón, les entregó los edificios públicos a los muralistas, anunciando un Renacimiento artístico no sólo en México, sino en toda la América Latina. La acción de Vasconcelos dentro de la Revolución mexicana permitió a muchos latinoamericanos preguntarse si habíamos, al cabo, alcanzado una síntesis armoniosa y un acuerdo con la gran riqueza de todas nuestras tradiciones, sin excluir a ninguno de sus componentes, culturales o éticos. Pues, en México, la revolución cultural parecía extenderse desde el más elemental nivel de enseñarle a leer y a escribir a un niño campesino, hasta el más alto nivel de la creación artística.

Sin embargo, los problemas económicos y políticos acumulados en México y la América Latina se impondrían a la realidad cultural, relegándola a la sombra, durante los primeros tres cuartos del siglo XX. Pero, al finalizar la centuria, sería la realidad cultural la que se impondría a la política y a la economía en nuestras naciones. La segunda historia de la América española, la historia a veces enterrada, explotó en la lucha revolucionaria mexicana y derrumbó los muros del aislamiento entre los mexicanos, convirtiéndose, sobre todo, en una revolución cultural. Un país separado de sí mismo, desde la aurora del tiempo, por las barreras geográficas de la montaña, el desierto y la barranca, con grupos humanos separados entre sí, se reunió al fin consigo mismo en las tremendas cabalgatas de los hombres y mujeres de Pancho Villa desde el norte, en su marcha hacia el abrazo con los hombres y mujeres de Emiliano Zapata desde el sur. En este abrazo revolucionario, los mexicanos finalmente supieron cómo hablaban, cantaban, comían y bebían, soñaban y amaban, lloraban y luchaban, los demás mexicanos.

Y si esto había ocurrido en México, ¿por qué no habría de ocurrir también en Venezuela u Honduras, en Argentina o Colombia, no necesariamente mediante la violencia revolucionaria sino, acaso, mediante un acercamiento consciente aunque apasionado a la urgente necesidad latinoamericana de identificar y vincular la experiencia cultural con los proyectos políticos y económicos? En México, por primera vez, una nación hispanoamericana se vio como realmente era, sin disfraces, brutal a veces, a veces insoportablemente tierna. Compartíamos un profundo sentimiento de la dignidad personal y un altivo desprecio a la muerte. Las fotografías de la Revolución mexicana, tomadas por los hermanos Casasola, revelan esta súbita definición de la identidad; por ejemplo cuando las tropas de Emiliano Zapata entraron en la Ciudad de México en 1914, ocuparon los palacetes de la aristocracia porfiriana fugitiva y se vieron, por primera vez, reflejados de cuerpo entero en los grandes espejos.

Los rostros de estos hombres y mujeres ya no eran máscaras, eran rostros de mujeres que abandonaron sus aldeas para seguir a sus hombres en los trenes y a pie. Eran los rostros amenazantes y rayados de cicatrices de los guerreros desayunándose en Sanborns. Eran los rostros de niños nacidos entre batalla y batalla, lejos de sus aldeas, verdaderos ciudadanos de la Revolución y de una nueva nación que había aprendido, en la guerra civil, a encarar la totalidad de su pasado, indígena y español, mestizo, católico y liberal, tradicional y modernizante, viejo y nuevo, paciente y rebelde; pero siempre, al cabo, profundamente enraizado en la tierra y en su cultura.

Esta nación conflictiva descubrió todos los estratos de su riquísima cultura, luchó cuerpo a cuerpo con todas las contradicciones heredadas y señaló ahora la aparición de una nueva sociedad hispanoamericana, sólo moderna si primero era capaz de cobrar conciencia de sí misma, sin excluir ningún aspecto de su cultura.

La Revolución en México reveló esta realidad cultural. Pero las exigencias inmediatas y a menudo confusas de la política nacional e internacional habrían de relegarla, constantemente, a la oscuridad. La medida de nuestra modernidad pronto fue la distancia entre nuestra fragmentación política y nuestra unidad cultural. Y la pregunta que nos dirigió el tiempo fue la de saber si podíamos identificar a ambas, política y cultura, haciéndolas cada vez más auténticas, más completas y más consonantes con nuestra realidad más profunda. Las sucesivas crisis del mundo hispánico a lo largo del siglo XX serían un desafío, aproximándonos a veces, pero a veces separándonos lamentablemente, de este ideal.

Al ingresar al siglo XX, de esta manera, la América Latina descubrió que su meta sería unir la cultura con la historia. Este dilema latinoamericano sería parte de un gran combate universal entre la esperanza y la violencia.

Eva y Juan Domingo Perón

16. Latinoamérica

En el fresco pintado por el artista mexicano José Clemente Orozco en Pomona College, California, la figura de Prometeo simboliza la visión trágica de la humanidad, originada en la Antigüedad clásica, el Mediterráneo, el *Mare Nostrum*. El héroe, condenado por Júpiter por haber dado el fuego del conocimiento y la libertad a los hombres, ha sido encadenado a una roca, mientras su hígado es eternamente devorado por un buitre.

En otro gran mural de Orozco, el que se encuentra en la Biblioteca Baker en Dartmouth College, New Hampshire, el mito de Quetzalcóatl, la serpiente emplumada, le da la cara al mito mediterráneo de Prometeo. En el Nuevo Mundo, el creador de la humanidad, el inventor de la agricultura y de las artes, es exiliado porque adquiere un rostro humano y al mismo tiempo descubre en su corazón las alegrías y las penas de la humanidad.

Pero en una tercera y no menos magnífica obra de arte, la cúpula del Hospicio Cabañas en Guadalajara, México, Orozco resuelve ambas figuras, el héroe mediterráneo y el indoamericano, Prometeo y Quetzalcóatl, en una sola imagen universal: el hombre en llamas, destinado para siempre a perecer en las llamas de su propia creación y a renacer de ellas.

En Orozco, los dos mundos, el viejo y el nuevo, el europeo y latinoamericano, se funden en el calor de la llama, en la agitación del océano y en la soledad aérea y transparente de la montaña. Los elementos se humanizan. Pero también se comunican universalmente, se reúnen y se abrazan. El arte de Orozco reitera la convicción de que pocas culturas del mundo poseen la continuidad de la cultura creada en Indoafroiberoamérica. Y ésta es, precisamente, la razón por la cual la falta de una continuidad comparable en la vida política y económica nos hiere tan profundamente.

Desde luego, la continuidad de la cultura no requiere equivalencia política para el hecho estético. Los mitos de Prometeo o de Quetzalcóatl, las pinturas de Goya o de Orozco, son hechos estéticos autosuficientes. Pero también indican maneras de ser, de pensar, de vestir, de comer y de amar, de amueblar, de cantar, de luchar y de soñar. Un hecho cultural simboliza y conjuga una manera de ser. Una pintura, un poema, una obra cinematográfica, indican cómo somos, qué podemos hacer, qué nos falta por hacer. La cultura es la respuesta a los desafíos de la existencia. Al fin y al cabo, la cultura es portada por los mismos que creamos la política y la economía: los ciudadanos, los miembros de la sociedad civil. Si esto es así, ¿por qué no habría de ofrecernos la cultura la necesaria coincidencia de sí misma con la vida política y económica? ¿Podemos, en el siglo que viene, unir en América Latina los tres factores de nuestra existencia, iniciando la unidad política y económica desde la base de la unidad cultural? Sólo podemos contestar a esta pregunta mirando claramente los problemas concretos, políticos y económicos, que nos asedian a medida que el V Centenario va y viene, y un nuevo siglo se abre. Nuestros problemas están esperando soluciones. La continuidad cultural es tanto una condición como un desafío para lograr un contrato social viable. Nuestros problemas son nuestro negocio inacabado. Pero, ¿no somos todos, los hombres y mujeres de las Américas, seres humanos incompletos? En otras palabras: ninguno de nosotros ha dicho su última palabra.

Negocios inacabados

Había un edificio altísimo en el antiguo parque de la Lama en la Ciudad de México que nunca se terminaba. Año con año, su estatura crecía pero siempre podíamos mirar el aire a través de su colmena de cemento. ¿No sabíamos cuándo, si es que alguna vez, recibiría este hotel a sus hipotéticos huéspedes? Este edificio es, acaso, un símbolo apropiado para la América Latina, creciendo pero inacabada, enérgica pero llena de problemas en apariencia irresolubles. Tres décadas de desarrollo económico a partir de la Segunda Guerra Mundial, en las que la producción aumentó 200%, se han detenido abruptamente, seguidas por una década de desarrollo perdido, en la cual el ingreso por cabeza descendió todos los años desde 1980 hasta alcanzar una pérdida acumulativa de 20%, en tanto que los salarios reales regresaron a los niveles de 1960. Las consecuencias sociales de la actual crisis están a la vista de todos: escasez de alimentos, descensos en la educación, el alojamiento, la salud y los demás servicios públicos; crimen, clases medias desilusionadas y millones de subproletarios a la deriva en las ciudades perdidas. Y, sin embargo, los gobiernos de la región se han visto obligados, desde 1982, a exportar capital, al ritmo de 45,000 millones de dólares al año, sólo para el servicio de una deuda externa que sobrepasa los 450,000 millones de dólares. El 7% del producto nacional bruto de la América Latina está siendo transferido al extranjero cada año, así como el equivalente de 50% del valor de nuestras exportaciones.

Y sin embargo estos problemas, no debemos olvidarlo, son el resultado de enormes cambios y de un tremendo crecimiento, a menudo caótico, a menudo injusto; a medida que la América Latina se despojó de su piel colonial, se convirtió cada vez más en parte del mundo, pero dejó atrás a la mayoría de los propios latinoamericanos. Hemos traspasado las puertas del V Centenario y llegamos al tercer milenio con una población que se ha duplicado en veinte años, de 200 millones en 1970 a 400 millones en 1992. En el año 2000 hemos doblado la población de los Estados Unidos de América. Es una población joven: la mitad tiene quince años o menos. Es una población deseosa de obtener servicios sociales, empleos y educación. Todos los latinoamericanos que pidan un trabajo en el año 2000 ya han nacido. Y por primera vez en nuestra historia, la mayoría de nuestra población ha nacido en sociedades urbanas e industrializadas. Brasil se ha convertido en la octava economía del mundo, y México en la decimotercera.

La historia reciente de la América Latina es caótica, veloz, contradictoria. Coexisten el burro y el jet, la veladora a la virgen y la luz neón. La mitad de los doscientos millones de jóvenes latinoamericanos nacieron después de que Fidel Castro tomó el poder en Cuba en 1959. Y todo niño latinoamericano nacido en la última década del siglo XX, nació debiéndole mil dólares a un banco extranjero.

A medida que crecen y miran el mundo que los rodea, nuestros jóvenes buscan respuestas para estos problemas y observan con mirada crítica nuestra historia reciente. ¿Por qué no hemos sido capaces de resolver aún nuestro problema fundamental, que es el de unir el crecimiento económico con la justicia social, y ambos con la democracia política? ¿Por qué no hemos sido capaces de darle a la política y a la economía la continuidad que existe en la cultura? Las respuestas a estas preguntas son tan variadas como las propias sociedades latinoamericanas, que después de la independencia se diversificaron extraordinariamente, desarrollándose como Estados nacionales. Durante el siglo XIX la América Latina se unió a la economía mundial como proveedora de materias primas e importadora de capital y bienes manufacturados. De esta manera, se concentraron grandes riquezas. El pensamiento liberal confió en que la riqueza acumulada hasta arriba, tarde o temprano, gota a gota, descendería hasta abajo. Esto no sucedió. Esto jamás ha sucedido. Para compensar los desequilibrios de la política económica liberal, los Estados nacionales ampliaron los sectores públicos, asumieron rectorías y promovieron leyes de protección social y de beneficio colectivo. A pesar de ello, la gran depresión de 1929 azotó a la América Latina con más fuerza que a los centros metropolitanos de Europa y la América del Norte, desafiando a los gobiernos para encontrar mejores soluciones. México, en la época posrevolucionaria, distribuyó la tierra, nacionalizó recursos básicos, educó a la población, construyó una infraestructura y amuebló la casa del desarrollo capitalista mediante la revolución social. Chile fortaleció el pluralismo político, el gobierno parlamentario y la organización del trabajo, capitalizando la extraordinaria experiencia decimonónica de la nación: una oligarquía doméstica y una clase media próspera. Uruguay invirtió las ganancias derivadas de la exportación en crear un Estado de beneficios sociales, altamente urbanizado y burocráticamente acojinado. En tanto que la Argentina continuó cosechando la riqueza de sus cereales, su ganado, sus exportaciones.

La Segunda Guerra Mundial le permitió a la América Latina salir de la depresión, aumentando los precios del cobre, el estaño, el hule, la carne, la lana y el henequén, al grado de que muchos campesinos mayas entraban de rodillas a sus iglesias, rogando que la guerra nunca terminase. Latinoamérica fue capaz de sustituir importaciones, animar las industrias nacionales, establecer las infraestructuras necesarias para sostenerlas y crear a veces, también, condiciones mínimas para la educación y el bienestar social. El crecimiento económico generó una nueva clase media, inversiones crecientes y expansión urbana. No obstante, la sociedad y sus instituciones se separaron cada vez más. La educación le prometió al pueblo más de lo que la economía era capaz de darle, material o políticamente. En verdad, la sociedad creó demandas a un ritmo superior al de la capacidad política y económica para darles respuesta. El resultado, a veces, fue el gobierno autoritario para reprimir a la sociedad. A veces, fue la revolución. A veces, fue el movimiento hacia la democracia. Pero mediante la insurgencia, la represión, los movimientos de masas, el populismo, las elecciones o la revolución, al iniciarse la década de los sesenta las antiguas colonias españolas del Nuevo Mundo se habían transformado hasta el grado de volverse, en ocasiones, irreconocibles.

Fundamentalmente, una clase media creciente y una clase obrera combativa exigieron que el ritmo hacia la creación de mayor riqueza con mayor justicia fuese acelerado. Algunas naciones fueron más afortunadas que otras. A pesar de una larga sucesión de dictaduras militares, Venezuela alcanzó el crecimiento mediante la riqueza generada por sus vastas reservas naturales de petróleo y fierro. En los cincuenta, Venezuela derrocó a su último gobernante militar y, desde entonces, el país ha sido capaz de unir el crecimiento económico con el gobierno democrático, hasta que la presente crisis intentó divorciar a esta pareja ideal. En contraste, Costa Rica transformó la necesidad en virtud, sirviéndose de su falta de riqueza colonial para mantener un esfuerzo de prosperidad modesta, administrada sabia y democráticamente.

De esta manera, si no hay fórmulas universales o seguras, la realidad es que cada país debe hurgar en su experiencia histórica para encontrar su propio camino. México en el norte y Argentina en el sur, las dos naciones más grandes de la América española, ofrecen también el mejor estudio de contrastes y siguen siendo, en virtud de su territorio, su población y su riqueza, dos países extraordinariamente representativos del conjunto latinoamericano. Sus diferencias bien pueden iluminar nuestra comunidad, del Río Grande a la Patagonia.

La cabeza de Goliat

A finales del siglo XIX y a principios del XX, Argentina parecía representar la más luminosa esperanza de una nación latinoamericana rica, estable y basada en principios liberales. Tras la caída de Rosas, Argentina se convirtió en el modelo mismo de una nación latinoamericana capaz de modernizarse rápidamente a sí misma. Pero por cada ventaja que como una perla se incrustó en el inmenso horizonte llano de la gran República del sur, una desventaja igualmente tenaz enturbiaba cada parcela del mismo horizonte.

Las fronteras del "progreso" habían sido extendidas mediante guerras de exterminio contra los indios, pero el sistema latifundista también había sido extendido a esas nuevas tierras. Los caudillos del viejo estilo, como Facundo Quiroga en La Rioja, fueron eliminados, pero nuevos caudillismos surgieron prontamente, dado que el sistema político patrimonialista no fue reformado. Se multiplicaron las actividades de exportación e importación, pero la Argentina continuó siendo exportadora de materias primas e importadora de bienes manufacturados y de capital, incapaz de desarrollar su propia base industrial. Y aunque es cierto que las comunicaciones se extendieron, el control de las mismas estaba en manos inglesas, lo cual, unido al dominio británico de la actividad comercial, convirtió al Río de la Plata en una semicolonia del Imperio inglés.

La Argentina había abierto sus puertas a millones de inmigrantes europeos, con la esperanza de que poblaran y desarrollaran las pampas, pero los inmigrantes permanecieron sobre todo en las ciudades y aunque en ellas crearon profesiones y ocupaciones útiles, las áreas rurales continuaron hundiéndose en relaciones anacrónicas y semifeudales.

De esta manera, casi todas las ganancias aparentes de la modernización en Argentina fueron, al cabo, disminuidas por la debilidad de las instituciones políticas, la ausencia de identidad cultural y la excesiva dependencia de los factores externos. Y dentro de la nación, la vasta distancia entre la moderna y activa metrópoli atlántica, Buenos Aires, y el interior, la pampa, creó una división moral y política profunda que Ezequiel Martínez Estrada describió gráficamente al decir que Buenos Aires era la cabeza del gigante Goliat colocada sobre el débil cuerpo del David, la nación argentina. Extrañamente, este gran país, con su fabulosa riqueza, la tierra agrícola y ganadera más fértil de la América Latina y, eventualmente, una población homogénea y educada, no fue capaz de alcanzar la verdadera grandeza nacional. La razón no fue sólo que, como en otras repúblicas latinoamericanas, grandes problemas del pasado no fueron resueltos. En Argentina, aunque la sociedad cambió dramáticamente mediante la inmigración, la urbanización, la educación y el desarrollo económico, las instituciones políticas no se transformaron a un nivel comparable y la identidad cultural permaneció vaga e irresuelta. Pero la fachada modernizante continuó deslumbrando al mundo por un largo tiempo. Buenos Aires, en todos los aspectos de la vida urbana, era una ciudad tan moderna y europea como las ciudades continentales a las que más se parecía: París, Madrid y Barcelona.

La pretensión modernizante argentina se derrotó a sí misma porque se basaba en una división artificial entre el mundo urbano y el mundo agrario, sacrificando la mitad, si no más, de nuestra cultura, a la identificación del mundo civilizado con Europa, y del mundo bárbaro con el interior agrario.

En 1916, la sociedad civil argentina, encabezada por una clase media dinámica, planteó su más radical demanda de poder político frente a las oligarquías agrarias y comerciales que hasta entonces habían gobernado al país. La clase media eligió a un presidente casi apostólico, Hipólito Yrigoyen. Pero Yrigoyen no estuvo a la altura de su promesa. No sólo resultó ser menos eficiente, en términos relativos, que la oligarquía; también resultó ser más represivo. Cuando la gran depresión llegó a la Argentina en 1929, el ejército escenificó el primero de sus sucesivos golpes contra los regímenes electos.

Durante la Segunda Guerra Mundial, la Argentina amasó un enorme excedente comercial derivado de las enormes exportaciones a las economías europeas devastadas por la guerra. La edad de oro regresaba. El gran símbolo de la oligarquía, el cementerio de La Recoleta en el centro de Buenos Aires, continuó erigiendo mausoleos para hospedar la vida eterna de los generales y comerciantes, los grandes estancieros y los dueños de las pampas.

Gracias al gobierno militar y al auge de las exportaciones, se esperó que, una vez más, y esta vez para siempre, la Argentina se convertiría en el paraíso de los oligarcas, presidiendo, como las enfáticas tumbas de La Recoleta, sobre una masa relativamente bien pagada, bien alimentada, blanca y educada, de trabajadores. Pero hoy, como si en este símbolo se cifraran los cambios que han ocurrido en la Argentina contemporánea, una intrusa se ha hecho presente entre las tumbas de la aristocracia comercial y terrateniente.

Su nombre es Eva Perón y aquí, al fin, su cuerpo yace en paz en La Recoleta, el cementerio de los oligarcas que la humillaron y a los cuales ella detestó con furia retributiva. Pero el viaje de Eva Perón hacia la tumba fue, por así decirlo, accidentado. Glorificada como una santa cuando murió de cáncer, la más poderosa mujer de Argentina y de Latinoamérica a los 33 años en 1952, fue embalsamada y enterrada con pompa en las oficinas centrales de la Confederación General de Trabajadores. Cuando su viudo, el presidente Juan Domingo Perón, fue derrocado en 1955, el cadáver de Eva fue secuestrado, seguramente por la Junta Militar que sucedió a Perón y que quería borrar el mito del peronismo. La Junta escogió once féretros, llenó diez de ellos con piedras, y en el onceavo colocó el cadáver de Eva Perón. Los once cajones de muerto fueron rotulados como restos de Evita y enviados a los cuatro rincones de la Tierra. La caja de Eva Perón llegó hasta un cementerio de Milán, en donde su esposo finalmente lo recuperó al regresar al poder en 1974. Desde entonces Eva Duarte de Perón descansa en el cementerio de La Recoleta.

Un extraordinario viaje para una extraordinaria muchacha de provincia y actriz segundona que se casó con el cada vez más poderoso general Perón en 1944 y con la República Argentina para siempre, mezclando a ambos, su marido y la Argentina, en la mística del peronismo, una forma de populismo que tomó la riqueza acumulada por el excedente comercial de la Segunda Guerra Mundial y lo distribuyó, con generosidad pero con escaso sentido económico, entre el pueblo.

Este impulso básico del peronismo llegó acompañado de leyes sociales igualmente generosas, pero no construyó una infraestructura firme ni le dio a la Argentina instituciones políticas fuertes, ni sirvió para aumentar la productividad y obtener la renovación tecnológica. La gran riqueza potencial de la Argentina fue, en gran medida, dilapidada de manera demagógica y aunque, gracias al peronismo, un enorme número de argentinos invisibles, los descamisados, se volvieron visibles (demasiado visibles a los ojos de la aristocracia ganadera y comercial dominante), su nuevo sentido de dignidad y de identidad no lograron sustituir la ausencia de instituciones políticas capaces de canalizar esta nueva energía. Tal ha sido la paradoja de la Argentina. Una nación rica, con una clase media extensa, sin duda la mejor alimentada, mejor vestida y mejor educada, la nación más homogénea de la América Latina, ha sido incapaz de crear instituciones políticas que realmente la representen. En consecuencia, un Estado débil nunca puede dar respuesta a los reclamos de la clase obrera organizada, de las clases medias, del ejército, de la clase empresarial y de acreedores extranjeros, y termina siempre rindiéndosele a unos cuantos de ellos.

Perón se rindió al pueblo, a las masas, a los que se sentían olvidados, marginados, desconocidos, desanimados, despreciados en el gran juego de la riqueza y la política. De ahí su mito duradero y, aun, sus duraderas contribuciones legislativas: el voto femenino, el divorcio, la seguridad social, las vacaciones pagadas, la protección del trabajador rural, de los salarios, de los artesanos, aun de la servidumbre doméstica y ciertamente de los sindicatos obreros. Pero Juan Domingo

Perón ofreció un tipo de gobierno estatista y burocratizado, con partidos políticos débiles y un Congreso débil. El ejército, en cambio, siguió siendo fuerte. De él surgió el propio Perón y el ejército permaneció cuando Perón se fue, dejando instituciones políticas débiles, dominadas por el propio ejército en ausencia del jefe político fuerte. De esta manera, el ciclo se renueva, fatal, deprimente.

El gobierno civil débil es derrocado por un nuevo golpe militar, el caos es sucedido por la tiranía, y la tiranía es seguida por el caos. El cementerio de La Recoleta es el símbolo, como lo ha escrito Tomás Eloy Martínez, de un país necrofílico. Y quizás el cadáver más ilustre de la Argentina sea la propia Argentina.

La revolución como institución

Un caso muy diferente se desarrolló en el país que, de tantas maneras, constituye el polo opuesto de la Argentina: México, el país mestizo con raíces españolas e indígenas profundas, una ausencia casi total de inmigración europea, pocos auges de exportación y demasiados problemas derivados de la debilidad tradicional de una población iletrada, mal nutrida y altamente reproductiva. En 1992, México tiene 80 millones de habitantes, contra 15 millones en 1910. La Argentina tiene 35 millones de habitantes, sólo 15 millones más que en 1910. Y en tanto que la Argentina nunca ha tenido una revolución, México sin duda tuvo la primera y acaso la más profunda, en virtud del tamaño del país, de todas las revoluciones latinoamericanas en el siglo XX. La Revolución mexicana comenzó en 1910 como un movimiento político para lograr elecciones libres, pero su dinámica la llevó a convertirse en un movimiento social para obtener mayor desarrollo con mayor justicia y, sobre todo, se convirtió en un evento cultural, celebrado en las obras de los muralistas mexicanos, ellos mismos producto de la Revolución.

Los regímenes revolucionarios trataron de satisfacer a los campesinos, quebrando el sistema hacendario y liberándolos del peonaje por deuda, entregándoles tierras y permitiéndoles emigrar a las ciudades y a los nuevos centros industriales, donde se convirtieron en mano de obra barata para una industria que creció rápidamente después de que el presidente Lázaro Cárdenas nacionalizó el petróleo en 1938. A su vez, ello vigorizó a la naciente clase obrera, cuyas organizaciones cayeron bajo la protección gubernamental. Todas las clases, pero sobre todo las clases medias, se beneficiaron de la extensión de los servicios educativos, en tanto que la clase empresarial descubrió que, además de contar con combustible barato, mano de obra barata y mercados internos crecientes aunque cautivos, también podía contar con subsidios gubernamentales. Una política de obras públicas, iniciada por el presidente Plutarco Elías Calles, comunicó por primera vez al país entre sí y le dio carreteras, hospitales, telégrafos e irrigación.

El precio a pagar por este desarrollo fue un precio político y fue, sin duda, alto. La Revolución mexicana creó un sistema político *sui generis* cuyas piezas centrales fueron el presidente de la República y el Partido Revolucionario Institucional. Ambos sirvieron al Estado nacional que, finalmente, salvaría a México de la anarquía interna y de las presiones externas, logrando que el país se desarrollara con equilibrio, aunque al costo de posponer la democracia política. Cárdenas estableció las condiciones para la Presidencia mexicana una vez que expulsó al jefe máximo del poder detrás del trono, Plutarco Elías Calles, en 1936: todo el poder para César, pero sólo durante un periodo sexenal no renovable. César no podía reelegirse, pero, en cambio, se reservaba el derecho de designar a su sucesor, el nuevo César, perpetuando, de esta manera, el sistema *ad infinitum*.

Así, mientras que la Argentina creó una sociedad civil fuerte sin instituciones políticas fuertes, México sustituyó la debilidad de la sociedad civil con un Estado nacional fuerte gobernado por dos instituciones poderosas: el presidente y el partido. Pero al fortalecer a la propia sociedad mediante el desarrollo económico y la educación, el sistema mexicano, tarde o temprano, debía ser desafiado por sus propios hijos. Mientras duró el canje entre el desarrollo económico y el apoyo político, México fue un modelo de estabilidad latinoamericana. Pero cuando la crisis sumió al país en una hondísima recesión, los hijos de la Revolución, la sociedad civil mexicana, demandaron una reanudación del crecimiento económico, pero esta vez con democracia y con justicia social. Educada en los ideales de la Revolución, de la libertad y de la democracia, la sociedad mexicana quería ahora obtener lo que se le enseñó en la escuela, convirtiendo en realidad el progreso con democracia y justicia en las calles, en las fábricas y en las urnas.

El nacimiento de la nación

Las respuestas estéticas de los muralistas mexicanos sirven para ilustrar la composición mental y política de Hispanoamérica durante este siglo. Diego Rivera reflejó la nostalgia teocrática, de origen indigenista e hispánico, a fin de obtener el orden y la simetría. En su gigantesco mural en el que describe la historia de México en la escalera del Palacio Nacional mexicano, Rivera culmina el mural indígena con una pirámide en cuya cima se sienta el emperador y, encima de él, el Sol. Esta pintura es seguida por un fresco con la Iglesia católica y la cruz hasta arriba. Y el mural culmina con un tercer fresco presidido, esta vez, por la iglesia comunista con la hoz y el martillo, en el lugar de la cruz católica o del sol indígena. La promesa de Diego Rivera, por supuesto, es que finalmente todo saldrá bien.

Al contrario, José Clemente Orozco, escéptico y sardónico, nos regala una serie de gestos y guiños mientras observa un desfile de necios y ladrones, funcionarios corruptos y una justicia falsamente ciega, paseándose mientras el artista nos dice: No nos engañemos: las cosas volverán a salirnos mal, si no abrimos los ojos y criticamos y advertimos y vemos la realidad tal como es.

Finalmente, David Alfaro Siqueiros, un verdadero discípulo de los futuristas italianos, simplemente celebra la abundante energía de la realidad. En su mural en el Palacio de Bellas Artes en la Ciudad de México, la libertad rompe sus cadenas con una expresión alegre y sin embargo dolorosa, sumamente parecida a la experiencia del parto. Desde México hasta Chile, Siqueiros celebró esta tautología genérica y generadora: la nación está naciendo. La natividad y la nacionalidad nos abrazan a todos con su energía nacionalista. Mural tras mural repite este mensaje y sus identificaciones, de manera clara y ruidosa.

De tal suerte que la América Latina primero trató de responder a su debilidad nacionalista durante el siglo XIX y a su no menor inestabilidad, creando Estados nacionales viables. A pesar de sus inmensas diferencias, Lázaro Cárdenas en México (1934-1940), Getulio Vargas en Brasil (1930-1945) y Juan Domingo Perón en Argentina (1946-1955) tenían este propósito en común. Pero lo que México y Brasil consolidaron, la Argentina lo disipó. Sin embargo, en estas tres naciones, las mayores de Latinoamérica, la educación así como la demagogia y el desarrollo económico, por muy injustamente administrado que estuviese, ayudaron a crear sociedades civiles modernas, con un Estado fuerte en México, un Estado débil en la Argentina, y un Estado metafórico, metamorfoseante y casi surrealista en Brasil. Pero en otros países, los más débiles de la América Latina, en todos sentidos, la urgencia mayor fue la de crear, ante todo, instituciones mínimas donde ninguna existía y un mínimo de independencia nacional ahí donde los imperativos geopolíticos parecían excluirla. Éstos eran los países de la América Central y el Caribe, y su némesis fue el nuevo imperio que llenó el vacío dejado en la región por la caída final del Imperio español en 1898: los Estados Unidos de Norteamérica.

El Dr. Jekyll y Mr. Hyde

Nuestra percepción conflictiva de los Estados Unidos ha sido la de una democracia interna y un imperio externo: el Dr. Jekyll y Mr. Hyde. Hemos admirado la democracia. Hemos deplorado el Imperio. Y hemos sufrido sus acciones, interviniendo constantemente en nuestras vidas en nombre del destino manifiesto, el gran garrote, la diplomacia del dólar y la arrogancia cultural.

A partir de su formulación en 1821, la doctrina Monroe fue rechazada por la América Latina como una política unilateral e hipócrita. Aunque en ella se prohibía la presencia europea en asuntos hemisféricos, la doctrina Monroe, sin duda, no excluía la intervención norteamericana en nuestros asuntos. La agresión orquestada por el presidente Polk contra México en 1846, y la pérdida subsecuente de la mitad de nuestro territorio nacional, demostraron que nada nos protegía de la agresión norteamericana. México, más tarde, sufrió la ocupación norteamericana de Veracruz en 1914, durante la Revolución, mientras el presidente Woodrow Wilson exclamaba: "Yo les enseñaré a los latinoamericanos a elegir buenos hombres al gobierno."

Pero en ninguna parte fue más rampante el intervencionismo norteamericano que en el Caribe. Puerto Rico, liberado del dominio español, se convirtió y permaneció como una colonia *de facto* de los Estados Unidos. A Cuba se le otorgó una independencia formal, pero limitada por la Enmienda Platt que concedía a los Estados Unidos el derecho de intervención en los asuntos internos de la isla. Y Teodoro Roosevelt simplemente le arrancó la provincia de Panamá a la República de Colombia, la transformó en una nación soberana y enseguida la cortó a la mitad con el canal de Panamá y la zona del Canal. Encima de todo, Teodoro Roosevelt dijo de América Latina que le irritaban "esas desgraciadas y pequeñas Repúblicas que me causan tantas dificultades".

Las intervenciones militares y las ocupaciones de Haití, la República Dominicana y Honduras, fueron todas llevadas a cabo en el nombre de la estabilidad, la democracia, la ley, el orden y la protección de las vidas y propiedades norteamericanas (notablemente las de la United Fruit Company), pero ninguna nación centroamericana o del Caribe sufrió humillaciones más prolongadas que la República de Nicaragua, primero ocupada por el filibustero norteamericano William Walker en 1857, y luego, casi continuamente, invadida y ocupada por los Estados Unidos entre 1909 y 1933, cuando el líder nacionalista César Augusto Sandino fue asesinado y su asesino, Anastasio Somoza, colocado en el poder en Nicaragua con el apoyo de la infantería de marina norteamericana, donde él y su familia reinarían hasta su derrota por la revolución sandinista en 1979. Durante más de cuatro décadas, los Somoza obtuvieron cuanto quisieron de Washington. O como lo dijo el presidente Franklin Roosevelt, "Somoza es un hijo de puta, pero es *nuestro* hijo de puta".

Y, sin embargo, Franklin Roosevelt también representó un viraje en la tradicional política norteamericana hacia América Latina. El catalizador de la relación entre América Latina y los Estados Unidos fueron los eventos de la Revolución mexicana. La ocupación de Veracruz y la expedición punitiva del general Pershing contra Francisco Villa fueron intervenciones físicas, seguidas por una campaña política y diplomática contra las leyes y las políticas de la Revolución, especialmente en contra de las leyes de Reforma Agraria que afectaban a propiedades norteamericanas en México. "México está sentado en el banquillo de los acusados por sus crímenes contra la humanidad", fulminó el secretario de Estado de la administración Coolidge, Frank B. Kellog, en tanto que el propio presidente Coolidge, generalmente un individuo taciturno, acusó a México ante el Congreso norteamericano en 1927 de ser "la fuente de la subversión bolchevique en América Central". Pero la crisis más grave de las relaciones mexicano-norteamericanas ocurrió en 1938, cuando el presidente Cárdenas nacionalizó los recursos petroleros de México y expropió a las compañías extranjeras. En Washington, se presionó al presidente Roosevelt para romper relaciones con México, sancionar al país rebelde y aun invadirle. Pero el presidente Roosevelt resistió todas las presiones y en cambio se sentó a negociar con México.

Roosevelt inauguró una nueva época de nuestras relaciones. Él la llamó "la política del buen vecino" y su significado fue un mayor respeto norteamericano hacia la dinámica interna y las soluciones locales dentro de cada uno de nuestros países. Sin duda, Roosevelt apoyó a los Somoza en Nicaragua, a Trujillo en la República Dominicana y a Batista en Cuba. Pero no se opuso a las transformaciones internas de la Revolución mexicana bajo Cárdenas; o a las políticas del frente popular elegido en Chile mediante una alianza entre radicales, socialistas y comunistas; ni siquiera al corporativismo protofascista de Getulio Vargas y su Estado Novo en Brasil. Con todo ello, el presidente Roosevelt obtuvo lo que realmente quería: el apoyo latinoamericano durante la Segunda Guerra Mundial. Los sentimientos pro germanos y pro japoneses abundaban en la región. Gracias a Roosevelt, la guerra nos encontró del lado de los aliados.

Pero también nosotros obtuvimos lo que queríamos: un conjunto de leyes y tratados comprometiendo a los Estados Unidos y a la América Latina a observar los principios de no intervención, autodeterminación y solución negociada de controversias. Sin embargo, nuestra vieja tradición legalista romana, una vez más, entró en agudo conflicto con la tradición pragmática del *common law* anglonorteamericano. El secretario de Estado del presidente Eisenhower, John Foster Dulles, declaró que en América Latina los Estados Unidos no tenían amigos, sino intereses.

Al terminar la Segunda Guerra Mundial, empezó la Guerra Fría y los logros relativos de las administraciones de Roosevelt y Truman fueron enterrados a medida que gobiernos populares electos en Guatemala y Chile fueron derrocados con la aprobación y la ayuda norteamericana, porque se encontraban a la izquierda y podían, posiblemente, convertirse en cabezas de playa soviéticas en el hemisferio. En su lugar, aparecieron las dictaduras militares, torturando y asesinando en nombre del anticomunismo. El terrorismo oficial de los sucesivos regímenes militares en la Argentina fue descrito por el nombre dado a sus víctimas, *los desaparecidos*. Lo que realmente desapareció fue la nación misma: Argentina. Sumamente eficaces en asesinar a su propio pueblo, los generales argentinos demostraron ser totalmente ineficaces para derrotar a las fuerzas armadas británicas en las Malvinas. Ellos desaparecieron pero, prácticamente, también desapareció la Argentina. Los débiles gobiernos civiles, una vez más, debieron combatir la amenaza militar. A partir del régimen civil del presidente Raúl Alfonsín, la pregunta que cuelga sobre la Argentina es saber si los gobiernos civiles tendrán tiempo para neutralizar al ejército, desacreditado por su derrota en las Malvinas y por la "Guerra Sucia". En tanto que en Chile, la fuerza de las tradiciones políticas de la nación sobrevivió incluso a los genocidios, asesinatos en masa y deportaciones del general Augusto Pinochet. Pero estos gobiernos nunca fueron frontalmente agredidos por los Estados Unidos.

En cambio, en el Caribe, Washington se opuso activamente al régimen revolucionario cubano. Fidel Castro trató de romper la servidumbre de su país hacia los Estados Unidos pero creó una nueva servidumbre hacia la otra superpotencia, la URSS. Las fracasadas políticas norteamericanas, en especial la vergonzosa expedición a Bahía de Cochinos en 1961, y el continuado embargo norteamericano contra la isla, sin duda le hicieron la vida difícil al régimen castrista. Sin embargo, no bastan estas políticas para explicar la eliminación drástica de la disidencia o la ausencia de libertad de expresión y de éxito económico en Cuba ni, sobre todo, la incapacidad para transformar los verdaderos logros de la Revolución —la alfabetización, las oportunidades educativas, el mejor sistema de salud del Tercer Mundo, el extraordinario avance de la tecnología, sobre todo en el campo médico— en instituciones funcionantes, objetivamente democráticas, más allá de la identificación subjetiva con o la sujeción caprichosa a un solo caudillo carismático. La ausencia de imaginación diplomática y de generosidad del lado norteamericano, la ausencia de imaginación política y eficacia económica del lado cubano pueden, aún, conducir a los dos países a un baño de sangre confrontacional. La antigua sombra de Numancia cuelga sobre Cuba: un sitio, un suicidio colectivo, igual que en la ciudad ibérica defendida hasta lo último contra las legiones romanas. La América Latina debe ayudar a ambas partes a ir más allá de los antagonismos y de la retórica de sus padres para intentar lo que José Martí deseó en el alba de la independencia cubana: "Si la República no abre los brazos a todos y adelanta con todos, muere la República."

En Nicaragua, una revolución nueva, joven y pobre, logra mantener su independencia, a pesar de las presiones, los saqueos y las agresiones físicas financiadas por los Estados Unidos. En uno de los más profundos hoyos de nuestra relación, la administración Reagan concentró esfuerzos, dinero, voluntad política y aun crédito internacional para suprimir la revolución de un país del tamaño del estado de Massachussets, un país que el periodista Walter Lippman describió alguna vez como "tan independiente como el estado norteamericano de Rhode Island". Washington desafió a las Naciones Unidas, las resoluciones de su Consejo de Seguridad, las decisiones de su Corte Internacional de Justicia, se embarcó en operaciones ilegales como la Irán-Contra, simplemente porque Nicaragua, una virtual colonia de los Estados Unidos desde 1909, había desafiado a los Estados Unidos y definido un curso independiente para sí misma. La criatura norteamericana, el ejército *contra*, destruyó escuelas y cosechas, mutiló niños, pero no derrotó la dinámica misma de la Revolución nicaragüense, que consistió en educar al pueblo, crear instituciones donde no las había, liberar las fuerzas de la sociedad civil, que se organizaron, en un amplio abanico de la extrema izquierda a la extrema derecha, en quince partidos políticos, y ganaron las elecciones en 1989, desalojando al sandinismo del poder y dando un ejemplo de política democrática en un país que siempre había carecido de ella. Todos éstos fueron logros de la revolución sandinista. En el curso de este proceso, América Central consiguió, también por primera vez en su historia, arrebatarle la iniciativa diplomática a Washington y desembocar en un proceso de paz autónomo a pesar de los Estados Unidos. Entre Contadora, Esquipulas y el llamado Plan Arias, este nuevo hecho fue reconocido mediante el otorgamiento del Premio Nobel de la Paz al presidente costarricense, Óscar Arias.

Un aleph cultural

Ahora, la Guerra Fría también había terminado, y la América Latina se encontraba en crisis, dándose cuenta de que tanto el capitalismo como el socialismo, en sus versiones latinoamericanas, no habían logrado sacar a la mayoría de nuestras gentes de la miseria. Nuestros modelos políticos y económicos, de derecha y de izquierda, se habían derrumbado sobre nuestras cabezas.

Pero, ¿se trataba realmente de modelos nuestros? ¿Acaso, desde la independencia, no habíamos estado imitando constantemente los más prestigiosos modelos extranjeros en la economía y en la política? ¿Era fatal que la América Latina se encontrase capturada entre los Chicos de Chicago y los Hermanos Marx: es decir, entre el capitalismo salvaje e irrestricto, o un socialismo ineficaz, centralizador y burocrático? ¿Acaso no poseíamos la tradición, la información, las capacidades intelectuales y organizativas para crear nuestros propios modelos de desarrollo, verdaderamente consonantes con lo que hemos sido, con lo que somos y con lo que queremos ser?

En el medio de nuestra crisis de las cuatro "D" —Deuda, Drogas, Desarrollo y Democracia— nos dimos cuenta de que sólo podíamos dar contestación a estas preguntas a partir de nosotros mismos, es decir, desde adentro de nuestras culturas. Nos dimos cuenta de que poseíamos una política balcanizada y fracturada; sistemas económicos fracasados y vastas desigualdades sociales, pero al mismo tiempo, éramos dueños de una notable continuidad cultural, de pie en medio de la crisis generalizada de la política y de la economía.

Al terminar la Guerra Fría, la América Latina esperaba librarse de las presiones de las grandes potencias y de su opción simplista: conmigo o contra mí. El anticomunismo, pretexto principal para la intervención norteamericana, parecía evaporarse a medida que el antiguo imperio soviético se desintegraba. Pero estos hechos, más que nunca, nos obligaron a considerar que nos encontrábamos ligados a un mundo de comunicaciones instantáneas y de integración global, pero sometidos a problemas que, en ocasiones, databan de la época anterior a la Conquista. Nuestra obligación se convirtió en poner nuestras casas en orden. Pero para lograrlo teníamos que comprendernos a nosotros mismos, conocer nuestra cultura, nuestro pasado, nuestras tradiciones como fuente de una nueva creación. Pero tampoco podíamos comprendernos sin la cultura de los demás, notablemente la de las dos grandes reflexiones y prolongaciones de nosotros mismos en Europa y en los Estados Unidos, España y las comunidades hispánicas de Norteamérica. Una vez más, a medida que se desarrolló la trágica historia del siglo XX, la América española miró hacia España y allí encontró la playa europea del Nuevo Mundo. Y en el Mediterráneo, nuestro mar, el *Mare Nostrum*, otra torre inacabada parecía mirar hacia América.

17. La España contemporánea

Las torres del Templo Expiatorio de la Sagrada Familia dominan el puerto de Barcelona y el Mediterráneo. La gran obra de Antonio Gaudí apunta no sólo hacia el cielo sino, como es la costumbre en España, hacia la tierra también. Son un extremo del artificio. Y sin embargo se asemejan a las cuevas, a las estalagmitas, a los riscos y a las barrancas de las montañas más solitarias. Las torres de la Sagrada Familia parecen tan sólidas como las de las catedrales góticas de Burgos o Compostela, pero se trata de estructuras huecas, tan ligeras como dos velas derramando cera.

Durante un siglo, la Sagrada Familia ha estado construyéndose, con diversas interrupciones, y durante este tiempo jamás ha dejado de ser fuente de controversia y de fuertes pasiones. Antonio Gaudí murió en 1926, a la edad de 74 años, dejando su obra inacabada. Y el propio Gaudí, cuyo estilo sinuoso, sensual y revolucionario puede ser visto por toda Barcelona (él la convirtió en su ciudad) fue matado por un tranvía, y cuando su cuerpo fue llevado a la morgue, nadie lo reconoció, de tan discreto, modesto y, en verdad, inacabado que fue. Como los arquitectos de Compostela o de las pirámides toltecas, Gaudí era en verdad un artista anónimo, el portador de una promesa inacabada, el ejemplo mismo de la muerte como la interrupción de la promesa.

Y así, la Sagrada Familia permaneció inacabada, un proyecto, una promesa, como España, como la América española. Pero no es la muerte lo que realmente deja inacabadas nuestras vidas, sino la vida misma: la vida histórica. Y en Barcelona, admirando la Sagrada Familia de Gaudí en este puerto, centro de la actividad comercial en el Mediterráneo durante miles de años, pero también una ciudad con profundas raíces regionales en Cataluña, podemos recordar, una vez más, el desfile de pueblos pasando frente al espejo desenterrado: fundadores celtíberos, navegantes y comerciantes fenicios y griegos, legionarios romanos, invasores bárbaros, ejércitos musulmanes, el Cid y Colón, los conquistadores rumbo al Nuevo Mundo, los príncipes de Habsburgo y los escritores y pintores del Siglo de Oro. Todos ellos nos obligan a reflexionar que tanto España como la América española son el resultado de un encuentro de culturas.

Desde la atalaya de la Sagrada Familia, mirando hacia el Mediterráneo, pero mirando también tierra adentro hacia una España nuevamente orgullosa, progresiva y democrática que parece haber asimilado inteligentemente su pasado, ¿nos será permitido a todos los pueblos hispanohablantes progresar también con un profundo sentido de la tradición; vivir en un mundo de comunicaciones instantáneas e integración económica global, pero sin perder el sentido de la propia historia, de las propias raíces? ¿Podemos pertenecer a la aldea global, sin abandonar por ello la aldea local? El templo inacabado de Gaudí nos permite preguntarnos no sólo quiénes somos sino en qué nos estamos convirtiendo, cuáles son nuestros negocios inacabados, no sólo en España, sino en toda la comunidad hispanohablante, las tres hispanidades de España, la América española y los Estados Unidos de América.

El viejo Imperio español, cuyos huesos pueden encontrarse a lo largo y ancho del Nuevo Mundo, no poseía semejantes dudas. Se autoproclamó "real, corpóreo, actual y eterno". Duró exactamente cuatro siglos, desde el desembarco de Colón en las Antillas en 1492 hasta la derrota final del Imperio viejo por el joven Imperio, los Estados Unidos de América en 1898. Azuzada por los encabezados sensacionalistas del periódico de William Randolph Hearst, *The New York Journal*, la guerra se celebró con un sentido de patriotismo exacerbado, explícito en el grito "Recordemos el *Maine*, al diablo con España", que terminó despojando a la Corona española de Cuba, Puerto Rico y las Filipinas. En las palabras de Teodoro Roosevelt, que combatió en la guerra a la cabeza de su "caballería ruda", se trató de "una espléndida guerrita".

"Aquí yace la mitad de España"

Nada quedaba del Imperio de Carlos V y Felipe II, donde el sol jamás se ponía. Ahora, el sol se había puesto y el hecho provocó una reacción asombrada en España. El sueño de la grandeza había concluido. España se había engañado a sí misma. "En los nidos de antaño, no hay pájaros hogaño", había dicho con melancolía Don Quijote cuando regresó a morir en su vieja aldea. Ahora, parecía que el fin del Imperio había sido predicho de una vez por todas en esos dos espectros literarios que erraron a lo largo de una España cerrada y absorta en sí misma: Don Quijote y Sancho

Panza. Pero si ésta era la ilusión, ¿cuál era la realidad del país? ¿Podía España verse ahora a la cara y descubrir lo que estaba enterrado en su espejo histórico? Una debilidad política que había permitido a España perder su oportunidad democrática y modernizante, encarnada en la Constitución liberal de Cádiz del año 1812, un documento legal que dio cuerpo a las esperanzas de una generación de ciudadanos hispánicos modernizantes, en España y en las Américas. Pero la Constitución de Cádiz, como tantas otras leyes en nuestra historia, había sido abandonada, asaltada por las realidades de intereses y prácticas patrimonialistas, provincianas, a menudo indecentes, en tanto que la monarquía, desacreditada desde el movimiento de la invasión napoleónica, no poseía la antigua energía de los autoritarios Habsburgo ni de los paternalistas Borbones. Esta política sin timón a menudo se tradujo en guerras fratricidas, permitiendo al periodista Mariano José de Larra exclamar con tono fúnebre: "Aquí yace media España; murió de la otra media". Pero ni Larra, ni publicistas como Blanco White, ni novelistas como Benito Pérez Galdós, quien escribió la comedia humana española en una vasta saga abarcando todos los niveles de la sociedad, o el autor espléndidamente irónico, contenido y dulciamargo de *La Regenta*, Leopoldo Alas, "Clarín", podían rescatar a España de la debilidad intelectual que la dejó fuera de la corriente central del pensamiento, la política, la ciencia y la economía occidentales.

"*¡España miserable!*", exclamó el poeta Antonio Machado. "España miserable, ayer dominadora, envuelta en sus harapos, desprecia cuanto ignora." Éste es un amargo epitafio, pero no es el único. La voz de Machado fue una en el coro de una generación, llamada la Generación de 1898, el año de la pérdida del Imperio, que le gritaba a España: refórmate, conócete, modernízate... Pero primero mírate, dijo el dramaturgo Ramón del Valle Inclán, quien en obras como *Divinas palabras* presentó a España como parte de un esperpento, una realidad grotesca, un callejón de espejos deformes, donde incluso las imágenes más bellas podían volverse absurdas: "El sentido trágico de la vida española", escribió Valle Inclán, "sólo puede darse con una estética sistemáticamente deformada". El improbable, hirsuto Valle Inclán, con sus barbas de chivo, sus gruesos lentes quevedescos, sus ojos de lechuza y su mano herida, perdida en un pleito callejero cuando un rival le pegó con su bastón y hundió los gemelos de la camisa de don Ramón en su piel, produciendo la infección y la amputación. Este bandido manco contrastaba con la nobleza magisterial del filósofo de Salamanca, Miguel de Unamuno, con su barba blanca, su pelo recortado y su mirada de lince que parecía parte del paisaje. No, contestó Unamuno: España poseía, en realidad, un sentido trágico de la vida porque tenía la mirada fija en las penas y glorias del pasado. Ahora, le correspondía usar este pasado para revelar su presente. El propósito único de la tradición es iluminar el presente. El pasado como tal no existe. Toda la historia de España sólo puede ser entendida como una intrahistoria, una serie simultánea de momentos que se hacen presentes mediante la imaginación, la emoción y la vida.

Sí, exclamó un tercer escritor, el filósofo José Ortega y Gasset, cuadrado, fumador, calvo, con una cara tan marcada por el tiempo como la de un picador. Pero el precio consiste en unirse a la humanidad, creando una nación moderna. Y España no era sino una nación invertebrada, un vegetal en un falso paraíso. Despertemos, gritó Ortega, o seremos sacudidos y arrastrados hacia la modernidad. Y entonces ocurrió algo que no pudo haber sido previsto en las derrotas de las bahías de Manila y de Santiago. Mientras que Ortega y un regimiento de científicos, educadores y artistas arrastraron a España hacia Europa y el siglo XX, Europa y el siglo XX se arrojaron a sí mismos a una catástrofe mayor que la pérdida del Imperio español. La gran guerra de 1914-1918 destruyó las ilusiones que Europa abrigaba acerca de la perfectibilidad humana, la inevitabilidad del progreso y el idilio de la estabilidad europea basada en el colonialismo afuera y el liberalismo adentro. La carnicería de la guerra de trincheras, la pérdida de una generación entera de jóvenes europeos (sólo en la batalla del Somme, que duró cuatro meses, perecieron 420,000 ingleses, 194,000 franceses y 440,000 alemanes) hizo que los males de la España neutral y aislada parecieran bastante pequeños. Pero, evitando inmiscuirse en la Primera Guerra Mundial, España no pudo evitar que la afectasen dos eventos derivados de la misma. Primero que nada, todos los contrastes y peligros de la Europa de la posguerra, corrupta, fatigada, desilusionada, entraron en España. Y, en segundo lugar, España se dio cuenta de que el mundo fuera de España se encontraba tan trágicamente deformado como España misma pensaba serlo, tan deformado como un reloj derritiéndose en un paisaje pintado por Salvador Dalí; o escandalosa —tan escandalosa como la imagen de un ojo cortado por una navaja en la escena inicial de la película de Luis Buñuel, *Un perro andaluz*—. Y aun el poeta de la lánguida belleza de Andalucía, Federico García Lorca, en cuanto se situó fuera de España, vio al mundo como un infierno estéril e insomne. "No duerme nadie por el mundo. Nadie, nadie. No duerme nadie", escribe en su libro *Poeta en Nueva York*. Y añade, como si le contestara a Calderón de la Barca sobre el abismo de los siglos: "No es sueño la vida. ¡Alerta! ¡Alerta! ¡Alerta!".

Pero dentro de España, más valía precaver. Los poemas y las obras de teatro de García Lorca están permeadas de fatalidad; la sombra de la muerte se proyecta sobre ellas. En el magnífico lamento por el torero Ignacio Sánchez Mejías, escrito un año antes de su propia muerte, García Lorca ruega que la cara del matador no sea cubierta, a fin de que pueda acostumbrarse a la muerte que siempre llevó dentro de sí mismo. Y antes, en la *Muerte de Antoñito el Camborio*, García Lorca no sólo había escuchado las voces de muerte cerca del Guadalquivir, sino que se había introducido a sí mismo como tercera persona en el poema, invocando a sus probables asesinos. "¡Ay Federico García, llama a la Guardia Civil!". El poeta fue asesinado a la edad de 38 años. Y como predijo su propia muerte, predijo también el sufrimiento inmenso de España. Pues si España pudo darle respuesta a sus preguntas en términos intelectuales y aun líricos, no fue capaz de hacerlo en términos políticos. La cabeza de la monarquía, el rey, no inspiraba respeto. En su base, los caciques locales gobernaban a la España rural en medio del analfabetismo, el latifundismo y la abyecta pobreza campesina. En Madrid, los conservadores y los liberales tomaron turno de gobierno retórico, en tanto que las postreras incursiones coloniales de España en Marruecos acumularon el desastre encima de la derrota. La "dictablanda" de Primo de Rivera en los años veinte parecía tan dulce como la hermosa música de la zarzuela flotando por la Gran Vía. Pero cuando el rey Alfonso XIII despidió a Primo de Rivera en 1929, en medio de la Gran Depresión, sólo demostró su propia incompetencia y se vio obligado a renunciar en 1931. La débil monarquía fue seguida por una República igualmente débil. Sin embargo, esta "República niña" logró llevar el alfabeto y la dignidad a millones de aldeanos. El propio Lorca llevó su grupo teatral, La Barraca, a visitar por primera vez los campos olvidados. Pero la terrible mirada arrojada por Luis Buñuel sobre los horrores de la vida rural, ignorante, incestuosa y brutal, en *Las hurdes*, fue prohibida por el gobierno republicano.

La República le dio a España una legislación moderna. Separó a la Iglesia del Estado, promulgó leyes para el divorcio, instaló la educación secular y le dio a los obreros la libertad para organizarse. España fue el escenario de gigantescas huelgas y rebeliones proletarias, especialmente en Asturias. La República galvanizó toda la cultura de España y también cometió muchos excesos, sobre todo anticlericales, que enfrentaron a los grupos tradicionalistas con el gobierno reformista. Éste, en ausencia de un Ejecutivo fuerte, sufrió las tensiones abiertas, liberadas de cadenas autoritarias, de la masa de problemas irresueltos y facciones opuestas de la historia española. Los latifundios feudales en el sur, gravando a las prósperas y modernas tierras agrícolas del norte; un proletariado en rápida expansión y hambriento de tierras en el sur; en el norte, la industrialización y la inteligencia financiera. Pero las industrias se encontraban extremadamente subsidiadas y resultaban ineficientes y costosas. Y a medida que una parte de España arrastraba hacia abajo a la otra, e incluso la parte más sofisticada se dañaba a sí misma, las ideologías facciosas lo complicaron todo enormemente: las tendencias ilustradas y proeuropeas chocaron con las tradiciones regionales y aislacionistas; el liberalismo secular se enfrentó a un catolicismo revivido y agresivo; y sólo una sociedad tan autoritaria como la española lo había sido, podía alimentar formas tan radicales de anarquismo. Las dos filosofías totalitarias, el fascismo y el comunismo, parecían esperar entre bambalinas a fin de afirmar su propio sentido del poder por encima de la debilidad de la política republicana y sus estadistas decentes, bien intencionados e intelectualmente brillantes, como el propio presidente de la República, Manuel Azaña.

Invertebrada en verdad, esta España de la República, contradictoria, prometedora, efervescente, fue finalmente subvertida desde adentro por una rebelión de las fuerzas armadas: Francisco Franco y sus generales, quienes se levantaron en armas el 17 de julio de 1936. A la tierna democracia parlamentaria española, Unamuno le había pedido "resaltar la fuerza de los extremos... para que el medio tome en ello vida, que es resultante de lucha". No fue así. La clase de Unamuno en Salamanca fue invadida por el brutal general fascista Millán Astray, quien gritó "¡Muerte a la inteligencia!", mientras Unamuno respondía con dignidad: "Venceréis mas no convenceréis". Pocos meses más tarde, el filósofo estaba muerto, su corazón roto por la calamidad de la guerra civil. Muerto también estaba Federico García Lorca, una de las primeras víctimas de la represión fascista, fríamente asesinado en su Granada nativa por, como él lo previó, la Guardia Civil.

Muy pronto, la guerra civil española se convirtió en un conflicto internacional. Ambas partes (Franco y la República) obtuvieron apoyo extranjero. Los republicanos recibieron algunas armas soviéticas y solidaridad de parte del gobierno de Lázaro Cárdenas en México, así como la simpatía de la inteligencia internacional. Varios escritores incluso fueron a pelear a España: Orwell, Malraux, Hemingway. Las brigadas internacionales lucharon con altivez, dando una de las más emotivas pruebas de solidaridad internacional en el siglo XX. Entre ellas, destacaba la brigada Lincoln norteamericana. Todos estos hombres eran conscientes de que, en España, algo ominoso estaba ocurriendo: una nueva guerra mundial estaba siendo ensayada en los llanos y ríos de Castilla. La Alemania nazi y la Italia fascista le prestaron respaldo total, militar y político, al levantamiento franquista. El 26 de abril de 1937, los aviones *stukas* de Hitler bombardearon la ciudad vasca de Guernica durante tres horas. No había objetivos militares ahí. Se trataba de un ejercicio de intimidación de la población civil. *Guernica* fue una premonición de lo que sería la *blitz* contra Londres o la destrucción de Coventry. De ahora en adelante, inocentes se contarían entre las primeras víctimas de la guerra. Pero de la muerte de Guernica vendría el renacimiento de *Guernica*, la pintura emblemática del siglo XX por el mayor artista moderno de España, Pablo Picasso. El artista nos pide que miremos la cara del sufrimiento y la muerte a través de los intemporales símbolos españoles de la arena: el toro y el caballo, despedazados y descoyuntados.

La dolorosa habilidad española para transformar los desastres de la historia en triunfos del arte es evidente en esta pintura. Pero esta vez, nada nos puede proteger. Estamos fuera de la cueva de Altamira. Estamos lejos de la recámara de *Las Meninas*. Estamos en una calle citadina. Las bombas caen desde los cielos, todo es devastación y miseria. Una vez más, como en el principio, estamos a la intemperie.

Las ruinas de la historia, ruinas del hombre, son iluminadas por un solo artefacto técnico: la lámpara de luz eléctrica. Una lámpara callejera intenta transformar la noche en día, de la misma manera que las bombas cambian la vida en muerte. ¿Podemos reconstruir un mundo con los pedazos del arte? Sobre los Pirineos, arrojado al exilio, el viejo y moribundo poeta Antonio Machado suspiró:

Españolito que vienes
al mundo, te guarde Dios.
Una de las dos Españas
ha de helarte el corazón.

Abandonada por la cobardía miope de las democracias europeas, notablemente Francia e Inglaterra, la República se enfrentó a los ejércitos fascistas de Hitler y Mussolini. Pero, en realidad, las dos Españas, una vez más, se miraban a la cara, en apariencia sin conciliación posible: sombra y sol, nuevamente, como en el redondel.

Después de su triunfo, Franco construyó su propia y grandiosa tumba, el Monumento de los Caídos, cerca de El Escorial. Una enorme caverna perforada en la roca, tomó dieciséis años construirlo. El trabajo fue realizado, casi siempre, por prisioneros políticos. Y se convirtió en el tipo de pesadilla fascista que Hitler hubiese construido para sí mismo, de haber ganado la guerra.

Franco no ganó la Segunda Guerra Mundial. Pero tampoco la perdió. Fue ágil y astuto. Hitler nunca logró arrastrarlo a la guerra, y cuando la paz llegó, Franco capitalizó su no beligerancia convirtiéndola en ventaja estratégica para la alianza occidental. A la entrada del Mediterráneo, le rentó bases aéreas a los Estados Unidos. Sus credenciales anticomunistas eran impecables. Pero en tanto que a Hitler Franco lo recibió con el saludo fascista, relegó ese hábito al olvido cuando recibió al presidente Eisenhower en Madrid para concluir su nueva alianza. La fachada de España bajo Franco fue tanto monumental como uniforme, semejante a la del Monumento de los Caídos. Pero el país era pobre. Necesitaba turismo y comercio, inversión y crédito. Y los obtuvo, en su calidad de meritorio centinela de la OTAN. Durante los años de Franco, España alcanzó el desarrollo económico, pero sin la libertad política. Esta combinación ha dejado de ser novedosa. De Corea a Chile, las dictaduras modernas han seguido la lección de Franco.

Rescatada por la cultura

Lo que a mí me parece verdaderamente importante, aun singular, sobre España, es que Franco nunca logró secuestrar la totalidad de la cultura. En Alemania, Hitler logró precisamente esto: un secuestro cultural. Quienes no estaban de acuerdo con el nacionalsocialismo fueron exiliados o asesinados y ninguna obra heterodoxa pudo producirse dentro de Alemania. La cultura española probó su resistencia durante los treinta y seis años del régimen franquista, creando una vez más un peligroso margen para la herejía, una vez más explotando la vena heterodoxa de la mina española. La cultura española continuó floreciendo, ciertamente, en el exilio. Pero dentro de España nunca se rindió. La poesía, la novela, el periodismo clandestino, las organizaciones políticas ilícitas. De un poema de Blas de Otero o José Hierro, a una novela de Juan Goytisolo o Rafael Sánchez Ferlosio, de las Comisiones Obreras de Marcelino Camacho a la renovación del Partido Socialista por Felipe González, la cultura española pareció aprender sus lecciones, decantando y asimilando la extraordinaria riqueza de la tradición, a fin de defenderla y asegurar su continuidad a pesar de la desgracia política. Muchas de estas tendencias se volvieron visibles en el cine. La corrupción interna de los nuevos ricos del franquismo en *La muerte de un ciclista* de Juan Antonio Bardem. La ilusión que anima a una pobre aldea de que el Plan Marshall la salvará en *Bienvenido Mr. Marshall* de Luis Berlanga. La España de Franco como una cacería interminable y autodestructiva en *La caza* de Carlos Saura —o su satíricamente corrosiva película, *El jardín de las delicias*, donde una familia rica trata de arrancarle al padre, enmudecido por un ataque de parálisis, el número de su cuenta de banco secreta en Suiza.

Y, finalmente, tuvo lugar el regreso del hijo pródigo: la *Viridiana* de Luis Buñuel, una espléndida recuperación de la tradición cultural española, amarga y esperanzada, crítica y heterodoxa, la tradición de

Cervantes y la picaresca, de Don Juan y San Juan, del cuerpo y del alma, como una manera de abrazar al marginado, al fuera de la ley, a *los olvidados*. La fuerza del cine de Buñuel fue que, amando o detestando su temática, el autor se sintió siempre profundamente comprometido por ella. El país aprovechó la hibernación franquista para pensarse a sí mismo, reflexionar sobre errores pasados, deplorar su tradición autoritaria y represiva, pero también para evocar, para recordar que poseía una tradición democrática: de las libertades de las comunidades medievales a la rebelión de las comunidades de Castilla a la Constitución Liberal de Cádiz al experimento fallido de la República, España poseía una experiencia democrática de la cual nutrirse. Ésta es la tradición que el país decidió consolidar después de la muerte de Franco en 1975. Pero en la mente internacional perdura una paradoja: ¿Cómo pudo esta joven y vigorosa democracia emerger de la decadencia de la prolongada dictadura fascista? La respuesta la hallamos tanto en la tradición mediata de las tendencias democráticas interrumpidas de la vida española, como en la tradición intermedia de la supervivencia cultural dentro de la era franquista; como en la nueva e inmediata tradición del talento político demostrado por todos los factores de la vida española después de 1975.

Pues en ese año existía una evidente falta de congruencia entre el desarrollo económico de España y su estancamiento político. La función de la democracia española consistió en equilibrar el desarrollo económico con instituciones políticas dignas de él. A lo largo de esta verdadera revolución democrática y política, todos desempeñaron responsablemente sus papeles. El joven rey Juan Carlos fue el factor de unión. Detuvo a los viejos militares golpistas y cerró las heridas del pasado. España se unió a Europa. Hoy, los Pirineos han caído. España tiene el ritmo de crecimiento más alto de la Comunidad Europea. Es una nación joven y democrática, que le ofrece a sus ciudadanos el más amplio abanico de selección política, producto de una vida democrática madura y de la ausencia de paranoia. Pero el peligro persiste de que España, al ingresar en la Disneylandia Comunitaria europea, se vuelva demasiado próspera, demasiado cómoda, demasiado consumista, sin suficiente autocrítica y olvidadiza de su otro rostro, su perfil hispanoamericano. Legítimamente, España se encuentra en Europa. Pero no debe olvidar que se encuentra también en Hispanoamérica, "los cachorros de la leona española", como nos llamó el poeta Rubén Darío. ¿Podemos ser sin España? ¿Puede España ser sin nosotros?

La Sagrada Familia de Antonio Gaudí

18. La hispanidad norteamericana

La frontera de 2,500 millas entre México y los Estados Unidos es la única frontera visible entre los mundos desarrollado y en desarrollo. También es la frontera entre Angloamérica y Latinoamérica, que empieza aquí. Y también es una frontera inacabada como las barreras, zanjas, muros —la llamada Cortina de la Tortilla— rápidamente levantados para detener al inmigrante hispánico y enseguida abandonadas, inacabadas. Es fácil cruzar la frontera ahí donde el río se ha secado y los montes son solitarios. Pero es difícil llegar al otro lado. Entre las dos fronteras existe una tierra de nadie donde el inmigrante debe enfrentarse a la vigilancia de las patrullas fronterizas norteamericanas. Pero la voluntad del trabajador es fuerte. En su mayoría, vienen de México, pero también de la América Central y desde Colombia, así como desde el Caribe. A veces son empujados por la desventura política. Pero casi siempre, y sobre todo en el caso de los mexicanos, el inmigrante ha llegado por razones económicas. Se suma a un ejército de seis millones de trabajadores indocumentados en los Estados Unidos. Se reúnen en lugares modestos al sur de la frontera, esperando con sus familias y amigos el momento oportuno para cruzar. Las patrullas fronterizas trabajan día y noche para impedírselo. El patrullero tiene a su disposición todas las ventajas de la tecnología moderna. El inmigrante tiene la ventaja de los números y la presión de los millares de personas detrás de él. Poseen la desesperación de la necesidad. Se trata, acaso, de los hombres y mujeres más valientes y determinados de todo México. Pues toma coraje y voluntad quebrar el círculo intemporal de la pobreza y arriesgarlo todo en la apuesta de cruzar la frontera del norte. Pero esta frontera, dicen muchos entre quienes la cruzan, en realidad no es una frontera sino una cicatriz. ¿Se habrá cerrado para siempre?, ¿o volverá a sangrar un día?

El inmigrante es la víctima perfecta. Se encuentra en una tierra extraña, no habla inglés, duerme a la intemperie, lleva consigo todas sus pertenencias, teme a las autoridades, empleadores y abogados sin escrúpulos que tienen en sus manos sus vidas y libertades. A veces son brutalizados, a veces asesinados. Pero no son criminales. Son sólo trabajadores. Grupos enteros son detenidos por las luces y los helicópteros de la patrulla fronteriza. Muchos son arrestados y regresados del otro lado de la frontera. Pero cerca de medio millón al año logran entrar. Se les acusa de desplazar a los trabajadores norteamericanos, de dañar la economía de los Estados Unidos y aun de dañar a la nación, amenazando su integridad cultural. Pero los trabajadores siguen viniendo, ante todo, porque la economía norteamericana los necesita. Los Estados Unidos necesitan cinco millones de trabajadores antes de que termine el siglo. Y éstos son los trabajadores que se ocupan de los servicios que nadie en Norteamérica quiere seguir cumpliendo. No sólo la labor agrícola sino, cada vez más, trabajos de servicio en los transportes, la hotelería, la restauración, los hospitales, todos ellos trabajos que se detendrían sin la contribución de los inmigrantes: sin ellos, la estructura entera de los salarios y el empleo en los Estados Unidos sufriría un enorme cambio, descendiendo varios peldaños y arrastrando hacia abajo a millones de trabajadores y sus hogares.

Los inmigrantes vienen porque existe un déficit de trabajadores jóvenes en el mercado norteamericano. Vienen porque cumplen necesidades determinadas por los cambios demográficos en la población siempre errante de los Estados Unidos. Son necesitados porque en la reconversión de la Guerra Fría a la economía de paz, Estados Unidos tiene déficit no sólo de trabajadores inexpertos, sino necesidad de trabajadores latinoamericanos expertos en metalurgia, construcción y artesanías. Gracias a los inmigrantes, los Estados Unidos permanecen competitivos en estos y otros sectores. De otra manera, estas industrias se trasladarían al extranjero y aún más empleos serían perdidos. El trabajador inmigrante mantiene bajos los precios y alto el consumo, y aunque desplaza a algunos obreros, no puede competir con los desplazamientos laborales provocados por la tecnología y la competencia extranjera.

Pero más allá de los factores económicos, los trabajadores inmigrantes representan un proceso social y cultural sumamente amplio y de importancia primordial para la historia de la continuidad de la cultura hispanoamericana. De manera que aunque México no tuviese enorme desempleo, estos trabajadores tendrían que venir a los Estados Unidos de alguna parte. Pero resulta que vienen del otro lado de una frontera terrestre, no del otro lado del mar como sus predecesores irlandeses, alemanes, italianos o eslavos.

Un continente de inmigrantes

Cuando el trabajador hispánico cruza la frontera mexicano-norteamericana, a veces se pregunta, ¿acaso no ha sido ésta siempre mi tierra? ¿Acaso no estoy regresando a ella? ¿No es siempre esta tierra, de algún modo, nuestra? Basta saborearla, oír su lenguaje, cantar sus canciones y orarle a sus santos. ¿No será ésta siempre en sus huesos, una tierra hispánica? Pero antes de dar respuesta a estas preguntas debemos recordar una vez más que el nuestro fue un continente vacío. Todos nosotros llegamos de otra parte. Los primeros americanos fueron las tribus nómadas provenientes de Asia; siguieron los españoles, en busca de las Siete Ciudades de Oro; no las encontraron en lo que hoy es el suroeste de los Estados Unidos, pero en él dejaron su lengua y su religión, y a veces hasta sus huesos.

El Imperio español se extendió hacia el norte hasta California y Oregón, y para siempre llenó a la región con los nombres sonoros de sus ciudades: Los Ángeles, Sacramento, San Francisco, Santa Bárbara, San Diego, San Luis Obispo, San Bernardino, Monterey, Santa Cruz. Con la Independencia, la República mexicana heredó estos territorios vastos y poco poblados y enseguida los perdió, en 1848, ante la expansiva República norteamericana y su ideología del "destino manifiesto".

De tal manera que el mundo hispánico no vino a los Estados Unidos, sino que los Estados Unidos vinieron al mundo hispánico. Quizás sea un acto de equilibrio y aun de justicia poética que hoy el mundo hispánico regrese tanto a los Estados Unidos como a una parte a veces olvidada de su herencia ancestral en el hemisferio americano.

Los inmigrantes continúan llegando a los Estados Unidos, y no sólo al suroeste, sino a la costa occidental, a Nueva York y Boston, antes de dirigirse nuevamente a Chicago y el medio oeste, y de vuelta a la faja que se extiende de Texas en el Golfo de México a California sobre el Pacífico. Ahí, el inmigrante se encuentra con los chicanos, los norteamericanos de origen mexicano, quienes siempre han estado ahí, incluso antes que los gringos. Pero juntos, fortalecen a la minoría que con mayor rapidez crece en los Estados Unidos: 25 millones de hispánicos, la inmensa mayoría de origen mexicano, pero también provenientes de Puerto Rico, Cuba, Centro y Sudamérica.

Actualmente, Los Ángeles es la tercera ciudad de lengua española del mundo, después de México y Buenos Aires y antes que Madrid o Barcelona. Es posible ganarse la vida y hasta prosperar en el sur de la Florida sin hablar más que español, tal es el grado de cubanización de la región. Pero San Antonio ha sido una ciudad bilingüe durante ciento cincuenta años, integrada por mexicanos. Hacia mediados del siglo XXI, casi la mitad de la población de los Estados Unidos hablará español. Y si sus antepasados no encontraron las Ciudades del Oro, los nuevos trabajadores hispánicos llegan buscando el oro gringo, pero las comunidades hispánicas de los Estados Unidos, finalmente, heredan y aportan el oro latino. Un oro que rehúsa derretirse en el mito del vasto crisol social de los Estados Unidos de América.

Pues la tercera hispanidad, la de los Estados Unidos, constituye no sólo un hecho político o económico. Es, sobre todo, un hecho cultural. Toda una civilización ha sido creada en los Estados Unidos con un pulso hispánico. Aquí ha nacido una literatura que subraya los elementos autobiográficos, la narrativa personal, la memoria de la infancia, el álbum de fotos familiares, como una manera de dar respuesta a la pregunta: ¿Qué significa ser chicano, mexicano-norteamericano, o puertorriqueño viviendo en Manhattan, o cubano-americano perteneciente a una segunda generación en el exilio en Miami? Esta literatura puede ser tan variada como la obra de Rudolph Anaya (*Bless Me, Ultima*), Ron Arias (*The Road to Tamazunchale*), Ernesto Galarza (*Barrio Boy*), Alejandro Morales (*The Brick People*), Arturo Islas (*Rain God*), Tomás Rivera (*Y no se los tragó la tierra*), Rolando Hinojosa (*The Valley*) o de las escritoras Sandra Cisneros (*Woman Hollering Creek*), Dolores Prida (*Beautiful Señoritas*) y Judith Ortiz Cofer (*The Line of the Sun*) o los poetas Alurista y Alberto Ríos, o tan definitoria como la obra de Rosario Ferré o Luis Rafael Sánchez, decidiendo escribir en español desde la isla de Puerto Rico.

Aquí se ha creado un arte que, de una manera violenta, incluso chillona, se une a una tradición que recorre el largo periplo desde las cuevas de Altamira hasta los muros pintados de grafitos en el barrio este de Los Ángeles. Son retratos de la memoria, pinturas dinámicas de encuentros, como las pinturas de colisiones automovilísticas de Carlos Almaraz, quien formó parte del grupo llamado Los Cuatro, Los Four, junto con Frank Romero, Beto de la Rocha y Gilberto Luján. La belleza y la violencia de su arte no sólo contribuyen al contacto entre culturas que, a fin de mantener su vitalidad, deben rehusar la complacencia o la injusticia, sino que, más bien, intentan reafirmar una identidad que merece respeto y que, cuando no es visible, debe ser dotada de forma, y cuando es inaudible, debe ganar un ritmo y una palabra. Y si la otra cultura, la angloamericana, le niega un pasado a la cultura hispánica, entonces los artistas de origen hispánico deben inventarse, si hace falta, un origen. ¿Puede un chicano ser artista en Los Ángeles, por ejemplo, si no mantiene la memoria de Martín Ramírez, nacido en 1885, quien fue un trabajador ferrocarrilero inmigrante que llegó de México, y, en un hecho de inmensa fuerza simbólica, perdió el habla y fue por ello condenado a vivir tres décadas en un manicomio de California hasta su muerte en 1960? Pero Martín no estaba loco. Simplemente, no podía hablar. De manera que en la cárcel se convirtió en un artista y durante treinta años pintó su propio silencio. De ahí que las culturas hispánicas de los Estados Unidos deban manifestarse de manera tan visual como una pintura de Luján, o tan dramáticamente como una producción de teatro de Luis Valdés, o con una prosa tan poderosa como la de Óscar Hijuelos y sus reyes del mambo, o con un ritmo tan vital como el de Rubén Blades y sus baladas en salsa de las tristezas urbanas y el humor callejero, o con una energía tan avasalladora como la de la cubana Gloria Estefan y su Miami Sound Machine.

Esta inmensa corriente de negaciones y afirmaciones obliga a los recién llegados, pero también a los viejos hispánicos norteamericanos a preguntarse: ¿Qué aportamos a la sociedad norteamericana? ¿Qué nos gustaría retener de nuestra herencia? ¿Qué deseamos ofrecerle a los Estados Unidos? Las respuestas son determinadas por el hecho de que, trátese de descendien-

tes de familias largo tiempo establecidas en los Estados
Unidos o de inmigrantes recientes, todos ellos reflejan
un amplísimo proceso social que incluye a familias,
individuos, comunidades enteras y redes de relación
cultural, transmitiendo valores, memorias, proteccio-
nes. Pues si de un lado del espectro se encuentran
300,000 empresarios hispánicos que han prosperado
en los Estados Unidos, del otro tenemos a un adoles-
cente angloamericano de 19 años matando a tiros a
dos inmigrantes por la simple razón de que "odio a los
mexicanos". Una estadística nos indica que los negocios de propiedad hispánica en los Estados Unidos generan más de 20,000 millones de dólares al año; pero
este motivo de orgullo debe ser equilibrado por un
motivo de vergüenza: muchos anglos disparan contra
los inmigrantes con balas cargadas de pintura, a fin de
estigmatizarlos, como lo fueron los judíos en la Edad
Media. Si consignamos el hecho de que comunidades
enteras en México viven gracias a las remesas de los trabajadores inmigrantes en los Estados Unidos, que suman 4,000 millones de dólares al año y son la segunda
fuente de divisas para México, después del petróleo,
también es necesario recordar que muchos trabajadores
inmigrantes son simplemente arrollados intencional-
mente por vehículos en los caminos cercanos a los campos de trabajo. Y si, finalmente, nos damos cuenta de
que la mayoría de los inmigrantes mexicanos son trabajadores temporales que eventualmente regresan a
México, también es necesario consignar las diferencias
persistentes entre las culturas de Angloamérica e Iberoamérica que, en medio de todo este proceso, continúan
oponiéndose, influenciándose y chocando la una contra la otra en el trasiego fronterizo.

En el corazón de Nueva Inglaterra, el artista mexicano José Clemente Orozco pintó un extraordinario retrato de las dos culturas del Nuevo Mundo, Angloamérica e Iberoamérica, en la Biblioteca Baker del Dartmouth College. Las dos culturas coexisten, pero se cuestionan y se critican, en asuntos tan definitivos para la personalidad cultural como la religión, la muerte, la horizontalidad o verticalidad de sus estructuras políticas, y hasta su respectiva capacidad de derroche y de ahorro.

Pero el hecho es que ambas culturas poseen infinitos problemas internos así como problemas que comparten, que exigen cooperación y comprensión en un contexto mundial nuevo e inédito. Los angloamericanos y los iberoamericanos nos reconocemos cada vez más en desafíos como las drogas, el crimen, el medio ambiente y el desamparo urbano. Pero así como la sociedad civil anteriormente homogénea de los Estados Unidos se enfrenta a la inmigración de los inmensamente heterogéneos (la nueva inmigración hispánica y asiática), los iberoamericanos vemos los espacios anteriormente homogéneos del poder religioso, militar y político invadidos por la heterogeneidad de las nuevas masas urbanas. ¿Es posible que América Latina y los Estados Unidos acaben por comprenderse más en la crisis que en la prosperidad, más en la complejidad compartida de los nuevos problemas urbanos y ecológicos, que en la antigua pugna ideológica determinada por la estrechez estéril de la Guerra Fría? En todo caso, Angloamérica e Iberoamérica participan en un movimiento común que se mueve en todas las direcciones y en el que todos terminamos por darnos algo a nosotros mismos y a la otra parte. Los Estados

Unidos llevan a la América Latina su propia cultura, la influencia de su cine, su música, sus libros, sus ideas, su periodismo, su política y su lenguaje. Ello no nos asusta en Latinoamérica, porque sentimos que nuestra propia cultura posee la fuerza suficiente y que, en efecto, la enchilada puede coexistir con la hamburguesa, aunque aquélla, para nosotros, sea definitivamente superior. El hecho es que las culturas sólo florecen en contacto con las demás, y perecen en el aislamiento.

Pero la cultura de la América española, moviéndose hacia el norte, también porta sus propios regalos. Cuando se les interroga, tanto los nuevos inmigrantes como a las familias largo tiempo establecidas le dan especial valor a la religión, y no sólo al catolicismo, sino a algo semejante a un hondo sentido de lo sagrado, un reconocimiento de que el mundo es sagrado: ésta es la más vieja y profunda certeza del mundo indígena de las Américas. Pero se trata también de una sacralidad sensual y táctil, producto de la civilización mediterránea en su encuentro con el mundo indígena del hemisferio occidental. Los hispánicos hablan de otro valor que es el del respeto, el cuidado y la reverencia debidos a los viejos, el respeto hacia la experiencia y la continuidad, más que el asombro ante el cambio y la novedad. Y este respeto no se constriñe al hecho de la edad avanzada, sino que se refiere al carácter básicamente oral de la cultura hispánica, una cultura en la cual los viejos son los que recuerdan las historias, los que poseen el don de la memoria. Se puede decir que cada vez que mueren un hombre o una mujer viejos en el mundo hispánico, toda una biblioteca muere con ellos.

Este valor está íntimamente ligado al de la familia, el compromiso familiar, la lucha para mantenerla unida, a fin de evitar la pobreza, y aun cuando no se la venza, para evitar una pobreza solitaria. La familia vista como hogar, calidez primaria. La familia vista casi como un partido político, el parlamento del macrocosmos social, red de seguridad en tiempos difíciles. Pero, ¿cuándo no han sido difíciles los tiempos? La vieja filosofía estoica de la Iberia romana persiste de manera profunda en el alma hispánica.

¿Qué traen los iberoamericanos a los Estados Unidos, qué les gustaría retener? Nuevamente, las encuestas nos indican que les gustaría retener su lengua, la lengua castellana. Pero otros insisten: olviden la lengua, intégrense en la lengua inglesa dominante. Otros argumentan: el español es útil sólo para aprender el inglés y unirse a la mayoría. Y otros, más y más, empiezan a entender que hablar más de un idioma no daña a nadie. Hay calcomanías en los automóviles en Texas: "El monolingüismo es una enfermedad curable". Pero, ¿es el monolingüismo factor de unidad, y el bilingüismo factor de disrupción? ¿O es el monolingüismo estéril y el bilingüismo fértil? El decreto del estado de California declarando que el inglés es la lengua oficial sólo demuestra una cosa: el inglés ya no es la lengua oficial del estado de California.

El multilingüismo aparece entonces como el anuncio de un mundo multicultural, del cual la propia ciudad de Los Ángeles en California es el principal ejemplo mundial. Una Bizancio moderna, la ciudad de Los Ángeles recibe todos los días, le guste o no, las lenguas, las cocinas, las costumbres, no sólo de los hispanoamericanos, sino de los vietnamitas, los coreanos, los chinos y los japoneses. Tal es el precio, o más bien el regalo, de un mundo basado en la interdependencia económica y la comunicación instantánea.

De esta manera, el dilema cultural norteamericano de ascendencia mexicana, cubana o puertorriqueña se universaliza: ¿Integrarse o no? ¿Mantener la personalidad propia, enriqueciendo la diversidad de la sociedad norteamericana? ¿O extinguirse en el anonimato de lo que es, después de todo, un crisol inexistente? ¿Derretirse o no derretirse? Bueno, quizás la cuestión una vez más es, ¿ser o no ser? Ser con otros o ser solo; y cultural, así como humanamente, el aislamiento significa la muerte y el encuentro significa el nacimiento e, incluso, a veces, el Renacimiento.

El encuentro con el otro

California, y en particular la ciudad de Los Ángeles, frente a la cuenca del Pacífico, el puente norteamericano hacia Asia y la América Latina, propone la cuestión universal del siglo venidero: ¿Cómo tratar con el otro? Norafricanos en Francia, turcos en Alemania, vietnamitas en Checoslovaquia, paquistaníes en la Gran Bretaña, africanos negros en Italia; japoneses, coreanos, chinos, latinoamericanos en los Estados Unidos. Las comunicaciones instantáneas y la interdependencia económica han transformado el problema hasta hace poco aislado de la inmigración en una realidad universal, definitorio y omnipresente para el siglo XXI. La cuestión cultural que viene desde nuestro origen y que recorre nuestra historia, la pregunta persistente que he hecho a lo largo de este libro, se vuelve contemporánea: ¿Hay alguien mejor preparado que nosotros, los españoles, los hispanoamericanos y los hispánicos en los Estados Unidos para tratar este tema central del encuentro con el otro en las condiciones de la modernidad del siglo venidero?

Somos indígenas, negros, europeos, pero sobre todo, mestizos. Somos griegos e iberos, romanos y judíos, árabes, cristianos y gitanos. Es decir: España y el Nuevo Mundo son centros donde múltiples culturas se encuentran, centros de incorporación y no de exclusión. Cuando excluimos nos traicionamos y empobrecemos. Cuando incluimos nos enriquecemos y nos encontramos a nosotros mismos.

Pero esta afirmación plantea de nuevo la pregunta que constituye la cuestión de este libro. ¿Quiénes somos nosotros, los que hablamos español, los miembros de esa comunidad hispánica pero rayada de azteca y africano, de moro y judío? No conozco una historia que dé mejor respuesta a esta pregunta y que de manera más brillante nos haga sentir la simultaneidad de las culturas que *El aleph*, del escritor argentino Jorge Luis Borges. En este cuento, el narrador logra encontrar un instante perfecto en el tiempo y en el espacio en el que todos los lugares del mundo pueden ser vistos en el mismo momento, sin confusión, desde todos los ángulos, y sin embargo en perfecta existencia simultánea.

¿Qué veríamos hoy en el aleph hispanoamericano? El sentido indígena de la sacralidad, la comunidad y la voluntad de supervivencia; el legado mediterráneo para las Américas: el derecho, la filosofía, los perfiles cristianos, judíos y árabes de una España multicultural; veríamos el desafío del Nuevo

Mundo a Europa, la continuación barroca y sincrética en este hemisferio de un mundo multicultural y multirracial, indio, europeo y negro. Veríamos la lucha por la democracia y por la revolución, descendiendo de las ciudades del medioevo español y de las ideas de la Ilustración europea, pero reuniendo nuestra experiencia personal y comunitaria en la aldea de Zapata, en los llanos de Bolívar y en los altiplanos de Túpac Amaru.

Y veríamos también la manera como ese pasado se convierte en presente, en una sola creación fluida, sin rupturas. El mundo indígena se hace presente en las pinturas modernas de Rufino Tamayo, nacido en una aldea india de Oaxaca y creador de un arte moderno que también es un arte indígena, una celebración de la conciencia cósmica, un sueño que es la invención de una forma capaz de contener los sueños. En tanto que Francisco Toledo, un pintor más joven, también proveniente de una aldea indígena de Oaxaca, reitera el antiguo amor y temor hacia la naturaleza —la naturaleza que nos abraza, nos devora, nos ampara, nos exilia— otorgándole la más física y visual de las proximidades a nuestras propias vidas urbanas y modernas. De manera similar, el cubano Wifredo Lam permite que sus raíces africanas crezcan en sus pinturas, en tanto que el mexicano Alberto Gironella recupera con una mordida irónica las tradiciones del arte y el comercio español en el arte latinoamericano: sus recreaciones de las pinturas de Velázquez están enmarcadas por latas de sardinas.

Pues una cultura es también la manera en que nos reímos, incluso de nosotros mismos, como en las pinturas del colombiano Fernando Botero. Es la manera en que recordamos, como el pintor venezolano

Jacobo Borges al introducirnos en el túnel infinito de la memoria. Pero la cultura es sobre todo nuestros cuerpos, nuestros cuerpos sacrificados y negados, nuestros cuerpos encadenados, soñadores y eróticos, como el cuerpo de la artista mexicana Frida Kahlo. Nuestros cuerpos son las criaturas deformes y oníricas del arte del mexicano José Luis Cuevas. En verdad, al igual que Goya, Cuevas nos ofrece el espejo de la imaginación como la única verdad: sus figuras son los descendientes de nuestras pesadillas, pero también los hermanos y hermanas de nuestros deseos. La unión de Cuevas en las Américas con Goya en España también nos recuerda que cuando abrazamos al otro, no sólo nos encontramos a nosotros mismos, sino que incluimos en nuestra vida y en nuestra conciencia las imágenes marginales que el mundo moderno, optimista y progresivo ha condenado al olvido, antes de pagar el precio de su olvido. Los valores convencionales de las clases medias occidentales fueron brutalmente despedazados por dos guerras mundiales y la experiencia totalitaria. España y la América española nunca se han engañado al respecto. Siempre hemos mantenido vivo el margen de lo trágico. La advertencia de Nietzsche —la felicidad y la historia rara vez coinciden— es parte de la experiencia carnal del mundo español e hispanoamericano. Las pinturas negras de Goya son quizás la advertencia más perdurable acerca del precio que se paga cuando se pierde el sentido trágico de la vida a cambio de la ilusión del progreso. Una y otra vez, Goya nos pide que no tengamos ilusiones. Estamos capturados dentro de la sociedad. La pobreza no hace a nadie mejor, sino más cruel, la naturaleza se muestra sorda ante nuestras súplicas y no puede salvar a sus propias víctimas inocentes. La historia, como Saturno, devora a sus propios hijos.

Goya nos pide evitar la complacencia. El arte de España y de la América española es una advertencia constante acerca de la crueldad que podemos ejercer contra otros seres humanos. Pero como todo gran arte trágico, éste nos pide que primero miremos de cerca las consecuencias de nuestras acciones a fin de respetar el paso del tiempo y convertir, al cabo, la experiencia en conocimiento. Al actuar sobre el conocimiento, podemos confiar en que, en las palabras de William Faulkner, no sólo perduraremos, sino que prevaleceremos.

Nuestra modernidad más exigente nos pide que abracemos al otro a fin de ensanchar nuestra posibilidad humana. Las culturas perecen aisladamente, pero nacen o renacen en el contacto con otros hombres y mujeres, los hombres y mujeres de otra cultura, otro credo, otra raza. Si no reconocemos nuestra humanidad en los demás, nunca la reconoceremos en nosotros mismos.

Es cierto que muy a menudo no hemos estado a la altura de este desafío. Pero sólo nos hemos visto enteros en el espejo desenterrado de la identidad cuando aparecemos acompañados del otro. Entonces, podemos oír la voz del poeta Pablo Neruda, exclamando a lo largo de esta visión: "Yo estoy aquí para contar la historia".

El espejo desenterrado

Quinientos años después de Colón, los pueblos que hablamos español tenemos el derecho de celebrar la gran riqueza, variedad y continuidad de nuestra cultura. Pero el Quinto Centenario se ha ido y muchos latinoamericanos se siguen preguntando no cómo fue descubierta América o encontrada o inventada, sino cómo fue y debe seguir siendo imaginada. Se necesitará imaginación para establecer una nueva agenda pública en Latinoamérica, una agenda que incluya problemas como las drogas, el crimen, las comunicaciones, la educación, el medio ambiente: problemas que compartimos con Europa, Norteamérica. Pero también se necesitará imaginación para abordar la nueva agenda agraria, basada no en un continuado sacrificio del mundo del interior en favor de las ciudades y las industrias del hollín, sino en una renovación de la democracia desde la base, mediante sistemas cooperativos. Semejante agenda propone un doble valor que debería guiar a la sociedad entera. Ante todo, sepamos alimentarnos y educarnos a nosotros mismos; si lo hacemos, acaso podamos, finalmente, convertirnos en sociedades tecnológicas modernas con fundamentos. Pero si la mayoría de nuestros hombres y mujeres continúa fuera del proceso del desarrollo, desnutridos y analfabetas, nunca alcanzaremos la verdadera modernidad.

Mi optimismo es relativo pero bien fundado. En medio de la crisis, la América Latina se transforma y se mueve, creativamente, mediante la evolución y la revolución, mediante elecciones y movimientos de masas, porque sus hombres y mujeres están cambiando y moviéndose. Profesionistas, intelectuales, tecnócratas, estudiantes, empresarios, sindicatos, cooperativas agrícolas, organizaciones femeninas, grupos religiosos, organizaciones de base y vecinales, el abanico entero de la sociedad, se están convirtiendo rápidamente en los verdaderos protagonistas de nuestra historia, rebasando al Estado, al ejército, a la Iglesia e incluso a los partidos políticos tradicionales. A medida que la sociedad civil, portadora de la continuidad cultural, incrementa su actividad política y económica, desde la periferia hacia el centro y desde abajo hacia arriba, los viejos sistemas, centralizados, verticales y autoritarios del mundo hispánico, serán sustituidos por la horizontalidad democrática.

Tal es la política de la movilización social permanente, como la llama el escritor mexicano Carlos Monsiváis. Se ha manifestado dramáticamente en eventos como el terremoto de la Ciudad de México en septiembre de 1985, cuando la sociedad actuó de manera más rápida y eficiente que el gobierno, descubriendo de paso sus propios poderes. Pero sucede cotidianamente, en silencio, cuando una asociación rural emplea los resortes del crédito y la organización productiva para negociar con el gobierno o con los poderes comerciales. Sucede cuando una profesión o un grupo de trabajadores descubren sus valores sociales y culturales compartidos y a través de ellos actúan cohesiva y democráticamente. Sucede cuando un pequeño floricultor o una costurera aldeana reciben crédito, prosperan, y lo pagan puntualmente. Sucede cuando los movimientos indigenistas, o las uniones de crédito campesinas, las asociaciones de interés colectivo y las ligas de producción comunitaria se manifiestan y organizan con la abundancia y fuerza con que lo están haciendo en todo el continente.

Confiamos en que las iniciativas nacidas de la crisis, desde abajo y desde la periferia de la sociedad, se extiendan, pero también tememos que no contaremos con tiempo suficiente, que las instituciones, ahogadas por la deuda, la inflación y las ilusiones perdidas, sean derrotadas por el ejército o por explosiones populares, y que la América Latina llegue a ser dominada por organizaciones fascistas o por grupos ideológicos brutales. Las actuales instituciones políticas, que son auténticas aunque frágilmente democráticas, necesitan adaptarse urgentemente a las exigencias sociales, no sólo a la racionalidad tecnocrática. Los Estados democráticos en la América Latina están desafiados a hacer algo que hasta ahora sólo se esperaba de las revoluciones: alcanzar el desarrollo económico junto con la democracia y la justicia social. Durante los pasados quinientos años, la medida de nuestro fracaso ha sido la incapacidad para lograr esto. La oportunidad de hacerlo a partir de hoy es nuestra única esperanza.

Frida Kahlo

Epílogo transitorio en 2010

En 2010, la América española celebra —y a veces sólo conmemora— dos siglos desde el inicio de las revoluciones de independencia. Evento que algunos —no muchos— deploraron, alegando que perdimos, españoles e hispano-americanos, la oportunidad de crear una comunidad de naciones de lengua española, comparable al *Commonwealth* británico.

El conde de Aranda, ministro del rey Carlos III, propuso esta idea desde 1776. Las colonias inglesas de la América del norte se habían independizado. La Revolución Francesa había derrocado, más que a un rey, a la noción misma de una legitimidad monárquica hereditaria. Aranda quiso no sólo reflejar el tiempo, sino anticiparse a los calendarios. Su intento, nos recuerda Carmen Iglesias en su brillante estudio sobre el notable funcionario, consistía en pedirle a Carlos III, en 1776, que se deshiciera de sus posesiones en el continente americano, reservándose sólo Cuba y Puerto Rico y colocando tres infantes en América, "uno como rey de México, otro del Perú y el tercero de Costa Firme y Vuestra Majestad tomará el título de emperador".

En 1786, Aranda le escribe a Floridablanca sobre la necesidad de establecer un infante en Buenos Aires; añade: "me he llenado la cabeza de que la América meridional se nos irá de las manos" y propone preservar la unión de Hispanoamérica con España en un "Commonwealth" que hubiese impedido —cito a Iglesias citando a Aranda— "la terrible fragmentación y guerras civiles de los antiguos dominios españoles".

Sueño difícil de realizar, concluye Iglesias, pues en el siglo XVIII un monarca soberano no iba a renunciar a reinos heredados y no había tres infantes capaces y disponibles para enviar a las Indias. Pero hoy escuchamos el lamento de Aranda, la idea de una España solitaria en América con Estados Unidos, una república federal que "nació pigmea" pero que crecerá hasta agigantarse. El primer paso del "coloso" norteamericano —así le llama Aranda— será dominar el Golfo de México. Luego, aspiraría a la conquista del resto del continente: "Doquiera el hambre es la misma... y el que encuentra ocasión de adquirir poder y elevarse no lo desperdicia jamás".

Vana intención la de Aranda si consideramos que ya desde 1767 la expulsión de los jesuitas de España había provocado afirmaciones nacionalistas de los miembros de la orden. Ese año, el padre chileno Juan Ignacio Molina publica en Roma una *Historia Nacional de Chile* y en México, su colega Francisco Xavier Clavijero da a conocer un volumen sobre la *Historia Antigua de México* en 1780. Será en Londres, en 1792, que el jesuita peruano Juan Pablo Viscardo y Guzmán denunciará con todas sus palabras el coloniaje español en términos —cito a Viscardo— de injusticia, esclavismo y desolación aunque, en verdad, la tendencia a ejercer el poder autónomo en las nuevas tierras data del siglo mismo del descubrimiento y la conquista.

Carlos V, conciente de que heredaba un trono apenas unificado en 1492 por sus abuelos, Fernando de Aragón e Isabel de Castilla, no iba a permitir las veleidades autonomistas que pretendían los conquistadores del vasto y lejano imperio de ultramar. Hernán Cortés, el guerrero que se enfrentó y subyugó al poder mayor del nuevo mundo, el imperio de Moctezuma, no obtuvo —de haberlos deseado— los frutos políticos de su hazaña. Venció al último rey mexica, Cuauhtémoc, esclavizó a un pueblo, permitió que lo evangelizaran, perdonó y exaltó a algunos nobles nahuas y arrasó la ciudad más poblada del Nuevo Mundo, México-Tenochtitlán. Donde se encontraban los sitios del poder nahua, el actual Zócalo de la ciudad de México, Cortés cimentó una catedral y erigió un palacio.

No tuvo tiempo de más. Su afán de conquista lo llevó al sur, a las Hibueras, y al norte, al hoy Mar de Cortés. Si quiso afirmar un poder propio, Carlos V se le adelantó y desde 1526 despachó a la Nueva España a todo un ejército de burócratas para administrar la nueva colonia, nombró a un virrey, Antonio de Mendoza, en 1530 y halagó a Cortés con muchos títulos y ninguna autoridad. Lo cual no obstó para que los hijos del Conquistador, ambos Martín, uno hijo de Doña Marina, "La Malinche", y el otro de un matrimonio con Juana de Zúñiga, se uniesen tempranamente para conspirar por la independencia de la Nueva España.

El fracaso de la conjura es sólo un ejemplo de la gran tentación de la conquista: crear reinos propios sobre las cenizas del mundo indígena y coronarse a sí mismos como monarcas del Nuevo Mundo. Tentación tenue, acaso, pero explícita en Francisco de Orellana y Gonzalo Pizarro.

Semejantes intentonas no impidieron no sólo el ejercicio del poder monárquico en las Indias, sino actos contradictorios. La historia de Tomás Moro como modelo de convivencia con los indígenas en México y Paraguay. La salvación de la verdad cultural —lengua, costumbres, memorias— por los padres Bernardino de Sahagún, Motolinia y Vasco de Quiroga.

Y por otra parte, la formación del poder local de haciendas en México, fundos en Chile y estancias en la Argentina, muchas veces en contra de las disposiciones humanitarias de las Leyes de Indias. La conquista jurídica de Las Casas, refrendada por Carlos V, fue casi siempre letra muerta en el Nuevo Mundo. Por algo, al levantarse en armas en 1910, Emiliano Zapata fundó su rebelión en los derechos otorgados a las comunidades agrarias por Carlos V.

Durante más de tres siglos, se formó y maduró una cultura mestiza, indoeuropea, afroeuropea, criolla y mulata, cuyos exponentes mayores fueron los que en este libro he consignado; sus fundaciones máximas ciudades, universidades, imprentas, y cuyo defecto invencible fue la injusticia social y las diferencias de clase.

Varias revueltas fallidas, a lo largo de los siglos coloniales, significaron una voluntad de autonomía e identidad. He mencionado aquí a Yanga, el rebelde veracruzano que fundó el pueblo de San Lorenzo de los Negros; Zumbi y la resistencia del quilombo afroportugués de Palmares; y la más famosa revuelta, la de José Gabriel Condorcanqui, "Túpac Amaru", en el alto Perú, en 1780.

La expulsión de los jesuitas y los libros que escribieron desde el exilio exaltaron la idea *nacional* en

Hispanoamérica. El conde de Aranda no fue escuchado, pero a las Cortes de Cádiz, convocadas para construir un régimen moderno tras el desplome del antiguo en mayo de 1808, acudieron diputados de Guatemala, Perú, Zacatecas, Durango, Puerto Rico, Maracaibo, y la Nueva Granada. De sobra sabemos que la invasión napoleónica, la ilegitimidad del trono de José Bonaparte y la rebelión madrileña del 2 de mayo provocaron la "úlcera española" de Napoleón y condujeron a la Constitución Liberal de 1812. Pero no detuvieron el ímpetu independentista de las Américas hacia el libre comercio y el gobierno propio. La violencia contra-revolucionaria de Fernando VII, restaurado en 1814, sólo animó aún más a los independentistas de Hispanoamérica.

La independencia, a partir de 1820, planteó una pregunta: ¿Qué forma de gobierno nos damos? La respuesta no fue ajena a las fuerzas desatadas por las revoluciones. Conflicto militar, revuelta popular, dinámica para el llamado político, económico y social, la independencia se preguntó si quería ser monárquica (lo fue en México con el imperio de Iturbide) o, mayoritariamente, republicana.

Y si república, ¿federal o centralista? ¿Nacional o local? ¿Confederada o nacionalista? En todo caso, el propósito de crear nuevos estados en lugar de colonias, con una realidad, en todo caso, subyacente: ¿qué *forma* política darle a una realidad cultural pluralista?

Revolución cultural, la respuesta la dieron historiadores como José María Luis Mora en México, Lastarria y Vicuña Mackenna en Chile, así como Francisco Bilbao, a quien debemos el término "Américalatina" (1857).

Este proceso de auto-identificación culmina, acaso, con dos ensayistas, educadores e historiadores, Bello y Sarmiento.

Al venezolano Andrés Bello, "un chileno nacido en Caracas", le debemos una *Gramática de la Lengua Española de las Américas*, la fundación de la Universidad de Chile y la idea de la independencia como continuidad jurídica del Derecho Romano.

Bello sostuvo una famosa polémica con el otro gran escritor y estadista suramericano, el argentino Domingo Faustino Sarmiento, autor de la obra mestiza de nuestro siglo XIX, *Facundo o Civilización y barbarie*. Como presidente, Sarmiento se propuso modernizar —es decir, civilizar— a la Argentina con escuelas, bancos, urbanización, comunicaciones y migración europea.

Facundo es un gran libro, no sólo la biografía de un tirano, sino la historia de Argentina, su geografía, su sociedad, a partir de una convicción: el pasado fue bárbaro, tan bárbaro como Facundo Quiroga, quien podía incendiar el hogar de sus padres o matar a patadas a un hombre. El futuro le pertenece a la civilización contra la barbarie.

En el panorama literario del siglo XIX, destacan dos autores:

El poeta nicaragüense Rubén Darío murió antes de cumplir cincuenta años, minado por el alcohol y el sexo, pero alcanzó a modernizar para siempre la poesía en lengua española, de ambos lados del Atlántico. De *Azul* (1888) a *Cantos de vida y esperanza* (1905), Darío le otorga al castellano una flexibilidad que fue la de Quevedo, le da ironía y sátira disfrazada de pompa y esplendor: libera la lengua, la política ("A Roosevelt") y le da su perfección ("Lo fatal").

Y el novelista brasileño Joaquim Machado de Assis. Machado salta por encima de las modas románticas, realistas o naturalistas y reanuda la tradición cervantina, la tradición de La Mancha, que otorga a la novela el poder no sólo de reflejar realidad, sino de crear realidad. *Las memorias póstumas de Brás Cubas* (1881), *Quincas Borba* (1891) y *Don Casmurro* (1895) traen a nuestra novela la gran tradición, celebrada aunque no practicada, de Cervantes. La novela como género de géneros. La diversidad de géneros como diversidad de puntos de vista y ésta, como propuesta de la diversidad de la verdad, conduciendo a una incertidumbre que no sólo trasciende al dogma sino que afecta la idea misma de autoría. ¿Quién escribe el *Quijote*? ¿Cervantes Saavedra, Cide Hamete Benengeli, todos, nadie? Cuando don Quijote entra a una imprenta en Barcelona y descubre que lo que allí se imprime es su propio libro, *Don Quijote de La Mancha*, el lector Quijote se convierte en el Quijote leído y el mundo moderno, en verdad, se inicia.

Machado recupera la tradición de La Mancha: él es nuestro milagro literario. Desde la tumba —su nueva cuna—, Brás Cubas ríe. Se ríe de la política: quiere ser secretario de un gobernador para estar cerca de su amante, la esposa del gobernador. Se ríe de la religión, a la que compara con una ropa interior larga, colorada y clandestina. Pero también está triste. Sale de una fiesta, sube a su carruaje y allí encuentra "su propia vejez". Y está melancólico: es el testigo del final de la juventud, del amor, de la vida. Y es un latinoamericano: "sólo Dios sabe la fuerza de un adjetivo, sobre todo en países nuevos y tropicales".

Despierta, nos dice Machado. Despierta, lector, sal de la siesta tropical, entra a la historia, sin demasiadas ilusiones, pero con abundante ironía.

La América Latina del siglo XX, como si atendiera el llamado de Machado, despertó de la siesta en el sentido de asumir su vasta cultura indígena, colonial e independiente, a veces mediante sacudidas políticas y culturales como la Revolución Mexicana y gobiernos de intención renovadora, como, con todas sus diferencias, los de Lázaro Cárdenas en México, Getulio Vargas en Brasil, Alfonso López Pumarejo en Colombia y el Frente Popular en Chile.

Fundación de instituciones. Voluntad de desarrollo. Modernización de estructuras. Liberación de fuerzas sociales. Asimilación de la cultura propia y apertura a las culturas foráneas.

Sin embargo, el rostro de la independencia nos miraba y nos preguntaba:

¿Suplimos la ignorancia con la osadía?

¿Nos entregamos a la imitación extralógica de modelos europeos y norteamericanos?

¿Y promulgamos, al decir de Victor Hugo, constituciones para los ángeles, no para los hombres…?

Infraestructuras arruinadas, desplomes económicos, finanzas exhaustas, anarquías y dictaduras, empréstitos onerosos, invasiones extranjeras… Y sin embargo también el germen de estados nacionales —el Chile de Portales, el México de Juárez, la Argentina de Sarmiento— creados cuesta arriba, contra la adversidad, dando lugar, asegura el peruano Julio Ortega, a una tradición liberal pragmática que consagró la libertad del ciudadano. La tradición *liberal*. ¿En qué consiste?

En la creación de instituciones culturales, el concepto de ciudadanía y una cultura productiva capaz de superar, dice el chileno Martín Hopenhayn, las tradiciones rentistas y autoritarias.

La creación de estados nacionales contribuyendo a la legalidad internacional, en palabras del mexicano Bernardo Sepúlveda.

Y, finalmente, en ganar la alternancia política, afirmó el argentino Natalio Botana, con las preguntas consiguientes: ¿Sabemos representarnos? ¿Cómo, cuando, por quiénes y con quiénes nos representamos?

El Bicentenario nos da la ocasión de reformular estas preguntas y situarlas en un devenir optimista, sí, pero exigente.

Creo que hemos conquistado y hasta reconquistado eso que Carmen Iglesias ha llamado un cierto sentido de la historia donde "no hay éxitos ni fracasos definitivos, sino un conjunto de acontecimientos en los que el azar y la necesidad fuerzan a los seres humanos concretos de cada época a responder con los instrumentos que en ella poseen".

Yo añadiría que en Iberoamérica hemos hecho una cultura de la continuidad.

Nuestras políticas y nuestras economías, en cambio, a veces sólo se han afirmado negando el modelo anterior y proponiendo nuevos modelos que otros modelos, más novedosos aún, no tardarán en negar. Una in-cultura de la ruptura.

El Bicentenario nos ofrece la oportunidad de valorar política y economía como procesos de continuidad crítica, en los que lo anterior no es desechable por ser lo anterior ni lo porvenir aceptable en sí, sino ambos —política y economía— sujetos a una reflexión crítica que reconozca las lecciones acumuladas del pasado indígena, colonial y moderno a fin de representarnos, como sugiere Botana, mejor ante nosotros mismos y ante el mundo.

¿Somos locomotora, vagón de pasajeros o furgón de cola? Desde el siglo XIX, hemos buscado afanosamente una *identidad*:

de los libertadores – Bolívar, San Martín, Morelos;

a los estadistas – Sarmiento, Juárez, Portales;

a los educadores – Bello, Lastarria, Justo Sierra.

Y a partir de la moderna re-fundación de la cultura por Rubén Darío y José Martí pasando por Pablo Neruda y Ezequiel Martínez Estrada, hemos buscado la identidad.

La buscamos y la obtuvimos.

Hoy, tenemos la sensación de una *identidad adquirida*:

El mexicano se sabe mexicano.

El brasileño se sabe brasileño.

El argentino se sabe argentino.

Ahora tenemos una tarea más ardua: pasar de la identidad adquirida a la diversidad por adquirir.

Diversidad política – moral – personal – sexual – ideológica.

Ser lo que somos gracias a las diferencias que nos distinguen.

La política de la diferencia es la base del actual desarrollo democrático en la América Latina.

Recordemos, sin embargo, que todo este desarrollo fue interrumpido por la guerra fría y su simplismo maniqueo. La dinámica democrática de Guatemala, interrumpida brutalmente por la intervención norteamericana de 1954, que enterró la política del buen vecino de los presidentes Franklin Roosevelt y Harry Truman e inició un proceso desgraciado en el que bastaba declararse anti-comunista para obtener el favor de Washington.

Sobrevivieron las antiguas dictaduras —Somoza, Trujillo, Batista, Stroessner—. Sucumbieron los gobiernos de izquierda —Arbenz en Guatemala, Allende en Chile—. Se instalaron nuevas y feroces dictaduras —Pinochet en Chile, Videla en Argentina—. La revolución en Cuba fue condenada —o se condenó— a depender del bloque soviético.

Torturas, exilios, persecuciones, cárceles y desapariciones. El signo de la muerte bautizó con sangre a estos despiadados regímenes, cuyas hazañas criminales aún no terminamos de contar.

El fin de la guerra fría significó el fin, también, de estos atroces gobiernos y el amanecer de un nuevo tiempo latinoamericano.

Las dictaduras carecen de identidad: son máscaras grotescas. Carecen de tiempo: se mueven con calendarios abstractos y repetitivos.

Tiempo e identidad: son inseparables.

Trato en este libro de una secular búsqueda de la identidad latinoamericana. Nacidos de antiguas civilizaciones nativas conquistadas por los imperios español y portugués, nos bautizaron desde el siglo XVI como mestizos, portadores de una cultura indo-europea. La llegada, dolorosa, esclavizada, de la población africana añadió otra vibrante cuerda a nuestro conjunto indo-afro-iberoamericano.

Todos somos mestizos, aun dentro de la tradición europea y mediterránea que incluye a Grecia y a Roma, a las culturas semitas, árabes y judías.

De estos encuentros derivamos, en nuestra América, nuestra identidad. La tenemos. Sabemos quiénes somos. El mexicano se sabe mexicano. El brasileño se sabe brasileño…

Este no es el problema. El problema actual consiste en cómo nos movemos de una identidad adquirida a una diversidad por adquirir.

Hemos superado, en términos generales, la era de las dictaduras militares. La mayoría de nuestras naciones son democráticas. Pero no todos nuestros ciudadanos se benefician de la democracia.

¿Por qué?

Porque los beneficios que atribuimos, o que deseamos para la democracia, no están allí para todos. Una vida mejor, salud, educación, techo, lecho, esperanza, trabajo, expectativas crecientes.

Sabemos que vencer estas dificultades supone extender el concepto mismo de la democracia. Significa, desde luego, identificar democracia y régimen de derecho, justicia distributiva, crecimiento económico.

Pero significa también, junto con la pluralidad política y la cultura de la legalidad, respeto hacia la diversidad sexual, religiosa y cultural. Significa derechos de la mujer, cuidado de los ancianos, cobertura médica universal, educación vitalicia.

La mitad de los latinoamericanos —doscientos millones de hombres y mujeres— tiene treinta años o menos. Toda propuesta viable —política, económica o cultural— tiene que tomar en cuenta este hecho sencillo, complejo e impresionante: el nuestro es un continente de jóvenes.

Ello nos prohíbe plantear o contestar las advertencias del tiempo y de la identidad sin preguntar:

¿Podemos encontrar el centro ciudadano en sociedades con niveles tan contrastantes de educación y de riqueza?

¿Podemos colmar las expectativas personales en sociedades con ritmos de desarrollo tan discontinuos?

¿Podemos calibrar la resistencia o aceptación juveniles a modelos de entretenimiento, consumo, ambición, poder y belleza a menudo desprovistos de cualquier contenido moral?

¿Qué valores deberíamos otorgar, qué importancia colectiva darle a las emergentes, pero aún anónimas, culturas de la juventud latinoamericana?

Y al cabo, ¿son estas cuestiones que nos involucran sólo a los latinoamericanos o cuestiones que afectan a millones de jóvenes que reaccionan, a veces directa, a veces indirectamente, a un mundo en el que la más rápida difusión informativa coincide con la mayor catarata de des-información?

Un mundo que celebra el libre comercio, donde el movimiento de las cosas es aplaudido, pero donde el movimiento de las personas es castigado.

Un mundo en el que el 20% de la población consume el 86% del producto global.

Un mundo en el que con el costo de un solo día en adquisición de armas se podría inmunizar a todos los niños, se eliminaría la poliomielitis y se podrían adquirir todas las medicinas necesarias para tratar la tuberculosis, la malaria, las enfermedades venéreas y la neumonía bacterial.

Un mundo, recordó el entonces presidente Bill Clinton a la Asamblea General de la ONU, donde la mitad de la población vive con menos de dos dólares al día, mil millones con menos de un dólar diario y, año con año, cuarenta millones de seres humanos mueren de hambre.

Añadamos a estos datos hechos mayores que nos afectan a todos

Se contamina el aire que respiramos.

Escasea el agua potable.

Se producen cambios en el clima que derriten los polos y extinguen el hábitat de sus criaturas.

Se generan corrientes marítimas imprevistas que calientan los océanos, desvían expectativas seculares y ponen en peligro litorales extensos.

Cambia la composición química del terreno, del agua, del aire: corremos riesgos de hambre, de sed y de asfixia —si no hoy, seguramente mañana—. Y, ¿quién se atreve a repetir con desenfado la famosa frase de Luis XV: "Después de mí, el diluvio"?

Destaco estos hechos que nos afectan a todos por su cobertura global, para regresar a los hechos que nos afectan a los latinoamericanos y que pueden parecer minúsculos en comparación con los que acabo de enumerar, pero que se agigantan en nuestro contexto.

Porque para que nuestras democracias latinoamericanas perduren y prosperen, no nos podemos contentar, por más que los celebremos, con los grandes logros:

libertad de expresión;

elecciones confiables;

ejecutivos acotados;

legislaturas pluripartidistas:
judicaturas independientes;
sindicatos libres
y culturas abarcadoras tanto del pasado creativo de nuestras naciones, como de su actualidad problemática, como de su acceso a las técnicas del porvenir.

En suma, sociedades civiles:
conjunto de relaciones entre ciudadanos,
aceptación de derechos y obligaciones,
reconocimiento de fines comunes.

Hemos avanzado enormemente, pero no nos congratulemos del todo, pues:
cerca del 40% de los latinoamericanos aún viven —o sobreviven— en diversos estados de pobreza;
hay niños sin escuela;
hay hombres sin trabajo;
hay mujeres sin derechos;
hay ancianos sin hospital;
hay una vasta población marginada;
hay un creciente lumpen-proletariado urbano;
hay zonas de olvido desesperado.

El déficit social pone en grave peligro la vida democrática, porque crea la tentación autoritaria. El espejismo, la ilusión es que si la democracia *no puede*, quizás la autocracia *sí pueda*.

Sabemos que no es así: las dictaduras no resuelven problemas. Sólo los ocultan. Sólo los aplazan. Sólo los agravan. Detrás de los grandes edificios democráticos hay aún campos yermos cuyas voces nos dicen: ¡Viva la democracia! ¿Y cuándo comemos?

Dicho con rectitud: las plazas democráticas requieren hoy la circulación en avenidas de empleo, salud, infraestructura y educación que integren a las grandes mayorías de Latinoamérica a la política económica, social y cultural de la democracia.

Creo que estamos en ese punto de inflexión: la democracia debe dar mayores frutos a más y más latinoamericanos o más y más latinoamericanos acudirán al llamado de las sirenas autoritarias, a las promesas desde el balcón, a la falsa facilidad del espejismo inmediato, pero engañoso y evanescente.

Darle a las formas democráticas el contenido tantas veces postergado del bienestar mayoritario: ¿hay demanda más urgente para celebrar el Bicentenario?

¿Tenemos obligación más cierta quienes hemos recibido los dones de nuestra América Latina, nosotros, los favorecidos de Iberoamérica?

Estamos en el mundo y no podemos aislarnos o excluirnos.

El saldo de numerosos fracasos, la emergencia previsible de nuevas potencias o grupos de naciones, las amenazas reales de terrorismos de variada estirpe, pero también la pobreza y la injusticia, nos han devuelto a la clara y dura necesidad de rescatar un orden internacional creado, en palabras de Felipe González, por todos, no por la supremacía de un solo poder. Con la convicción, en palabras de Dominique de Villepin, de que sólo el respeto a la ley le da legitimidad a la fuerza y fuerza a la legitimidad. Y con la advertencia de Bill Clinton —lo cito— de que "es una ilusión creer que podemos para siempre reclamar para nosotros lo que le negamos a los demás".

¿Qué le damos los iberoamericanos al mundo?

Creo que nada más y nada menos de lo que somos capaces de darnos a nosotros mismos. En pocas palabras: Democracia con seguridad pública y personal. Democracia con justicia social y desarrollo equitativo.

Lo que entorpece nuestro camino son los escollos de la democracia con violencia. La democracia con pobreza. La democracia con impunidad. La democracia sin justicia.

Hemos alcanzado, tras el derrumbe de las atroces dictaduras apuntaladas por la guerra fría, sistemas e instituciones democráticas.

Pero todos estos logros coexisten con la mitad de nuestras poblaciones viviendo en diversos grados de la pobreza, con muchísimos latinoamericanos subsistiendo con ingresos de dos dólares diarios o menos, con millones de latinoamericanos excluidos de la vida económica, de las políticas educativas, e incluso de la participación política. Semejante exclusión, como ha advertido Enrique Iglesias, es insostenible.

Nuestras democracias, si no resuelven o por lo menos son vistas en vía de resolver estos problemas, pueden ser avasalladas por tentaciones indeseables y tradiciones subyacentes. Autoritarismos con intercambiables escudos de legitimación política, cesarismos de balcón, retórica con sabor a banana y vendajes con olor a cloroformo.

Seamos serios. Tengamos presente nuestro pasado para tener presente nuestro porvenir. La historia, nos advierte Carmen Iglesias, no es sólo un conjunto de hechos: es un horizonte de posibilidades.

No vivimos un choque de civilizaciones y aún no llegamos a una alianza de civilizaciones. Pero podemos anudar un diálogo de civilizaciones. Nuestro privilegio, nuestra personalidad iberoamericana, es indígena, africana, mulata, mestiza y, a través de Iberia, mediterránea, griega, latina, árabe, judía, cristiana y laica.

Todo ello nos convierte en el espacio privilegiado, de Yucatán a Andalucía y de Minas Gerais al Algarve, para dialogar con los demás, que nunca serán los que sobran, los de-menos, sino los que aún no abrazamos, los de-más.

Somos —podemos ser— el microcosmos de la convivencia. El espacio iberoamericano posee una enorme pluralidad cultural. A partir de ella, participemos de una globalidad crítica, aportemos al mundo nuestra diversidad para impedir los dogmas monolíticos, aportando soluciones a los grandes capítulos postergados: la globalización no sólo de valores y mercancía, sino la internacionalización del trabajo y la protección al medio ambiente.

Revelemos, en el proceso globalizador, la riqueza de las identidades del mundo mediante la defensa de las diversidades del mundo.

No le temamos a nuestra propia fuerza.

Ahora miramos la orilla asiática y nos vemos obligados a pensar: si Europa y Norteamérica han sido nuestros imanes modélicos tradicionales de superación, ¿podemos hoy hacernos sordos a la gran voz asiática, mudos ante la gran apelación oriental de una región que reúne a la segunda (Japón), a la sexta (China) y a la décima (India) economías del mundo, por delante de cualquier economía latinoamericana?

¿Ciegos a economías que exportan, como China, 593 mil millones de dólares, frente a nuestro mayor exportador, Brasil, con 96 mil millones?

¿Indiferentes a adelantos educativos que le dan a Latinoamérica apenas un 2% de la graduación tecnológica frente al 30-40% a la asiática?

No paso por alto nuestros buenos números en muchas materias, y mucho menos la continuidad y fuerza culturales de nuestros países.

Pero me alarma que, como ayer en el furgón de cola de Europa y Norteamérica que nos asignó Alfonso Reyes, hoy nos quedemos en el furgón de cola de las economías asiáticas.

No podemos conformarnos. Tenemos los recursos naturales, la fuerza de trabajo, la continuidad cultural, las instituciones democráticas, el grado de apertura, la tradición política internacional suficientes para dar el gran salto adelante.

¿Tenemos la voluntad?

No es otra la demanda profunda que nos hacen las fechas del Bicentenario: darnos ahora a nosotros mismos lo que nos prometimos hace doscientos años. No retrasar más la promesa.

Entramos a un nuevo siglo de veloz transformación técnica y comunicativa, pero también de imperiosa necesidad de darle a la técnica y a las comunicaciones un marco jurídico de obligaciones y derechos compartidos.

Llegamos a las fechas del Bicentenario con una responsabilidad para con nosotros mismos y nuestra posición en el mundo.

Somos dueños de una gran tradición jurídica internacional que se remonta a las Leyes de Indias, y a las aportaciones de Andrés Bello, de Carlos Calvo, de Rio Branco, de Luis María Drago, de Genaro Estrada, de Alfonso García Robles: sus ideas son actuales y particularmente adaptadas a un mundo que abandona los riesgos de la política unilateral y se encamina a un orden multilateral más representativo de la diversidad política y cultural del mundo.

No debe haber hecho sin derecho.

Decirlo, hacerlo, actualizarlo, acaso sea la misión de Iberoamérica en este Bicentenario:

Darle legalidad a la realidad.

No dejar que pase un hecho sin derecho.

Somos parte del mundo.

Nuestra apuesta no es ni por la hegemonía de nadie ni por la anarquía de todos.

Nuestra apuesta debe ser por un mundo de normatividad jurídica y de inteligencia diplomática: la fuerza tiene límites; la razón, no.

Bibliografía

Pocas veces el escritor tiene la oportunidad de escribir la biografía de su cultura. Escribir y filmar la serie televisiva *El espejo enterrado* me dio esa oportunidad. Sin embargo, este libro no es un recuento de la filmación de la serie, sino una biografía de mi cultura, es decir (así lo entiendo), mi propia biografía. Nada de extraordinario hay en esto, una cultura se compone de todos los que la portamos, la conocemos, apreciamos y aun procuramos enriquecerla y continuarla. De la bibliografía de este libro, sólo puedo decir que se ha nutrido de cincuenta años de lecturas. Una lista que incluyera todas sería interminable. Lo que ofrezco es un acercamiento —más juicioso que académico—, una selección, una referencia a obras que consulté o recordé mientras escribía la serie de televisión y el libro. Lo que no puedo incluir son las leyendas, los mitos, las crónicas familiares, las conversaciones con amigos y maestros, que quizá constituyen la verdadera bibliografía de *El espejo enterrado*.

Historia general
Una de las mejores historias de España es la de Miguel Artola Gallego, *Historia de España* (Madrid, Alianza Editorial).

En cinco volúmenes, Leslie Bethell, comp., *The Cambridge History of Latin America* (Cambridge, Inglaterra, Cambridge University, 1984), da un panorama general sobre Latinoamérica; sin embargo, mi libro favorito respecto de la región sigue siendo el de *Bradford Bums, Latin America* (Englewood Clifs, N. J., Prentice-Hall, 1972), quien realiza un análisis incisivo de todos y cada uno de los aspectos latinoamericanos. Otras obras que se pueden agregar a la lista son la de Lewis Hanke, comp., *History of Latin America, Sources and Interpretations* (Boston, Little, Brown, 1967), una selección de textos desde la Conquista hasta nuestros días; y la de Hubert Herring, *A History of Latin America* (Nueva York, Knopf, 1968). Asimismo, existen dos excelentes títulos sobre cultura en general y arte en particular: Leopoldo Castedo, *Historia del arte y de la arquitectura latinoamericana, desde la época precolombina hasta hoy* (Santiago de Chile, Pomaire, 1970); y Pedro Henríquez Ureña, *Historia de la cultura en la América hispánica* (México, FCE, Col. Popular, 1986).

Una obra de interés son los cinco tomos de historia de J. Vicens Vives, comp., *Historia de España y América: social y económica* (Madrid, Vives Bolsillo). Para un análisis más profundo del aspecto económico, véase el libro de J. Vicens Vives y Jorge Nadal Oller, *Manual de historia económica de España* (Barcelona, Vicens-Vives, 1967).

Historias interpretativas

Todas las culturas producen una serie de interpretaciones propias de su historia, su cultura y aun sus rasgos nacionales. España y Latinoamérica han generado una vasta bibliografía con tonos reflexivos. Dos escritores de historia interpretativa que habría que destacar son Américo Castro y Claudio Sánchez-Albornoz. El debate entre estos historiadores fue largo, encarnizado y fructífero. Castro estaba a favor de una dinámica tricultural de la historia medieval española, resaltando el valor de las contribuciones de judíos y musulmanes; Sánchez-Albornoz prefería hacer hincapié en el carácter cristiano de España, viendo la Reconquista como un paso adelante y no como una pérdida.

Otras interpretaciones históricas contemporáneas de la historia de España que considero particularmente estimulantes son Fernando Díaz Plaja, *Otra historia de España* (Madrid, Espasa-Calpe); Ramón Menéndez Pidal, *Los españoles en la Historia* (Madrid, Espasa-Calpe); y José Ortega y Gasset, *España invertebrada* (Madrid, Espasa-Calpe, 1989).

Para los iberos y la España romana, me he basado principalmente en textos de historiadores griegos y romanos, como Apiano, Dio Casio, Salustio y Estrabón. Allen Josephs, *The White Wall of Spain: The Mysteries of Andalusian Culture* (Ames, Estado de Iowa, 1983), trata sobre los orígenes de Andalucía y su cultura; mientras que Juan Maluquer de Mostos, *Tartesos: la ciudad sin historia* (Barcelona, Ediciones Destino, 1900), ofrece un buen relato sobre la oscura historia de Tartesos. María Zambrano, en "La cuestión del estoicismo español", *Andalucía, sueño y realidad* (Granada, Ediciones Annel, 1984), es quizá quien ofrece el mejor análisis de la influencia de Séneca en España.

Toros y flamenco

Estrechamente relacionados con los orígenes de España, estos temas han generado una abundante bibliografía. Aunque mis referencias a ellos fueron escritas a partir de la experiencia personal y mi particular punto de vista, quiero remitir al lector a José María de Cossío, *Los toros. Tratado técnico e histórico* (Madrid, Espasa-Calpe), quien, en once tomos, recorre la monumental historia del toreo; José M. Caballero Bonald, *Luces y sombras del flamenco* (Barcelona, Editorial Luman, 1975), finamente ilustrado con fotografías de Colita. En palabras de Adolfo Salazar, considerado el mayor musicólogo de España, el flamenco ocupa una gran parte de la historia de la música española, según lo consigna en su libro *La música en España* (Madrid, Espasa-Calpe, 1953), texto que delinea la historia musical de España desde Altamira hasta el Renacimiento; véase también Félix Grande, *Memoria del flamenco* (Madrid, Espasa-Calpe, Selecciones Austral, 1987).

España goda

He centrado mi capítulo sobre los visigodos en la figura de San Isidoro de Sevilla. Véase Ernest Brehaut, *Encyclopedist of the Dark Ages, Isidore of Seville* (Nueva York, Columbia, 1912). Para un estudio especializado sobre San Isidoro véase también Jacques Fontaine, *Isidore de Seville et la culture classique dans L'Espagne visigothique* (París, 1959).

España musulmana y judía

Tal vez el libro más grande de poesía, de experiencia personal y recuerdos del mundo español musulmán sea el de Ibn Hazm de Córdoba, *El collar de la paloma. Tratado sobre el amor y los amantes* (Madrid, Alianza Editorial, El Libro de Bolsillo 351, 1990, con prólogo de José Ortega y Gasset), obra que ejerció una gran influencia sobre los escritores españoles posteriores.

Otra colección de poemas importantes es la de Solomón Ibn Gabirol, a quien considero la figura literaria más grande de la España musulmana, véase su *Poesía secular* (ed. bilingüe, Madrid, Alfaguara, Col. Clásicos, 1981). Para una excelente introducción a la filosofía árabe-española, véase Andrés Martínez Lorca, comp., *Ensayos sobre filosofía de El Andalus* (Barcelona, Anthropos, 1990). Para un enfoque diferente, véase Ramón Menéndez Pidal, España, *Eslabón entre la cristiandad y el Islam* (Madrid, Espasa-Calpe, Austral 1280, 1968).

El trabajo más completo sobre los judíos en España es el de Yitzhak Baer, *Historia de los judíos en la España cristiana* (2 tomos, Madrid, Altalena, Col. Mundo judío, 1982). Para una breve historia actual, véase Julio Caro Baroja, *Los judíos en la España moderna y contemporánea* (Madrid, 1962).

La Reconquista de España

Las guerras de Reconquista abarcan la historia medieval de España de 711 a 1492, y constituyen una parte importante de la historia medieval europea. Tal vez el mejor estudio sobre el feudalismo sea el de Marc Bloch, *Sociedad feudal* (México, UTEHA, 2 vols.). Luis G. Valdeavellano, *Orígenes de la burguesía en la España medieval* (Madrid, Espasa-Calpe, 1959), trata acerca de la repoblación; y José Ángel García de Cortázar y Carmen Díaz Herrera, *La formación de la sociedad hispano-cristiana del Cantábrico al Ebro en los siglos VIII a IX* (Santander, Ediciones de la Librería Estudio, 1982), proporcionan información sobre la formación de ciudades y la sociedad. Véase también Gabriel Jackson, *Introducción a la España medieval* (Madrid,

Alianza Editorial, El Libro de Bolsillo 555, 1988). Para más datos sobre el nacimiento de las instituciones políticas, véase Esteban Sarasa, *Las Cortes de Aragón en la Edad Media* (Zaragoza, Cuara Editorial, 1979); José M. Pérez Prendes, *Cartas de Castilla* (Barcelona, Editorial Ariel, 1974). Finalmente, remito a las obras de José Antonio Maravall, *Estado moderno y mentalidad social. Siglos XV a XVII* (Madrid, Alianza Editorial, 2 tomos); y Julio González, *Reinado y diplomas de Fernando III* (Córdoba, Monte de Piedad y Caja de Ahorros de Córdoba, 1980).

Una figura central del periodo de la Reconquista, como lo fue San Isidoro en la época visigoda, es Alfonso X, el Sabio, quien promovió innumerables obras de literatura e historia tanto de España como del mundo, desde poesía hasta astronomía; su trabajo puede compararse al de los enciclopedistas del siglo XVIII. Las mejores antologías sobre las obras de Alfonso X son: Antonio Ballesteros, comp., *Alfonso el Sabio* (Barcelona, Biblioteca de Historia Hispánica); Francisco J. Díaz de Revenga, comp., *Alfonso X el Sabio* (Madrid, Taurus, 1985); y Antonio G. Solalinde, comp., *Alfonso el Sabio* (Madrid, Espasa-Calpe, 1941).

Lecturas literarias importantes de esta época son: Anónimo, *El Cantar del Mio Cid* (Madrid, Espasa-Calpe, Clásicos Castellanos); *El libro de buen amor*, de Juan Ruiz, Arcipreste de Hita; y *La Celestina*, de Fernando de Rojas. Para un estudio a estas obras, véanse Stephen Gilman, *Celestina: arte y estructura* (Madrid, Taurus), y *España de Fernando de Rojas* (Madrid, Taurus), obras maestras de crítica histórica y literaria; además del texto de María Rosa Lida de Malkiel,

*Dos obras maestras españolas: "El libro de buen amor" y
"La Celestina"* (Buenos Aires, Editorial Universitaria
de Buenos Aires, 1971); Ramiro de Maeztu, *Don Qui-
jote, Don Juan y La Celestina* (Madrid, Espasa-Calpe,
Austral 31); y José Antonio Maravall, *Mundo social de
La Celestina* (Madrid, Gredos, Biblioteca Románica
Hispánica, 1985).

Culturas indígenas

La extensa bibliografía sobre este tema hace posible di-
vidir los textos en tres categorías, los que pertenecen
propiamente a los indígenas, los correspondientes a
compilaciones que sobre el pasado de las Indias hicieron los españoles después de la Conquista y los de escritores contemporáneos. Otro tipo de acercamiento a
estas obras, de acuerdo con una clasificación cultural,
permite dividirlos en mayas, toltecas, aztecas, quechuas, etc. También es posible una investigación en la
que se tome como base los límites geográficos, es decir
lecturas sobre México y el Perú. A fin de obtener una
cabal comprensión sobre el tema, he elegido una combinación de estas distintas formas de investigación.

Los mayas, cuya civilización se estableció en
Yucatán, dejaron dos grandes libros de mitos, creación
y profecías: *El libro de los libros de Chilam Balam* (trad.
de Alfredo Barrera Vázquez y Silvia Rendón, México,
FCE, Biblioteca Americana, 1984), abarca en su contenido todas las fases culturales por las que fue pasando el pueblo maya; y el *Popol Vuh. Las antiguas
historias del Quiché* (trad. de Adrián Recinos, México,
FCE, Biblioteca Americana, 1953), contiene las historias antiguas de este pueblo maya que habitaba la región del Quiché en Guatemala. Existe una edición

ilustrada con dibujos de los códices mayas (trad. de Albertina E. Saravia, Guatemala, Turismas, 1977).

Los mayas han sido objeto de diversos estudios entre los que se pueden mencionar los siguientes: Michael D. Coe, *Mayas* (México, Diana); Sylvanus Griswold Morley, *La civilización maya* (México, FCE, Obras de Antropología, 1987); John L. Stephens, *Incidentes de viaje en Centroamérica, Chiapas y Yucatán*, 2 tomos (San José, Educa, Col. Viajeros, 1983; Madrid, Historia 16, 1989); y John E. S. Thompson, *Grandeza y decadencia de los mayas* (México, FCE, Obras de Antropología, 1985). La cultura tolteca-azteca del México central es la más rica en fuentes bibliográficas, empezando por los códices: *Códice borbónico* (Graz, Akadem, 1974; México, Siglo XXI), cuyo original se encuentra en la Bibliothèque de l'Assamblé Nationale, en París; *Códice Borgia* (Graz, Akadem, 1976; México, FCE), cuyo original está en la Librería del Vaticano; el *Códice mendocino* puede ser consultado en la Bodleian Library de la Universidad de Oxford; y, finalmente, el *Códice Tonalamatl Aubin* (México, Librería Anticuaria G.M. Echaniz, 1938) se encuentra en la Bibliothèque National de París.

El estudio de cronistas de Indias españoles puede iniciarse con fray Bernardino de Sahagún, *Códice florentino e Historia General* (José Luis Martínez, ed., México, Archivo General de la Nación, 1989); e *Historia general de las cosas de Nueva España*, 4 tomos (preparada por Ángel María Garibay K., México, Editorial Porrúa) la más grande recopilación del pasado antiguo de los toltecas-aztecas de Mesoamérica, narrados a Sahagún por informantes indios en los años posteriores a la Conquista (cuando aún tenían presente su memoria cultural). Otro cronista, Garcilaso de la Vega, el Inca, *Comentarios Reales* (México, SEP-UNAM, Col. Clásicos Americanos, 1982; México, Porrúa, Col. Sepan Cuántos), hijo de conquistador y princesa inca, narra tanto la historia de los incas como su conquista. Es el primer texto histórico escrito por un mestizo.

Entre ótros cronistas españoles pertenecientes al periodo inmediato posterior a la Conquista, participantes o no en ella, podemos incluir a Pedro Cieza de León, *El señorío de los incas* (Madrid, Historia 16, 1985; Lima, Universo, Col. Autores peruanos), Diego de Landa, *Relación de las cosas de Yucatán* (México, Porrúa, Biblioteca Porrúa, Historia 13); Bernardo de Lizana, *Historia de Yucatán* (México, Museo Nacional, 1893; Madrid, Historia 1, 1988); y fray Toribio de Benavente, Motolinía, *Historia de los indios de la Nueva España* (Madrid, Historia 16, 1985; Madrid, Castalia, Col. Clásicos Castalia, 1986).

Finalmente, quiero mencionar especialmente los trabajos de Miguel León-Portilla, cuyos estudios van desde las profecías encontradas en el *Chilam Balam*, hasta las mejores investigaciones modernas del mundo tolteca-azteca: *Los antiguos mexicanos a través de sus crónicas y cantares* (México, FCE, Obras de Antropología, 1988), que ofrece una visión innovadora acerca del aspecto humanístico de la vida de los aztecas. Otros libros interesantes son: *Toltecáyotl. Aspectos de la cultura náhuatl* (México, FCE, Obras de Antropología, 1987); Literaturas de Mesoamérica (México, SEP, Cien de México, 1984); *Literaturas de Anáhuac y del Incario* (México, SEP-UNAM, Col. Clásicos Americanos, 1982); *La filosofía náhuatl* (México, UNAM Instituto de

Investigaciones Históricas, 1979); *Trece poetas del mundo azteca* (México, UNAM Instituto de Investigaciones Históricas, 1978); *De Teotihuacan a los aztecas* (México, UNAM Instituto de Investigaciones Históricas, Lecturas Universitarias, 1972); *Visión de los vencidos* (México, UNAM, 1984); y *El reverso de la Conquista* (México, Joaquín Mortiz).

Una corta lista de textos dedicados a la filosofía, el arte y la literatura de toltecas y aztecas empezaría con Justino Fernández, *Estética del arte mexicano* (México, UNAM, Instituto de Investigaciones Estéticas, 1972); Ángel María Garibay, *Historia de la literatura náhuatl* (México, Porrúa, 1953); y Laurette Séjourné, *Supervivencia de un mundo mágico. Imágenes de cuatro pueblos mexicanos*, dibujos de Leonora Carrington (México, FCE-SEP, Lecturas Mexicanas 86, 1985). En su conjunto, la obra de Ignacio Bernal es uno de los más brillantes monumentos al estudio de estos pueblos.

Otros textos de historia general de los aztecas son: C. A. Burland, *The Gods of Mexico* (Nueva York, Capricorn, 1967), que es tal vez el estudio más completo sobre el tema; Alfonso Caso, *El pueblo del Sol* (México, FCE, Obras de Antropología, 1986); Nigel Davies, *Los antiguos reinos de México* (México, FCE, Obras de Antropología, 1988), y *Aztecas* (Barcelona, Destino, Col. Nuestro Pasado); y Jacques Soustelle, *El universo de los aztecas* (México, FCE, Obras de Antropología, 1986); y George C. Vaillant, *La civilización azteca: origen, grandeza y decadencia* (México, FCE, Obras de Antropología, 1985).

Para información sobre la historia de los incas, sugiero los siguientes textos: Louis Baudin, *Vida coti-*

diana en el tiempo de los últimos incas (Buenos Aires, Hachette, Col. Nueva Clío); Hiram Bingham, *Lost City of the Incas: The Story of Machu Picchu and Its Rulers* (Nueva York, Athenaeum, 1963); J. Alden Mason, *Las antiguas culturas del Perú* (México, FCE, Obras de Antropología, 1978); y Víctor W. Von Hagen, *Incas* (México, Mortiz, Col. Culturas Básicas, 1987). El mejor panorama general de las culturas indígenas sigue siendo el de Frederick Katz, *The Ancient American Civilization* (Londres, Windfield y Nicholson, 1972). Sobre el arte indígena se pueden consultar diversos textos: Mary Ellen Miller, *El arte de Mesoamérica: desde los olmecas hasta los aztecas* (México, Diana, 1988); Salvador Toscano, *Arte precolombino de México y de las Américas* (México, UNAM, 1952); Paul Westheim, *Obras maestras del México antiguo* (México, Era, Serie Mayor, 1977), y *Arte antiguo de México* (México, Era, 1970).

Descubrimiento y conquista

Los títulos más importantes acerca de los descubrimientos y conquistas españoles son de finales del siglo XV al siglo XVIII y se inician con la descripción detallada del jesuita Joseph de Acosta, *Historia natural y moral de las Indias* (México, FCE, Biblioteca Americana, 1985). Otra obra —escrita también por un jesuita—, que describe las cosas y pobladores de California en el siglo XVIII es la de Miguel de Barco, *Historia natural y crónica de la antigua California; adiciones y correcciones a la noticia de Miguel Venegas* (México, UNAM, 1973). Algunas relaciones sobre las expediciones al Amazonas se incluyen en P. de Almesto, Gaspar de Carvajal y Alonso de Rojas, *Las aventuras del Ama-*

zonas (Madrid, Historia 16, 1986); y Pedro Cieza de León, *Descubrimiento y conquista del Perú* (Buenos Aires, Jam Kana, 1984). Pero quizás el mejor compendio sobre la naturaleza de las Indias sea el de Gonzalo Fernández de Oviedo, *Sumario de la natural historia de las Indias* (México, FCE, Biblioteca Americana, 1979).

La bibliografía continúa con el *Diario del primero y último viajes de Cristóbal Colón*, resumido por fray Bartolomé de las Casas (tomo 9, Obras Completas, Madrid, Alianza Editorial); Bernal Díaz del Castillo, *Historia verdadera de la conquista de la Nueva España*, 2 tomos (México, Porrúa, 1960), testimonio sin paralelo de uno de los soldados de la expedición de Cortés; y Ruy Díaz de Guzmán, *La Argentina* (Enrique de Gandía, ed., Madrid, Historia 16, 1986; Buenos Aires, Lib. Huemul), crónicas de la exploración y colonización del Río de la Plata, usando por primera vez el término *Argentina*. Podemos añadir: Álvar Núñez Cabeza de Vaca, *Naufragios* (México, Porrúa, Col. Sepan Cuántos, 576, 1988; Madrid, Cátedra, Col. Letras Hispánicas, 1989); Francisco Palou, *Relación histórica de la vida y apostólicas tareas del venerable padre fray Junípero Serra, y de las misiones que fundó en California septentrional...* (México, Porrúa, 1970); Antonio Pigafetta, *Primer viaje en torno del globo* (Madrid, Espasa-Calpe, Austral 207); y Jerónimo de Vivar, *Crónicas de los reinos de Chile*, (Ángel Barral Gómez, ed., Madrid, Historia 16, 1988), versión de la conquista de Chile por Pedro de Valdivia.

Otras obras que consulté, aparte de las ya mencionadas, respecto del descubrimiento y la Conquista: los tres tomos del gran historiador alemán Georg Friederici, *El carácter del descubrimiento y de la conquista de América. Introducción a la historia de la colonización de América por los pueblos del Viejo Mundo* (México, FCE, Historia 1987), quien describe todos los descubrimientos y conquistas hechos por los europeos, incluidas las de españoles, portugueses, franceses, holandeses, alemanes y rusos. Antonello Gerbi, *La disputa del Nuevo Mundo. Historia de una polémica, 1750-1900* (México, FCE, Historia, 1982), integra la bibliografía con la historia de una polémica; y Edmundo O'Gorman, *La invención de América. Investigación acerca de la estructura histórica del Nuevo Mundo y el sentido de su devenir* (México, FCE, Tierra Firme, 1977), propone la tesis de que América no fue descubierta, sino "inventada" por el deseo europeo de un nuevo mundo. Completan la lista Samuel E. Morison, *The European Discovery of America* (Nueva York, Oxford, 1971-1974); y *El almirante de la mar océano: vida de Cristóbal Colón* (México, FCE, 1991); y Roland Sanders, *Lost Tribes and Promised Land* (Boston, Little, Brown, 1978), un interesante estudio sobre cómo las actitudes racistas influyeron en el proceso del descubrimiento y colonización. La reflexión europea sobre las Américas —descubrimiento, invención, deseo, proyección de sueños utópicos, consecuencia de la realidad política— puede encontrarse en textos de la época. Nicolás Maquiavelo, *El Príncipe*; Michel de Montaigne, *Ensayos*; Tomás Moro, Tomaso Campanella, Francis Bacon, *Utopías del Renacimiento* (México, FCE, Col. Popular 121, 1987); William Shakespeare, *La tempestad*; Amerigo Vespucio, *El Nuevo Mundo. Cartas relativas a sus viajes y descubrimientos* (textos en italiano, español e inglés; estudio preliminar de Roberto Levillier, Buenos Aires, 1951), la visión utópica de América por el hombre que nos dio su nombre; y Pedro Vaz de Caminha, *A carta de Pedro Vaz de Caminha* (Porto Alegre, L y PM Editores, 1985), carta dirigida al descubridor del Brasil, Álvarez de Cabral, conocida como el acta de nacimiento de ese país.

Los lectores que quieran profundizar en torno a la filosofía general de la Conquista, pueden consultar Silvio Zavala, *Filosofía de la conquista. La filosofía política en la conquista de América* (México, FCE, Tierra Firme, 1984). Aparte de las crónicas y memorias, los conquistadores han sido descritos en las siguientes obras, algunas de las cuales dan fe del intenso debate acerca de la naturaleza de la Conquista.

Albornoz, Miguel, "Hernando de Soto", Madrid, *Revista de Occidente*, 1985.

Descola, Jean, *Hernán Cortés*, Barcelona, Juventud.

Hanke, Lewis, *La lucha española por la justicia en la conquista de América*, Madrid, Aguilar, 1959.

Hemming, John, *La conquista de los incas*, México, FCE, Historia, 1982.

Kirkpatrick, F. A., *Conquistadores españoles*, Madrid, Espasa-Calpe, Austral 130.

Larreta, Enrique, *Las dos fundaciones de Buenos Aires*, Buenos Aires, Sopena, 1965.

Las Casas, Fray Bartolomé de, *Historia de las Indias*, México, FCE, Biblioteca Americana, 1986, y *Brevísima relación de la destrucción de las Indias*, México, Fontamara, 1984.

Martínez, José Luis, *Hernán Cortés*, México, FCE-UNAM, 1990.

Prescott, William H., *Historia de la conquista de México*, México, Porrúa, Col. Sepan Cuántos 150,

1970, e *Historia de la conquista del Perú*, Lima, Universo, Col. Autores peruanos.

Quiroga, Vasco de, *Don Vasco de Quiroga y su "Información en derecho"*, México, Porrúa, Turanzas, 1974.

Stevens, Henry, comp., *New Laws of the Indians*, Londres, Chiswick, 1893.

Suárez, Francisco, *Guerra, intervención, paz internacional*, Madrid, Espasa-Calpe, 1956.

Vitoria, Francisco de, *Relecciones del Estado, de los indios y del derecho de la guerra*, México, Porrúa, 1974.

El Imperio español

El gran historiador de los años de los Habsburgo (1492-1700) sigue siendo John H. Elliot. Su trabajo sobre la *España imperial* (Barcelona, Vicens-Vives, Vicens Universidad, 1986) es una insuperable interpretación de la vida y muerte de la dinastía de los Habsburgo. Referencias incidentales, pero esenciales, de este periodo pueden consultarse en Paul M. Kennedy, *The Rise and Fall of Great Powers: Economic Change and Military Conflict from 1500 to 2000* (Nueva York, Random House, 1987); y Oswald Spengler, *Decadencia de Occidente* (Madrid, Espasa-Calpe). Otros excelentes estudios son:

Bertrand, Louis, *Philippe II ú l'Escorial*, París, L'Artisan du Livre, 1929.

Braudel, Fernand, *El Mediterráneo y el mundo mediterráneo en la época de Felipe II*, México, FCE, Historia, 1987.

Grierson, Edward, *King of Two Worlds: Philip II of Spain*, Nueva York, Putnam, 1974.

Lynch, John, *España bajo los Austrias*, Barcelona, Ediciones Península, 1975.

Maravall, José Antonio, *Comunidades de Castilla: una primera revolución moderna*, Madrid, Alianza Editorial, Alianza Universidad, 1985.

Parker, Geoffrey, *Felipe II*, Madrid, Alianza Editorial, El Libro de Bolsillo 1024, 1989.

Sigüenza, fray José de, *La fundación del monasterio de El Escorial*, Madrid, Turner, 1988.

El aspecto económico influyó tanto en las relaciones de España y América como en las de ésta y Europa. Rondo E. Cameron las describe en su libro *A Concise Economic History of the World, from Paleolitic Times to the Present* (Nueva York, Oxford, 1989); véase también John M. Keynes, *Teoría general de la ocupación, el interés y el dinero* (México, FCE, 1965). La bibliografía incluye también referencias a uno de los grandes hechos del reinado de Felipe II: la derrota de la Armada Invencible: Garrett Mattingly, *La derrota de la Armada Invencible* (Madrid, Turner, 1985).

Para los interesados en la Contrarreforma, una fuente invaluable es A. G. Dickens, *The Counter-Reformation* (Nueva York, Harcourt, Brace y World, 1969). No hay mejor estudio de la Inquisición española que el de Henry Kamen, *Inquisición española* (México, Consejo Nacional para la Cultura y las Artes-Grijalbo; Barcelona, Crítica, 1985).

El Siglo de Oro

Lo realizado en literatura y arte debe incluir, antes que nada, las obras clásicas de Calderón de la Barca, Cervantes, Lope de Vega, Góngora, Tirso de Molina, Quevedo, San Juan de la Cruz, Santa Teresa de Ávila y Juan

Luis Vives. Además quisiera mencionar una serie de estudios acerca de estas figuras y sus obras. En arte, Jonathan Brown, *Velázquez, pintor y cortesano* (Madrid, Alianza Editorial, Alianza Forma). Michel Foucault, *Arqueología del saber* (Siglo XXI, México, 1984), y *Las palabras y las cosas* (Siglo XXI, México, 1984), imaginativa interpretación de *El Quijote*, y *Las Meninas de Velázquez*. Uno de los más innovadores novelistas españoles contemporáneos, Juan Goytisolo, analiza las figuras de la Celestina, Cervantes, Don Juan y Quevedo en su *Árbol de la literatura*; su novela *Las virtudes del pájaro solitario* (Barcelona, Seix-Barral, 1988) es una brillante proyección de los poemas de San Juan de la Cruz, tanto en la sexualidad del pasado árabe como en la de nuestros días. Gregorio Marañón, *Don Juan* (Madrid, Espasa-Calpe, 1940), es otra fuente valiosa. Véase también José Antonio Maravall, *Velázquez y el espíritu de la modernidad* (Madrid, Alianza Editorial, Alianza Forma), y *La cultura del barroco* (Barcelona, Ariel).

La herencia de Cervantes puede verse en autores como Laurence Sterne, *Vida y opiniones de Tristram Shandy*, y Denis Diderot, *Santiago el fatalista y su amo*, así como en las heroínas del siglo XIX, quienes, como Don Quijote, leían libros y "enloquecían", como Catherine Moreland, en la *Abadía de Northanger*, de Jane Austen; y Emma Bovary, en *Madame Bovary*, de Gustave Flaubert. La más divertida (y notable) prolongación moderna del Quijote es, sin embargo, la de una pequeña historia de Jorge Luis Borges, "Pierre Menard, autor del Quijote", en *Ficciones* (Madrid, Alianza Editorial, El Libro de Bolsillo 320, 1990). Una lista de estudios sobre el Quijote que resaltan su modernidad incluiría obras de Dostoievsky, Thomas Mann, José Ortega y Gasset y Viktor Shlovsky, así como Mijail Bajtin, *Rabelais and his World* (Cambridge, MIT, 1968); Milán Kundera, *Arte de la novela* (México, Vuelta, 1988; Barcelona, Tusquets, 1987); y Marthe Robert, *Novela de los orígenes y orígenes de la novela* (Madrid, Taurus).

Bartolomé Bennassar, *España del Siglo de Oro* (Barcelona, Crítica); M. Defourneaux, *Vida cotidiana en la España del Siglo de Oro,* (Barcelona, Argos-Vergara); y Antonio Domínguez Ortiz: *Crisis y decadencia de la España de los Austrias* (Barcelona, Ariel), constituyen tres fuentes de información general sobre la época. Gran número de textos contienen valiosa información sobre Erasmo de Rotterdam y su influencia en España. Compárense por ejemplo los trabajos de Marcel Bataillon, *Erasmo y España. Estudios sobre la historia espiritual del siglo XVI* (México, FCE, Historia, 1982), y José Luis Abellán, *El erasmismo español* (Madrid, Espasa-Calpe, Austral 1642, 1976). Para un estudio de perspectiva, véanse John P. Dolan, comp.; *The Essential Erasmus* (Nueva York, Mentor, 1964); y Johan Huizinga, *Erasmo* (Barcelona, Salvat, 1986); y Erika Rummel, comp., *The Erasmus Reader* (Toronto, Universidad de Toronto, 1990). Para un acercamiento a dos de los erasmistas españoles más cercanos a Carlos V, véanse Alfonso de Valdés, *Diálogo de Mercurio y Carón* (Madrid, Espasa-Calpe, 1954), y Juan de Valdés, *Diálogo de la doctrina cristiana* (México, UNAM, 1964).

El periodo colonial
Por sus amplios estudios sobre el papel que desempeñó España en América y acerca del posterior desarrollo

de América Latina en el período colonial, merecen mención especial dos libros; el primero es el de David A. Brading, *Orbe indiano. La monarquía católica, la patria criolla y el Estado liberal* (México, FCE, Historia, 1991), cuyo título indica la amplitud del estudio del autor, pero no así su acuciosidad en la descripción o en la interrelación de ideas; el segundo es quizás el estudio contemporáneo más conciso y claro del debate sobre la legitimidad de la Conquista: Anthony Pagden, *Spanish Imperialism and the Political Imagination* (New Haven, Yale, 1990), cuya visión del destino de la América española parte de la paradoja del Imperio español, que pasa de ser una monarquía universal a un Imperio reaccionario.

El estudio clásico de Stanley J. y Barbara H. Stein, *La herencia colonial en América Latina* (México, Siglo XXI), describe tanto los orígenes como la permanencia del colonialismo en la vida latinoamericana. Para información acerca de la organización de las tierras y el surgimiento de rasgos nacionales en el periodo colonial, se pueden consultar los siguientes títulos:

Chevalier, François, *La formación de los latifundios en México.*

Tierra y sociedad en los siglos XVI y XVII, México, FCE, Obras de Economía, 1985.

Gibson, Charles, *Spain in America*, Nueva York, Harper Torchbooks, 1967.

Liss, Peggy K., *Orígenes de la nacionalidad mexicana, 1521-1556. La formación de una nueva sociedad*, México, FCE, Historia, 1986.

Lockhart, James Marvin, *El mundo hispanoperuano, 1532-1560*, México, FCE, Historia, 1982.

Lockhart, James y Stuart B. Schwarz, *Early Latin America: A History of Colonial Spanish America and Brazil*, Nueva York, Cambridge University, 1983.

Silvio Zavala, *La encomienda indiana* (México, Porrúa, 1973).

Filosofía de la Conquista. La filosofía política en la conquista de América, México, FCE.

La presencia negra es estudiada en los siguientes títulos: José Luciano Franco, *La diáspora africana en el Nuevo Mundo* (La Habana, Editorial de Ciencias Sociales, 1986); Esteban Montejo, *Biografía de un cimarrón* (La Habana, Editorial de Ciencias Sociales, 1986); Leslie B. Rout, *The African Experience in Spanish America, 1502 to the Present Day* (Nueva York, Cambridge University, 1976); y Frank Tannenbaum, *Negro en las Américas: esclavo y ciudadano* (Buenos Aires, Paidós, Col. América Latina).

La creación de la nueva cultura hispánica en el Nuevo Mundo ha sido celebrada por diversos autores. Una de las grandes poetas de la lengua española pertenece a esta época: Sor Juana Inés de la Cruz, *Obras completas* (México, FCE, Biblioteca Americana). Alonso de Ercilla y Zúñiga, *La Araucana* (México, Editora Nacional, 1977; Santiago de Chile, Editorial Orbe, 1974), poema épico idealista de la lucha de los españoles contra los indios araucanos, en la que participó el autor. La espléndida biografía de uno de los poetas más importantes de México, Octavio Paz, *Sor Juana Inés de la Cruz o las trampas de la fe* (México, FCE, Lengua y Estudios Literarios, 1988), revela las dimensiones de la vida colonial en la Nueva España. Las *Obras completas* (Caracas, Biblioteca Ayacucho, 1984) del destacado poeta colonial del Perú, Juan del

Valle y Caviedos, le añade el elemento satírico a esta bibliografía.

Escritos satíricos nos muestran el lado oscuro, inquisitorial, de la sociedad colonial. Fernando Benítez, *Los demonios en el convento: sexo y religión en la Nueva España* (México, Ediciones Era, 1985), una aguda exploración de los prejuicios sexuales e intelectuales del México colonial; y *Procesos de Luis de Carvajal, el Mozo* (México, Archivo General de la Nación, 1935); véase también Alfonso Toro, *La familia Carvajal* (México, Patria, 1977). Dos títulos importantes son: Richard E. Greenleaf, *La Inquisición en Nueva España. Siglo XVI* (México, FCE, Historia, 1985); y posiblemente el libro más destacado de este periodo, Felipe Guamán Poma de Ayala, *Nueva crónica y buen gobierno*, ed. John V. Mura, Relena Adorno y Jorge L. Uriestes (Madrid, Historia 16, 1987; México, Siglo XXI), escritos y dibujos de un indio peruano sobre la vida colonial de los primeros 60 años después de la Conquista.

Diversos libros tratan específicamente la calidad de vida; tanto Arzáns de Orsúa y Vela, *Historia de la villa imperial de Potosí* (ed. de Lewis Hanke y Gunnar Mendoza, Providence, Brown University, 1965), como Irving A. Leonard, *La época barroca en el México colonial* (México, FCE, Col. Popular 129, 1986), son dos buenas referencias. Para una perspectiva histórica, véase José Luis Romero, *Latinoamérica; las ciudades y las ideas* (México, Siglo XXI, 1976), quien estudia el desarrollo de la vida de las ciudades en Latinoamérica, desde la Colonia hasta nuestros días. Una obra en particular, David G. Sweet y Gary B. Nash, comps., *Lucha por la supervivencia en la Amé-*

rica colonial (México, FCE, Historia, 1987), refiere la difícil vida de las colonias.

Como lo sugiere Irving Albert Leonard, el arte creado en este periodo se ubica dentro de lo que se ha denominado barroco, y es compartido tanto por España como por Latinoamérica. Veánse Guillermo Díaz Plaja, *El espíritu del barroco* (Barcelona, Ediciones Críticas, 1983); P. Kleemen, *Baroque and Rococo in Latin America* (Nueva York, Macmillan, 1951); así como trabajos de Gerard de Cortanze, Juan de Contreras y Manuel Toussaint.

La decadencia de España

Información acerca de la decadencia de los Habsburgo y la renovación de los Borbones puede encontrarse en Antonio Domínguez Ortiz, *Instituciones y sociedad en la España de los Austrias* (Barcelona, Ariel, 1985); y en John Langdon Davies, *Carlos, The King Woo Would Not Die* (Londres, Jonathan Cape, 1962). Dos ediciones de la obra de Gaspar Melchor de Jovellanos: *Diarios*, ed. de Julián Marías (Madrid, Alianza Editorial, 1967), y *Obras completas*, edición crítica (Oviedo, Centro de Estudios del Siglo XVIII), se complementan con dos buenas biografías del autor: Manuel Fernández Álvarez, *Jovellanos: Un hombre de nuestro tiempo* (Madrid, Espasa-Calpe, 1988), y Javier Varela, *Jovellanos* (Madrid, Alianza Universidad, 1988). Más información sobre la decadencia española puede encontrarse en Richard Herr, *España y la revolución del siglo XVIII* (Madrid, Aguilar, 1964), y Julián Marías, *La España posible en tiempos de Carlos III* (Madrid, Planeta, 1988; Madrid, Alianza Editorial, *Obras de Julián Marías*, tomo VII), que describe la polémica acerca de la posición de España ante la modernidad y la unión europea.

Para un estudio de esta época también se pueden consultar algunas obras acerca de Goya: Fernando Díaz-Plaja, *Las Españas de Goya* (Barcelona, Planeta, 1989); Alfonso E. Pérez Sánchez y Eleanor A. Sayre, *Goya and the Spirit of Enlightenment* (Boston, Little Brown, 1989); y, para un estudio sobre la vida y obra de este gran artista, Pierre Gassier, *Francisco José de Goya y Lucientes*, 1746-1828 (Barcelona, Noguer, 1973). José Ortega y Gasset y André Malraux nos han dejado, asimismo, espléndidos estudios sobre el pintor.

Postrimerías del periodo colonial

Un buen estudio de este periodo puede comenzar con la lectura de un libro de viaje que abunda en descripciones detalladas de la vida sudamericana poco antes de las guerras de independencia: Alonso Carrió de la Vandera, "Concolocorvo", *Lazarillo de ciegos caminantes* (Caracas, Biblioteca Ayacucho, 1984). Otras fuentes a considerar son: José Carlos Chiaramonte, *La Ilustración en el Río de la Plata* (Buenos Aires, Punto Sur, 1989); y Alexander von Humboldt, *Ensayos políticos sobre el reino de la Nueva España* (México, Porrúa, Col. Sepan Cuántos), estudio científico, de una gran influencia, sobre la riqueza de México a finales del periodo colonial.

Peggy Liss, *Los imperios trasatlánticos. Las redes del comercio y de las revoluciones de Independencia* (México, FCE Historia, 1989), estudia las relaciones comerciales, políticas y culturales entre ambos lados del Atlántico y entre las dos Américas, la del norte y la del sur; con una mirada sobria hacia el aspecto comercial, explica los apuntalamientos de la algunas veces rampante ideología que habría de conducir a las guerras de independencia. Otra referencia acerca de las relaciones económicas y las condiciones sociales es Mancur Olson, *Auge y decadencia de las naciones* (Barcelona, Ariel).

Otras fuentes que completan la lista son: Giovanni Marchetti, *Cultura indígena e integración nacional: la "Historia Antigua de México"*, de F. J. Clavijero (Jalapa, Universidad Veracruzana, 1986); Magnus Momer, *Estado, razas y cambio social en la Hispanoamérica colonial* (México, Sep-setentas, 1974); y Arthur P. Whitaker, comp., *Latin America and the Enlightenment* (Ithaca, Nueva York, Cornell University, 1958); y Juan Ignacio Molina, *Historia civil y natural de Chile* (Santiago, Universitaria). La tendencia a ver las revoluciones de Independencia a través de sus líderes es romántica y comprensible; sin embargo, en lugar de ofrecer una larga lista de textos acerca de los libertadores, quisiera recomendar al lector una obra insuperable que estudia las grandes personalidades, los grandes temas y los hechos históricos y sociales de las luchas de independencia: John Lynch, *Las revoluciones hispanoamericanas* (Barcelona, Ariel Historia). Otros textos que se pueden incluir en esta bibliografía son: Bolívar, Simón, *Doctrina del Libertador*, Caracas, Ayacucho, 1976, una selección completa de textos del Libertador de América.

Columbres, Manuel Eduardo, *San Martín y Bolívar*, Buenos Aires, Plus Ultra, 1979.

Descola, Jean, *Libertadores*, Barcelona, Juventud.

Liévano Aguirre, Indalecio, *Bolívar*, Buenos Aires, Plus Ultra, 1979.

Medrano, Samuel, *El libertador José de San Martín*, Madrid, Espasa-Calpe, 1950.

Páez, José Antonio, *Autobiografía del general José Antonio Páez*, Caracas, 1973.

Puiggros, Rodolfo, *De la Colonia a la Revolución*, Buenos Aires, Ediciones Cepe, 1974.

Real de Azua, Carlos, *El patriciado uruguayo*, Montevideo, Ediciones de la Banda Oriental, 1981.

Las mejores obras literarias contemporáneas que rinden tributo a este periodo son: Alejo Carpentier, *El Siglo de las Luces*, en la que dos símbolos de la Revolución francesa llegan al Caribe: la libertad de los esclavos y la guillotina; Arturo Uslar Pietri, *Las lanzas coloradas y cuentos selectos* (Caracas, Biblioteca Ayacucho, 1979); y Gabriel García Márquez, *El general en su laberinto* (México, Diana, 1989; Bogotá, Oveja Negra, 1989; Buenos Aires, Sudamericana, 1989; Madrid, Mondadori), una recreación del viaje final de Bolívar hacia el mar.

Siglo XXI en América Latina

La lista de referencias a esta época es muy extensa, por lo que la he dividido en dos grandes rubros, historia y cultura.

Historia

Para un panorama general, consúltense las siguientes obras:

Burgin, Miron, *Aspectos económicos del federalismo argentino*, Buenos Aires, Hachette, Col. El pasado argentino. Burr, Robert N., *By Reason or Force: Chile and the Balancing of Power in South America, 1830-1835*, Berkeley, University of California, 1965.

Calderón de la Barca, Madame, *La vida en México*, México, Porrúa, Col. Sepan Cuántos.

Corti, Egon César, *Maximiliano y Carlota*, México, FCE, Historia, 1971.

Donoso, Ricardo, *Las ideas políticas en Chile*, Buenos Aires, Editorial Universitaria de Buenos Aires, 1975.

Estrada, José Manuel, *Lecciones sobre la República argentina*, Buenos Aires, Librería de Colegio, 1898.

Fuentes Mares, José, *Miramón, el hombre*, México, Joaquín Mortiz, 1974.

Hanighen, Frank C., *Santa Anna: The Napoleon of the West*, Nueva York, Coward McCann, 1934.

Haslip, Joan, *The Crown of Mexico*, Nueva York, Holt, Rinehart y Winston, 1971.

Muñoz, Rafael F., *Santa Anna. El dictador resplandeciente*, México, Botas, 1945; México, FCE, Historia, 1987.

Quesada, Ernesto, *La época de Rosas*, Buenos Aires, Instituto de Investigaciones Históricas, 1923.

Roeder, Ralph Leclerc, *Juárez y su México*, México, FCE, Historia, 1984.

Además de dos extraordinarios trabajos sobre historiografía: Daniel Cosío Villegas, *et al., Historia moderna de México*: "La República restaurada" (México, El Colegio de México, 1958); y Jesús Reyes Heroles, *El liberalismo mexicano* (México, FCE, Obras de Política y Derecho, 1982).

Con la Independencia, los historiadores hispanoamericanos adoptaron una nueva visión del pasado. Diversas obras de autores como Diego Barros Arana, Bartolomé Mitre y Benjamín Vicuña Mackenna testifican el anhelo histórico de este periodo. Quizás los historiadores mexicanos que mejor representan la nueva mentalidad sean Lucas Alamán, *Historia de México desde los primeros movimientos que prepararon su independencia en el año de 1808, hasta la época presente* (México, Instituto Cultural Helénico, 1985), quien personifica el punto de vista conservador que elogia la Conquista y el vínculo con España, condenando el poder expansionista protestante de los Estados Unidos; Lorenzo de Zavala, *Ensayo histórico de las revoluciones de México desde 1808 hasta 1830* (México, SRA, CEHAM, 1981), quien expone el punto de vista liberal, en favor del progreso e identificado con los Estados Unidos. El punto intermedio lo representa José María Luis Mora, *México y sus revoluciones* (México, Instituto Cultural Helénico, 1986), quien cree en la *juste milieu*, la cual se traduce en tener un conocimiento cabal de los hechos antes de actuar o hablar, evaluar dicho conocimiento y aplicarlo en favor de la construcción de las naciones.

Cultura

Historias como la de Mariano Picón-Salas, *De la Conquista a la Independencia. Tres siglos de historia cultural hispanoamericana* (México, FCE, Col. Popular 65, 1985), y textos como los de Germán Arciniegas (*América en Europa*, Buenos Aires, Sudamericana) y Pedro Henríquez Ureña (*Historia de la cultura en la América hispánica*, México, FCE, Col. Popular, 1986, y *Corrientes literarias en la América Hispánica*, México, FCE, Biblioteca Americana, 1978) constituyen referencias útiles para una investigación sobre la vida cultural de Latinoamérica. Sin embargo, las dos obras maestras de la literatura hispanoamericana del siglo XIX son un poema y un ensayo, ambos de Argentina: José Hernández, *Martín Fierro* (Buenos Aires, Eudeba); y Domingo Faustino Sarmiento, *Facundo. Civilización y barbarie* (México, Nuestros Clásicos, UNAM), alrededor de los cuales se ha creado toda una serie de brillantes interpretaciones. La obra clásica de Sarmiento es no sólo central dentro de los estudios históricos, sino que con ella comienza la tradición del autoanálisis nacional y cultural, expresado tanto en ensayos como en obras de ficción sobre el tirano, nacional o local. Con Andrés Bello, el gran humanista venezolano que dio a Hispanoamérica una base cultural sólida en los primeros años de independencia, comienza nuestra relación de textos fundamentales. Eugenio María de Hostos, *Obras* (La Habana, Casa de las Américas, 1976), novelista, sociólogo y jurista, fue el fundador de la moderna lealtad de Puerto Rico a la cultura hispánica. Juan de Montalvo, *Siete tratados: réplica a un sofista seudocatólico* (Madrid, Editora Nacional, 1977), ensayos al estilo de Montaigne, pero escritos en un español ágil y netamente americano por el más destacado escritor ecuatoriano del siglo XIX. El peruano Manuel González Prada, en *Páginas libres, horas de lucha* (Caracas, Ayacucho, 1976), es combativo, crítico de los males de su país, incluso radical; es el iniciador de la interpretación inflexible de la cultura latinoamericana de nuestro tiempo. En el otro extremo se encuentra José Enrique Rodó, quien celebra la espiritualidad latinoamericana contrastándola con el materialismo de los Estados Unidos; este contraste explica el inesperado éxito de su libro *Ariel* (México, FCE-CREA, Biblioteca Joven, 1984), ejercicio retórico que intenta llevar su percepción de la realidad a la vida futura urbana de las dos Américas. Pocas buenas novelas fueron escritas en la América española del siglo XIX; la opresiva anarquía política y las dictaduras han sido temas de la literatura sólo hasta nuestro tiempo, cuando la figura del tirano se ha transformado finalmente en personaje literario. Entre los autores y obras que quisiera destacar se encuentran Miguel Ángel Asturias, *El Señor Presidente*, propiamente la primera obra de un latinoamericano en la que aparece la figura del presidente-dictador (basada en el tirano de Guatemala, Estrada Cabrera); Alejo Carpentier, *El recurso del método*, basada en la tiranía despótica de Guzmán Blanco en Venezuela; Gabriel García Márquez, *El otoño del patriarca*, obra culminante sobre el tema, en la que García Márquez presenta los rasgos comunes de todos los dictadores, pasados y presentes, desde Melgarejo en Bolivia y Gómez en Venezuela, hasta Trujillo en la República Dominicana y Salazar y Franco en España. Otras novelas que completan la lista son: Augusto Roa Bastos, *Yo, el Supremo*, una brillante descripción del dictador paraguayo Rodríguez de Francia; y Ramón del Valle Inclán, *Tirano Banderas*, antecesora de las novelas de dictadores. El imperio de Maximiliano y Carlota en México es el tema de la brillante novela de Fernando del Paso, *Noticias del Imperio* (México, Diana).

El poema de Martín Fierro representa lo autóctono, es decir, la cultura popular y su continuidad, en contraste con el surgimiento de las "imitaciones extralógicas" europeas; véase Jorge Luis Borges, *El Martín Fierro* (Madrid, Alianza Editorial, El Libro de Bolsillo, 1983). Nuestros más lúcidos escritores ven los dos extremos como una mutua derrota y encuentran una creativa síntesis en la mezcla de las dos culturas, la americana y la europea. Uno de ellos es el excelente historiador californiano Bradford Burns, quien en *La pobreza del progreso* (México, Siglo XXI), analiza las tendencias culturales, subrayando el conflicto entre el modelo occidental del culto al progreso, y el modelo alternativo y nacional de Latinoamérica.

El libro de Rubén Darío, *Páginas escogidas* (Madrid, Cátedra, 1982), es una selección de Ricardo Gullón de la obra del gran poeta nicaragüense, quien influyó tanto en Latinoamérica como en Europa, en *Páginas escogidas* (La Habana, Editorial de Ciencias Sociales, 1974; Madrid, Espasa-Calpe, Austral 1163), el patriota e intelectual cubano José Martí propone una solución democrática para Latinoamérica: necesidades primordiales, tradiciones y recursos, haciendo hincapié en las demandas del pueblo, de todos y cada uno que lo constituyen.

El artista mexicano José Guadalupe Posada llevó el arte popular al terreno universal de los sueños y la muerte; véase *Posada, Messenger of Mortality*, compilación de Julián Rothenstein (Londres, Redstone, 1989). Horacio Salas, *El tango* (Buenos Aires, Planeta, 1986), es otro libro sobre cultura popular que también puede ser consultado.

Finalmente, el extraordinario libro de Claudio Véliz, *La tradición centralista de América Latina* (Barcelona, Ariel, Col. Historia), ofrece el mejor análisis de la ideología y política del siglo XIX, remarcando lo que el autor considera ha sido una inalterable tradición centralista desde la Conquista.

La Revolución mexicana

La mejor obra sobre la Revolución, en cuanto a la conformación y demandas sociales, es la de John Mason Hart, *Revolutionary Mexico: The Coming and Process of the Mexican Revolution* (Berkeley, University of California, 1987), que, además, contiene un análisis profundo acerca de las relaciones entre los gobiernos revolucionarios y los Estados Unidos. Otra obra que analiza la dinámica internacional es la de Friedrich Katz, *Guerra secreta en México* (México, Era, 1982). Andrés Molina Enríquez, *Los grandes problemas nacionales* (México, Era, 1977), describe los problemas y demanda soluciones.

Entre los estudios enfocados sobre la figura de Porfirio Díaz, se encuentran Francisco Bulnes, *El verdadero Díaz y la Revolución* (México, Ediciones COMA, 1982); y Daniel Cosío Villegas, *Historia moderna de México* (México, Editorial Hermes, 1955). Un estudio clásico sobre los fundamentos ideológicos del régimen de Porfirio Díaz es el de Leopoldo Zea, *El positivismo en México, apogeo y decadencia* (México, FCE, Obras de Filosofía, 1984). Otros libros son: Héctor Aguilar Camín, *La frontera nómada: Sonora y la Revolución mexicana* (México, Siglo XXI Editores, 1977); Daniel Cosío Villegas, *Historia mínima de México* (México, El Colegio de México, 1983); John Kenneth Turner, *México bárbaro* (México, Mexicanos Unidos, 1983); y John Womack, *Zapata y la Revolución mexicana* (México, Siglo XXI, 1986).

Jean Meyer, *La Cristiada* (3 tomos, México, Siglo XXI, es otro clásico, pero éste en relación con las rebeliones católicas. Finalmente, Anita Breriner, *La revolución en blanco y negro: la historia de la Revolución mexicana entre 1910-1947* (México, FCE, 1985), que incluye excelentes fotografías sobre la Revolución. Las memorias de los participantes en la Revolución creó un género dentro de la literatura: la novela de la Revolución. Una de las más famosas es la de Mariano Azuela, *Los de abajo* (México, FCE, Colección Popular 13, 1988). Posteriormente, obras como la de Juan Rulfo, *Pedro Páramo* (México, FCE, Col. Popular, 1987), ofrecen impresiones detalladas de la sociedad y el ambiente que existían poco antes de la Revolución. Fascinantes son las memorias del filósofo y educador José Vasconcelos, *Ulises criollo* (México, FCE, Letras mexicanas, 1984), las que se sitúan entre la ficción y la realidad. Por último, las obras plásticas más importantes de la Revolución, los murales, pueden documentarse en diversos libros y catálogos.

El siglo XX

La guerra de 1898 con los Estados Unidos y la consiguiente pérdida del Imperio provocaron una profunda y saludable reacción en España; se empezó a formar entonces una nueva visión, más firme y sólida, sobre el país. Este movimiento fue anunciado por Ángel María Ganivet en *Idearium español* (Madrid, Espasa-Calpe, 1941), y fue continuada por los filósofos José Ortega y Gasset y Miguel de Unamuno, el poeta Antonio Machado, el dramaturgo Ramón del Valle-Inclán y el novelista Pío Baroja.

La obra de la llamada Generación de 1927, la generación del famoso poeta y dramaturgo Federico García Lorca, fue dramáticamente interrumpida por la guerra civil española. La guerra y los hechos que le precedieron son descritos por Gabriel Jackson en su

Breve historia de la guerra civil (Barcelona, Grijalbo); y por Hugh Thomas, *Guerra civil española* (Barcelona, Grijalbo). Un panorama general sobre la historia de España en el siglo XX se puede encontrar en Raymond Carr, *Modern Spain* (Nueva York, Oxford, 1980).

Quizá la más hermosa visión de España escrita por un extranjero sea la de Gerald Brenan, *El laberinto español; antecedentes sociales y políticos de la guerra civil* (París, Ruedo Ibérico, 1962). La guerra generó también una serie de ensayos y novelas escritos por autores extranjeros, como André Malraux, *Esperanza* (Barcelona, Edhasa); George Orwell, *Homenaje a Cataluña* (Barcelona, Planeta, 1983); y Ernest Hemingway, *Por quién doblan las campanas* (Barcelona, Planeta). Otro autor que habría que destacar es Ian Gibson, quien ha realizado una biografía definitiva del poeta: *Federico García Lorca* (Barcelona, Grijalbo).

Para una historia contemporánea de Latinoamérica, véase Tulio Halperin Donghi, *Historia contemporánea de América Latina* (Madrid, Alianza Editorial, El Libro de Bolsillo). Información más específica sobre las condiciones sociales y económicas, analizadas desde la perspectiva de la teoría de la dependencia, se encuentra en el libro clásico de Celso Furtado, *La economía latinoamericana* (México, Siglo XXI); y en Fernando Cardoso y Enzo Faletto, *Dependencia y desarrollo en América Latina* (México, Siglo XXI).

Otros títulos interesantes sobre el pasado inmediato de la América española son: Hugh Thomas, *Historia contemporánea de Cuba* (México, Grijalbo); John V. Lombardi, *Venezuela: la búsqueda del orden, el sueño del progreso* (Barcelona, Crítica, 1985); James

R. Scobie, *Argentina: A City and a Nation* (Nueva York, Oxford, 1971); y Brian Loveman, *Chile: The Legacy of Hispanic Capitalism* (Nueva York, Oxford, 1988). Entre las referencias a México, se incluyen Howard F. Cline, *Mexico, Revolution to Evolution, 1940-1960* (Nueva York, Oxford, 1962); Pablo González Casanova, *Democracia en México* (México, Era, 1967); Frank Brandenburg, The *Making of Modern Mexico* (Englewood Cliffs, N.J., Prentice Hall, 1964); y Charles C. Cumberland, *Mexico: The Struggle for Modernity* (Londres, Oxford, 1968).

Sobre las relaciones de Latinoamérica con los Estados Unidos, recomiendo T. D. Allman, *Unmanifest Destiny* (Nueva York, Dial, 1984); Albert O. Hirschman, *Desarrollo y América Latina. Obstinación por la esperanza* (México, FCE, Lecturas de El Trimestre Económico, 1973); y Abraham Lowenthal, *Socios en conflicto: los EUA y América Latina* (México, Nueva Imagen, 1988). Las dificultades que ha habido en estas relaciones se estudian con profundidad en Richard Fagen, *Forging Peace: The Challenge of Central America* (Oxford, Blackwell, 1987); Stephen Kinzer y Stephen Schlesinger, *Fruta amarga. La CIA en Guatemala* (México, Siglo XXI); Raymond Bonner, "Weakness and Deceit, U.S. Policy and El Salvador" (Nueva York, *Times*, 1984); Peter Davis, *Where Is Nicaragua?* (Nueva York, Simon y Schuster, 1987); Robert Pastor y Jorge G. Castañeda, *Limits to Friendship: The United States and Mexico* (Nueva York, Knopf, 1988); y Wayne Smith, *The Closest of Enemies* (Nueva York, Norton, 1987). Dos destacadas biografías sobre líderes latinoamericanos, escritas por norteamericanos, son Tad Szulc, *Fidel: A Critical Portrait* (Nueva York,

Morrow, 1986); y Joseph Page, *Perón* (Nueva York, Random House, 1983).

Para información acerca de la vida de los hispanos en Estados Unidos, véanse Edna Acosta-Belen y Barbara Sjorstrom, comps., *The Hispanic Experience in the United States* (Nueva York, Praeger, 1988); y Juan Gómez-Quiñones, *Al norte del Río Bravo* (México, UNAM-Siglo XXI, 1980). Los trabajos de Jorge Bustamante y Wayne Cornelius son esenciales para entender los problemas tanto de la frontera como migratorios.

Para un análisis sobre la identidad latinoamericana escrita por los propios latinoamericanos, véanse el excepcional ensayo de José Lezama Lima, *La expresión americana* (Santiago de Chile, Editorial Universitaria, 1969; Madrid, Alianza Editorial, El Libro de Bolsillo); José Carlos Mariátegui, *Siete ensayos de interpretación de la realidad peruana* (México, Era, 1979; Barcelona, Crítica); Ezequiel Martínez Estrada, *Radiografía de la pampa* (Buenos Aires, Losada, 1983); Alfonso Reyes, *Posición de América* (México, Nueva Imagen, 1982); y Octavio Paz, *El laberinto de la soledad* (México, FCE, Tierra Firme, 1986).

Con el siglo XX, Latinoamérica entró también en el escenario de la literatura universal; la lectura de obras de escritores como Pablo Neruda y César Vallejo, así como de Jorge Luis Borges, Alejo Carpentier, Julio Cortázar, José Donoso, Gabriel García Márquez, Juan Carlos Onetti y Mario Vargas Llosa, son un buen comienzo para introducirse en la literatura contemporánea de América Latina.

Agradecimientos

En primer lugar, a mi hija Cecilia Fuentes, quien con puntualidad y energía se hizo cargo de la gran cantidad de papel que circuló entre Londres, Nueva York y la Ciudad de México. A mis eficientes agentes literarios, Carmen Balcells (Barcelona) y Carl Brandt (Nueva York). A John Sterling, Betsy Lerner, Liz Duvall, Guest Perry, Karen Holzman, Lisa Sacks, Erika Mansurian y Denise Fullbrook, de la editorial Houghton Mifflin (Nueva York-Boston), por su valiosísima ayuda en la edición original del libro en inglés; a Adolfo Castañón, del Fondo de Cultura Económica (México), por la edición original en español; y a Leopoldo Castedo. Por otra parte, deseo expresar mi agradecimiento a las personas que participaron en la serie bilingüe de televisión, *The Buried Mirror, El espejo enterrado*: Jesús de Polanco, Juan Luis Cebrián, Eugenio Galdón y Miguel Satrústegui, de Sogetel (Madrid); Michael Gill, productor ejecutivo, Peter Newington y Christopher Ralling, directores, de Malone Gill Productions (Londres); Alan Yentob, de la BBC (Londres); Ruth Otte, presidente del Discovery Channel (Washington, D.C.); Peggy Liss, asesora histórica de la serie (Washington, D.C.); Charles Benton, de Public Media Inc. (Chicago); y Robert Adams, Marc Pachter y Alicia González, del Smithsonian Institution (Washington, D.C.).

Índice

Este libro terminó de imprimirse en Mayo de 2012
en Editorial Penagos, S.A. de C.V., Lago Wetter
núm. 152, Col. Pensil, C.P. 11490, México, D.F.